高等院校财经类专业应用型本科系列教材

金融学

JINRONGXUE

◎主　编　魏　宁

◎副主编　魏　莱　陈　虹

重庆大学出版社

内容提要

本书是高等院校财经类专业应用型本科系列教材之一。作者曾在信托投资公司和证券公司从事金融研究和管理工作十多年,又在高校从事教学工作十多年,深知金融工作所应具备的专业基础知识,所应掌握的专业技能。为适应培养创新型应用型人才的目标要求,本着以学生为本、因材施教的原则,针对应用型人才培养的特点,重视学生对专业基础知识的掌握,强调专业知识应用性和适用性的原则,组织编写了本书。全书共分为"金融学概述""货币与货币制度""信用与信用工具""利息与利率""外汇与汇率""金融机构与金融市场体系""存款类金融机构""非存款内金融机构""货币市场""资本市场""金融衍生品市场""金融管理机构"等16个部分。

图书在版编目(CIP)数据

金融学 / 魏宁主编.—重庆:重庆大学出版社,
2015.8(2024.1 重印)
高等院校财经类专业应用型本科系列教材
ISBN 978-7-5624-9287-0

Ⅰ.①金… Ⅱ.①魏… Ⅲ.①金融学—高等学校—教材 Ⅳ.①F830

中国版本图书馆 CIP 数据核字(2015)第 153706 号

高等院校财经类专业应用型本科系列教材

金融学

主 编 魏 宁
副主编 魏 莱 陈 虹
策划编辑 范 莹
责任编辑:杨 敏 版式设计:范 莹
责任校对:邹 忌 责任印制:张 策

*

重庆大学出版社出版发行
出版人:陈晓阳
社址:重庆市沙坪坝区大学城西路 21 号
邮编:401331
电话:(023) 88617190 88617185(中小学)
传真:(023) 88617186 88617166
网址:http://www.cqup.com.cn
邮箱:fxk@ cqup.com.cn(营销中心)
全国新华书店经销
重庆升光电力印务有限公司印刷

*

开本:787mm×1092mm 1/16 印张:22.5 字数:505 千
2015 年 8 月第 1 版 2024 年 1 月第 7 次印刷
印数:10 001—11 000
ISBN 978-7-5624-9287-0 定价:45.00 元

前言 PREFACE

编者曾在信托投资公司和证券公司从事金融研究和管理工作十多年,又在高校从事教学工作十多年,深知金融工作应用所应具备的专业基础知识,所应掌握的专业技能。为适应培养创新型应用型人才的目标要求,本着以学生为本、因材施教的原则,针对应用型人才培养的特点,重视学生对专业基础知识的掌握,强调专业知识应用性和适用性的原则,组织编写了本书。本书主要具有以下特点。

(1)立足于要求学生掌握扎实的专业基础知识。在本书编写中注重对金融学专业概念、金融学基本原理和专业知识点进行详尽讲述,力求做到深入浅出。

(2)为学生构建相对完整的金融知识体系。在编写本书前,充分参考了目前国内外比较权威的金融学教材架构与体系,结合应用的特点进行取舍,构成偏重应用的金融学知识架构与体系。

(3)充分考虑应用型人才培养的特点。在本书编写中,注重应用性和适应性的要求,结合应用型人才培养的特点,适当将相关章节进行详细的介绍,略去一些烦琐的理论公式的推演。

(4)着力培养学生的创新意识和创新能力。本书在对知识的讲授中,有机地结合知识点,穿插阅读案例引发学生思考,培养学生的综合分析能力和解决实际问题能力。

本书由武汉科技大学城市学院、黄石银局和海口经济学院共同筹划编写,由魏宁副教授负责全书编写大纲的拟订、教材架构体系的设计、各章节知识点布局,组织了本书的编写工作。魏宁副教授和担任副主编的黄石银局魏莱一起对全书进行了审稿、校稿和定稿工作。参加本书编写的人员分工如下:第1,13章由魏宁编写;第2,3章由陈虹编写,第4,5章由徐懿编写;第6,7,8章由张芳编写;第9,10,11章由杨捷编写;第12,14章由魏莱编写;第15,16章由胡汇编写,案例的收集由吴春蓉负责。

在本书的编写工作中,借鉴和引用了许多专家学者的学术观点,参考了许多同行编写的优秀教材的内容,在此深表谢意!同时十分感谢重庆大学出版社和其他工作人员为本书出版给予的大力支持。由于编者的水平有限,时间仓促,书中难免有不足之处,欢迎各位同仁和广大读者给予批评指正。

编　者
2015 年 4 月

目录 CONTENTS

第1章　金融学概述

【本章学习要求】

1. 掌握金融的含义,了解金融的演变。
2. 掌握金融学的研究对象与内容。
3. 熟悉金融的主要功能。
4. 了解金融在经济中的地位。

1.1　金融的概念与金融学的研究对象

1.1.1　金融的概念及演变

在当今社会,金融活动已经渗透到我们社会生活的方方面面。任何一个社会成员,小到个人、家庭、企业,大到国家、政府与整个国际社会,都离不开金融活动,都会与金融打交道。那么,何谓金融呢? 金融从字面上理解,"金"表示资金,"融"表示融通,金融即指资金的融通,是与货币、信用、银行直接有关的经济活动的总称。

金融从狭义上理解,仅指货币融通,也仅指资本市场和资本市场的微观运行机制。广义的金融指与物价有紧密联系的货币流通、银行与非银行金融机构体系,包括货币市场、资本市场、保险系统以及国际金融等领域。它是由诸多部分构成的大系统,既包括微观运行机制,也包括宏观运行机制。金融不只是货币资金的融通,也不只是货币银行的活动。随着市场经济的不断发展,金融的内涵不断深化,在现代社会,金融是一个多维性、多层次的立体系统。金融是指资金的筹集、分配、融通、运用及其管理;凡是有关资金的筹集、分配、融通、运用及其管理的各种活动,都是金融活动。

在我国,"金"与"融"组成的词汇"金融"始于何时,无确切考证,但并非古而有之。最早列入"金融"条目的工具书有如下两条:1908 年开始编纂、1915 年初出版的《辞源》;1905 年酝酿编纂、1937 年发行的《辞海》。《辞源》中关于金融的释文为:"今谓金钱之融通状态曰金融,旧称银根。各种银行、票号、钱庄,曰金融机构……"《辞海》一书对金融的释文为:"谓资金融通之形态也,旧称银根。"据此可以认为,"金融"一词在我国的使用在 20 世纪初以前,是在 19 世纪后半叶伴随着西方文化在我国的传播逐步定型,在现代工具书中,把"金融"与"finance"对应,简单互译。

中文的"金融"与"finance"不能简单地恒等,西方人对 finance 的诠释可归纳为 3 种。第一种 finance 最宽泛的诠释为货币的事务、货币的管理、与金钱有关的财源活动等。其具体包括政府的货币资财及其管理,工商企业的货币资财及其管理和个人的货币资财及其管理 3 个方面。第二种最狭窄的诠释为与资本市场有关的运作机制以及股票等有价证券的价格形成,即金融的狭义解释。此用法在国外的经济学界通行。第三种介于以上两者之间的诠释为货币的流通、信用的授予、投资的运作、银行的服务等。

1.1.2 金融学的研究对象

在市场经济中,资产配置是通过金融市场来进行的,其配置效率决定着经济的发展和前景。金融学正是一门研究人们在不确定环境下,如何进行资源跨期配置的学科。金融学科的基本内容包括以下 3 个部分。

①对有关金融诸范畴的理论论证,即关于货币、信用、利息与利率、汇率以及对金融本身的剖析和论证。

②对金融的微观分析,其内容包括对金融中介机构的分析,对金融市场的分析,论证金融市场与金融中介机构相互渗透的必然趋势,金融功能分析,即通过揭示稳定的金融功能来探讨金融在经济生活中的地位等。

③对金融的宏观分析,主要包括货币供给与货币需求,货币均衡与市场均衡,利率形成与汇率形成,通货膨胀与通货紧缩,金融危机,国际资本流动与国际金融动荡,国际金融制度安排与国际宏观政策的协调,名义经济与实际经济,虚拟经济与实体经济,货币政策及其财政政策、宏观调控政策的实施等。

20 世纪初期,西方逐渐形成了货币银行学,以银行为中心研究货币、信用活动。在 20 世纪 60 年代以前,对货币及供求的研究占据了金融学的主要研究方向,此阶段各种流派的经济学家都有各自的货币理论,多达数十种。自 20 世纪 60 年代以后,金融学研究重点由过去的货币、利率和货币供求的研究转向以研究公司为主题的微观金融。在当今社会,随着金融衍生品种的发展,金融衍生品种及交易的份额在金融资产中所占比重很大,使金融市场的资产定价方式发生了变化,货币资产对经济的影响在降低,金融学的研究从宏观领域转向微观领域,微观金融学成为金融学的重点和发展方向。

金融学研究的内容主要包括货币及货币制度,信用与信用工具,利息与利率,金融中介机构,货币金融与经济发展,金融调控和金融监管。我们也可将金融学分为宏观金融学和微观金融学。宏观金融学研究在以货币作为交换媒介的市场经济中,如何获得高就业、低通货膨胀、国际收支平衡和经济增长,研究对象是以金融市场为中心,从宏观角度研究货币和资金的运动规律、金融结构和经济结构的关系、金融安全和金融政策的选择等。微观金融学则以价格理论为基础,研究在不确定环境下,通过金融市场对资源进行跨期最优配置、资产定价、资产融通及风险管理,以市场均衡和合理的产品价格体系为目标和主要内容。

1.2 金融的功能与发展

1.2.1 金融的主要功能

金融体系主要包括金融制度、金融机构、金融工具、金融市场及金融调控和监管,其中金融机构、金融工具、金融市场是现代金融的三大构成要素,金融体系各部分紧密联系,构成了不可分割的整体。虽然对不同的国家或地区,在不同的发展阶段其金融体系发挥的功能有所差别,但其主要职能都是为在一个不确定的环境中,帮助在不同地区或国家之间的时间配置和使用经济资源。具体功能如下。

1)清算和支付结算

金融提供了完成商品、服务和资产交易的清算和支付结算的方法,传统的金融支付和各种金融创新都有清算和支付结算的功能。

2)聚集和分配资源

金融可以为个人、家庭、企业、组织机构和政府通过直接或间接方式实现资金的筹集,进行有效的资源重新分配。

3)管理风险

通过金融活动可以有效地管理和配置风险,可根据企业、个人和家庭对风险承担的能力和风险喜好程度,在利率、汇率和商品价格出现波动时,进行风险管理和配置,以规避风险、提高潜在收益。

4)提供信息

充分的信息是协调金融活动中各个参与主体分散决策的重要条件。金融市场上交易的金融工具越多越完善,可以从交易价格中获取的信息就越多;信息越充分,就越有利于资源配置的决策,而金融则是一个重要的信息来源。

5)解决激励问题

金融通过衍生金融工具,如可转换债券、股票期权等,有效解决和缓解企业的激励问题。

1.2.2 金融发展

金融工具是金融市场中进行交易的具体产品,是具体的交易对象。金融市场是进行金融活动的场所,是金融工具转让流通的场所。金融机构是在金融市场进行买卖金融工具的交易主体。不同类型的金融工具与金融机构的组合,构成不同特征的金融结构。金融发展是指金融结构的变化,金融发展程度越高,金融工具与金融机构的数量、种类就会越多,金融效率就会越高。西方经济学家提出了以下两个衡量金融发展的基本指标。

1）货币化率

货币化率即社会的货币化程度，是指一定经济范围内通过货币进行商品、服务交换的价值占国民生产总值的比重，即广义货币 M2 与 GDP 之比，也叫马歇尔 K 值。货币化率仅从一个方面反映了一个社会的金融发展程度，但随着资本在金融资产中比重的加大，仅用货币化率还不能全面反映一个社会的金融发展程度。

随着金融深化和货币化过程的进展，发达国家的货币化率呈现倒 U 形，有一个峰值后再趋于平稳，一般为 110% ~ 130%。我国的货币化率还处于上升阶段，货币化率较高，为142% 左右，但高货币化率并不能说明我国的金融市场发达。中国货币化率如此高的原因是各种生产要素资本化的过程扩大了基础货币的投放，并通过货币乘数的作用进一步放大了M2。过高的货币化率是金融效率低下的外在表现。因为金融系统不产生实在的财富，其功能主要体现在对资源进行有效配置上。我国货币化率较高的主要原因有以下几点：①现有的金融体系格局为银行主导型体系，还没有转化为市场主导型。②现金交易仍然是我国商品交易的主要形式。企业间的交易结算速度比较慢，金融系统内部也没有形成较为发达的相互连通的资金流通网络，交易结算中还需要大量货币作为中介润滑剂。③收入分配差距加大，货币供给被过高的房价和地价吸收。④金融资产单一，市场结构失衡。我国的投资渠道相对较少，股票、债券、基金这类资产占社会总资产的份额相对较小，居民对储蓄比较热衷，上述两个原因均导致了货币资产成为我国最主要的资产储藏形式。⑤二元经济结构，城乡差距大。所以，仅从货币化率还不能说明我国的金融发展程度较高，还应从资本化率加以考察。资本化率即股市市值与 GDP 之比，发达国家资本化率一般在80% 以上。目前，我国资本市场已粗具规模，社会财富资本化率不断提高，直接融资方式正在逐步取代银行间接融资的方式，资本化率为 50% 左右。

2）金融相关率

金融相关率是由耶鲁大学教授、美籍比利时裔经济学家、金融结构理论的创立者和主要代表人物雷蒙德·W. 戈德史密斯（Raymond W. Goldsmith），在 1969 年出版的其代表作《金融结构与金融发展》一书中提出的，是指一定时期社会金融活动总量与经济活动总量的比值。金融活动总量一般用金融资产总额表示，它包括非金融部门发行的金融工具（如股票、债券及各种信贷凭证），金融部门发行的金融工具（如通货、活期存款、储蓄、保险等），国外部门的金融工具等。经济活动总量则用国民生产总值表示。

我国的金融相关率在改革开放初期为 95.2%，2000 年后为 225% 左右，与发达国家的250% ~400% 相比还有差距，但已有较快的增长。

1.2.3 金融的地位

金融是经济的润滑剂，是加速资金的运动，提高资金使用效率，加快经济发展必不可少的重要经济部门。1992 年春天，邓小平同志在上海浦东新区视察时就指出："金融很重要，是现代经济的核心。"现代金融在资源配置中起着核心作用，其在整个经济发展中的地位越来越重要。

1）现代金融业已经成为其他产业发展的前导型产业

现代金融业作为第三产业,在经济发展中起着"血液"的作用,为其他产业的发展提供资金和资本支持,"供血"的好坏直接影响着整个经济的健康运行。通过金融在资源配置的作用,可促进社会资本的优化,产业结构的调整,使经济保持稳定、协调和持续的发展。

2）现代金融业在经济发展中起着资源优化配置的核心作用

现代金融业是一个资金和资本流通的行业,资金和资本通过金融行业汇集,然后再分配到各个行业和经济部门。各个行业和经济部门的资金和资本使用效率的高低会影响其流动的方向,资金和资本会自发流向低投入、高产出、高效率的产业和经济部门,促使产业结构发生变化,淘汰落后的高投入、低产出、低效率的产业和经济部门。

3）现代金融业既是一个服务型行业又是一个知识密集型行业

在金融体系的运行中,金融业为经济活动提供各种金融工具和金融服务,来满足经济运行的需求,保障实体经济的正常运行和高效运转。随着计算机技术、网络技术和通信技术的高速发展,促进了金融业的技术创新、制度创新和产品创新,使现代金融业与传统金融业相比发生了巨大的变革,特别是各种高新技术的应用和各种金融衍生产品的推出,对知识和技术的要求程度越来越高。金融创新是金融业发展的必由之路,金融创新必须有知识和技术作为支撑,促使金融业成为了知识和技术密集型的行业。

4）现代金融业是一个高风险行业

各行业的发展都离不开金融业,金融业为各行业的发展提供资本和资金的支持。现代金融业与经济运行的联系越来越紧密,各行业发展过程的风险会传导到金融业,经济运行中的各种风险会累积并最终影响金融业的正常运行。过度的金融创新和金融监管的不力、缺失,也会造成金融风险,如美国的次贷危机、希腊的债务风波,都对世界经济造成了巨大的影响。

【阅读案例1.1】

百姓视角下的金融魅力

2010年的国庆节是刚刚亮相百日的中国金融博物馆迎来的第一个长假期,7天长假参观者人数屡创新高。记者看到,游客中不时出现一家三代人前来参观,每当这个时候,担当讲解员的都是随行而来的白发苍苍的老者,此时讲解员尽量不去打扰,任由他们慢慢看、细细品……

博物馆理事长王巍欣喜地告诉记者:"中国金融博物馆作为普及金融知识,传递金融理念,诠释金融创新,关注金融焦点,推动同行交流的作用正在逐渐体现和完美实现。"

中国第一家金融博物馆的酝酿

2010年6月9日开业的中国金融博物馆位于天津金融街解放北路29号。原址为外观造型极具法国古代建筑风格的天津法国俱乐部。原国务委员、中国人民银行行长李贵鲜苍劲有力的题词——"中国金融博物馆"金色门匾，呈现在这座有 110 年历史的建筑上。博物馆展示面积 2 200 平方米，是我国第一家集展示、教育、金融文化消费和金融史研究活动为一体的专业金融博物馆。

博物馆理事长王巍告诉记者，2008 年 8 月，他与崔津渡副市长一起去纽约与投资家索罗斯讨论次贷危机的前景，索罗斯多次提到要看历史的演变并推荐美国金融博物馆。于是，他们在位于华尔街的一个不到 1 000 平方米的小型博物馆流连了 40 分钟，受到很大的震撼，他们没有想到居然博物馆可以如此展示金融历史。回来后，王巍在崔副市长的鼓励下，遍访金融史专家和各地的博物馆，在 2009 年元旦后正式提议在天津建立一个金融博物馆。

经过一年半的筹备，终于在 2010 年 5 月初启动了现址的装修和布展工作，在 200 多个志愿者参与下，日夜兼程一个月又一周，赶在天津融资洽谈会之前将博物馆完成。开业当天，主持美国金融博物馆 8 年的馆长艾伦先生专程赶到天津祝贺，非常感叹地称，这个速度也创造了一个博物馆的奇迹。

中国金融博物馆的使命

我国官方博物馆多以收藏为主，注重历史和考据，面向专业人士和小圈子，忽视大众的理解能力和现实世界。这使人们在看到一大批令人眩晕的古币和票证之后，依然很难感受到金融与我们日常生活的关联。

中国金融博物馆参考美国金融博物馆和日本货币博物馆的展示方式，将金融与战争、金融与艺术、金融与创业、金融与产业、金融与科技和金融与政治作为展示单元，利用大众熟悉的历史人物和事件，发掘背后的金融故事与演变，使观众得到全新的金融体验，形成金融观念。

例如，中日甲午战争中国战败的原因有很多，但是其中的金融因素却很少被人提及。当时中日都非常明确必有一战，而且都在磨刀霍霍。但清政府财政困难无力筹集军费，而日本政府却向欧洲大举发行战争债券，购买更先进的铁甲战舰。欧洲人担心日本战败而无法还款，还派遣大批技师到日本担任后援。日本《公债市场历史》一书中也证实，日本第一批国债就是为"甲午战争"所发行的。可见，是融资技术和资本市场加速了新兴军国主义的日本战胜大清国。

再如，著名科学家牛顿曾在获得巨大声誉后担任英国造币厂负责人，并根据当时英国货币流通情况研究了一套数学模式，测算货币需求量，成为早期货币流通定律创始人之一。我们今天看到的米开朗基罗、达·芬奇等一系列具有全球影响的伟大艺术家的背后，其实矗立着现代银行家始祖意大利佛罗伦萨的美第奇家族。没有这一代金融家的雄厚财力和历史眼光，人类文明的进步也许将会更漫长。

博物馆还专门设计了一个民间演义的中国金融史展厅：将大众耳熟能详的历史故事与当时流通的货币结合起来展示。你可以了解当年孔夫子周游列国使用的不同货币；桃园三结义时的货币；唐伯虎点秋香的铜钱等，甚至可以模拟杜十娘怒沉百宝箱中到底放了些什么财宝。而且宋代"清明上河图"中有几十处使用货币的地方，也逐一标出，并用当代幽默提示观众。

记者看到,全球次贷危机这样一个现实演变也及时收入了博物馆。根据陈志武教授的建议,博物馆专门从美国买来两台150多年前发明的Singer牌缝纫机,这是历史上最早的消费信贷商品。美国当时的家庭妇女们只需支付少许定金就可以将这台当时非常昂贵的机器搬到家里,通过支付利息和缝补劳务在几年后真正拥有它。几十年后,美国人用这种方式买汽车、冰箱、电视等商品,之后用这种方式买住宅(抵押贷款);再之后的20世纪80年代,所罗门公司这家投资银行将住宅贷款凭证推到二级市场融资而创造了次级债券;再几十年后,就孕育了次贷危机。

历史这面镜子需要不断拂拭

若干年以来,金融阴谋论盛行,这是中国经济高速成长过程中缺乏金融教育和资本观念普及的一个后果。对于风险和变化的恐惧,对于金融和资本市场的不理解,使许多甚至是从事多年金融业务的人们抵触学习和创新,习惯于用传统思维方式来观察总结经济现象和内在市场逻辑。

历史是一面镜子,需要不断地拂拭。每个人对历史都有不同的解释,基于多元思维的立场,每个解释都有一定的合理性和现实意义。凯恩斯曾提到,如果以货币的角度来解释历史,那么,我们的历史可能会被颠覆。我们试图从金融的角度来解释历史和人物,这自然有选择性,也有道德的评价。

王巍在中国金融博物馆"开馆铭义"中提到:"博物馆首先是大众的交流场所,欣赏和教育是主导旋律。博物馆也是专家的对话平台,展示和收藏是基本工具。……宽容、公允和创新的风格将丰富民众的智识与情趣。博物馆记录我们的历史轨迹,启迪我们的未来视野,提升我们的文化教养,博物馆也造就了我们的生活态度,乃至人格。"

拥有稀缺资源是幸运的,但不应陶醉于少数专业人士的私家把玩,或者是传之后世的官家典藏,利用资源有效并愉悦地服务民众和贡献给社会,才是博物馆的真谛。目前该馆与美国金融博物馆、日本货币博物馆及英格兰银行博物馆结成博物馆联盟,将用国际化的理念不断充实和提升展览展示方式和内容。

"金融是一种制度安排,是一种生活方式,是一种价值取舍,更是一种充满创造力和激情的朗朗大道。大道无门,让我们轻松地通过一座座充满争议的金融事件里程碑来体验历史,穿越时空与一批批毁誉参半的金融传奇人物来感受人生。这是中国金融博物馆创立的初衷,也是我们一起探索前行的希冀。"王巍在与记者挥手道别时如是说。

资料来源:《金融时报》,作者黄丽珠,2010年10月。

【本章习题】

一、名词解释

金融 狭义金融 广义金融 金融工具 金融机构 金融市场 货币化率 金融相关率

二、简答题

1.简述金融学研究的主要内容。

2. 简述宏观金融学和微观金融学研究的内容和区别。

3. 金融具有的主要功能有哪些?

4. 说明金融业在国民经济中的地位。

5. 简述衡量金融发展的两个基本指标。

第2章 货币与货币制度

【本章学习要求】

1. 熟悉货币的起源与发展,掌握商品价值发展经历的 4 个阶段。
2. 熟悉货币的本质和货币的各种形态。
3. 掌握货币的 5 种职能和相互间的关系。
4. 理解货币流通量和货币流通速度的影响因素,掌握货币的层次。
5. 掌握货币制度的含义和构成要素。
6. 熟悉货币制度的演变和货币制度的几种形式。
7. 掌握我国货币制度的主要内容。

2.1 货币起源与发展

货币在人们的现实生活中起着重要的作用,人们无时无刻不与货币打着各种各样的交道。同时,人们在使用货币的时候,也产生了许许多多与货币有关的现象和问题。无数学者花费了极大的精力去研究货币的问题。因此,熟悉和掌握货币的起源是正确理解货币本质的关键。

2.1.1 货币的产生与价值形式的发展

人类社会有几百万年的历史,货币的出现和使用却不过几千年,货币不是从人类社会一开始就有的。关于货币的起源,主要有以下几种假说。

一是先王制币说。我国古代有观点认为,货币是由国家或先王创造出来的。在春秋时期的《管子·国蓄》中提出:"先王为其途之远,其致之难,故托用于其重,以珠玉为上币,以黄金为中币,以刀布为下币。三币握之……先王以守财物,以御民事,而天下平也。"

二是货币源于商品交换。我国的司马迁认为:"为币之行,以通农商。"货币是为适应产品交换而自然产生的。西方的亚里士多德在《政治学》中指出:"一处居民有所依赖于别处居民的货物,人们于是从别处输入本地所缺的货物,作为补偿,他们也得输出自己多余的产品;于是货币就应运而生了……"

三是保存财富说。这种学说认为,货币是为保存财富而产生的,法国经济学家 J. 西斯蒙弟认为,货币本身不是财富。但随着财富的增加,人们要保存财富、交换财富、计算财富的数量,这样就产生了对货币的需要。因而,货币成为一种保存财富的工具。

上述假说从不同角度揭示了货币的起源,但没有形成系统的理论体系。马克思以劳动价值论为基础,解开了货币产生之谜。马克思认为,货币起源于商品交换,产生的经济根源是私有制,它是在商品交换过程中自发形成的,是私有制商品经济内在矛盾发展的必然结果,也是价值形式发展的产物。

价值形式就是商品价值的表现形式,也就是交换价值。

由于商品具有使用价值和价值(或交换价值),因此,它也就相应地具有自然形式和价值形式两种表现形式。作为它的自然形式,也就是使用价值的表现形式,是指商品的种类、形状、性能等,以及与此相关的商品的用途,这是显而易见的。而作为它的价值形式,作为抽象劳动的凝结和一定的社会关系,是看不见、摸不着的。孤立的一个商品,不可能通过自身表现自己的价值,只有通过商品与商品的交换,商品的价值才能得到表现,价值是商品交换的基础。

在商品交换中,人们必须衡量商品的价值,而一种商品的价值又必须通过另一种商品的价值来表现,这种商品价值的发展经历了 4 个阶段。

1)简单或偶然的价值形式

即一种商品的价值简单、偶然地表现在与它相交换的另一种商品上,也就是该商品偶然地被作为等价形式。这种价值形式是与原始社会末期出现的物物交换相联系的。例如,牧人的 1 只绵羊与铁匠的两把斧子进行的交换。

2)扩大的价值形式

即一种商品的价值表现在与它相交换的一系列商品上,也就是多种商品可以作为等价形式。例如,1 只绵羊=两把斧子或 1 件上衣或 20 斤粮食等。

3)一般的价值形式

即一种或几种商品被长期固定地作为价值的表现物,也就是说,一切商品的价值都统一地表现在从商品世界分离出来充当一般等价物的某一种商品上。充当一般等价物的商品具有两个特点:一是能够体现一切商品的价值,二是能够同一切商品进行交换。

例如:1 件上衣
1 把斧子
20 斤粮食
两只鸡 } =1 只绵羊

4)货币形式

随着商品交换不断发展,有一种特殊的商品从众多的一般等价物中分离出来,固定地充当一般等价物,这种特殊的商品就是货币。由此可见,货币就是固定充当一般等价物的特殊商品。如果这种一般等价物最终固定在黄金、白银等贵金属上,这些贵金属就成为货币商品。

2.1.2　货币的本质

价值形式的发展过程,表明货币也是一种商品。作为商品,它与普通商品一样,也具有使用价值和价值。但是,货币又不是普通的商品,而是固定地充当一般等价物的特殊商品。货币的这种一般等价物作用使商品生产者之间的社会生产关系必须通过货币才能表现出来。因此,货币的本质就是固定地充当一般等价物的特殊商品,体现着商品生产者之间的社会经济关系。然而,货币的本质问题是最复杂的问题。19世纪中叶英国有一位议员格莱顿曾经说过这样一句话:"在研究货币本质中受到欺骗的人,比谈恋爱受欺骗的人还要多。"直到今天,不论是马克思,还是西方经济学的学者们,关于货币的本质仍然存在大量的争论。

我们可以从以下3个方面来把握货币的本质。

1)具有商品的属性

在马克思对货币起源的分析中,货币的前身就是普普通通的商品,它是在交换过程中逐渐演变成一般等价物的。马克思创立货币理论的时代,正是各国普遍实行金铸币流通的时代,因此,马克思将黄金视为货币的最高阶段,而黄金本身就是价值十足的商品。进一步的推论就是,任何在商品交换中充当货币的东西,首先就在于它们是商品,与普通商品一样,都具有价值和使用价值。没有这种与普通商品的共性,货币就不具备与商品进行交换的基础。

2)货币与普通商品有本质的区别

货币是商品,但又不是普通商品,而是特殊商品。其特殊性并不在价值方面,而是在使用价值方面。黄金被固定地充当一般等价物,被作为货币后,其使用价值便"二重化"了,它既具有以其自然属性所决定的特定的使用价值,如用于装饰、制作器皿等,又具有以其社会属性所决定的一般的使用价值即充当一般等价物和交换手段,很明显,当它以第一重使用价值出现时,就是普通商品,而以第二重使用价值出现时,才是货币。货币在充当一般等价物时,有两个基本特征:①货币能够表现一切商品的价值。货币出现后,整个商品世界就分裂成为两极,一极是特殊商品——货币,另一极是所有的普通商品。普通商品是以各种各样的使用价值的形式出现,而货币则是以价值的体化物或尺度出现;普通商品只有通过与货币的比较,其价值才能得到体现,所有商品的价值只有通过与货币的比较之后,相互之间才可以比较。②货币对一切商品具有直接交换的能力。由于货币是价值和社会财富的一般代表,谁占有了货币,就等于占有了价值和财富,在实际交换中货币作为一般的交换手段,是不存在对方对其使用价值特殊需求方面的障碍的,货币的交换能力是超越使用价值特殊性限制的,是具有直接交换性质的。一般等价物是商品交换赋予货币的属性,与货币材料是否有价值和使用价值没有关系。普通商品的意义在于通过交换满足人们生产或生活方面的特殊需要,而货币的意义则在于充当表现一切商品价值的材料、充当一般的交换手段,为商品交换服务。这就是货币与普通商品的本质区别。可见,考察货币的本质,应把其质的规定和存在形式区别开来。无论货币由什么来充当,它作为一般等价物的本性决不会改变,否则就不能称其为货币。

3）货币体现一定的社会生产关系

货币是商品交换的媒介和手段，这就是货币的本质。同时，货币还反映商品生产者之间的关系，马克思指出："货币代表着一种社会生产关系，却又采取了具有一定属性的自然物的形式。"商品交换是在特定的历史条件下，人们相互交换劳动的形式。社会分工要求生产者在社会生产过程中建立必要的联系，而这种联系在私有制社会中只有通过商品交换，通过货币这个一般等价物作为媒介来进行。因此，货币作为一般等价物反映了商品生产者之间的交换关系，体现着产品归不同所有者占有，并通过等价交换来实现他们之间的社会联系，即社会生产关系。

2.1.3 货币形态的演变

货币是固定充当一般等价物的特殊商品，其本质是不会发生改变的。但在货币的发展历史中，其形态却是不断变化的，大体可分为以下 4 种。

1）实物货币

人类最早的商业活动开始于物物交换。因此，货币也产生于物物交换的时代。在原始社会，人们使用以物易物的方式，交换自己所需要的物资，比如 1 头羊换 1 把石斧。但是，有时候受到用于交换的物资种类的限制，不得不寻找一种能够为交换双方都能够接受的物品，来使得交换更加方便。这种物品就是最原始的货币。牲畜、盐、稀有的贝壳、珍稀鸟类羽毛、宝石、沙金、石头等不容易大量获取的物品都曾经作为货币使用过。这些实物货币的共同特点是，在当时较为珍贵，人们都愿意接受和使用，比其他商品更容易保存等。

这些原始的货币给交换带来了许多方便，但其本身也有着许多缺陷，如携带不方便、储存和保管不易，或因其数量少和内在价值低而不能适应经济发展与交换的需要。另外，大量不同种类的原始货币也妨碍了交换的进一步扩大和发展。

2）金属货币

经过长年的自然淘汰，在绝大多数社会里，作为货币使用的物品逐渐被金属所取代。使用金属货币的好处是它的制造需要人工加工，无法从自然界大量获取，同时还易储存。数量稀少的金、银和冶炼困难的铜逐渐成为主要的货币金属，某些国家和地区也曾使用过铁质货币。

中国最早的金属货币是商朝的铜贝。商代在我国历史上也称青铜器时代，当时相当发达的青铜冶炼业促进了生产的发展和交易活动的增加。于是，在当时最广泛流通的贝币，由于来源的不稳定而使交易发生不便时，人们便寻找更适宜的货币材料，自然而然地集中到青铜上，青铜币应运而生。但这种用青铜制作的金属货币在制作上很粗糙，设计简单，形状不固定，没有使用单位，在市场上也未达到广泛使用的程度。由于其外形很像作为货币的贝币，因此，人们大都将其称为铜贝。

据考古材料分析，铜贝产生以后，是与贝币同时流通的。铜贝发展到春秋中期，又出现了新的货币形式，即包金铜贝。它是在普通铜币的外表包一层薄金，既华贵又耐磨。铜贝不仅是我国最早的金属货币，也是世界上最早的金属货币。

西方国家的主币为金币和银币,辅币以铜、铜合金制造。随着欧洲社会经济的发展,商品交易量逐渐增大,到15世纪时,经济发达的意大利北部各邦国出现了通货紧缩的恐慌。从16世纪开始,大量来自美洲的黄金和白银通过西班牙流入欧洲,挽救了欧洲的货币制度,并为其后欧洲的资本主义经济发展起步创造了条件。

3)信用货币

信用货币是由国家法律规定的,强制流通不以任何贵金属为基础的独立发挥货币职能的货币。目前世界各国发行的货币,基本都属于信用货币。

信用货币是随着资本主义商品经济的发展而产生和发展起来的。在金银铸币流通的情况下,由于金银采掘量有一定的限制,货币数量的增加赶不上流通对货币需要量的增长。与此同时,由于信用制度的扩大,使货币作为支付手段的职能随之扩大,从而为信用货币的产生提供了可能性。这样,在商品生产和商品交换日益发展的基础上,出现了期票、银行券、支票以及汇票等形式的信用货币,它们便直接从货币作为支付手段的职能中产生出来。信用货币一经产生,便具有双重的性质:一方面,它是体现债权与债务关系的信用证券;另一方面,又是以信用为基础的货币符号。它本身并无价值,但可以在流通中代替金属货币,因为它代表着一定量的货币,或者随时可以兑换现实的货币(如银行券和支票),或者可以通过贴现等形式转变为货币(如期票)。

4)电子货币

由于科技飞速发展和电子计算技术的运用,货币的交易和支付方式进入了一个崭新的阶段。电子货币通常是利用电脑或储值卡来进行金融交易和支付活动,例如:各种各样的信用卡、储值卡、电子钱包等。与此同时,还可借助于上网的计算机、自动柜员机或用电话操作来对货币存储额进行补充。这种货币运用非常方便,还在不断完善和进一步发展。

【阅读案例2.1】

货币的定义

许多东西都充当过货币的材料,从贝壳等实物到金银等贵金属、再到纸币,以至目前已经萌动的电子货币,都被当作普遍接受的交换媒介。亚当·斯密在《论货币的起源及其效用》一书中说:"在古代,据说曾以牲畜作为商业上的通用媒介。牲畜无疑是极不便的媒介,但我们却发现了,古代往往以牲畜头数作为交换的评价标准,亦即用牲畜交换各种物品。荷马曾说,迪奥米德的铠甲,仅值牛九头,而格罗卡斯的铠甲,却值牛一百头。据说,阿比西尼亚以盐为商品交换的媒介;印度沿海某些地方,以某种贝壳为媒介;弗吉尼亚用烟草;纽芬兰用干鱼丁;我国西印度殖民地用砂糖;其他若干国家则用兽皮或鞣皮。据我所闻,直到今日,苏格兰还有个乡村,用铁钉做媒介,购买麦酒和面包。"从这段描述可以看出,牲畜、贝壳、烟草和铁钉等实物都曾充当过货币。

17世纪,在印度的许多地方,贝壳与"巴达姆"(badam,一种不能吃的波斯硬果)被民众广泛使用,与铜币争夺地盘。在印度和中国的许多地方,由于开采铜和铸造铜币的成本比开采白银和铸造银币,甚至比开采黄金和铸造金币的成本还要昂贵,因此当铜短缺时或铸币成本太高时,在最偏远的市场上,贝壳就取代了铜币。直到18世纪,贝壳作为货币,在非洲的奴隶贸易中仍有很大的需求。同时,枪支、巴西烟草、亚麻布、法国白兰地和火药也被用于黑人奴隶交易。当时,购买一个奴隶的价格分别是100磅贝壳、12支枪、5包巴西烟草、25匹亚麻布、1桶(约40升)法国白兰地或15磅火药。与贝币同时使用的还有盐币。在中国明代,楚雄府就曾用人工加工好的盐块作为货币,一个盐块重2两。1936年,云南大学历史系教授方国瑜在保黑山还见到以盐币交易的情况,这些盐币每块长宽1.5寸(5厘米)、厚4分(约1.3厘米),30块重1 500克。

现在,在南太平洋的雅普岛上,人们仍然把石头作为货币,第二次世界大战中的集中营和战后的德国及20世纪80年代的俄罗斯都曾把万宝路香烟作为货币。

思考题:

有人说,黄金不是货币,而是货币的材料。你同意这种观点吗,为什么? 那么货币又是什么?

提示:可以有不同的观点,如马克思的说法,西方货币经济学的说法,也可以有个人的说法。

2.2　货币职能

货币的职能就是货币本质的具体表现形式,它随着商品经济的发展而逐渐完备起来。在发达的商品经济中,它具有价值尺度、流通手段、贮藏手段、支付手段和世界货币5种职能。其中最基本的职能是价值尺度和流通手段。

2.2.1　价值尺度

价值尺度是用来衡量和表现商品价值的一种职能,是货币的最基本、最重要的职能。正如衡量长度的尺子本身有长度、称东西的砝码本身有质量一样,衡量商品价值的货币本身也是商品,具有价值;没有价值的东西,不能充当价值尺度。

货币作为价值尺度,就是把各种商品的价值都表现为一定的货币量,以表示各种商品的价值在质的方面相同,在量的方面可以比较。各种商品的价值都是人类劳动的凝结,它们本身具有相同的质,从而在量上可以进行比较。商品的价值量由物化在该商品内的社会必要劳动量决定。但是商品价值是看不见、摸不到的,自己不能直接表现自己,它必须通过另一种商品来表现。在商品交换过程中,货币逐渐成为一般等价物,可以表现任何商品的价值,衡量一切商品的价值量,货币就拥有了价值尺度的职能。货币作为价值尺度衡量其他商品的价值,把各种商品的价值都表现在一定量的货币上,货币就充当商品的外在价值尺度。而货币之所以能够执行价值尺度的职能,是因为货币本身也是商品,也是人类劳动的凝结。可见,货币作为价值尺度,是商品内在的价值尺度即劳动时间的表现形式。

货币在执行价值尺度的职能时,并不需要有现实的货币,只需要概念上的货币。例如,1辆自行车值1克黄金,只要贴上个标签就可以了。当人们在作这种价值估量的时候,只要在他的头脑中有黄金的概念就行了。

商品的价值用一定数量的货币表现出来,就是商品的价格。价值是价格的基础,价格是价值的货币表现。货币作为价值尺度的职能,就是根据各种商品的价值大小,把它表现为各种各样的价格。例如,1头牛值2两黄金,在这里,2两黄金就是1头牛的价格。

2.2.2 流通手段

这是货币充当商品交换媒介的职能。在商品交换过程中,商品出卖者把商品转化为货币,然后再用货币去购买商品。在这里,货币发挥交换媒介的作用,执行流通手段的职能。货币充当价值尺度的职能是它作为流通手段职能的前提,而货币的流通手段职能是价值尺度职能的进一步发展。

货币作为流通手段,在商品流通过程中,不断地当作购买手段,实现商品的价格。商品经过一定流通过程以后,必然要离开流通领域最后进入消费领域。但货币作为流通手段,却始终留在流通领域中,不断地从购买者转移到出卖者手中。这种不断的转手就形成货币流通。货币流通是以商品流通为基础的,它是商品流通的表现。货币作为流通手段,需要有同商品量相适应的一定的数量。

由于货币充当流通手段的职能,使商品的买和卖打破了时间上的限制,一个商品所有者在出卖商品之后,不一定马上就买进其他商品;也打破了买和卖空间上的限制,一个商品所有者在出卖商品以后,可以就地购买其他商品,也可以在别的地方购买任何其他商品。这样,就有可能产生买和卖的脱节,一部分商品所有者只卖不买,另一部分商品所有者的商品就卖不出去。因此,货币作为流通手段已经孕育着引起经济危机的可能性。

2.2.3 贮藏手段

这是货币退出流通领域充当独立的价值形式和社会财富的一般代表而储存起来的一种职能。货币能够执行贮藏手段的职能,是因为它是一般等价物,可以用来购买一切商品,因而货币贮藏就有必要了。

货币作为贮藏手段,是随着商品生产和商品流通的发展而不断发展的。在商品流通的初期,有些人就把多余的产品换成货币保存起来,贮藏金银被看成是富裕的表现,这是一种朴素的货币贮藏形式。随着商品生产的连续进行,商品生产者要不断地买进生产资料和生活资料,但他生产和出卖自己的商品要花费时间,并且能否卖掉也没有把握。这样,他为了能够不断地买进,就必须把前次出卖商品所得的货币贮藏起来,这是商品生产者的货币贮藏。

货币作为贮藏手段,可以自发地调节货币流通量,起着蓄水池的作用。当市场上商品流通缩小,流通中货币过多时,一部分货币就会退出流通界而被贮藏起来;当市场上商品流通扩大,对货币的需要量增加时,一部分处于贮藏状态的货币,又会重新进入流通。

2.2.4　支付手段

这是货币作为独立的价值形式进行单方面运动(如清偿债务、缴纳税款、支付工资和租金等)时所执行的职能。

货币作为支付手段的职能是适应商品生产和商品交换发展的需要而产生的。因为商品交易最初是用现金支付的。但是,由于各种商品的生产时间是不同的,有的长些,有的短些,有的还带有季节性。同时,各种商品销售时间也是不同的,有些商品就地销售,销售时间短;有些商品需要销往外地,销售时间长。生产和销售时间上的差别,使某些商品生产者在自己的商品没有生产出来或尚未销售之前,就需要向其他商品生产者赊购一部分商品。商品的让渡同价格的实现在时间上分离开来,即出现赊购的现象。赊购以后到约定的日期清偿债务时,货币便执行支付手段的职能。货币作为支付手段,开始是由商品的赊购、预付引起的,后来才慢慢扩展到商品流通领域之外。在商品交换和信用事业发达的资本主义社会里,就日益成为普遍的交易方式。

货币作为支付手段,一方面可以减少流通中所需要的货币量,节省大量现金,促进商品流通的发展;另一方面,货币作为支付手段,进一步扩大了商品经济的矛盾。

2.2.5　世界货币

货币在世界市场上执行一般等价物的职能。由于国际贸易的发生和发展,货币流通超出一国的范围,在世界市场上发挥作用,于是货币便有了世界货币的职能。

世界货币除了具有价值尺度的职能以外,还有以下职能:其一,充当一般购买手段进行国际贸易,如一个国家直接以金银向另一个国家购买商品。其二,作为一般支付手段,用以平衡国际贸易的差额,如偿付国际债务、支付利息和其他非生产性支付等。其三,充当国际间财富转移的手段。货币作为社会财富的代表,可由一国转移到另一国。例如,支付战争赔款、输出货币资本或由于其他原因把金银转移到外国去。在当代,世界货币的主要职能是作为国际支付手段,用以平衡国际收支的差额。

金属货币因其含有实质价值,可以自动取得国际货币职能,而信用货币因其名义价值是由发行国强制赋予的,所以只有为数不多的国家的货币具有国际货币职能。取得国际货币职能需满足以下条件:一是发行国的经济实力足够强大,并且国际贸易足够发达;二是可以实现自由兑换,并在国际市场上有较大的需求量;三是币值要相对稳定,发行国愿意承担维护和调节该货币币值的相应义务。

以上5种货币职能是对货币本质的全面体现,是相互联系的一个整体。其中,价值尺度职能和流通手段职能是两个最基本的职能,它是从一般等价物的两个特点演化而来,且互不可分。正如马克思所说:"一种商品变成货币,首先是作为价值尺度和流通手段的统一,换句话说,价值尺度和流通手段的统一是货币。"支付手段是以价值尺度为前提条件,若没有价值尺度职能就不可能具有独立流通的能力;支付手段的最终目的是实现商品的买卖,所以支付手段又以流通手段为归宿;贮藏手段也是以价值尺度为前提条件,并以流通手段和支付手段为归宿;国际货币职能则是上述4种职能在地域上的扩展。

2.3 货币流通

货币流通是指货币作为流通手段和支付手段在经济活动中所形成的连续不断的收支运动。在商品流通过程中,货币不断在卖主和买主之间转手,这种连续不断的货币转手,便形成一个与商品流通"W—G—W"相伴随的货币流通"G—W—G"。

社会上的货币流通量是由货币发行和流通两个环节共同决定的。通常发行是由国家控制,流通主要是通过银行进行。银行在开展住房按揭贷款等业务时可以创造出大量流通货币,这是现代金融体系运转的一个基本原理。在高效率的金融体系当中,国家只要发行/回收少量的基础货币,就可以通过银行的信用扩张来增加/缩减大量的社会流通货币。

货币的流通使得市场交换中的物物直接交换的局限性的矛盾得到了解决,克服了交易双方在需求上不一致、在空间上不一致以及在时间上不一致的矛盾,促进了商品经济的发展。但是,由于货币执行流通手段职能时把商品交换分为卖和买两个独立的行为,这就孕育了商品买卖可能脱节的矛盾。当买入小于卖出,必然使一部分商品积压,严重时造成部分商品的过剩危机;当买入大于卖出,又会加大部分商品物价上升的压力,容易引起通货膨胀。产生这两种结果的原因是复杂的,其中一个重要原因是货币的数量不能适应商品流通的需要。这种现象的发生,向人们提出了一个问题:一个国家在一定时期内的货币流通量应当怎样确定?

2.3.1 货币流通量与决定货币流通量的因素

货币流通量是指市场上实际流通的货币总量。投放货币就增加了货币流通量;反之,回笼货币就减少了货币流通量。增加或减少货币流通量主要是适应经济和社会发展需要。货币流通量过少,不能满足商品交换的需要,就会影响经济发展;货币流通量过多,超出了商品交换的需要,就会出现通货膨胀,同样会影响经济的增长。由此可见,货币流通量的确定对于经济的健康运行起着至关重要的作用。

在货币流通过程中,决定货币流通量的因素有两个:一是一定时期的商品价格总额,即各种商品的价格与商品数量的乘积的总和;二是货币流通速度,即同一时期内,货币在买主和卖主之间转手的次数。用公式来表示就是:

$$M = \frac{PT}{V} \tag{2.1}$$

公式中 M 表示流通中的货币需要量,P 表示商品价格水平,T 表示待流通商品数量,V 表示同一单位货币流通速度,此公式表明了货币需求量变动的基本规律。从这个公式可以看出,货币需求量取决于商品价格、流通的商品数量和货币流通速度3个因素。一定时期内流通中所需货币量,与商品价格总额成正比,与同一单位货币流通速度成反比。该公式揭示了金属货币的流通规律,而对于信用货币的流通规律,乃是以金属货币流通规律为基础的。

2.3.2 货币流通速度的影响因素分析

货币流通速度是指单位货币在一定时期内的周转(或实现交换)次数。商品实现交换后,一般会退出流通,进入生产或生活消费;而货币作为实现商品交换的媒介手段,是处在流通中不断地为实现商品交换服务。在一定时间内,多种商品交换活动不断进行,同一单位货币就可以为多次商品交换服务,从而实现多次周转。例如,在一定时间内,甲用 10 元向乙买花生,乙用这 10 元向丙买布,丙又用它向丁买衣服,这 10 元货币在一定时间内实现了 30 元的商品价值,其流通速度是 3 次。

货币流通速度的计算公式,是从马克思关于货币流通规律的公式变换得出,可参见本书第 13 章第一节货币需求的理论中马克思关于流通中货币量的理论介绍。货币流通规律的基本公式是:

$$M = \frac{PT}{V} \tag{2.2}$$

将式(2.2)移项,即可得出货币流通速度的计算公式为:

$$V = \frac{PT}{M} \tag{2.3}$$

货币流通速度的影响因素主要有经济和心理两个方面,其中经济因素是基本的,影响货币流通速度的因素包括以下 5 种。

1)居民的货币收入水平和支出结构变化的影响

当收入水平一定时,如果消费结构中用于支出的部分较多,货币流通速度会加快;反之,则货币流通速度会减慢。当支出结构不变,收入增加时,货币流通速度会加快;反之,则变慢。

2)产业结构及生产专业化状况的影响

不同生产周期、不同资本有机构成的产业部门之间的比重不同,以及社会生产的专业分工程度不同等,都会影响货币流通速度。生产周期长的部门,资金周转慢,其货币流通速度相对较慢;反之,则较快。资本有机构成高的部门,资金占用多,使货币流通速度减慢;反之,则加快。社会生产的专业化分工越细,进入市场交易的中间产品越多,生产效率越高,生产周期缩短,实现国民生产总值越多,流通速度就越快;反之,则较慢。社会再生产过程中所有这些方面发生变化,都会相应地影响货币流通速度发生快慢不等的变化。

3)金融市场发达状况的影响

金融市场越发达,商品交易之外的货币交易占用量越多,货币流通速度越慢;反之,则相对加快。

4)财务及结算制度的影响

如一定时期中分多次支付工资,每项支付期短,会加快货币流通速度;反之,则慢。金融业发达,能采用多样灵活的结算方式,减少资金占用时间,可以加快货币流通速度;反之,则慢。

5)影响货币流通速度的心理因素

这主要是消费者对经济形势的预期和对信用货币及纸币的信任程度。心理因素包括人们的支付习惯、消费心理、价值观念,以及对通货膨胀率、利率等变动的预期,还包括对政府的重大政策变化和其他政治因素的预期等。心理预期导致的行为变化,会在一定程度上,有时甚至是很大程度上左右人们的储蓄和购买行为,从而影响货币流通速度。

上述影响货币流通速度的诸多因素错综复杂地交织在一起,使货币流通速度在很大程度上成为难以考察和计算的变量。

2.3.3 货币的层次

目前,世界各国普遍以金融资产流动性的强弱作为划分货币层次的主要依据。所谓"流动性",是指金融资产能及时变现并不蒙受损失的能力。

国际货币基金组织将货币划分为 M_0、M_1、M_2 3 个层次。

1)M_0(现钞)

M_0 指流通于银行体系以外的现钞和铸币,不包括商业银行业务库的现钞和铸币,包括居民手中的现金和企业单位的备用金。这部分货币可随时作为流通手段和支付手段,因而具有最强的购买力。

2)M_1(狭义货币)

M_1 由 M_0 加上商业银行的活期存款构成。由于活期存款随时可以签发支票而成为直接的支付手段,所以,它同现金一样是最具有流通性的货币。M_1 作为现实的购买力,对社会经济有着最广泛而直接的影响,因而是各国货币政策调控的主要对象。

$$M_1 = M_0 + 商业银行活期存款 + 邮政汇划或国库接受的私人活期存款$$

3)M_2(广义货币)

$$M_2 = M_1 + 准货币$$

M_2 由 M_1 加准货币构成。准货币一般由定期存款、储蓄存款、外币存款以及各种短期信用工具,如银行承兑汇票、短期国库券等构成。准货币也称为亚货币或近似货币,一般认为,准货币不是真正意义的货币,不是现实货币。但定期存款和政府债券可以兑换成现实货币,其变现能力仅次于活期存款,变现中可能会有一定利息损失。M_2 与 M_1 相比,具有更广泛意义的货币层次,其兑现后会加大流通中的货币量,对预测未来货币流通的趋势具有重要作用。

我国对货币层次的研究起步较晚,按照国际货币基金组织的口径,现阶段我国货币划分为以下 3 个层次。

M_0=流通中的现金,也称其为通货,含纸币和硬币;

狭义货币 $M_1 = M_0 +$ 活期存款;

广义货币 $M_2 = M_1$ + 定期存款 + 储蓄存款 + 其他存款 + 证券公司客户保证金；
将广义货币量减去狭义货币量，即 $M_2 - M_1$ 称为准货币。

【阅读案例 2.2】

中国的货币流通速度为什么持续下降？

中国货币流通速度持续下降引起了经济学家们极大的兴趣。从某种意义上说，这是一件大好事，因为这意味着名义货币可以以高于经济增长率和物价上涨率之和的增长率上升（根据交易方程式，若货币流通速度不变，则名义货币增长率应等于经济增长率加物价上涨率），换句话说，超过经济增长率部分的货币增长率不会完全转化为通货膨胀率。这意味着政府可以放出较多的名义货币，从而得到较多的铸币收入，同时却只承担较小的通货膨胀压力。财政收入不足和通货膨胀一直是困扰我国改革进程的两大难题，而货币流通速度的下降则在一定程度上缓解了这对矛盾。对于这一现象，有3种可能的解释。一种是价格指数偏低说，即认为中国的统计数字低估了实际的物价上涨率。一种是被迫储蓄假说，即认为中国市场上缺乏足够多的金融资产和商品以供消费者和企业选择，因而消费者和企业只好持有更多的货币。还有一种则是货币化假说，这种观点认为，改革也是一个货币化的过程，即通过货币进行的经济活动的比例不断增加，而与传统的物物交换相联系的非货币化经济的比例则不断下降，这一过程刺激了货币需求的急剧上升，从而使货币流通速度不断下降。

在改革的某些年份，中国的官方物价指数无疑在一定程度上低估了实际的物价上涨率。但是，即使用市场的物价指数计算，中国的货币流通速度在改革的大部分年份中仍显著下降，因此物价指数偏低假说缺乏足够的说服力。商品的短缺现象在改革的某些年份中较为突出，在某些年份中则并不突出（如1989年第3季度至1991年的市场疲软时期），因此，中国货币流通速度的下降更可能是因为金融资产种类的缺乏和经济的货币化。

值得一提的是，货币流通速度的下降有一个限度，超过这一限度之后，超过经济增长率部分的货币增长率将全部转化为物价上涨率。同许多国家相比，我国的货币化指标（主要是货币同国民生产总值的比率）已经偏高，因此从现在开始，我们必须对名义货币过快增长可能带来的通货膨胀问题保持高度警惕。

参考资料来源：《中国的货币银行和金融市场》，作者易纲，1996.6。

讨论题：

结合上述案例，分析影响一国货币流通速度的因素主要有哪些？

2.4 货币制度

2.4.1 货币制度的形成

货币制度又称"币制"或"货币本位制",是指一个国家或地区以法律形式确定的货币流通结构及其组织形式。货币制度的宗旨是加强对货币发行和流通的管理,维护货币的信誉,管理金融秩序,促进经济发展。

货币制度的发展与货币本身的发展并不同步。远古的实物货币流通阶段几乎没有成形的货币制度。金属货币阶段开始对货币的铸造和流通有一些具体规定,但由于自然经济占统治地位,商品经济并不发达。因此,在资本主义社会之前的货币流通具有以下3个特征。

①铸造权分散,造成流通领域混乱。

②铸币的材料以贱金属为主。

③铸币的质量不断下降,总重减轻,成色下降。

这种铸造权分散、铸币不断贬值的现象使当时的货币流通变得很不稳定,这种不稳定的货币流通严重阻碍了商品经济的发展。

随着资本主义生产方式的确立,新兴的资产阶级便着手建立统一的、稳定的货币制度。取得政权的资产阶级为了发展资本主义经济,对货币制度提出了3个要求:首先,要求有统一的货币制度。其次,要求有稳定的货币流通。最后,要求货币流通具有较大的弹性。

到现代信用货币流通阶段,货币制度的宗旨和要求没有变化,但其内容有了较大的变化,一些传统的构成要素已不再是重点。

2.4.2 货币制度及其构成要素

为了有效地发挥货币的作用,就需要对货币流通的结构和组织形式进行规范。在资本主义制度建立以后,资产阶级政府通过立法,将货币流通的结构和组织形式确定下来,这就产生了货币制度。

货币制度一般而言,构成要素有5个。

1)确定本位币金属(币材)

确定本位币金属就是指规定一种货币用什么材料制成。它是货币制度最基本的内容。货币制度规定以何种金属铸造本位货币,就称为什么本位币制度。如用金作为货币的币材,称为金本位制,还有银本位制、金银复本位制等。

货币材料虽然是由国家规定的,但国家不能随心所欲地任意指定某种金属为货币材料,它是由客观经济发展的进程所决定的。在资本主义初期,商品经济还不发达,商品交易规模也不大,用白银作为货币材料已能满足流通的需要。而当商品经济发展了,商品交易规模扩大了以后,白银因其价值含量较低并且价值不够稳定而不能适应流通需要了,此时黄金开始进入流通,成为本位币材料。到 20 世纪初,由于商品经济进一步发展,商品交易的规模已远远超过了黄金存量规模,如果再坚持用黄金作为货币材料,必然会阻碍商品经济的发展。所以,黄金不再流通,取而代之的是纸币制度。

一般地说,发达国家的货币金属多为黄金,落后国家则为白银。

2）确定货币单位

（1）货币名称

目前世界上的货币名称有 100 多种,其中用元、镑、法郎作为货币名称的较多。据统计,用"元"作为货币名称的国家有 52 个,如人民币元、美元、日元等;用"镑"作为货币单位的国家有 12 个,如英镑、苏丹镑等;用"法郎"作为货币单位的国家有 32 个,如法国法郎、瑞士法郎、马里法郎等。

（2）货币单位及其划分

在确定货币名称的同时,还要确定货币单位,也就是价格标准,包括货币单位名称和货币单位价值量的规定。例如,英国的本位币单位为"镑",镑以下为"便士""先令"等;我国人民币的单位为"元",元以下有"角""分"等。

3）确定本位币和辅币的铸造、发行和流通程序

（1）本位币和辅币

本位币也称主币,是一个国家的基本通货和法定的计价结算货币。在金属货币流通条件下,本位币实际价值与名义价值一致,为足值货币。在当代纸币本位制度下,纸币已经成为独立的本位币,由该国货币制度所确定,是流通中的价值符号。

辅币是本位币以下的小额货币,主要供小额零星交易和找零之用。在金属货币流通条件下,辅币以贱金属铸造,其实际价值低于名义价值,为不足值货币。法律规定,辅币可按固定比例与本位币自由兑换。

（2）本位币的铸造、发行和流通程序

①本位币可以在国家集中铸造的前提下自由铸造。这种自由铸造是指公民有权把货币金属送到国家造币厂铸成本位币,不受数量限制。造币厂代铸货币,不收或只收少量的铸造费。

②规定本位币有磨损公差。为了保证本位币的名义价值和实际价值一致,防止磨损过大而实际价值减少的货币充斥流通领域,国家规定当本位币流通一段时间以后允许磨损的最大限度,超过这一限度,公民可以持币去向政府换取新的铸币。例如,英国在 1870 年规定 1 镑金币的标准质量是 123.274 47 格令,磨损后的铸币质量不得低于 122.5 格令。

（3）辅币的铸造、发行和流通程序

①规定辅币限制铸造,即公民不能自由地请求政府代铸辅币,辅币的铸造权完全由政府控制。这样做可以保证辅币铸造收入归国家所有,也可以保证辅币与本位币的固定比例不被破坏。

②规定辅币可以与本位币自由兑换。

4）确定有限清偿和无限清偿

①本位币可以无限清偿，即每次用本位币支付的数额不受限制，每次无论支付的金额如何巨大，对方都不得拒绝接受。这是因为本位币是一国的基本通货。

②规定辅币有限清偿，即规定辅币只具有有限的支付能力。在商品交易中，在一定的金额内，买方可以用辅币支付，一旦超过这一规定的金额，对方可以拒绝接受。例如，美国曾经规定，用10美分以上的辅币支付，一次支付限额为10美元。规定辅币的有限清偿能力是为了更好地发挥辅币在商品交易中的作用，而不是给商品交易带来不便。

5）规定准备金制度和外汇准备制度

这一制度就是国家规定把贵金属集中到国库和中央银行。在纸币制度下，其主要作用是作为世界货币的准备金。

2.4.3　货币制度的演变

在货币制度发展史上曾存在4种不同的货币制度，依次为银单本位制、金银复本位制、金单本位制、信用货币制度。

1）银单本位制

银单本位制是以白银为货币金属，以银币为本位币的一种货币制度。它是历史上最早出现、实施时间较长的一种货币制度。

在这种货币制度下，白银可以流通，黄金不是货币金属，不进入流通。银单本位制适应了当时商品经济不很发达的社会需要。但随着资本主义的发展，交易规模不断扩大，这时，银单本位制的缺点便显露出来了。其主要的缺点有以下两个。

①白银价值不稳定

由于白银储藏量相对丰富，开采技术提高较快，使得白银的产量较多，导致白银价值不断下降，1860年金银比价为1∶15，到1932年降为1∶73.5。而作为一种货币金属，只有当其价值能保持相对稳定，才适合于作为货币材料，才能保证货币价值的稳定性。

②白银价值相对较低，为商品交易带来许多不便。

我国古代长期实行的是金银称量制与铜铸币制并行的货币制度，到1910年清政府才宣布实行银本位制，但实际上是银两与银圆并存。直到1933年国民政府废"两"改"圆"，才开始完全的银圆流通。

商品经济的发展需要价值含量更高、更稳定、携带更方便的货币。到20世纪初，除了中国、印度、墨西哥等少数国家仍实现银单本位制外，主要的资本主义国家已放弃了这种货币制度。

2）金银复本位制

随着商品经济发展，在商品交易中，对金银两种贵金属的需求都增加了，白银主要用于小额交易，黄金则用于大宗交易，这样就形成了白银与黄金都作为主币流通的局面，客观上产生了建立金银复本位制的要求。16—18世纪，欧洲国家纷纷建立金银复本位制度。

在金银复本位制下,法律规定金银两种贵金属都是铸造本位币的材料,可以自由输出、输入。金币和银币可同时流通,都可以自由铸造,都具有无限清偿能力。

金银复本位制按金银两种金属的不同关系,又可分为以下3种形态。

(1)平行本位制

平行本位制即金币和银币是按照他们所含的金银实际价值进行流通的。在这种货币制度下,国家对金银两种货币之间的兑换比例不加固定,而由市场自发形成金银比价、自行确定金币和银币的比价,使得商品具有金币和银币表示的双重价格。而金银市场比价波动也必然引起商品双重价格比例波动,给商品交易带来混乱。

(2)双本位制

为了克服平行本位制的问题和困难,国家便以法律规定金币和银币之间的固定比价,即金币和银币是按法定比价进行流通和交换的。例如,法国曾规定1金法郎=15.5银法郎。这样做虽然可以避免双本位制带来的弊病,但这种做法又违背了价值规律,官方比价较市场自发比价缺乏弹性,不能快速依照市场的金银实际价值比进行调整。当金银的法定比价与市场比价不一致时,金币和银币的实际价值与名义价值相背离,从而使实际价值高于名义价值的货币(即良货币)被收藏、熔化而退出流通领域,产生了"劣币驱逐良币"的现象。由于这一现象是由16世纪英国财政大臣托马斯·格雷欣发现并提出的,所以又将这种现象称为"格雷欣法则"。

"格雷欣法则"即"劣币驱逐良币"规律,是指在金属货币流通条件下,当一个国家同时流通两种实际价值不同而法定比价不变的货币时,实际价值高的货币(也称良币)必然被人熔化、收藏或输出而退出流通,而实际价值低的货币(也称劣币)反而充斥市场。

例如,当国家规定1金币=15银币的法定比价,而市场价为1金币=16银币

15金币=240银币(按市场价)

16金币=240银币(按法定价)

16金币－15金币=1金币

人们会将良币(金币)收藏、熔化或输出国外,而将劣币(银币)用于流通,如此循环往复,必然使流通中的良币越来越少,劣币则充斥市场。这一规律告诉我们:一个国家在同一时期内只能流通一种货币。如果同时使用两种货币,在金属货币流通条件下,就会出现"劣币驱逐良币"现象。

(3)跛行本位制

为了解决"劣币驱逐良币"现象,资本主义国家又采用跛行本位制,即金银币都是本位币,但国家规定金币能自由铸造,而银币不能自由铸造,并规定银币不具有无限清偿能力,金币和银币按法定比价交换。这种货币制度中的银币实际上已成了辅币。这种跛行本位制是金银复本位制向金单本位制的过渡形式。

3)金单本位制

由于金银复本位制是一种不稳定的货币制度,对资本主义经济发展起了阻碍作用,甚至导致货币制度事实上的倒退。为了保证货币制度的稳定性,更好地发挥货币制度对商品经

济的促进作用,英国率先实现金单本位制度,以黄金作为本位货币。

19世纪的英国经济力量强大,1816年英国颁布法令,宣布实现金单本位制。1900年,美国也宣布黄金为唯一的本位币金属。至此,资本主义国家差不多都实现了金单本位制。中国、印度等国仍实现银本位制。此时,金银复本位制已基本取消。

金单本位制可以分为金币本位制、金块本位制、金汇兑本位制3种形式。

(1)金币本位制

它以黄金为货币金属。其主要特点如下。

①金币可以自由铸造,而其他金属货币(包括银币)则限制铸造。

②金币可以自由流通,价值符号(辅币和银行券)可以自由兑换为金币。

③黄金在各国之间可以自由地输出、输入。

由于金币本位制是一种相对稳定的货币制度,所以,在实行金币本位制的100多年时间里,资本主义经济有了较快的发展。

到了20世纪,由于商品经济规模日益扩大,而黄金存量有限,各国拥有的黄金也不均衡,大多数国家因黄金短缺而使价值符号无法兑现。这样一来,实行金本位的黄金基础被削弱了。

为了维持金本位的黄金准备要求,许多国家限制黄金输出,并开始发行无法兑现的货币符号,从而使金币本位制度难以维持下去。

第一次世界大战爆发以后,许多国家放弃了金币本位制,战后只有美国恢复了金币本位制,其他国家则开始实行没有金币流通的变相的金本位制度。

(2)金块本位制

金块本位制又称生金本位制,是没有金币的铸造和流通,而由中央银行发行以金块为资金准备的纸币流通的货币制度。其主要特点如下。

①废除了金币可以自由铸造、自由流通的规定。

②银行券代替金币流通。

③规定了银行券的含金量,银行券可以兑换金块,但这种兑换的起点都很高。例如,法国1928年规定用银行券兑换黄金的起点是21 500法郎。这么高的兑换起点,等于剥夺了绝大多数人兑换的权利。

金块本位制节省了黄金使用量,暂时缓解了黄金短缺与商品经济发展之间的矛盾,但并未从根本上解决问题。

(3)金汇兑本位制

金汇兑本位制又称为虚金本位制。在这种货币制度下,银行券作为流通货币,规定银行券不能直接兑换为黄金,只能与外汇兑换,然后用外汇兑换黄金。

金汇兑本位制实质上是一种附庸的货币制度,在对外贸易和财政金融上必然受到与其相联系的国家的控制,一般为殖民地所采用。第一次世界大战后,德国、意大利、中国、波兰等实行这种制度。

第二次世界大战结束前夕,在美国的布雷顿森林召开的国际货币会议上确立的"布雷顿森林体系"，实际上是一种全球范围的金汇兑本位制。这一体系规定各国货币与美元挂钩，美元与黄金挂钩，以美元为中心的货币制度。直到1973年，由于美国宣布美元与黄金脱钩，金汇兑本位制才正式停止。

为了能进一步摆脱黄金对商品经济的束缚，各国在20世纪30年代经济大危机以后实行了不兑现的信用货币制度。

4）现代信用货币制度

不兑现的信用货币制度是指以纸币或银行券为本位币，且纸币或银行券不能兑换黄金的货币制度。这是当今世界各国普遍实行的一种货币制度。

其主要特点如下。

①不兑现的信用货币，一般是由中央银行发行，并由国家法律赋予无限清偿的能力。

②货币不与任何金属保持等价关系，也不能兑换黄金，货币发行一般不以金银为保证，也不受金银的数量控制。

③货币是通过信用程序投入流通领域，货币流通是通过银行的信用活动进行调节，而不像金属货币制度下，由金属货币进行自发地调节。银行信用扩张，意味着货币流通量增加；银行信用紧缩，意味着货币流通的减少。

④当国家通过信用程序所投放的货币超过了货币需要量，就会引起通货膨胀，这是不兑现的信用货币流通所特有的经济现象。

⑤流通中的货币不仅指现钞，银行活期存款也是通货。

不兑现的信用货币制度的优势如下。

a.纸币发行不受黄金供给的限制，可以根据经济发展的实际需要调整货币供应量。

b.纸币是用纸作为货币材料，纸的价值含量很低，即使有了磨损，也不会造成社会财富的巨大浪费。

c.纸币还具有易于携带、保管、支付准确等好处。这些都是金属货币所不及的。

纸币本身没有价值，在流通中只作为价值符号而存在。由于纸币是货币金属的价值符号，不同于金属货币，所以纸币有其特殊的流通规律，这一规律体现的是纸币和货币金属之间的比例关系，用公式表示如下：

单位纸币所代表的货币金属量（即单位纸币的购买力水平）= 流通中所必需的货币金属量/流通中的纸币总量

纸币的流通规律体现了纸币同金属货币之间的比例关系。如果流通中所必需的货币金属量总值为100亿元，而流通的纸币总量是200亿元，那么单位纸币所代表的货币金属量价值就是0.50元。由此可见，国家有任意发行纸币的权利，但无法改变纸币流通规律，发行过多，必然导致币值下跌，甚至使货币制度崩溃。

2.4.4　我国的货币制度

我国的人民币制度是从人民币的发行开始的。1948年12月1日中国人民银行正式成立，同时发行人民银行券，即人民币。

我国的货币制度内容主要有：

①我国法定货币是人民币,人民币具有无限清偿能力。人民币单位为"元","元"是本位币即主币,辅币的名称为"角"和"分"。人民币的票券、铸币种类由国务院决定。人民币符号为"￥",是"元"字汉语拼音"yuān"的开头字母加一横而成。

②人民币是我国唯一合法通货。国家规定禁止金银和外汇在国内市场上计价、流通、结算和私自买卖。严禁仿造人民币。

③人民币的发行实行高度集中统一,货币发行权集中于中央政府,由中央政府授权中国人民银行统一掌管。人民币的发行要适应生产发展和商品流通的正常需要,通过银行信贷程序进行。

【阅读案例2.3】

关于货币制度的选择

南斯拉夫曾经是经济改革的先行者,但是进入20世纪80年代以来,经济持续滞胀,危机日益深刻尖锐。尤其突出地表现在通货膨胀犹如脱缰野马,达到难以控制的地步,有"欧洲的玻利维亚"之称。1987年,南斯拉夫通货膨胀率首次突破三位数,1988年达到251%,1989年12月11日相比通货膨胀率达1 255.5%,如与1988年12月相比,则通货膨胀率高达2 665%。20世纪80年代,南斯拉夫货币第纳尔的最高面值曾为1 000第纳尔,而到1989年则达500万第纳尔。1989年12月30日,1美元就等于54 324第纳尔,真可以算得上是超级通货膨胀。与此同时,工农业生产下降,外债负担沉重。

马尔科维奇总理于1989年3月16日就职后,采取了稳定宏观经济的一揽子改革方案:

(1)改革币制,废除旧币,发行新币。政府决定自1990年1月1日起,每1万旧第纳尔折合1新第纳尔,并与坚挺的西德马克挂钩,二者的比率为7:1,半年不变。币制改革后,任何人都可以按官方牌价在南斯拉夫的银行自由兑换马克,旧币换新币也没有限制。南斯拉夫还准备一待时机成熟,就使第纳尔成为完全可兑换货币。

(2)改革银行体制,禁止用发钞票的办法弥补赤字,管住货币超量发行。1990年1月开始把国家的金融职能与市场的金融职能分开,中央银行发行货币,但独立于政府,向议会负责。

(3)降低关税,放开进口,大部分商品价格由市场供求决定。

自此,奇迹居然出现了。

四位数的通货膨胀率从1990年1月以来被遏制到两位数、一位数、零甚至为负数。1990年通货膨胀率1月份为17.3%,2月份为8.4%,3月份为2.6%,4月份已降到零,6月份则是-0.3%,平均月率保持1%左右。这是自20世纪80年代以来的10年中,南斯拉夫经济第一次出现的转折。

更不寻常的是,如此贬值的第纳尔竟然与坚挺的西德马克挂钩,汇率保持不变,并由国际货币基金组织依据其章程中第八条款规定,承认第纳尔为可兑换货币。价格放开后,南斯拉夫国内市场物价下跌,市场供应丰富。10 年来高居 200 亿美元左右不下的外债,到 1990 年 3 月份下降到 160 亿美元,6 月份已降到 76 亿美元。出口增长幅度较大,1989 年出口增长 8.3%,全年国际收支顺差达 23 亿美元。外汇储备也明显增加,1990 年前 6 个月,南斯拉夫外汇储备增加 30 亿美元,到 7 月底,外汇储备总计有 90 亿美元。南斯拉夫一揽子配套综合措施方案的主要目标:遏制通货膨胀和保证南斯拉夫的货币成为可兑换货币,这两个目的在一年后都达到了。

讨论题:

从南斯拉夫货币体制改革中你能得到哪些启示?

【本章习题】

一、名词解释

货币制度　一般等价物　银单本位　金银复本位　金单本位　银行券　信用货币

二、简答题

1. 什么是货币? 货币有哪些职能?

2. 货币的起源有哪些假说? 马克思的货币起源理论的内容有哪些?

3. 简述货币制度的基本内容和构成要素。

4. 货币制度的形式有哪几种? 其演变过程是怎样的?

5. 什么是格雷欣法则?

6. 简述我国的货币制度。

第3章 信用与信用工具

【本章学习要求】

1. 理解信用的基本特征和信用的构成要素。
2. 了解信用的产生与发展;理解高利贷信用的特征和作用。
3. 掌握信用的基本形式和作用。
4. 熟悉信用工具的特征和分类。
5. 了解信用和经济的关系。

信用是和商品生产、货币经济相联系的范畴,是在商品货币关系的基础上产生的。随着信用的发展,经济活动中出现了各种信用形式,如商业信用、银行信用、国家信用、消费信用等。同时,在信用的发展过程中,逐渐产生了各种各样的信用工具。一方面,人们可以用其来证明信用关系的存在;另一方面,人们可以通过信用工具的流通转让,来实现债权债务关系的转移及资金的融通。本章的主要内容包括信用的基本概念和内涵,现代经济中主要的信用形式和信用工具。

3.1 信用的产生与发展

3.1.1 信用的基本特征

信用在不同的领域有不同的解释,经济范畴中的信用有其特定的含义,它是指一种借贷行为,表示的是债权人和债务人之间发生的债权债务关系。这种借贷行为是指以偿还为条件的付出,且这种付出只是使用权的转移,所有权并没有转移,偿还性和支付利息是它的基本特征。

信用是以偿还为条件的价值单方面让渡,它不同于商品买卖。在商品买卖中,价值进行对等转移和运动,一手交钱、一手交货,即卖者售出商品,获得等值的货币;买者付出货币,得到商品。但是在信用即借贷活动中,贷者把一部分货币或商品给予借者,借者并没有同时对贷者进行任何形式的价值补偿。其本身就包含了信用风险。

信用的基本特征如下。

1）偿还性

信用关系是一种债权债务关系，债权人暂时将实物或货币使用权让渡给债务人，到期必须偿还，并按规定支付一定的利息，偿还是信用最基本的特征。

2）收益性

信用关系是建立在有偿的基础上的，债权人暂时将实物或货币使用权让渡给债务人时，条件是偿还且增值，增值部分我们称之为利息。

3）风险性

信用关系不同于商品交换关系，将实物或货币使用权的让渡与价值的实现发生分离，债权人仅持有所有权凭证或债权凭证，到期能否收回，存在着不确定性，这种不确定性称为信用风险。

3.1.2 信用的构成要素

信用的构成要素主要有3方面。

1）权利和义务

信用作为特定的经济交易行为，要有行为的主客体，即行为当事人，其中转移资产、服务的一方为授信人，而接受的一方为受信人。授信人通过授信取得一定的权利，即在一定时间内向受信人收回一定量货币和其他资产与服务的权利，而受信人则有偿还的义务。

2）被交易的对象

被交易的对象就是授信方的资产，它能够以货币的形式存在，也能以商品的形式存在。

3）时间间隔

信用行为是在一定的时间间隔下进行的。

3.1.3 信用的产生与发展

信用是在私有制基础上产生的，私有财产的出现是借贷关系存在的前提条件。历史上最初、最古老的信用形式是高利贷信用。高利贷信用是一种通过发放实物或货币而收取高额利息为特征的借贷活动。

高利贷信用产生于原始公社瓦解时期，那时由于社会分工的发展，使原始公社内部产生了贫富分化。贫穷家族为了生产、生活和其他需要，而不得不向富裕家族求贷。在那种剩余产品有限，即可以贷出去的资财极少的情况下，借入者只有付出高额利息才能获得自己所需的商品和货币，这就是高利贷产生的历史根源。

原始社会末期产生的高利贷信用，在奴隶社会和封建社会得到了广泛的发展，成为占统治地位的信用形式。高利贷信用的贷者主要是大商人、奴隶主、大地主、大寺院的僧侣等；高利贷的借者主要是小生产者、贫苦农民。

高利贷作为一种信用形式，也具有信用的一般特征：即以偿还和付息为条件的价值的单方面转移。通过上述分析，高利贷除了具有信用的一般特征外，还具有以下特点。

1）高利贷的利率高、剥削重

从历史上看,高利贷的利率无最高限度,在不同国家、不同历史时期,利率水平相差很大,一般年利率四成以上,高的达到200%~300%。在旧中国,俗称"驴打滚",就是利率在100%以上。

2）高利贷信用主要用于非生产性用途

小生产者借高利贷是为了应付意外事件,如天灾人祸等,以维持生产和生活。

由于高利贷的利息特别高,一般又不作生产性的运用,因而对社会生产力起到了阻碍作用。只有在封建社会后期,当产生资本主义生产方式的其他条件已经具备的时候,高利贷才成为促进新生产方式形成和发展的一种力量。主要表现在:高利贷的发展一方面使高利贷者积蓄大量的货币资财,并有可能将其转化为产业资本,成为资本原始积累的来源之一;另一方面高利贷又使农民和手工业者大量破产,变成无产阶级,这正是资本主义生产方式得以产生的重要前提条件。但是,高利贷虽然为资本主义生产方式的出现准备了条件,然而它同时又阻挠了资本主义生产方式的发展。因为高利贷者高额的利息收入,使他们留恋高利贷的剥削方式,而不愿将货币投入资本主义企业。于是新兴的资产阶级采取各种斗争方式反对高利贷的高利率。斗争的最初方式是立法斗争,通过颁布法令,来限制利息率。后来,新兴资产阶级就联合起来,建立自己所需的信用机构,以满足他们在经营活动中对资本的需要。这样,资本主义信用就取代了高利贷信用的垄断地位。

资本主义出现以后,社会分工不断发展,大量剩余产品不断出现。随着商品生产和交换的发展,商品流通出现了矛盾——"一手交钱、一手交货"的方式由于受到客观条件的限制而经常发生困难。例如,一些商品生产者出售商品时,购买者却可能因自己的商品尚未卖出而无钱购买。于是,赊销即延期支付的方式应运而生。赊销意味着卖方对买方未来付款承诺的信任,意味着商品的让渡和价值实现发生时间上的分离。这样,买卖双方除了商品交换关系之外,又形成了一种债权债务关系,即信用关系。当赊销到期、支付货款时,货币不再发挥其流通手段的职能而只充当支付手段,这种支付是价值的单方面转移。正是由于货币作为支付手段的职能,使得商品能够在早已让渡之后独立地完成价值的实现,从而确保了信用的兑现。整个过程实质上就是一种区别于实物交易和现金交易的交易形式,即信用交易。后来,信用交易超出了商品买卖的范围。作为支付手段的货币本身也加入了交易过程,出现了借贷活动。从此,货币的运动和信用关系联结在一起,并由此形成了新的范畴——金融。现代金融业正是信用关系发展的产物。在市场经济发展初期,市场行为的主体大多以延期付款的形式相互提供信用,即商业信用;在市场经济较发达时,随着现代银行的出现和发展,银行信用逐步取代了商业信用,成为现代经济活动中最重要的信用形式。总之,信用交易和信用制度是随着商品经济和货币经济的不断发展而建立起来的;进而信用交易的产生和信用制度的建立促进了商品交换和金融工具的发展;最终现代市场经济发展成为建立在错综复杂的信用关系之上的信用经济。

【阅读案例 3.1】

陈志武：反思高利贷　禁止民间借贷增加交易成本

1934 年民间金融越发达的省份,在 1978—1998 年人均生产总值增长得越快;70 年前金融不发达的省份和地区,在改革开放以后经济发展的速度仍然落后。因此,为了重新释放民间金融对区域经济发展的能量,并让"地下钱庄"从"非法"走向"合法",我们有必要从根本上反思以往关于高利贷的观念。研究表明,禁止民间借贷只不过增加了金融交易的风险和成本,减少了资金供给,使高利贷利率变得更高。这种结局跟禁止民间金融的初衷正好相反。正确的办法是按照股东权益保护的思路,制定相关的政策和法律去保护债权人的利益,而不是打击他们。

什么是"高利贷"?

经济史学者通常会按照如下方式定义高利贷:选定一个"我们觉得合适的"数字,比如 20% 的年利率,然后把利率超过了 20% 的任何借贷定义为高利贷。这样的定义从字面意思上看并没有错,因为超过 20% 的利率的确比较"高"。但是在中国的传统语境下,"高利贷"这个概念往往跟负面的意识形态连在一起,如果按照上面的定义,我们就会把所有超过 20% 年利率的借贷都认定为"坏的"。这种定义完全不顾借贷市场的资金供求状况和契约执行环境、不顾通货膨胀率的高低,完全出于局外人的主观愿望。

我所看到的第二种定义是历史学家方行发表在《清史研究》1994 年第 3 期的文章中的解释:"高利贷资本和商业资本的收益,属于高收益还是低收益,都会自然地同封建地主的土地收益相比较,并会以后者作为衡量准绳。"这种定义的意思是:如果土地投资收益很高,比如是 30%,那么借贷利率即使为 30% 也不算不合理。如果我们对股票市场比较熟悉,就会知道这种定义方法相当于把上市公司的净资产收益率作为判断"资本回报率多少算合适"的参照点,但是,股票的实际回报率和净资产收益率的差别可以非常大,两者可以背离很多。因此,虽然这种定义比第一种要好一些,但仍然有其缺点。如果只以同期同地的土地收益作为利率的参照系数,那就没有把由于投资者和经营者间的信息不对称而导致的各种交易风险以及由此所要求的交易风险溢价包括在内。此外,土地本身的价值也是波动的,具有真实风险。投资所固有的真实风险和交易风险要求放贷者应该得到超过土地收益的借贷利率。

所以,更好的定义不仅要考虑到生产性资本或者消费性资金的收益率,还应该包括借贷市场投资回报本身的风险性,以及不同的投资品种给投资者带来的风险差异。当我们界定借贷的合理利率时,不能以诸如 20% 的个人愿望作为标准,还要考虑投资风险和债务交易契约的执行风险。特别是在中国目前以及以前的执法水平低下、产权和契约保护还不可靠的社会环境下,投资者因交易风险所要求的风险溢价使得合理的利率水平大大提高。

为什么各省的金融发展水平差别这么大?

那么,高利贷到底是怎么形成的? 为什么有的省和有的国家金融很发达,利率并不高,而另外一些省和国家则有极高的借贷利率存在? 让我们看看中国历史上各省份的高利贷和经济发展的一些具体状况。

这里,我们用到1934年民国政府中央农业试验所对当时全国22个省的千千万万乡村家庭各方面经济状况所作的调查,其中包括了这些家庭所作借贷的利率分布、借贷资金来源、借贷合约种类等详细信息。在当时的统计中,全国各地没有年利率低于10%的借贷发生。

该项调查显示,宁夏的金融发展水平最低,当地的样本中没有一笔借贷年利率低于30%;相比之下,浙江的各项金融发展指标在全国是最好的,当地只有1.1%的借贷利率超过30%。根据各个省份不同的利率分布,我们可以计算出每个省的平均利率,比如,宁夏的平均利率是49.6%,为各省中最高,其余像陕西为47.1%、河南为39.3%。

传统影响借贷利率?

为什么宁夏的借贷利率全国最高?当然,部分原因是当地比较穷,因生存必需的消费借贷可能不少。另外一个很重要的原因是,宁夏以回民占多数,传统上禁止有偿、有利息的借贷。所以,如果某人真的从事这种借贷并要求利息的话,就会受到谴责。在这种环境下,当你做有息的借贷时,所面临的交易风险和契约风险会相当高。从放贷者的角度说,如果传统要求你在放贷时不能有任何利息,而把自己辛苦劳动的所得借出后却有可能血本无归,你就会倾向于把钱留在家里,而如果要放贷出去,你就会要求得到格外高的风险溢价补偿。对于有息借贷的这种观念,使资本的成本被抬高了。贵州和青海情况类似,它们的借贷利率也偏高。

在今天民间金融全面受禁的背景下,实际上全国的情况跟当年的宁夏类似:禁止民间借贷只不过增加了金融交易的风险和成本,减少了资金供给,使高利贷利率变得更高。这种结局跟当初禁止民间金融的初衷正好相反。

沿海省份金融业较发达。

究竟是哪些因素决定了各省金融发展水平的高低?首先让我们看看地理位置的差异。如果按沿海、西南、中部和西北省份四个区域计算其平均利率水平,例如,广东、福建、浙江、江苏、山东、河北六个沿海省份的平均借贷利率是26.91%,而借贷市场最不发达的西北省份的平均利率是40.59%。

沿海省份的金融之所以发达,跟其商业历来就很发达有关。在19世纪末的铁路和20世纪的汽车出现之前,水运是唯一规模大、成本低的运输手段,这给沿海省份带来天然的经济发展优势。这些地方早在唐宋时期就进行海外贸易,当地人也能方便地做省际贸易。规模贸易优势让这些省份比内陆更早产生了发达的商业文化。换言之,如果一个地区的商业文化越发达,对商业价值的认同度越高,那么该地的人们对契约执行的认同度就越高,也就越能为借贷市场的发展提供一个更好的社会制度环境。

机构金融越发达,借贷利率就越低。

上面的分析使我们再次看到,打击高利贷的政策和意识形态的实际效果适得其反:越是通过意识形态或者政策限制有利息的借贷,就越使利率变得更高。这到底是为什么呢?一方面是因为这种意识形态和政策环境只会大大减少借贷资金的供给。而另一方面,民间对借贷资金的需求并不会因意识形态或政策的禁止而改变太多,因为自从有人类以来就有对金融的需求,就会时常需要借贷的支持。以我最近读到的一本书为例,书中记载山西省从唐宋开始每年发生的自然灾害,其频率很高,自然灾祸的发生就会导致对短期资金的大量需求;我们可以把这些由于天灾人祸和其他像婚宴、丧事、盖房等导致的大开支通称为非经常性开支。金融发展的第一个作用就是让人们能利用金融工具平摊这些非经常性开支对生活的影响,让我们不会因为这些突发的大开支而陷入无米下锅的状态。对金融借贷的需求是自然的,也是经常发生的。

尽管我们从主观愿望上反对高利贷,但简单地禁止民间借贷并不能够解决老百姓天然的金融需求。因此,对高利贷的憎恶并不能从客观上改变各个家庭对借贷资金的需求。为理解高利贷的成因,我们也必须从资金需求方的角度来考虑,为什么借款人愿意支付50%甚至更高的利息?我们有理由相信,这些借款人也是一些负责的家长,他们在明知年利率高达50%甚至60%的情况下仍然愿意借款,只能说明他们在高利贷之外别无选择。对他们来说,通过高利贷所能得到的好处一定要比所付出的高利息要多,这些是自愿的交易,通常不是被迫的。因此,对高利贷的分析并不是像我们以往想象的那么简单、片面。

在我们以往的思维中,借款的人往往是些善良的老实人,而放贷者本身的品行都很差,心也很黑,所以就需要政府干预,防止那些需要借款的人被剥削。这种思维或许也对,但是政府部门不能在禁止民间金融之后又没有更好的办法解决老百姓上述的资金需求问题,国有银行和正规地方信用社只从老百姓那里吸收存款但不对他们做贷款,这样就逼着老百姓找地下钱庄,付出更高的利率获得资金,除此之外别无选择。

从这个意义上说,禁止民间金融不是好办法,那不仅使高利贷利率更高,而且也为地下黑帮暴力的发展提供了推动力。试想一下,在民间金融是非法的情况下,如果借贷双方发生债务纠纷,他们当然不能去法院,而只能找地下黑帮私了了。

我们可以借鉴公司治理的概念,把公司治理和保护股东利益的概念运用到对高利贷问题的分析上。这就要求我们在借贷市场上保护放贷人的权益,正如在公司治理中要保护股东的权益。换句话说,真正降低高利贷的办法不是打倒高利贷的放贷者,而是通过电视和媒体渠道表彰这些人对于社会的贡献,表彰他们愿意把自己辛苦的劳动所得拿出来满足别人的资金需求。这可以鼓励更多人加入放贷者的行列,增加借贷市场上的资金供给,使利率降低。

从1934年各省利率水平的差别中,我们也可以看到资金供给是否充足的影响。我们可以选取非个人放贷占总放贷量的百分比这个变量,来反映一个地区"专业借贷机构"的发达程度:机构放贷比越高,说明该省的金融越发达。这里,"非个人放贷"包括银行、信用社、合会、当铺、钱庄与商店的放贷,与之相对应的是个人间的借贷,例如由地主、富人、商人和其他个人做的放贷。

温州的民间信用。

温州民间信用活动呈现多样化、利率灵活性、操作简易性、活动区域性、关系依附性和风险隐藏性等特点。各地的民间利率水平灵活反映了当地不同的资金余缺程度,同时又与借款人信誉、期限等因素密切相关。月息一般为1%~1.2%,信誉好、用款时间长的,甚至可以降低至0.8%~0.6%,接近银行信用社利率水平。民间直接融资的操作手续比较简单,近90%的企业借款是信用方式,60%的个人在借款时只备借据,而且借据陈述简单,仅有借贷双方姓名和金额。利率有时是口头协商或随行就市,期限大多并不事先确定,借出方可临时通知收回,借入方也可要求展期;还有超过20%的借贷无任何手续。从地域上看,农村的民间信用活动明显比城市活跃。同时民间信用活动一般限制在有限的社区范围之内,借贷双方大多具有亲友、邻里或生意伙伴等社会关系。

来源:http://finance.sina.com.cn[2005-08-16]《新财富》。

来源:《中国金融年鉴2002》,《温州民间信用调查》。

思考题:

如何看待民间信用对经济发展的作用。

3.2 信用形式

信用活动是通过具体的信用形式表现出来的,随着商品经济的发展,信用形式也随之多样化,如商业信用、银行信用、国家信用、消费信用、国际信用、民间信用等。各种信用特点各异,在经济中的作用各不相同。

3.2.1 商业信用

商业信用是指企业之间互相提供的,与商品交易直接相联系的信用。商业信用的具体形式包括企业间的商品赊销、分期付款、预付货款、委托代销等。由于这种信用与商品流通紧密结合在一起,故称为商业信用。商业信用最典型的形式是商品赊销。

商业信用发生的基本原因:在社会再生产过程中,一些企业生产出商品等待销售,而需要购买商品的企业又暂时没有现款,因为这些企业只有在售出自己的产品后,才能获得足够的现款。商业信用通过赊销商品、延期付款的方式解决了买卖双方暂时的矛盾。

1)商业信用的特点

①商业信用的主体是厂商。商业信用是厂商之间相互提供的信用,债权人和债务人都是厂商。

②商业信用的客体是商品资本。商业信用提供的不是暂时闲置的货币资本,而是处于再生产过程中的商品资本。

③商业信用与产业资本的动态一致。在繁荣阶段,商业信用会随着生产和流通的发展、产业资本的扩大而扩张;在衰退阶段,商业信用又会随着生产和流通的消减、产业资本的收缩而萎缩。

2）商业信用的优点及其局限性

由于商业信用具有以上特点，因而其优点在于方便和及时。商业信用的提供，既解决了资金融通的困难，也解决了商品买卖的矛盾，从而缩短了融资时间和交易时间。同时，商业信用是商品销售的一个有力竞争手段。正因为如此，一般在商业信用能解决融资的情况下，购货企业无须求助于银行信用。商业信用是西方国家信用制度的基础和基本形式之一。

商业信用虽有其优点，但由于其本身具有的特征，又决定了它的存在和发展具有局限性。

①规模和数量上的局限性。商业信用是企业间买卖商品时发生的信用，是以商品交易为基础的。因此，信用的规模受商品交易量的限制，生产企业不可能超出自己所拥有的商品量向对方提供商业信用。商业信用无法满足由于经济高速发展所产生的巨额的资金需求。

②方向上的局限性。因为商业信用的需求者也就是商品的购买者，这就决定了企业只能与自己的经济业务有联系的企业发生信用关系，通常只能由卖方提供给买方，而且只能用于限定的商品交易。

③信用能力上的局限性。在相互不甚了解信用能力的企业之间就不容易发生商业信用。

④信用期限的局限性。期限较短，受企业生产周转时间的限制。所以，商业信用只能解决短期资金融通的需要。

3.2.2 银行信用

商业信用的局限性使它难以满足资本主义社会化大生产的需要，于是，伴随着资本主义银行的产生，在商业信用广泛发展的基础上产生了银行信用。

银行信用是银行及其他金融机构以货币形式提供的信用，其主要形式是吸收存款和发放贷款。

与商业信用相比，银行信用有其自身的特点和优点。

1）银行信用的特点

①银行信用是间接融资信用。

②银行信用是以货币形态提供的信用。

③银行信用的主体包括银行、其他金融机构、工商企业以及个人等，它在信用活动中交替地以债权人和债务人的身份出现。

④银行信用与产业资本的动态不完全一致。例如，当经济衰退时，会有大批产业资本不能用于生产而转化为借贷资本，造成借贷资本过剩。

⑤在产业周期的各个阶段，对银行信用与商业信用的需求不同。在繁荣时期，对商业信用的需求增加，对银行信用的需求也增加。而在危机时期，由于产品生产过剩，对商业信用的需求会减少，但对银行信用的需求却有可能增加。此时，企业为了支付债务，避免破产，有可能加大对银行信用的需求。

2）银行信用的优点

由于银行信用具有以上特点，所以，它克服了商业信用的局限性，成为一种比较良好的信用形式，其优点如下。

①银行信用的规模巨大。这就在规模和数量上克服了商业信用的局限性。

②银行信用的投放方向不受限制。银行信用以货币形态提供,货币具有一般的购买力,谁拥有它,谁就拥有选择任何商品的权利。因此,任何部门、企业和个人暂时闲置的货币或资本都可以被各种信用机构动员起来,投向任何一个部门和企业,以满足任何方面的需要,不受任何方向上的限制。

③银行信用的期限长短均可。这就克服了商业信用在期限上的局限性。

④银行信用的能力和作用范围大大提高与扩大。

由于银行信用具有以上特点和优点,因而自它产生以后,对商品经济的发展起到了巨大的推动作用,成为现代信用的主要形式。尽管银行信用是现代信用的重要形式,但商业信用仍是现代信用制度的基础。

3.2.3 国家信用

国家信用是以国家和地方政府为债务人的一种信用形式。其基本形式有:一是由国家发行政府债券,包括国库券和公债券。二是政府发行专项债券,即政府特为某个项目或工程发行债券。三是银行透支或借款。其中最主要的形式是国家发行国库券和公债券。

我国在20世纪50年代曾经6次发行公债,第一次是在1950年1月发行的"人民胜利折实公债",1954—1958年,连续5年发行了"国家经济建设公债"。这些公债于1968年全部还清本息。后来由于片面强调"既无外债,又无内债",在相当长的时间里没有发行国债。经济体制改革以后,为了适应国民经济发展的需要,从1981年起,国家开始发行国债。目前,我国的国债已经有了一定的规模。

国家信用在经济生活中起着积极的作用。

①调节财政收支不平衡,国家信用是解决财政困难的较好途径。解决财政赤字的途径有3种:增税、从银行透支和举债。增税不仅立法程序繁杂,而且容易引起公众不满、抑制投资和消费;从银行透支容易导致通货膨胀,而且按照我国《中央银行法》的规定,也禁止财政从银行透支;举债是一种信用行为,有借有还,有经济补偿,相对来说问题少一些。

②可以筹集大量资金,改善投资环境、创造投资机会。

③政府发行债券,为中央银行在公开市场上进行业务操作,调节金融市场的资金供求和为货币流通提供现实基础。

④政府信用也是调节经济、实施宏观政策调控的重要手段。

3.2.4 消费信用

消费信用是工商企业或银行等金融机构,对消费者提供的直接用于生活消费的信用。

消费信用主要有两种类型:第一类是工商企业以赊销商品(延期付款)、分期付款的方式向消费者提供的信用。第二类是银行或其他金融机构以货币形式向消费者提供的消费信用,也就是消费贷款。它属于长期消费信用,一般用于购买汽车或住房,时间可达20~30年,或采取抵押贷款方式或采取信用贷款方式。

消费信用的作用表现在：

①在一定程度上缓和消费者的购买力需求与现代化生活需求的矛盾，有助于提高消费水平。

②可发挥消费对生产的促进作用。

消费信用在现代经济中发展很快，它已经成为西方国家居民消费的重要方式。发达国家商业银行的消费信贷平均为20%。我国与发达国家相比，消费总体规模偏低。十八大以来，党中央、国务院在调整经济结构中，非常注重扩大内需；发展消费信贷，促进居民消费，以推动经济增长，成为扩大内需政策的重要组成部分。

3.2.5　国际信用

国际信用是国际间的借贷行为，是不同国家或地区之间发生的借贷关系，是国际经济联系的重要组成部分。其主要形式有国际商业信用、国际银行信用和政府间信用。

国际商业信用有来料加工和补偿贸易等。国际银行信用有出口信贷和进口信贷等。政府间信用有政府贷款和国际金融机构贷款等。国际信用的特征如下。

1）规模大

国际信用中的授信方通常为实力雄厚的国际金融机构、跨国银行或公司、经济发达的国家政府；而受信方存在有大量的资金需求，仅靠国内信用筹资往往难以满足其资金需求，则可通过国际信用来拓展其资金来源。

2）方向上的交叉性

国际信用既有经济发达国家的资本向发展中国家的垂直流动，也有经济发达国家之间、发展中国家之间资本的水平流动，还有发展中国家向发达国家的逆向流动。所以，国际信用的方向上具有交叉性。

3）复杂性

国际信用的形式、程序、工具及动机与国内信用相比较更为复杂。

4）风险大

国际信用发生在跨国、跨地区的经济主体之间，授信方对受信方的情况较之国内信用难以准确评估，所以将面临更大的信用风险。同时，国际信用还会面临国家风险、地域风险和外汇风险等。

3.2.6　其他信用

除以上5种信用形式外，还存在着其他的信用形式，这些信用形式主要包括以下3种。

1）民间信用

民间信用是指社会公众之间以货币形式提供的信用。其存在的主要形式有：公众之间直接货币借贷；通过中介人进行的货币借贷；以实物抵押取得借款的典当活动等。民间信用的主要特点有：信用的目的或为生产，或为生活；期限较短，规模有限；利率通常较高，风险较大,且具有自发性和分散性。民间信用存在的基础是金融市场与其他信用形式不发达,市场经济的发展不均衡和社会贫富不均。民间信用是商业信用和银行信用的重要补充。

2)租赁信用

租赁信用是经营者之间以盈利为目的,出租设备和工具,收取租金的一种信用形式。其主要形式有融资租赁、经营租赁和综合租赁。租赁信用有利于减少一次性资金投入,加速设备的更新换代,扩大再生产规模。

3)证券信用

证券信用是经营者以发行证券的形式,向社会筹集资金的一种信用方式。其主要表现形式有:公司或企业为筹措资金向社会发行债券、股票和实施配股。

3.3　信用工具

3.3.1　信用工具的概念

信用工具是证明债权、债务关系的合法书面凭证。在早期的信用活动中,借贷双方仅凭口头协议或记账而发生信用关系,因无法律上的保障,极易引起纠纷,并且不易将债权和债务转让。信用工具的产生和发展克服了口头信用和记账的缺点,使信用活动更加顺畅,更加规范化,而且通过信用工具的流通转让形成了金融市场。在现代经济中,人们融通资金往往要借助于信用工具,因此信用工具又被称为金融工具。金融工具对其买进或持有者来说就是金融资产。

3.3.2　信用工具的特征

信用工具种类繁多,但各种信用工具一般都具有以下4个特点。

1)偿还性

偿还性是指信用工具的债务人按期还本付息的特征。信用工具一般都载明期限,债务人到期必须偿还信用凭证上记载的债务。但也存在着例外,如股票的偿还期是无限的。

2)流动性

流动性是指信用工具在短时间内转变为现金而在价值上又不受损失的能力,又称变现能力。现金和活期存款是最具有流动性的。政府发行的国库券也具有较强的流动性,而其他信用工具或者不能随时变现,或者在变现时要蒙受损失。

3)收益性

收益性是指信用工具(特别是有价证券)定期或不定期给持有者带来收益。如股票可获得股息收益,债券能获得债券利息,这是固定收入。另外,还可利用金融市场的行情变化,买卖信用工具,带来差价收入。

4)风险性

风险性是指投入的本金和预期收益遭受损失的可能性。风险主要来自两个方面:一是违约风险,指债务人不能按时履行契约,支付利息和偿还本金的风险。二是市场风险,是指市场上信用工具价格下降可能带来的风险。

3.3.3 信用工具的分类

按不同的划分标准,信用工具可分为以下 4 种类型。

1)按发行者的性质分

按发行者的性质,可分为直接信用工具和间接信用工具。

(1)直接信用工具

它指非金融机构发行的用于直接金融活动的信用工具,如政府债券、公司债券、商业票据、股票、抵押契约、借款合同及其他各种形式的借据等。

(2)间接信用工具

它是由银行或其他金融机构发行或签发的用于间接融资活动的信用凭证,如银行券、金融债券、可转让大额定期存单、保险公司保单等。

2)按可接受程度分

按可接受程度,可分为无限可接受性的信用工具和有限可接受的信用工具。

(1)无限可接受性的信用工具

它指社会公众普遍接受,在任何场合都能充当交易媒介和支付手段的工具,如银行券、银行活期存款、现金支票等。

(2)有限可接受的信用工具

它指可接受程度和可使用范围取决于该工具的性质、出票人及付款人的信用,具有一定的流动性,但不能作为一般性交易媒介的工具,如商业票据、债券、股票等。

3)按偿还期限分

按偿还期限,可分为短期信用工具和长期信用工具。

(1)短期信用工具

它指提供信用的有效期限在一年或一年以内的信用凭证,如各种票据、信用证、信用卡、旅行支票、短期国库券、大额可转让存单、回购协议等。常用的短期信用工具有汇票、本票、支票、信用证等。

(2)长期信用工具

它指提供信用的有效期限在一年以上的信用凭证。包括各种债券和股票,通常称为有价证券,其具有一定的票面金额,代表债权或所有权,持有人可据此获得一定收益的凭证。

4)按权利与义务分

按权利与义务,可分为债务凭证和所有权凭证。债务凭证证明持有人享有债权,所有权凭证证明持有人享有财产的所有权,如股票。

【阅读案例 3.2】

山西票号——利用金融工具管理风险

票号即票庄、汇兑庄,主要办理国内外汇兑和存放款业务,是为适应国内外贸易的发展而产生的。票号产生于中国的封建社会。在票号出现以前,人们用雇佣镖局运送现银的办法支付交易,费时误事,开支大、不安全。从嘉庆、道光年间开始,民间有了信局,通行各省,官吏及商人迫切要求以汇兑取代运现,因此诞生了票号。

最早的票号产生于道光年间。最早,山西平遥人雷履泰代替别人管理一家"日升昌"颜料铺,由于颜料铺的生意兴隆,雷履泰把经营范围扩大到了四川,经常到四川采购颜料。但是,雷履泰出入四川采购颜料必须随身携带大量的现金,在以行路困难著称的蜀道上长途跋涉,风险极高,一旦碰到抢劫的匪徒,后果不堪设想。于是雷履泰就决定由日升昌开出票据,凭票据到四川指定的地点可以兑换现银,即当时的通用货币。这种方式类似于我们今天的汇票,大大提高了支付的效率,降低了交易中的风险。雷履泰用金融票据往来的方式,代替施行了几千年的商业往来必须用金、银作支付和结算手段的老办法。在意识到这种新结算方式的发展前景以后,雷履泰干脆把"日升昌"改造成了一家专门的票号。

"日升昌"是一家特殊的商号。它的与众不同是因为它经营的商品不是一般货物,而是金融票据、存款、贷款和汇款这些业务,它是中国历史上第一家做这样生意的商号。雷履泰虽然只开办了"日升昌"这一家票号,但他实际上是开创了一个全新的行业。在此后的一百多年时间里,别人仿效"日升昌"的模式,开设了许多家类似的商号。因为它们都以经营汇票为主,而且又都由山西人开办,所以当时的人们和后来的研究学者都把它们统称为"山西票号"。票号办理汇兑、存放款,解决了运送现银的困难,加速了资金周转,促进了商业繁荣。

来源:杨长江,张波,王一富.金融学教程[M].上海:复旦大学出版社,2004:35.

思考题:

1. 票号与如今的银行体系有哪些异同?
2. 票号信用有什么特点?

3.4 信用与经济

3.4.1 信用在现代经济中的作用

信用在现代经济中的作用既有积极的一面也有消极的一面。

1)信用的积极作用

信用的积极作用主要表现在以下 4 个方面。

（1）现代信用可以促进社会资金的合理利用

通过借贷，资金可以流向投资收益更高的项目，可以使投资项目得到必要的资金，资金盈余单位又可以获得一定的收益。

（2）现代信用可以优化社会资源配置

通过信用调剂，让资源及时转移到需要这些资源的地方，可以使资源得到最大限度的利用。

（3）现代信用可以推动经济的增长

一方面，通过信用动员闲置资金，将消费资金转化为生产资金，直接投入生产领域，扩大社会投资规模，增加社会就业机会，增加社会产出，促进经济增长；另一方面，信用可以创造和扩大消费，通过消费的增长刺激生产扩大和产出增加，也能起到促进经济增长的作用。

（4）信用可以节约流通费用，加速资本周转

信用有相当一部分是通过赊销或债权债务相互抵消来清理，闲置的货币资本投入流通，节约了货币，加快了货币周转。

2）信用的消极作用

信用对经济的消极作用主要表现在信用风险和经济泡沫的出现。信用风险是指债务人无法按照承诺偿还债权人本息的风险。在现代社会，信用关系已经成为最普遍、最基本的经济关系，社会各个主体之间债权债务交错，形成了错综复杂的债权债务链条，这个链条上有一个环节断裂，就会引发连锁反应，对整个社会的信用联系造成很大的危害。经济泡沫是指某种资产或商品的价格大大地偏离其基本价值。经济泡沫的开始是资产或商品的价格暴涨，价格暴涨是供求不均衡的结果，即这些资产或商品的需求急剧膨胀，极大地超出了供给；而信用对膨胀的需求给予了现实的购买和支付能力的支撑，使经济泡沫的出现成为可能。

3.4.2 现代经济是信用经济

现代经济是一种信用经济。在现代经济生活中，信用即债权债务关系是一种最普遍的经济关系。

1）现代经济是信用经济

这个问题可以从 3 个方面来分析。

（1）现代经济运作的特点

现代经济是一种具有扩张性质的经济。首先，需要借助于负债去扩大生产规模、更新设备，需要借助于各种信用形式去筹措资金，改进工艺、推销产品。其次，现代经济中债权债务关系是最基本、最普遍的经济关系。经济活动中的每一个部门、每一个环节都渗透着债权债务关系。经济越发展，债权债务关系越紧密，越成为经济正常运转的必要条件。最后，现代经济中信用货币是最基本的货币形式。各种经济活动形成各种各样的货币收支，而这些货币收支最终都是银行的资产和负债，都体现了银行与其他经济部门之间的信用关系。所以，信用就成为一个无所不在的最普遍经济关系。

（2）信用关系中的各部门

信用关系中的个人、企业、政府、金融机构、国际收支等部门的任何经济活动都离不开信用关系。表现在个人通过在银行储蓄或取得消费贷款，与银行形成了信用关系；个人购买国债、企业债券，与政府、企业形成了债权债务关系。企业在信用关系中既是货币资金的主要供给者，又是货币资金的主要需求者。政府通过举债、放贷，形成与居民、企业、金融机构或其他机构之间的信用关系。金融机构作为信用中介从社会各方面吸收和积聚资金，同时通过贷款等活动将其运用出去。国际收支的顺差、逆差的调节也离不开信用。这说明，信用关系已成为现代经济中最基本、最普遍的经济关系。

（3）信用对现代经济的作用

信用对现代经济发展的推动作用主要表现在：信用保证现代化大生产的顺利进行，即信用活动从资金上为现代化大生产提供条件。在利润率引导下，信用使资本在不同部门之间自由转移，导致各部门利润率趋向相同水平，从而自然调节各部门的发展比例。在信用制度基础上产生的信用流通工具代替金属货币流通，节约流通费用，加速资本周转。信用为股份公司的建立和发展创造了条件；同时，信用聚集资本、扩大投资规模的作用通过股份公司的形式也得到了充分发挥。

综合以上 3 个方面，不难看出，现代经济是一种信用经济。

2）发展信用以及提高信用关系在经济中的地位，是现代市场经济发展的必然趋势

信用作为一个经济范畴，包括守信与失信两个方面。借贷双方彼此遵守信用行为以此建立的契约是守信，借贷双方或任何一方不遵守信用行为依此建立的契约是失信。信用在程度上有差别有完全守信、完全失信、基本守信、基本失信、部分守信和部分失信等。

失信不等于蓄意赖账，蓄意赖账是失信行为中的一种，失信由于原因的不同，可以有各种表现形式。例如，农民借贷进行耕种，由于天灾造成颗粒无收，失信不可避免，但不是蓄意赖账。失信在借贷双方都可能出现，但发生的主要方面通常在借款方。在经济过程中，所有信用行为从整体来看，守信与失信这两个方面总是相伴存在。从逻辑上说，守信是信用范畴的支撑，不能守信则必然会动摇信用范畴的根基，威胁信用范畴本身的存在。如果失信持续、大量存在，会使信用关系恶化，若失信成为信用行为的主导，则信用会萎缩甚至中断。

我国作为文明礼仪之邦，诚实守信一直是中华传统文化的美德之一，守信的思想源远流长，孔子说："人而无信，不知其可也。"人要是不讲信用，不知道其如何为人处世。"诚信"是中华民族古老的道德准则，"诚"表示真实无妄，表里如一；"信"则表示忠于承诺，诚实无欺。即"言必信、行必果"。诚实守信是中国传统美德，是古代先哲们倡导的立言、立德、立功三大人生目标之一。我国传统文化历来对诚信道德教养很重视，"子以四教：文，行，忠，信"，"民无信不立"，诚信被看成人的立身处事之本，是做人的基本道德要素。我们党历来对思想道德建设十分重视，改革开放以来，先后提出：建设"有理想、有道德、有文化、有纪律"的四有新人；"依法治国与以德治国相结合"；"要努力提高全民族的思想道德素质"等；党的十八届三中全会将诚信列入社会主义核心价值观。

诚信建设是规范社会主义市场经济秩序的道德需求。众所周知，近些年来社会上一些

领域道德失范、诚信缺失，不讲信用、欺骗欺诈已成为社会公害。食品和药品的安全问题也已威胁到人民群众的日常生活。改革开放以来，在经济体制的转型中，由于体制和机制的不适应，法律制度的不健全，出现了大量的失信行为，企业之间相互拖欠债务，形成所谓的"三角债"，导致信用联系恶化，企业生存困难，形成了对经济发展的阻碍。不遵守承诺的坏风气也扩展到其他社会活动中，据有关部门统计，我国每年企业间签订的合同达40多亿份，真正执行的不到70%。失信成为制约经济发展的消极因素，使经济主体之间的正常交易难以进行，增加了交易成本，形成了银行有钱不敢贷、企业差钱借不到的奇怪现象，使银行无法正常发挥其信用中介、信用创造和金融服务的功能。这些现象严重地扰乱了当前市场经济秩序。完善的市场经济，必须以诚信道德基础上的个人信用和社会信用做行为规范，建立以道德约束为支撑、以法律法规为保障的社会信用体系，使市场经济秩序呈现良好态势，才能进一步发展社会主义市场经济。

诚信建设是构建社会主义和谐社会的道德基础。党的十六届六中全会提出构建和谐社会的总要求，即"民主法制、公平正义、诚信友爱、充满活力、安定有序、人与自然和谐相处"，诚实守信，是其重要内容之一。国民素质事关国家和民族的生存与发展。一个社会是否和谐，一个国家能否长治久安，很大程度上取决于全体社会成员的思想道德素质。诚信建设是和谐文化的重要组成部分，是一个社会的基础工程。解决诚信问题，推动和谐文化建设，正是为和谐社会的建设打牢思想道德根基。科学发展观要求经济、政治、文化和社会必须协调发展，如果发展不协调，道德失范、诚信缺失，就会动摇社会基础，造成诸多社会矛盾，影响全社会的和谐与安定，最终影响整个社会的经济、政治、文化和社会建设。

诚信建设是社会主义思想道德建设的重要任务。党的十六大提出"建设与社会主义市场经济相适应、与法律规范相协调、与中华传统美德相承接的社会主义思想道德体系"，提高全民族思想道德素质，为人的全面发展奠定基础。我国社会主义市场经济已经取得空前进步，中国的成就和国际地位举世瞩目，诚信问题如果解决不好，社会主义思想道德体系就无法建立，就会影响国民素质的提高，这与我国的国际地位是不相符合的。据有关研究部门对"以仁义礼智信为主要内容的中华民族传统美德"抽样调查和网上调查结果，"信"被认为是当前最需要加以弘扬的传统美德，排在所有品德之首。做诚实守信的公民，建立诚信的社会，是当前思想道德建设的重要任务。

【阅读案例3.3】

我国将建社会全覆盖征信体系　不良信用信息需经本人同意

央广网北京2014年7月9日消息(记者刘祎辰)据中国之声《全国新闻联播》报道，按照国务院规划，到2020年我国将基本建成覆盖全社会的征信体系。发改委财政金融司司长田锦尘表示，将首先建立和实施统一信用代码制度，其中个人信用代码以身份证为基础。

日前，《社会信用建设规划纲要(2014—2020年)》正式发布，明确了政务诚信、商务诚信、社会诚信、司法公信四大领域的34项重要任务。国家发改委金融司长田锦尘表示，要实现这些任务,建立统一信用代码制度是基础。自然人以身份证为基础的信用代码公安部已经提出方案,社会组织和法人代码,发改委已提出方案,目前还在研究论证。

而根据规划,到底有多少指标会被纳入个人信用的评价当中。对此,田锦尘的表述是:严格讲起来,社会经济活动中凡是涉及其他个人、其他团体的活动,涉及信用的东西,都要纳入,不能有死角,不能有盲点。

无死角,无盲点,在实际工作中代表着巨大的工作量。在安徽,初步确定个人信用信息目录191类、985个指标,计划包括信用消费、职业经历和评价、公用事业缴费、纳税等各个方面。

与此同时,《纲要》规划到2020年覆盖全社会的征信系统基本建成。根据中国人民银行征信管理局副局长张子红的介绍,这个征信系统将不再只有央字头征信机构,涉及个人的征信牌照即将发放。获得个人征信业务经营资格的个人征信机构名单和已经在人民银行备案的征信机构名单将陆续在人民银行网站上公布。

个人征信牌照的发放,意味着将有更多社会力量进入征信市场。随着信用系统中记录越来越多的个人信用信息,如何保障社会征信机构不滥用征信权利,侵犯信息主体的权益至关重要。对此,张子红表示:向征信机构提供不良信用信息的要事先告诉信息主体本人,征信机构对个人不良信息的保留有严格期限,不得超过五年。

来源:中国广播网 2014-9-7。

思考题:

谈谈你对全国信用征信体系建设的认识。

【本章习题】

一、名词解释

信用 高利贷 商业信用 银行信用 国家信用 直接信用 间接信用 信用工具

二、简答题

1.什么是信用的本质特征? 货币有哪些职能?

2.信用有哪些形式? 各有哪些特点?

3.简述信用工具的种类。

4.货币制度的形式有哪几种? 其演变过程是怎样的?

5.你认为信用与经济有哪些关系?

第4章 利息与利率

1. 熟悉利息的概念、利息的来源及本质理论;了解收益资本化的概念。

2. 掌握利率的概念和利率的分类;理解利率体系和利率结构;掌握利率的计算方法;理解利率期限结构的相关理论。

3. 熟悉马克思利率决定理论和西方利率决定理论的几种观点,掌握影响利率水平的一般因素的分析。

4. 了解我国利率市场化的进程及制约因素。

4.1 利息的概念与本质

4.1.1 利息的概念

利息伴随着信用的产生而产生,它有着悠久的历史。一般认为,利息就是借贷资金的增值额。从借贷关系中的债权人角度来讲,利息是货币资金所有者因贷出货币或货币资本而从借款人手中获得的报酬,是货币资金所有者凭借对货币资金的所有权向这部分资金的使用者索取的报酬;从债权人角度讲,利息则是借入货币或货币资本所花费的代价。

马克思认为,在封建社会和奴隶社会,高利贷资本是生息资本的主要形式,它体现了高利贷者同奴隶主和封建主共同对劳动者的剥削关系。

资本主义制度下,利息是借贷资本运动的产物(双重支付和双重回流的分析),本质上是剩余价值的特殊表现形式,是利润的一部分。利息也体现了借贷资本家和职能资本家共同剥削雇佣工人的关系。

社会主义社会,利息是调节经济生活的重要经济杠杆之一,是纯收入再分配的一种方式。社会主义经济中,利息来源于劳动者为社会所创造的一部分剩余产品价值,它体现了国民收入在社会主义经济内部的分配关系,反映了正确处理国家、集体和个人三者之间的经济关系。

4.1.2 关于利息本质理论的几种观点

考察利息的本质,即其所反映的经济关系,必须结合其来源进行分析。不同的生产方式下反映的经济关系不同。

奴隶社会和封建社会,高利贷资本是生息资本的主要形式,其利息的来源是奴隶或农奴、小生产者劳动创造的被高利贷者无偿占有的剩余产品,甚至包括一部分必要产品。它反映的是高利贷者同奴隶主或封建主共同剥削劳动者的关系。

如何认识资本主义制度下利息的来源与本质,各经济学派对此从不同立场、角度出发,阐述了自己的观点。

1)马克思关于利息来源与本质的理论

马克思指出,借贷资本的运动特点是双重支出和双重回流。双重支出指货币资本家把货币资本贷给职能资本家,职能资本家用货币购买生产资料和劳动力。双重回流指职能资本家把商品销售出去,取得货币,然后把借贷资本连本带利归还给货币资本家。利息就其本质而言,是剩余价值的一种特殊表现形式,是利润的一部分,体现了借贷资本家和职能资本家共同剥削雇佣工人的关系,也体现了借贷资本家和职能资本家间瓜分剩余价值的关系。

2)西方经济学家关于利息来源与本质的理论

(1)利息报酬论

利息是一种报酬,由古典政治经济学家配第提出,是古典经济学中颇有影响的一种理论。配第认为,既然出租土地能够收取地租,那么,出租货币也应该收取货币的租金,利息是因为所有者暂时放弃货币使用权而给贷出者带来不方便的报酬。他认为利息与地租具有相同的性质,都是所有者勤劳的产物,他以收取地租的合法性来论证收取利息的合法性。持这种观点的还有古典经济学家洛克,但他不认为贷款者收取利息是因为借款人给他带来不方便,而是因为贷款人承担了风险,利息是承担了风险的报酬,报酬多少与承担的风险大小有关。该理论仅描述了借贷的现象,但没有真正理解剩余价值的本质。

(2)资本生产力论

资本具有生产力,利息是资本生产力的产物,该理论由萨伊最先提出。他认为,资本、劳动、土地是生产的三要素,在生产中它们各自提供了服务。资本具有生产力,资本生产力与自然生产力共同对生产作出贡献;利息是资本生产力的产物,生产出来的价值的一部分必须用来支付资本生产力的报酬。该理论注重了资本生产力与自然生产力共同对生产作出的贡献,但否定了劳动的价值。

(3)节欲论

利息是资本家节欲行为的报酬,该观点由西尼尔提出。他认为资本来自储蓄,要储蓄就必须节制当前的消费和享受,即节欲行为;利息来自于对未来享受的等待,是对为积累资本而牺牲眼前消费欲望的报酬。

(4)灵活偏好论

灵活偏好论也叫流动性偏好论。是由凯恩斯提出的著名理论,认为利息是在一个特定的时期内,人们放弃货币周转灵活性的报酬,是对人们放弃流动性偏好,即不持有货币进行储蓄的一种报酬。

这些理论大多脱离经济关系本身,甚至从非经济现象进行考察,从而无法揭示资本主义利息的真正来源与本质。

3）中国学者对利息来源与本质的认识

中国学者在比较的基础上，坚持了马克思的利息是利润的一部分，是剩余价值的转化形式的理论。他们认为，在以公有制为主体的社会主义社会，利息来源于国民收入或社会财富的增值部分；反映劳动者重新分配社会纯收入的关系。

4.1.3　利息与收益的一般形态

利息是资金所有者由于借出资金而取得的报酬，它来自于生产者使用该笔资金发挥生产职能而形成的利润的一部分。显然，没有借贷，就没有利息。但在现实生活中，利息被看成收益的一般形态，无论贷出资金与否，利息都被看成资金所有者理所当然的收入——可能取得或将会取得的收入。与此相对应，无论借入资金与否，生产经营者也总是把自己的利润分成利息与企业收入两部分，似乎只有扣除利息后的利润才是经营所得。于是，利息率就成为一个尺度：如果投资额与所获得利润之比低于利率，则不应该投资；如果扣除利息，所余利润与投资的比很低，则说明经营的效益不高。在会计制度中，利息支出在会计中列入成本。利润表现为扣除利息的余额。

马克思认为，利息之所以能转化为收益的一般形态，主要是因为：

首先，利息是资本所有权的果实这种观念已得到广泛认同，取得了普遍存在的意义；一旦人们忽略借贷过程中创造价值这个实质内容，而仅仅注意货币资本的所有权可带来利息这一联系，便会形成货币资本自身天然具有收益性的概念。

其次，利息就其实质来说，是利润的一部分，但利率同利润率的区别在于利率是一个事先确定的量。利率的大小在其他因素不变的条件下，直接制约企业收入的多少。因此，从这个意义出发，人们通常用利率衡量收益，用利息表示收益。

第三，利息的历史悠久。货币可提供利息早已为人们所熟知。因此，无论货币是否作为资本使用，人们通常认为，它可带来收益。

在一般的贷放中，本金、利息收益和利率的关系可用公式表示为：

$$收益 = 本金 \times 利率 \quad 或 \quad 本金 = 收益 / 利率 \tag{4.1}$$

通过收益与利率相比，得出的资本金，习惯称之为资本化。如土地价格是地租的资本化，股票价格是股息的资本化，人力资本是工资的资本化等。资本化是商品经济的规律，只要存在利息，这一规律就存在并发挥作用。

4.1.4　收益资本化

各种有收益的事物，不论它是否是一笔贷放出去的货币金额，还是一笔资本，都可以通过收益与利率的对比而倒过来算出它相当于多大的资本金额，这习惯地称为"资本化"。

在一般的贷放中，贷放的货币金额，通常称为本金，与利息收益和利息率的关系如下：

$$B = P \times r \tag{4.2}$$

式中　B——收益或利息额；P——本金；r——利率。

例如,一笔贷款一年的利息收益为 50 元,市场年平均利率5%,那么可以知道本金为 50÷0.05 = 1 000(元)。按照这样带有规律性的关系,有些本身不存在一种内在规律可以决定其相当于多大的资本事物,也可以取得一定的资本价格;甚至有些本来不是资本的东西也因之可以视为资本,如土地、人力资本(工资)。以土地为例,土地本身不是劳动产品,无价值,从而本身也无决定其价格大小的内在依据。但土地可以有收益,土地收益大小取决于多种因素;同时,由于利率也会变化,使一块土地的价格会有极其巨大的变化。若预期土地收益升高,利率不变时,土地价格会升高;若预期土地收益不变,利率升高,则土地价格会变低;若预期土地收益不变,利率降低,则土地价格会升高。

表面资本化使本身无法估计价值的事物有了价格。资本化发挥作用最突出的领域是有价证券的价格形成。

4.2 利率与利率体系

4.2.1 利率的概念

利息率简称利率,是一定时期内利息额同其相应本金的比率。其计算公式为:

$$利息率 = 利息额 / 本金 × 100\%　　　　　(4.3)$$

利息率是一种重要的经济杠杆,它对宏观经济运行和微观经济运行都有重要作用。

4.2.2 利率的分类

1)按计算利息的时间长短,利息率的表示可分为年利率、月利率和日利率

年利率一般按本金的百分之几表示;月利率是按本金的千分之几表示;日利率是按本金的万分之几表示。

在实际工作中,利率需要相互换算,即年、月、日利率可互相换算,换算方法为:

$$年利率 = 月利率 × 12 = 日利率 × 360　　　　　(4.4)$$

2)按利率是否随市场规律自由变动,利率可分为市场利率、公定利率和官定利率

市场利率是指由资金供求关系和风险收益等因素决定的利率。一般来说,当资金供给大于需求时,市场利率会下降;当资金供给小于需求,市场利率会上升。当资金运用的收益较高而运用资金的风险也较大时,市场利率也会上升;反之,则下降。

官定利率是政府货币管理当局或中央银行确定发布的,各级金融机构都必须执行的各种利息率。由于商品经济条件下利率对资金活动的规模、趋势、效率等影响极大,甚至直接影响国家的货币金融政策的贯彻执行,因此成为一种调节经济活动的重要杠杆。例如,中央银行的再贴现率就是典型的官方利率。

市场利率必然会受到官方利率的干预和影响,但是市场利率的变动主要还是取决于借

贷资金的供求关系。这样市场利率和官方利率之间往往存在一定的差距,两者不可能完全保持一致。同时,中央银行在确定官定利率时,总是以市场利率作为重要依据。

公定利率是指由金融机构或行业协会按协商的办法所确定的利率,对参加协会的成员有约束作用,在一定程度上反映了行业组织对整个行业内利率水平的干预和约束。

3)按利率在借贷期内是否调整,利率分为固定利率和浮动利率

固定利率是指利息率在整个借款期内固定不变,不随借贷资金的供求状况和市场利率的波动而发生变化。固定利率在借款期间不发生变化,因而它的主要优点是容易计算借款成本,简便易行,比较适宜于短期借款或市场利率变化不大的情况。

浮动利率又称可变利率,是指利息率随着市场利率的波动而定期调整变化的利率。浮动利率在借款期内随着市场利率的变化而定期调整,因而借款人在计算借款成本时比较困难、繁杂,利息负担可能减轻,也可能加重。但借贷双方可以共同承担利率变化的风险,这种利率比较适宜于中长期贷款。多数浮动利率都以伦敦银行同业拆借利率 LIBOR 作为参照指标,在其上下浮动。

4)按利率是否考虑了通货膨胀的因素,利率可分为名义利率和实际利率

名义利率是没有剔除通货膨胀因素的利率。实际利率是剔除了通货膨胀因素的利率。

$$实际利率 = 名义利率 - 通货膨胀率 \qquad (4.5)$$

这便是著名的费雪方程式,反映名义利率和实际利率之间的关系。

例如,某人在银行存款 1 万元,利息率为 4%,利息额为 400 元,若该年的通货膨胀率为 3%,则实际利率 = 4% - 3% = 1%。该存款人在一年末收回的本金 1 万元实际上仅相当于年初的 9 700 元,本金由于通胀损失了 300 元。此计算还未考虑利息额的损失,年末的 400 元利息由于通胀只相当于年初的 388 元,所以实际收回的利息额只有 88 元。目前国际上通用的计算实际利率的公式为:

$$名义利率 = (1 + 实际利率) \times (1 + 通货膨胀率) - 1 \qquad (4.6)$$

可利用上述公式,根据名义利率和通货膨胀率推出实际利率。

5)按信用行为的期限长短,利率分为长期利率和短期利率

短期利率是指融资时间在 1 年期以内的利息率。长期利率是融资时间在 1 年以上的利息率。一般长期利率高于短期利率水平,因为融资期限长,市场变化大、风险也大。

6)按照利率是否具有优惠性质,可分为一般利率和优惠利率

一般利率是指金融机构按通常标准发放贷款或吸收存款所执行的利率,而优惠利率则是指低于一般标准的贷款利率和高于一般标准的存款利率。贷款优惠利率执行对象一般是国家政策扶持的地区行业、企业或项目;存款优惠利率大多用于争取目标资金来源,争取大额稳定的资金。在我国,擅自以提高利率拉存款的做法属于违规,优惠利率也只允许在政府规定的利率范围内。在国际市场上,一般以伦敦同业拆借利率为衡量标准,优于该标准的可被称为优惠利率。

【阅读案例4.1】

真实利率，房屋价格以及私人财富的聚集

真实利率对财富在借款人和贷款人之间的重新分配有重要作用。这种现象最明显的例子发生在1965—1980年，那些在20世纪60年代或以前以较低抵押贷款利率融资而购买房屋的人身上。

如果你的父母在1966年以首付5 000美元，余款以当时30年期6%的固定利率抵押贷款形式购买价值50 000美元的一套住房。假设通货膨胀随即发生，到1980年，这14年中他们的房屋平均每年升值10%，那么这项房屋购买将是什么类型的投资商品？

到1980年，房屋升值到189 875美元，14年后抵押品余额为33 249美元，在整个14年中每月付款为269.80美元（或许租房也要支付同样的价格），你父母将5 000美元升值为156 626美元，相当于每年28%的平均回报率。

本例中的简单真实利率为-4%。假设边际收入税为25%，税后真实利率将为-5.5%（16%×0.75-10%）。所以，你父母在该笔投资上获得的高收益不足为奇。如果给定一个较大的负真实利率的话，复利将为借款人在一段期间带来惊人的利润。

对数百万美国家庭来说，在20世纪50年代、60年代或70年代初以较低固定利率抵押贷款融资方式购买房屋是他们作出的最佳投资，房屋成为家庭财富或净值的重要来源。到20世纪70年代中期，这种利得产生的兴奋刺激许多家庭不经深思熟虑就购买更大、更贵的房屋。到20世纪70年代末期，投机使很多地区的房屋报价上涨到不合实际的高位。后来，一些地方的肥皂泡繁荣破灭了，导致了房屋价格的暴跌。

因为现在的抵押贷款利率比30年前高，而且房屋价格的膨胀已经急剧下降；所以真实抵押贷款利率为正值并且相对较高。新的房屋购买者不再像他们的父母那样希望房屋会成为极端投资品。

资料来源：迈克尔·G.哈吉米可拉齐斯，卡马·G.哈吉米可拉齐斯.货币银行与金融市场[M].聂丹，译.上海：上海人民出版社，2003：99.

思考题：

如何看待实际利率和名义利率的关系。

4.2.3　利率体系和利率结构

利率体系是指各类利率之间和各类利率内部都有一定的联系并相互制约，从而构成有机整体。利率体系主要包括利率结构、各利率间的传导机制和利率监管体系。

利率体系主要包括以下3个方面的内容。

1）中央银行利率、商业银行利率和市场利率

一般而言，利率体系中主要有3类利率，包括中央银行利率、商业银行利率和市场利率。中央银行利率是中央银行对商业银行和其他金融机构短期融通资金的基准利率。它包括再

贴现率、再贷款利率和金融机构在中央银行的存款利率。它在利率体系中占有特殊重要的地位,发挥着核心和主导作用,反映全社会的一般利率水平,体现一个国家在一定时期内的经济政策目标和货币政策方向。商业银行利率是商业银行及其他存款机构吸收存款、发放贷款、发行金融债券及同业拆借时所使用的利率。它在利率体系中发挥基础性作用,中央银行利率对其有调节作用。市场利率主要是指各种民间借贷利率、政府和企业发行各种债券的利率等。在整个利率体系中,中央银行的再贴现利率或再贷款利率是中央银行最重要的货币政策工具,在利率体系中起着主导作用,也将其称为基准利率。

2)拆借利率与国债利率

拆借利率是银行及金融机构之间的短期资金借贷利率,主要用于弥补临时头寸不足,期限较短。拆借利率是短期金融市场中具有代表性的利率。国债利率通常是指一年期以上的政府债券利率,它是长期金融市场中具有代表性的利率。

3)一级市场利率与二级市场利率

一级市场利率是指债券发行时的收益率或利率,它是衡量债券收益的基础,同时也是计算债券发行价格的依据。二级市场利率是指债券流通转让时的收益率,它真实反映了市场中金融资产的损益状况。

【阅读案例4.2】

利率结构的变动

1994年3月1日清晨,纽约联邦储备银行交易部的国内业务操作经理根据有关资料报告,由于全国经济发展态势良好,支票交付加快,预测结算在途资金相应减少,所以决定运用防卫性的公开市场操作(购买国债),抵消在途资金减少而造成基础货币供给下降。上午,该经理在得到联邦公开市场委员会(FO-MC)的同意后,决定买进2.5亿美元国库券,他授权交易员以联储名义与国库券出售者订立协议,规定出售者在7天内再将这些国库券购回。

1994年3月1日,美国货币市场利率如下:

优惠利率:6%,是30家最大的国民银行对公司贷款的基准利率。

大额可转让存单:3个月,3.44%。

银行承兑票据:90天,3.55%。

商业票据:90天,3.74%。

联邦基金利率:3.375%。

贴现率:3%。

3月2日,市场上3个月期国库券的利率由交易前的3.4%下跌至3.35%。国库券利率与优惠利率、大额可转让存单、商业票据的利差分别由2.6%,0.04%,0.34%扩大为2.65%,0.09%,0.39%。于是,公众纷纷放弃对国库券的购买,将手持通货转化为银行存款、公司债券,或者投资于利率更高的股市。结果,公司债券市场求大于供,利率下降,企业融资成本下降;银行体系的准备金增加,许多商业银行拥有可贷放给其他银行的超额准备金,联邦基金利率和贴现率下降。可见,美联储操作国债利率,打破原来利率体系的均衡,并将国债利率的变动传导到整个利率体系中,起到了"牵一发而动全身"的效果。

资料来源:胡海鸥.货币理论与货币政策[M].上海:复旦大学出版社,2004:52.

思考题:

通过该案例,谈谈中央银行利率在利率体系中占有的核心地位及发挥的主导作用。

4.2.4　利率的计算方法

1)单利

单利计算法是指在计算利息额时,无论期限长短,永远在初始本金上计算利息,其计算公式为:

$$利息 = 本金 \times 利息率 \times 计息期限,即 I = P \times r \times n, S = P(1 + r \times n) \quad (4.7)$$

其中,利息为I,本金为P,利息率为r,计息期限为n。

2)复利

复利计算法是指计算利息时,将上一期本金所生利息计入本金,一并计算下一期利息。其计算公式为:

$$S = P \times (1 + r)^n$$
$$I = S - P \quad (4.8)$$

其中,本息和为S,利息为I,本金为P,利息率为r,计息期限为n。

例:一笔期限为3年、年利率为6%的100万元的贷款,分别按单利法和复利法计算其利息总额及本利和。

按单利法计算:

$I = 1\,000\,000 \times 6\% \times 3 = 180\,000(元)$

$S = 1\,000\,000 \times (1 + 3 \times 6\%) = 1\,180\,000(元)$

按复利法计算:

$S = 1\,000\,000 \times (1 + 6\%)^3 = 1\,191\,016(元)$

$I = 1\,191\,016 - 1\,000\,000 = 191\,016(元)$

4.2.5　利率的期限结构

利率期限结构是指在某一时点上,违约风险相同,但不同期限资金的收益率与到期期限之间的关系,即指期限不同的金融资产收益率之间的关系。利率的期限结构反映了不同期限的资金供求关系,揭示了市场利率的总体水平和变化方向,为投资者从事债券投资和政府有关部门加强债券管理提供可参考的依据。由各种不同期限的金融

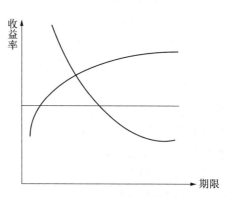

图4-1　到期收益率曲线

资产的收益率所构成的曲线,称为到期收益率曲线,如图4-1所示。

图中3条到期收益率曲线分别反映了期限与到期收益率曲线之间的3种不同情况。在实践中人们发现,大多数情况下到期收益率曲线都向右下方倾斜,解释该现象的理论主要有3种。

1)预期假说

利率期限结构的预期假说首先由欧文·费歇尔(Irving Fisher)于1896年提出,是最古老的期限结构理论。预期理论认为,长期债券的现期利率是短期债券的预期利率的函数,长期利率与短期利率之间的关系取决于现期短期利率与未来预期短期利率之间的关系。

因此,如果预期的未来短期债券利率与现期短期债券利率相等,那么长期债券的利率就与短期债券的利率相等,收益率曲线是一条水平线;如果预期的未来短期债券利率上升,那么长期债券的利率必然高于现期短期债券的利率,收益率曲线是向上倾斜的曲线;如果预期的短期债券利率下降,则债券的期限越长、利率越低,收益率曲线就向下倾斜。

这一理论最主要的缺陷是严格地假定人们对未来短期债券的利率具有确定的预期。其次,该理论还假定,资金在长期资金市场和短期资金市场之间的流动是完全自由的。这两个假定都过于理想化,与金融市场的实际差距太远。如果对未来债券利率的预期是不确定的,那么预期假说也就不再成立。只要未来债券的利率预期不确定,各种不同期限的债券就不可能完全相互替代,资金也不可能在长短期债券市场之间自由流动。

2)市场分割理论

市场分割理论首先由J. M.卡伯森在1957年提出,1966年经莫迪利亚和萨其归纳整理并加以发展。该理论认为,债券市场可分为期限不同的互不相关的市场,各有自己独立的市场均衡,长期借贷活动决定了长期债券利率,而短期交易决定了独立于长期债券的短期利率。根据这种理论,利率的期限结构是由不同市场的均衡利率决定的,不同市场的均衡利率决定取决于各自独立市场的供求关系。

市场分割理论最大的缺陷正是在于它旗帜鲜明地宣称,不同期限的债券市场是互不相关的。它无法解释不同期限债券的利率所体现的同步波动现象,也无法解释长期债券市场的利率随着短期债券市场利率波动呈现的明显有规律性的变化。

3)流动性偏好假说

流动性偏好假说由希克斯首先提出了不同期限债券的风险程度与利率结构的关系,较为完整地建立了流动性偏好理论。

根据流动性偏好理论,不同期限的债券之间存在一定的替代性,这意味着一种债券的预期收益确实可以影响不同期限债券的收益。但是,不同期限的债券并非是完全可替代的,因为投资者对不同期限的债券具有不同的偏好。远期利率除了包括预期信息之外,还包括了风险因素,它可能是对流动性的补偿。影响短期债券被扣除补偿的因素包括不同期限债券的可获得程度及投资者对流动性的偏好程度。

这一理论假定,大多数投资者偏好持有短期证券,为了吸引投资者持有期限较长的债券,必须向他们支付流动性补偿,而且流动性补偿随着时间的延长而增加,因此,实际观察到的收益率曲线总是要比预期假说所预计的高。这一理论还假定投资者是风险厌恶者,他只有在获得补偿后才会进行风险投资,即使投资者预期短期利率保持不变,收益曲线也是向上倾斜的。

4.3　利率的决定

利率的高低会直接影响整个金融体系和国民经济的运行,决定和影响利率的因素是多种多样的,利率水平的确定必须遵循客观经济规律的要求,根据经济发展和资金供求状况进行灵活的调节,关于利率确定的理论主要有以下3种。

4.3.1　马克思的利率决定论

马克思的利率决定论建立在对利率来源与本质分析的基础上,科学揭示了利率的决定因素。该理论以剩余价值在不同的资本家之间分割为起点,认为利息是贷出资本的资本家从借入资本的资本家那里分割来的一部分剩余价值。剩余价值表现为利润,所以,利息量的多少取决于利润总额,利率的高低取决于平均利润率。由于利息只是利润的一部分,利润本身也就成为利息的最高界限。一般情况下,利率不会与平均利润率恰巧相等,也不会超过平均利润率。总之,利率的变化范围在零与平均利润率之间。

马克思明确指出,在利率的变化范围内,有两个因素决定着利率的高低:一是利润率;二是总利润在贷款人与借款人之间分配的比例。利润率决定利率,从而使利率具有以下特点。

①随着技术发展和资本有机构成的提高,平均利润率有下降趋势,因而也影响平均利率有同方向变化的趋势。

②平均利润率虽有下降趋势,但却是一个非常缓慢的过程;换句话说,平均利率具有相对稳定性。

③由于利率高低取决于两类资本家对利润分割的结果,因而使利率的决定具有很大偶然性。也就是说,平均利率无法由任何规律决定,而传统习惯、法律规定、竞争等却可以直接或间接地对利率产生影响。

需要注意的是,平均利率是一个纯理论概念。在现实生活中,人们面对的是市场利率而非平均利率。市场利率的多变性直接决定于资本借贷的供求对比变化。至于总利润在贷款人与借款人之间分配的比例,也可能出现不同情况。如果总利润在贷款人和借款人之间的分割比例是固定的,则利率随着利润率的提高而提高;相反,则会随利润率的下降而下降。

4.3.2　西方利率决定理论的几种观点

近300多年来,利率决定理论经历了古典学派、凯恩斯学派和新古典学派3个时期。十分有趣的是,回顾西方利率体制的发展过程,也可以划分为3个阶段:即早期的自由放任时期,中期的国家垄断时期,再到现代市场经济调控结合的利率体制。

1)储蓄投资利率论

古典经济学派的奠基人马歇尔提出,利率取决于储蓄和投资之间的均衡点。利率是资本供求趋于相等的价格,而储蓄构成资本的供给、投资构成资本的需求。因此,利率是由储蓄、投资决定的。

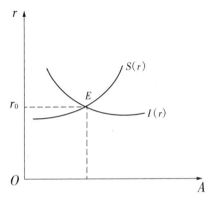

图4-2 古典学派储蓄投资理论曲线

图4-2中 r 为利率;S 为资金的供给,I 为资金的需求;r_0 为均衡利率。当 $S > I \to r \downarrow$ 资金的供给大于资金需求时,利率会下降;当 $S < I \to r \uparrow$ 资金的供给小于资金需求时,利率会上升;当 $S = I \to r_0$ 资金的供给等于资金需求时,利率为均衡利率。

投资需求取决于"资本边际生产力"即 $I(r)$,而储蓄又取决于"时间偏好"(即消费)即 $S(r)$。古典学派认为,在利息率的调节下,$S = I$,利率取决于边际储蓄曲线与边际投资曲线的均衡点,这样社会总供给等于社会总需求,从而市场经济会自动达到充分就业。

古典学派认为,利率完全由技术水平、劳动的供给以及资本和自然资源等真实因素来决定,而不受货币因素的影响。该理论的缺陷:①没有考虑到货币因素;②只考虑商品市场均衡。

2)凯恩斯学派的流动性偏好理论

凯恩斯流动性偏好理论是利率决定理论中的一种。凯恩斯学派的流动性偏好理论认为,利率不是决定于储蓄和投资的相互作用,而是由货币量的供求关系决定的。凯恩斯学派的利率理论是一种货币理论。

流动性偏好利率理论认为,利率决定于货币数量和一般人的流动性偏好两个因素。凯恩斯认为,人们在选择其财富的持有形式时,大多数倾向于选择货币,因为货币具有完全的流动性和最小的风险性,而通常情况下,货币供应量是有限的。人们为了取得货币就必须支付代价。所以,利息是在一定时期内放弃货币、牺牲流动性所得的报酬,而利率就是人们对流动性偏好,即不愿将货币贷放出去的程度的衡量。利率是使公众愿意以货币的形式持有的财富量(即货币需求)恰好等于现有货币存量(即货币供给)的价格。当公众的流动性偏好强,愿意持有货币的数量大于货币的供给量时,利率就上升;反之,公众的流动性偏好较弱,愿意持有的货币量小于货币供给量时,利率就下降。

凯恩斯认为,货币的供应量由中央银行直接控制,货币的需求量起因于3种动机,即交易动机、预防动机和投机动机。前两种动机的货币需求是收入的递增函数,记为 $M_1 = L_1(y)$,投机动机的货币需求是利率的递减函数,记为 $M_2 = L_2(r)$。货币总需求 $Md = L_1(y) + L_2(r)$,货币总供给为 Ms,当 $Md = Ms$ 时可以求均衡利率 re。(图4-3)

$$L = L_1 + L_2 = L_1(Y) + L_2(r); M = M_1 + M_2 = L_1(Y) + L_2(r)$$

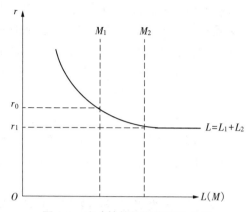

图4-3 流动性偏好利率理论曲线

该理论的缺陷:①与I、r无关。②只考虑货币市场的均衡。

3)新古典学派的可贷资金理论

这个理论由剑桥学派的罗伯逊和瑞典学派的俄林提出,它是对古典学派利率理论的补充。该理论认为,市场利率不是由投资与储蓄决定,而是由可贷资金的供给和需求来决定。可贷资金的需求包括投资者的实际资金需求(它随利率的上升而下降)和家庭、企业对货币需求量的增加;还包括政府赤字会增加对资金的需求。可贷资金的供给包括家庭、企业的实际储蓄(它随利率的上升而上升)和实际货币供给量的增加,还包括利率的变动引起资本的流入。(图4-4)

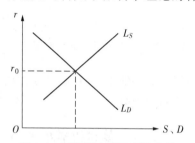

图4-4 可贷资金利率理论曲线

$$L_D:可贷资金的需求 = 投资 + 货币需求的增加 + 赤字 \tag{4.9}$$

$$L_S:可贷资金的供给 = 储蓄 + 货币供给的增加 + 资本流入 \tag{4.10}$$

(1)该理论的缺陷

①由可贷资金的总需求与总供给所决定的均衡利率r_0并不一定保证商品市场与货币市场同时均衡,虽然总量上是均衡的。这样必然对国民收入和经济活动产生推力,使利率无法保持稳定。

②没有考虑收入因素对r的影响。

(2)该理论的优点

同时克服了古典学派与凯恩斯学派的利率理论和缺陷,综合了二者的优点,考虑了I、S、L_S、L_D对r的影响。

4)IS-LM 利率理论

IS-LM 利率理论是由英国现代著名的经济学家约翰·希克斯和美国凯恩斯学派的创始人汉森在凯恩斯宏观经济理论基础上概括出的一个经济分析模式,即"希克斯—汉森模型"。

该理论认为,整个社会经济活动可分为两个市场:实物市场和货币市场。在实物市场中要研究的主要对象是投资I和储蓄S,在货币市场中要研究的主要对象是货币需求L和货币

供给 M。实物市场均衡的条件是投资 I=储蓄 S,货币市场均衡的条件是货币需求 L=货币供给 M,整个社会经济的均衡必须在实物市场和货币市场同时达到均衡。在实物市场上,投资与利率负相关,储蓄与收入正相关。根据投资与储蓄的关系,可以得出一条向下倾斜的 IS 曲线,曲线上的任何一点代表实物市场上投资与储蓄相等时的局部均衡点。在货币市场上,货币需求与利率负相关,货币供给与利率正相关;在货币供给量由中央银行控制时,可以导出一条向上倾斜的 LM 曲线,曲线上的任何一点代表货币市场上货币需求与货币供给相等时的局部均衡点。无论 IS 曲线或 LM 曲线,任何一条都不能单独决定全面均衡状态下的利率和收入水平,只有使两个市场同时达到均衡,即 IS 曲线和 LM 曲线相交,其交点 E 才能决定利率与收入水平。

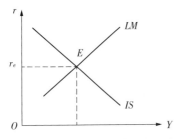

图 4-5 IS-LM 模型下的利率理论

当投资、储蓄、政府购买支出和税收变动时,会引起 IS 曲线移动。若 LM 曲线不变,IS 曲线右移会使均衡收入增加,均衡利率上升;反之,则下降。当准备金率、公开市场操作变动会引起 LM 曲线移动。若 IS 曲线不变,LM 曲线右移会使均衡收入增加,均衡利率下降;反之,则下降。(图 4-5)

IS-LM 模型克服了古典学派和利率理论只考虑商品市场均衡的缺陷,克服了凯恩斯学派的利率理论只考虑货币市场均衡的缺陷,还克服了新古典学派的利率理论在兼顾两个市场时忽视了两个市场各自的均衡的缺陷。

4.3.3 影响利率水平的一般因素

利率水平的高低会直接对宏观和微观经济的运行产生重要的影响,决定和影响利率水平的因素较多,一般有以下 5 种。

1)平均利润率

平均利润率是在市场经济发展到一定程度中自然形成的。在市场经济中,各经济主体都以追求利润为目标,当出现有的行业利润率高、有的行业利润率低时,由于资金可以自由流动,行业利润率低的企业会将资金转移到利润率高的行业。这种企业间的资源重配和竞争最终将导致各行业的利润率趋于均衡,形成平均利润率。平均利润率构成了利息率的最高界限,当企业贷款利率高于平均利润率时,企业投资所获得的利润将会全部支付给银行,企业势必不会借入资金。所以,在通常情况下,利率不会与平均利润率相等,更不会超过平均利润率。利率的最低界限无法确定,但不会为零或负值,否则不会有人愿意借出资金。利率总是在平均利润率和零之间上下波动。

2)借贷资金的供求关系

从理论上讲,利率既不会高于平均利率,也不会低于零。但在实际中,决定某一时期某一市场利率水平高低的是借贷市场资金的供求关系。当借贷资金供大于求时,利率会下降;当供不应求时,利率会上升,也可能高于平均利润率。在我国,利率还没有完全的市场化,市场的调节作用机制还有待完善。

3)预期通货膨胀率

在通货膨胀发生时,会使借出的资金遭受损失,债权人会在预期通货膨胀率的基础上确定利率,以保证其借出资金不受损失。当预期通货膨胀率上升时,债权人会要求提高贷款利率;当预期通货膨胀率下降时,利率会相应下调。

4)中央银行货币政策

各国政府为保证经济的平稳运行,都会对宏观经济的运行进行调节,利率是中央银行调节经济的货币政策手段之一。当中央银行采取紧缩性货币政策时,货币的流动性减少,利率会上升;当中央银行采取扩张性货币政策时,货币的流动性增加,利率会下降。

5)国际利率水平

在资本可以自由流动的条件下,国际利率的高低对国内利率也有重要的影响。当一国利率水平高于国际利率水平时,外国货币资本会向国内流动;反之,货币资本会流出。货币资本的流入和流出会改变国内货币市场资金供求状况,进而影响国内利率的变动。此外,一国的国际收支状况对该国的利率水平也有重要的影响。当一国国际收支出现持续大量的逆差时,政府会提高利率水平,吸引外资;当一国国际收支出现持续大量的顺差时,政府会降低利率水平,抑制外资流入。

除以上5种因素对利率的影响外,一国的利率水平还受其他多种因素的影响,如一国的开放程度、汇率高低、银行成本与管理水平、借贷风险大小、借贷期限长短、国际金融环境等,都会对一国的利率产生影响。在分析一国利率变动时,必须综合加以考虑,找出影响利率水平变动的主要因素。

【阅读案例4.3】

利率水平的变动

1993年6月20日,美国全国购买管理协会发布了一份令人担忧的通货膨胀数据报告。该报告披露,国民购买力(prices-paid)指数从1月份的59.8上升到2月份的67,涨幅达到12.04%。这就加剧了公众对通货膨胀的忧虑。第二天,也就是6月21日,国债价格大幅下挫,债券市场一片混乱。国债价格的下跌造成利率上涨。30年期债券的利率从6.25%升至8.81%,创上一年的新高;10年期债券的利率创两年来的最高;而短期债券的利率上升得更快,新发行的2年期债券的利率达4.82%,达到20世纪90年代以来的最高水平。

一般来说,当国民购买力指数超过50时,物价开始上涨;该指数越高,价格上升速度越快。达到67时,美国公众对通货膨胀的估计值大幅度上升,对于通货膨胀的担心越严重了。

对投资者来说,预期通货膨胀的上升导致未来不动产如汽车、房屋价格上涨,预期回报率上升。相对于不动产,债券的预期回报率降低,债券需求减少。另一方面,对于借款企业来说,预期通货膨胀的上升导致实际借款成本下降,它们的债券供给相应增加。正是债券供求两方面力量的共同作用,债券的价格下跌、债券的利率上升,整个市场的利率水平相应发生变化。

可见,在发达的市场经济国家,利率水平实际上由市场参与者共同决定,而不是政府的行政命令所能单独控制和决定的。

来源:胡海鸥.货币理论与货币政策[M].上海:复旦大学出版社,2004:51.

4.4 我国的利率市场化改革

4.4.1 利率市场化的含义和作用

所谓利率市场化,是指利率的数量结构、期限结构和风险结构由交易主体自主决定,中央银行调控基准利率来间接影响市场利率,从而实现货币政策目标。

利率市场化是通过市场和价值规律机制,在某一时点上由供求关系决定的利率运行机制,它是价值规律作用的结果。利率市场化强调在利率决定中市场因素的主导作用,强调遵循价值规律,真实地反映资金成本与供求关系,灵活有效地发挥利率的经济杠杆作用。

根据我国经济发展的客观要求,利率市场化已成为我国利率管理体制改革的中心内容。但近年来,我国金融企业制度改革进展加快,如取消了商业银行贷款规模限额控制、存款准备金制度的改革和完善、中央银行管理体制的改革、全国同业拆借市场的建立、取消贷款利率浮动上限等。但从总体来看,对国家控制的利率体系触动较小。这是因为尽管利率市场化是我国利率管理体制改革的方向,但同时利率市场化的改革存在一定的风险,必须具备一定的条件。

利率市场化的主要作用:是建立社会主义市场经济的需要,是优化资金配置的客观要求,也是完善利率体系、顺利实施货币政策目标的内在要求,还是中国金融业开放的客观要求和发展的必然趋势。

4.4.2 我国利率市场化的进程

利率作为货币资金和金融产品的价格,是整个金融市场上能动而活跃的因素。利率市场化改革是我国金融改革中的关键因素和中心环节,对我国金融机构的生存环境和管理模式将产生深远的影响。实践证明,严格的利率管制,不利于金融部门的内部治理,不利于资产负债风险管理,也不利于金融创新。它导致整个金融业进入抑制性状态,难以实施金融深化改革和创新。所以,不断推进利率市场化是我国的既定目标。

据国际货币基金组织对许多成员国的研究分析表明,发展中国家要推进利率市场化改革,必须具备以下条件:国内市场化体制的形成,并在此前提下企业等经济主体的市场化运作,是保证利率市场化的基础性条件。现有利率体系的合理、间接金融向直接金融转化以及资本市场的开拓,则是实现利率市场化的关键性因素。对银行体系实施审慎监管,建立谨慎会计标准、中央银行与财政资金关系硬约束、商业银行具有利润约束机制、对金融机构避免歧视性征税等，则是实现利率市场化的重要前提。另外，完善社会信用体系、法律体系，提升中介机构的专业化服务水平，为利率市场化创造一个良好的金融环境，也是不可缺少的重要条件。

我国是发展中国家，目前正在积极而稳步地推进利率市场化改革，借鉴和吸收发达国家利率市场化的实施战略和经验教训，结合我国的实际，应该说颇有裨益。我国利率市场化改革从目标的提出到逐步实施，大体上经过了以下 3 个阶段。

1）利率市场化改革目标提出和改革准备分阶段（1993 年底——1995 年）

2）利率市场化改革推进分阶段（1996 年初——2000 年 9 月）

在此阶段，利率市场化改革采取了以下措施。

（1）放开同业拆借市场利率

1996 年 1 月 3 日，15 家商业银行总行之间的同业拆借市场开始运行。

（2）中央银行公开市场操作的利率实现了市场化

1990 年 4 月 9 日中国人民银行首次向 14 家商业银行总行买进 2.9 亿元国债，表明了我国中央银行的公开市场业务启动。中央银行的公开市场业务以回购为主要形式，其回购方式实行市场招标，利率由市场决定。

（3）国债发行利率市场化

1996 年国债发行在 1995 年 8 月试验的基础上正式引入了价格竞争的招标方式，1 年期以内的国债实行发行利率市场招标，改变了过去国债发行利率计划制定的局面，走出了国债发行利率市场化的第一步。

3）利率市场化改革实质性进展阶段（2000 年 9 月以后）

（1）境内外币利率管理体制的改革

2000 年 9 月 21 日，经国务院批准，人民币银行组织实施了境内外利率管理体制改革：一是放开外币贷款利率，各项外币贷款利率及计结息方式由金融机构根据国际市场的利率变动情况以及资金成本、风险差异等因素自行确定；二是放开大额外币利率，300 万（含 300 万）以上美元或等额其他外币的存款利率由金融机构与客户协商确定。

随着境内外币存、贷款利率逐步放开，中资商业银行均制定了外币贷款利率管理办法，建立了外币利率定价机制。各银行还根据自身的情况，完善了外币贷款利率的分级授权管理制度，如在国际市场利率基础上，各商业银行总行规定了其分行的外币贷款利率的最低加点幅度浮动权限，做到了有章可循、运作规范，商业银行的利率风险意识和利率风险管理能力得到不断加强。

（2）人民币贷款利率市场化迈出重要步伐

2003 年以来，人民银行在推进贷款利率市场化方面迈出了重要的 3 步：

第一步是 2003 年 8 月，人民银行推进农村信用社改革试点，允许试点地区农村信用社的贷款利率上浮不超过贷款基准利率的 2 倍。

第二步是 2004 年 1 月 1 日，人民银行决定将商业银行、城市信用社的贷款利率浮动区间上限扩大到贷款基准利率的 1.7 倍,农村信用社贷款利率的浮动区间上限扩大到贷款基准利率的 2 倍,金融机构贷款利率的浮动区间下限保持为贷款基准利率的 0.9 倍不变。同时,明确了贷款浮动区间不再根据企业所有制性质、规模大小分别制定。

第三步是 2004 年 10 月 29 日,人民银行报经国务院批准,决定不再设定金融机构(不含城乡信用社)人民币贷款利率"一浮到顶"的情况。因此,仍对城乡信用社人民币贷款利率实行上限管理,但其贷款利率浮动上限扩大为基准利率的 2.3 倍。所有金融机构的人民币贷款利率下浮幅度保持不变,下限仍为基准利率的 0.9 倍。至此,我国金融机构人民币贷款利率已经基本过渡到上限放开,实行下限管理的阶段。

近年的新变化较多,很多仍在摸索中,没有相应的定型,所以暂不引入教材中,如近年的利率市场化采取的有针对性的定向调控措施等。

4.4.3 当前我国利率市场化的制约因素

1)微观经济主体缺乏利益的约束机制

一方面,国有企业仍然具有"预算软约束"特征,资金需求弹性很小,不怕利率高,只怕借不到钱,利息的约束自然就很小。另一方面,我国利率市场化后,贷款利率必然有较大幅度的上升,必然会有相当一部分国有企业出现亏损甚至破产,这使国家、银行以及国有企业职工难以接受。

2)金融市场特别是货币市场发展不完善

金融市场的发展、金融体制的完善是进行利率改革的基础。利率作为资金价格,其高低变化反映着资金市场的供求。因此,没有一个发达和完善的金融市场,就不可能存在一个价格形成的市场机制,利率市场化就不可能真正地实现。我国的金融市场虽已初步形成以同业拆借为主的短期资金市场和以各种有价证券发行和交易为主的长期资金市场,但从总体而言,我国的资金市场还不够统一和规范,货币市场发展相对滞后,各市场均处于起步阶段,市场的效率、经济主体的行为、市场的规模等都有待进一步提高。这些因素的存在,不利于市场化的最终形成,且影响着利率调节的有效性和准确性。

3)金融机构对利率的调控、反应不灵敏

金融机构特别是国有商业银行还不是真正自主经营、自担风险、自负盈亏、自我约束的金融企业,对利率信号反应不灵敏,利率市场化缺乏一个良好的微观金融制度基础。

4)中央银行宏观调控手段有待进一步健全

中央银行对经济的宏观调控应该通过间接的货币工具来进行,通常是以市场利率和货币供应量为中间目标,采取利率政策或公开市场业务操作实施的干预。而我国中央银行过去主要运用直接、行政的手段来进行宏观调控,近年来,逐渐摸索着使用间接的宏观调控手段,但是还没成熟。如公开市场业务开办时间还不是很长,再贴现业务量还不是很大,存款准备金手段在我国的作用还不太突出等,都可能制约着利率市场化的进程。

【阅读案例4.4】

我国在1990—2002年为什么连续8次下调利率?

自1996年4月1日起 停办保值储蓄以来,我国央行已8次下调利率,以1年期存款利率为例,从过去的10.98%下降为目前的1.98%;贷款利率从过去的12.28%下调为目前的5.31%。据不完全统计,前7次降息累计减少了企业财产成本2 000多亿元,同时促进了资本市场的快速发展。

第一次降息:试探性微调

1996年5月1日,存款利率平均降低0.98个百分点,贷款利率平均降低0.75个百分点,同时人民银行与金融机构的存贷款利率也相应下调。

首次降息是国家成功控制通货膨胀、国民经济在长达33个月的调整中实现了软着陆的背景下决定的。针对1993年以来的经济过热和物价攀升情况,人行先后4次调高利率。但自从1995年10月开始,零售物价指数回落至低于一年期银行存款利率,为减息提供了空间。

该次降息是人行及时运用货币政策工具进行的宏观调控,是对经济软着陆后的一次起跑推动,减轻了企业尤其是国有大中型企业的利息负担。因为,这些企业在国家拨改贷体制后自有资本金很低,负债率很高,降息直接提高了企业经济效益。同时,居民消费倾向也很快上升6.6个百分点,股市由此开始了一个历时两年多的大牛市。

第二次降息:方向性改变

1996年8月23日,存款利率平均降低1.5%,贷款利率平均下调1.2%,这是8次降息中幅度最大的一次。而且活期存款、3个月和6个月定期存款利率降幅超过30%;流动资金贷款利率降幅不到10%,而固定资产贷款利率降幅却超过了10%。

该次降息是宏观调控进入一个新阶段的显著标志。可以认为,第一次降息是货币政策试探性微调,而第二次降息是一个对"适度从紧货币政策"的方向性改变。

本次降息已达到当时物价涨幅所能允许的最大极限,即用足了降息空间,是央行进一步支持大中型国有企业、防止经济滑入低谷的及时举措。对股市带来了更猛的刺激,股市在当年年底创了历史新高。

第三次降息:应对金融危机

1997年10月23日,存款年利率平均下调1.1%,各项贷款利率平均下调1.5%。与此同时,《人民日报》还特发了评论员文章,指出本次降息是坚持适度从紧货币政策下,适时掌握调控力度的重大举措。

这次降息是适应物价增幅持续走低,进一步减轻企业利息负担,支持国有企业改革,促进国民经济持续、快速、健康发展的需要。1997年1—9月,社会商品零售价格和居民消费品价格分别比上一年同期仅上涨1.3%和3.4%,存款实际利率仍然偏高,比发达国家正常利率水平高出了2%。

1997 年亚洲爆发了较大规模的金融危机,央行及时降息,拉动内需,减少企业成本,抑制本外币利差,成功捍卫了人民币币值和保证了高增长、低通胀的经济形势。此时,由于股市前期涨幅较大,市场对利率变化的敏感性不大,但随后发行的两个长期品种的国债却异常火爆。

第四次降息:增加货币投放

1998 年 3 月 25 日,存款利率平均下调 0.16%,贷款利率平均下调 0.6%,利率下调幅度不大,但法定存款准备金率由 13% 下调至 8%。

这次降息同样是顺应物价的走势和宏观经济状况做出的。1998 年头两个月社会商品零售物价指数比去年同期平均降低 1.7%,消费需求有些不足,投资需求增幅不旺。因此,央行及时微调利率,发出刺激经济的信号,为国企进一步减负。与利率相比,这次作用更猛的工具应是中央银行法定存款准备金率的下调,大幅下调此率意味着增加货币投放,促进商业银行主动发放贷款。

第五次降息:刺激住房消费

1998 年 7 月 1 日,金融机构存款利率平均下调 0.49%,贷款利率平均下调 1.12%,中长期存、贷款利率下调幅度均大于短期存、贷款利率下调幅度。同时,降低了中央银行准备金存款利率和再贷款利率。

这是针对物价持续下跌、实际利率持续升高,有效扩大内需而作出的调整。尤其是中长期贷款利率的下调,对于加快基础设备建设、刺激居民住房消费是个积极利好。据当时估算,企业从这次降息中可以减少 400 多亿元的净利息支出。这次降息为完成当年 8% 的宏观经济增长目标作出重大贡献,与股市的相关性不是很大。

第六次降息:拉动内需

1998 年 12 月 7 日,金融机构存、贷款利率平均下调均为 0.5%。

1998 年市场呈现疲软,许多商品出现买方市场迹象。当年前 10 个月商品零售物价同比下降 2.5%。因此,实际存款利率依然偏高;加上人民币坚挺,国际投资资本存在非法套利空间,国内企业平均利润率与贷款利率呈现了倒挂,减息顺理成章。

这次减息进一步拉动了内需,也为股市的发展准备了较充足、低廉的资金。

第七次降息:配合财政政策

1999 年 6 月 10 日,存款利率平均降 1%,贷款利率平均降 0.75%。

存款利率降幅大于贷款利率降幅,金融机构存贷款利差有所加大。同时,央行准备金存款、再贷款和再贴现利率调低。

本次因是第七次降息,央行综合考虑了居民、企业和银行的利益。1999 年 4 月份全国零售物价同比下降 3.5%,内需仍然不强劲。因此,这次降息是对积极的财政政策的有力配合。可以肯定,为股市的"5·19"后的行情作了铺垫。

第八次降息:顺应新形势

2002 年 2 月 12 日,存款利率平均下调 0.25%,贷款利率平均下调 0.5%。

时隔 3 年的第八次降息,是顺应了新的形势做出的。国际经济增幅的放缓,加上积极的财政政策,仍然没有很好地解决内需不振问题,实际物价水平仍在低位徘徊,为降息打开了空间。这次降息是在股市大幅深调之后,肯定对股市有较大推动作用。

来源:杨长江,张波,王一富.金融学教程[M].上海:复旦大学出版社,2004:229-231.

思考题:

你如何看待降息,其主要目的有哪些? 实施效果受哪些因素的影响?

【本章习题】

一、名词解释

利息 利率 市场利率 官方利率 公定利率 浮动利率 固定利率 名义利率 实际利率

二、简答题

1. 什么是利息的本质特征?

2. 什么是利率? 通常有哪些种类?

3. 简述影响利率的因素有哪些。

4. 谈谈你对基准利率的理解。

5. 在 t 时刻,贷款者想以5%的利率水平借入100元资金,并于 $t+1$ 期归还本金与利息。若预期通货膨胀率为3%,考虑通胀因素,到 $t+1$ 期归还本金与利息为多少?

第5章 外汇与汇率

【本章学习要求】

1. 熟悉外汇和汇率的概念;掌握汇率的标价方法和汇率的种类。

2. 熟悉汇率制度的内容;掌握汇率制度的主要形式及特点;了解汇率制度的分类和影响一国汇率制度选择的主要因素。

5.1 汇 率

5.1.1 外汇的概念

在国际金融领域,"外汇"是一个最基本的概念,因为它已成为各国从事国际经济活动不可缺少的媒介。要把握外汇的确切内涵,我们有必要从历史的角度来考察。

在历史上,"外汇"是"国际汇兑"(Foreign Exchange)的简称。国际经济交易和国际支付,必然会产生国际债权债务关系,由于各国货币制度的不同,所以国际债权债务的清偿需要用本国货币与外国货币兑换。这种兑换由银行来办理,往往不必用现金支付,而是由银行之间通过不同国家货币的买卖来结算,银行的这种国际清偿业务就叫国际汇兑。很明显,这是一个动态概念,是指一种汇兑行为,就是把一个国家的货币兑换成另一个国家的货币,然后以汇款或托收方式,借助于各种信用流通工具对国际间债权债务关系进行非现金结算的专门性经营活动。比如,我国某进出口公司从美国进口一批机器设备,双方约定用美元支付。而我方公司只有人民币存款,为了解决支付问题,该公司用人民币向中国银行购买相应金额的美元汇票,寄给美国出口商。美国出口商收到汇票后,即可向当地银行兑取美元。这个过程就是国际汇兑,也就是外汇最原始的概念。

随着世界经济的发展,国际经济活动日益活跃,国际汇兑业务也越来越广泛,慢慢地,"国际汇兑"由一个过程的概念演变为国际汇兑过程中国际支付手段这样一个静态概念,从而形成了目前外汇的一般静态定义:即外币或用外币表示的用于国际结算的支付凭证。

在这个一般定义的基础上,各国政府、各个国际组织由于具体情况的差异,出自不同使用者不同的需要,对外汇的概括又略有不同。

国际货币基金组织(IMF)对外汇的解释是这样的:"外汇是货币行政当局(中央银行、货币机构、外汇平准基金及财政部)以银行存款、财政部库券、长短期政府债券等形式所持有的在国际收支逆差时可使用的债权。"从这个解释中,可看出国际货币基金组织特别强调外汇应具备平衡国际收支逆差的能力及中央政府持有性。我国政府根据我国国情,对外汇也有特殊的规定,1996年4月1日起施行并沿用至今的《中华人民共和国外汇管理条例》第二条中明确规定,我国的外汇是指下列以外币表示的可以用作国际清偿的支付手段和资产:①外国货币,包括纸币、铸币;②外币支付凭证,包括票据、银行存款凭证、邮政储蓄凭证等;③外币有价证券,包括政府债券、公司债券、股票等;④特别提款权、欧洲货币单位(现为欧元);⑤其他外币资产,其中"其他外汇资金"主要是指各种外币投资收益,如股息、利息、债息、红利等。总之,对于一般国家而言,一笔资产被认为是外汇应具备以下3个条件:

1)以外币表示的国外资产

也就是说,用本国货币表示的信用工具和有价证券不能视为外汇。美元为国际支付中常用的货币,但对美国人来说,凡是用美元对外进行的收付都不算是动用了外汇。而只有对美国以外的人来说,美元才算是外汇。

2)可以兑换成其他支付手段的外币资产

也就是说,外国货币不一定是外汇。因为外汇必须具备可兑换性,一般来说,只有能自由兑换成其他国家的货币,同时能不受限制地存入该国商业银行的普通账户才算作外汇。例如,美元可以自由兑换成日元、英镑、欧元等其他货币,因而美元对其他国家的人来说是一种外汇;而我国人民币现在还不能自由兑换成其他种类货币,所以我国人民币尽管对其他国家人来说也是一种外币,却不能称作外汇。

3)在国际上能得到偿还的货币债权

空头支票、拒付的汇票等均不能视为外汇。因为如果是这样,国际汇兑的过程也就无法进行。同时,在多边结算制度下,在国际上得不到偿还的债权显然不能用作本国对第三国债务的清偿。

5.1.2 外汇汇率

汇率(Exchange Rate)指一个国家的货币用另一个国家的货币所表示的价格,也就是用一个国家的货币兑换成另一个国家的货币时买进、卖出的价格。换句话说,汇率就是两种不同货币之间的交换比率或比价,故又称为"汇价""兑换率"。

从汇率的定义可以看到,汇率是一个"价格"的概念,它跟一般商品的价格有许多类似之处,不过它是各国特殊商品——货币的价格,因而这种"价格"也具有一些特殊之处。首先,汇率作为两国货币之间的交换比例,客观上使一国货币等于若干量的其他国家货币,从而使一国货币的价值(或所代表的价值)通过另一国货币表现出来。而在一国范围内,货币是没有价格的,因为价格无非是价值的货币表现,货币不能通过自身来表现自己的价值。其次,汇率作为一种特殊价格指标,通过对其他价格变量的作用而对一国经济社会具有特殊的影响力。作为货币的特殊价格,作为本国货币与外国货币之间价值联系的桥梁,汇率在本国物价和外国物价之间起着一种纽带作用。它首先会对国际贸易产生重要影响,同时也对本国的生产结构产生影响,因为汇率的高低会影响资源在出口部门和其他部门之间的分配。除此之外,汇率也会在货币领域引起反应。汇率这种既能影响经济社会的实体部门,同时又能影响货币部门的特殊影响力,是其他各种价格指标所不具备的。

5.1.3　汇率的标价方法

汇率的标价方法也即汇率的表示方法。因为汇率是两国货币之间的交换比率,在具体表示时就牵涉以哪种货币作为标准的问题。由于所选择的标准不同,便产生了3种不同的汇率标价方法。

1)直接标价法(Direct Quotation)

这种标价法是以一定的外国货币为标准,折算为一定数额的本国货币来表示汇率;或者说,以一定单位的外币为基准计算应付多少本币,所以又称应付标价法(Giving Quotation)。在这种标价法下,外国货币数额固定不变,总是为一定单位(一、百、万等),汇率涨跌都以相对的本国货币数额的变化来表示。一定单位外币折算的本国货币越多,说明外币汇率上涨,即外汇升值;反之,一定单位外币折算的本国货币越少,说明外汇贬值,本币升值。也就是说,在直接标价法下,汇率数值的变化与外汇价值的变化是同方向的。因此,以直接标价法来表示汇率有利于本国投资者直接明了地了解外汇行情变化,它成为目前国际上绝大多数国家采用的标价方法,我国也不例外。直接标价法的形式见表5-1。

表5-1　2004年4月22日人民币外汇牌价　　　　　　　　(单位:人民币元)

货币	买入价(现汇)	买入价(现钞)	卖出价
百美元(USD 或 US＄)	826.450 0	821.480 0	828.930 0
百欧元(EUR)	977.770 0	969.450 0	980.710 0
百英镑(GBP 或£)	1 465.750 0	1 431.250 0	1 470.150 0
百港币(HKD)	105.960 0	105.320 0	106.280 0
百瑞士法郎(CHF)	627.990 0	613.830 0	631.140 0
百日元(JPY 或 J￥)	7.549 6	7.492 8	7.587 4
百加拿大元(CAD 或 C＄)	608.380 0	594.060 0	610.200 0
百澳大利亚元(AUD)	602.910 0	589.310 0	605.930 0

来源:中国银行 2004/04/22。

2)间接标价法(Indirect Quotation)

这种标价法是以一定单位的本国货币为标准,折算为一定数额的外国货币来表示其汇率;或者说,以本国货币为标准来计算应收多少外国货币。因此,它又称应收标价法(Receiving Quotation)。在间接标价法下,本币金额总是为一定单位而不变,汇率的涨跌都是以相对的外国货币数额的变化来表示,一定单位本币折算的外国货币越多,说明本币升值,外汇贬值;反之,一定单位本币折算的外币越少,说明本币贬值,外汇升值。与直接标价法相反,在间接标价法下,汇率数值的变化与外汇价值的变化呈反方向。目前在世界各国中主要是英国和美国采用间接标价法。英国采用间接标价法,一是因为英国资本主义发展比较早,当时伦敦是国际贸易和金融的中心,因而英镑是国际贸易计价结算的标准,与之相适应,外汇市场主要交易货币是英镑。在间接标价法下,汇率数值变化与外汇价值变化成反方向关系,相反与本币价值变化则呈同方向关系,因而英国采用间接标价法能使国际外汇市场的投资者直接明了地了解英镑的行情。二是因为英镑的计价单位大,用1英镑等于若干外国货币,在计算上比较方便。三是因为英国的货币单位在1971年以前一直没有采取十进位制,而是二十进位制,用直接标价法表达汇率不直观,计算起来十分不便。这样由于长期以来的习惯,英国直至今日在外汇市场上仍然袭用间接标价法。美国过去采用直接标价法,后来由于美元在国际贸易上作为计价标准的交易增多,纽约外汇市场从1978年9月1日起改为间接标价法(仅对英镑、澳大利亚元汇率仍沿用直接标价法),以便与国际上美元交易的做法相一致。间接标价法的具体形式见表5-2。

表5-2　2004年7月20日工商银行外汇市场行情表　(1美元合外币)

货币	买入价	卖出价
欧元	0.840 9	0.843 7
英镑(合美元)	1.767 8	1.772 4
日元	124.14	124.44
瑞士法郎	0.961 5	0.964 5
新加坡元(SGD)	1.370 5	1.373 5
港币	7.748 0	7.745 0
澳大利亚元(合美元)	0.728 4	0.731 4
加拿大元	1.297 9	1.300 9

注:表中价格均为现汇买卖价。

3)美元标价法

美元标价法是以一定单位的美元为标准来计算应兑换多少其他各国货币的汇率表示法。其特点:美元的单位始终不变,汇率的变化通过其他国家货币量的变化来表现出来。这种标价方法主要是随着国际金融市场之间外汇交易量的猛增,为了便于国际间进行交易,而在银行之间报价时通常采用的一种汇率表示方法。目前已普遍使用于世界各大国际金融中心,这种现象某种程度反映了在当前的国际经济中,美元仍然是最重要的国际货币。美元标价法仅仅表现世界其他各国货币对美元的比价,非美元货币之间的汇率则通过各自对美元的汇率进行套算。

5.1.4　汇率种类

外汇汇率的种类很多,有各种不同的划分方法,特别是在实际业务中,分类更加复杂,主要有以下几种分类。

①从汇率制定的角度,分为基本汇率(Basic Rate)和套算汇率(Cross Rate)。

由于外国货币种类很多,一国在制定本国货币的对外汇率时,逐一地根据它们的实际价值进行对比来确定,既麻烦也没有必要。一般做法是,在众多的外国货币中选择一种货币作为关键货币,根据本国货币与这种关键货币的实际价值对比,制定出对它的汇率,称为"基本汇率"。而后其他各种外国货币与本币之间的汇率可以通过基本汇率和国际金融市场行情套算出来,这样得出的汇率就称为套算汇率或交叉汇率。

②从银行买卖外汇的角度,分为买入汇率(Buying Rate)、卖出汇率(Selling Rate)和中间汇率(Middle Rate)。

买入汇率或买价是银行从客户手中买进外汇时所采用的汇率。卖出汇率或卖价是银行卖给客户外汇时所采用的汇率。中间汇率是买入价和卖出价的算术平均数,即中间价 =(买入价 + 卖出价)÷ 2。 报刊、电台、电视通常报告的是中间价,它常被用作汇率分析的指标。

③按国际货币制度的演变,分为固定汇率(Fixed Rate)和浮动汇率(Floating Rate)。

固定汇率是指一国货币同另一国货币的汇率保持基本固定,汇率的波动限制在一定幅度以内。固定汇率是在金本位制和布雷顿森林货币制度下各国货币汇率安排的主要形式。在金本位制下,货币的含金量是决定汇率的基础,黄金输送点是汇率波动的界限。在这种制度下,各国货币的汇率变动幅度很小,基本上是固定的,故称固定汇率。第二次世界大战后到 20 世纪 70 年代初,在布雷顿森林货币制度下,因国际货币基金组织的成员国货币与美元挂钩,规定它的平价,外汇汇率的波动幅度也规定在一定的界限以内(上下 1%),因而也是一种固定汇率。

浮动汇率指一个国家不规定本国货币的固定比价,也没有任何汇率波动幅度的上下限,而是听任汇率随外汇市场的供求关系自由波动。浮动汇率是自 20 世纪 70 年代初布雷顿森林货币制度崩溃以来各国汇率安排的主要形式。

④按外汇买卖交割期限不同,汇率可分为即期汇率(Spot Rate)和远期汇率(Forward Rate)。

即期汇率又称现汇汇率或现汇价,是交易双方达成外汇买卖协议后在两个营业日内办理交割时所采用的汇率。远期汇率又称期汇汇率或期汇价,指交易双方达成外汇买卖协议,约定在将来某一时间进行外汇实际交割。

⑤按外汇交易支付工具和付款时间,分为电汇汇率(T/T Rate)、信汇汇率(M/T Rate)和票汇汇率(D/D Rate)。

电汇汇率又称电汇价,指外汇买卖时以电汇方式支付外汇时所使用的汇率。采用电汇方式支付外汇,银行是以电报、电传等通信方式通知国外分行付款,付出迅速,银行占用资金时间短,通常收取的汇率较其他方式高。信汇汇率又称信汇价,是银行用信函方式通知给付外汇的汇率。银行以信函方式通知国外分行支出外汇,因在途占用所用时间较长,一般汇率较电汇汇率低。票汇汇率又称票汇价,指银行买卖外汇票据时的采用的汇率。汇票既可以由付款人携带到国外,又可以采用邮寄方式给国外的收款人,因其在途时间长于电汇,一般也低于电汇汇率。

5.1.5　汇率种类

影响一国汇率的因素极其复杂,但其主要因素有以下4种。

①利率差异。在开放的市场经济条件下,利率与汇率的变化息息相关。通常情况下,一国的利率水平较高时,会吸引外国资本的流入,导致对本币的需求增加,外币的供给增加,本币的汇率会趋于上升。反之,当一国降低利率时,会引起短期资本的流出,导致对外币的需求增加,本币的供给增加,本币的汇率会下降。

②国际收支。国际收支是影响汇率变动的一个最直接因素。当其他影响因素不变时,一国国际收支出现顺差,即外汇收入大于外汇支出,外汇的供给大于需求,本币汇率会上升。相反,一国国际收支出现逆差,即外汇收入小于外汇支出,外汇的供给小于需求,本币汇率会下跌。

③通胀率的差异。

④中央银行的直接干预。

【阅读案例 5.1】

合理运用外汇保值条款

1994 年,中国某外贸公司与英国进口商签订了一项货物买卖合同。双方经过洽谈商定,用人民币计价、英镑支付,签订合同时人民币对英镑的汇率1 元人民币＝0.074 英镑,合同总金额为 231 600 元人民币,按照当时汇率折合为 17 138.4 英镑。鉴于当时英镑不断下跌的不良趋势,中方外贸公司及时提出合同中应设立"外汇保值条款"。经与对方多次交涉,双方协商一致确立了外汇保值条款。合同从 1994 年开始分 6 批履行。按照每批货物装运前两周的汇率,分 6 次把计价货币人民币折合为支付英镑。结果,人民币总金额 231 600 元不变,英镑的数额则由签订合同时的 17 138.4 英镑调整到 18 156.09 英镑。中方实收英镑比签订合同时多 1 017.69 英镑,基本上可以弥补英镑下浮的损失。

通过这一实践,我们可以总结出一条基本规律,即在国际贸易合同中,要明确记载签订合同时计价与支付货币的汇率。在执行合同的过程中,如果由于支付货币下浮,它对计价货币的汇率上调,那么合同中的金额就要按照比例进行相应的调整。根据已往惯例,金额的调整应参照支付日、支付货币的汇率计算。经过合理的调整,实收的外汇金额与签订合同时的预期收入是大体相同的。所以,采用外汇保值条款可以避免支付货币下浮的损失。

在国际贸易合同中,外汇保值条款的适用已经非常普遍。作为抵消或减少汇率风险的一项较为有效的措施,外汇保值条款通常包括两项基本内容:①选择合适的货币作为合同的计价或支付货币;②按照汇率规定进行相应调整的具体步骤。两方面相辅相成,才能保证外汇保值条款的作用得以充分实现。

思考题:

如何合理运用外汇保值条款。

5.2 汇率制度

汇率制度又称汇率安排(Exchange Rate Arrangement),是指各国或国际社会对于确定、维持、调整与管理汇率的原则、方法、方式和机构等所作出的系统性规定。

5.2.1 汇率制度的内容

①确定汇率的原则和依据。即汇率的确定以什么为依据,如是以货币本身的价值为依据,还是以法定代表的价值为依据等。

②维持与调整汇率的办法。即要确定汇率调整是采用公开法定升值或贬值的办法,还是采取任其浮动或官方有限度干预的办法。

③管理汇率的法令、体制和政策等。如各国外汇管制中有关汇率及其适用范围的规定。

④制定、维持与管理汇率的机构。如外汇管理局、外汇平准基金委员会等。

5.2.2 汇率制度的主要形式及特点

按照汇率变动幅度的大小,汇率制度可分为固定汇率制和浮动汇率制。

1)固定汇率制及其特点

固定汇率制(Fixed Exchange Rate System)是指以本位货币本身或法定含金量为确定汇率的基准,是汇率比较稳定的一种汇率制度。在不同的货币制度下,具有不同的固定汇率制度。

(1)金本位制度下的固定汇率制度

该汇率制度是一种以美元为中心的国际货币体系,该体系的汇率制度安排,是钉住型的汇率制度。其特点如下。

①黄金成为两国汇率决定的实在的物质基础。

②汇率仅在铸币平价的上下各6‰左右波动,幅度很小。

③汇率的稳定是自动而非依赖人为的措施来维持。

(2)布雷顿森林体系下的固定汇率制度

其基本内容如下。

①实行"双挂钩",即美元与黄金挂钩,其他各国货币与美元挂钩。

②在"双挂钩"的基础上,《国际货币基金协会》规定,各国货币对美元的汇率一般只能在汇率平价±1%的范围内波动,各国必须同IMF合作,并采取适当的措施保证汇率的波动不超过该界限。由于这种汇率制度实行"双挂钩",波幅很小,且可适当调整。因此,该制度也称以美元为中心的固定汇率制,或可调整的钉住汇率制度(Adjustable Peg System)。其特点如下。

a. 汇率的决定基础是黄金平价,但货币的发行与黄金无关。

b. 波动幅度小,但仍超过了黄金输送点所规定的上下限。

c. 汇率不具备自动稳定机制,汇率的波动与波幅需要人为的政策来维持。

d. 央行通过间接手段而非直接管制方式来稳定汇率。

e. 只要有必要,汇率平价和汇率波动的界限可以改变,但变动幅度有限。

可调整的钉住汇率制度从总体上看,在注重协调、监督各国的对外经济,特别是汇率政策以及国际收支的调节,避免出现类似 20 世纪 30 年代的贬值"竞赛",对战后各国经济增长与稳定等方面起了积极的作用。该制度的缺陷如下。

a. 汇率变动因缺乏弹性,因此其对国际收支的调节力度相当有限。

b. 引起破坏性投机。

c. 美国不堪重负,"双挂钩"基础受到冲击。

2) 浮动汇率制及其特点

浮动汇率制(Floating Exchange Rate System)是指一国不规定本币与外币的黄金平价和汇率上下波动的界限,货币当局也不再承担维持汇率波动界限的义务,汇率随外汇市场供求关系变化而自由上下浮动的一种汇率制度。该制度在历史上早就存在过,但真正流行是 1972 年以美元为中心的固定汇率制崩溃之后。

5.2.3 汇率制度的分类

汇率制度的研究包括两个基本视角:汇率制度是如何形成和决定的? 如何选择汇率制度? 前者是实证问题,后者属于规范分析。

汇率制度分类是研究汇率制度优劣性和汇率制度选择的基础,而对汇率制度与宏观经济关系的考察,首先在于如何对汇率制度分类。由于不同的分类可能会有不同的结论,从而导致汇率制度的选择成为宏观经济领域最具争议性的问题。

1) 汇率制度分类的发展

在布雷顿森林体系的早期,成员国很难找到一个与其国际收支均衡一致的平价,以及伴随货币危机而来的对平价的重新调整,人们由此开始了对固定汇率和浮动汇率的持久争论。传统上的汇率制度分类是两分法:固定汇率和浮动汇率(或弹性汇率),这也是最简单的汇率制度分类。但固定或浮动的程度是很难掌握的,在固定汇率或浮动汇率之间还存在众多的中间汇率制度。在 20 世纪 90 年代早期,有两种方法运用于事实上的汇率制度分类:一种方法是通过官方储备和利率的变化来分析中央银行的干预行为;另外一种方法是通过检验汇率平价的变化,来对汇率政策的结果进行经验性分析。而以后的汇率制度分类方法,除了 RR 分类以外,一直是这两种分类方法的应用和延伸。

汇率制度分类最根本的问题是基于何种汇率进行分类。现有文献对汇率制度分类的归纳,一般有两种方法:一种是基于事实上的分类;另一种是基于各国所公开宣称的法定上的分类。由于这两种分类都是基于官方汇率的分类,所以这一归纳存在着局限性,还应进一步扩展。从经济学最核心的一个命题——市场调节还是国家干预出发,最根本的出发点应该是基于市场汇率还是基于官方汇率来进行分类。

2)7 种主要的汇率制度分类

国际货币基金组织 IMF 的分类方式是,在布雷顿森林体系时代,IMF 把汇率制度简单地分为钉住汇率制度和其他;而在布雷顿森林体系崩溃以后,IMF 则不断地细化汇率制度分类。IMF 原来对各成员国汇率制度的分类,主要依据的是各成员国所公开宣称的汇率制度。但纯粹依赖各成员国所宣称的汇率制度的分类,具有事实做法和官方宣称经常不符的局限性。

IMF 在 1997 年和 1999 年分别对基于官方宣称的汇率制度分类方法进行了修正,其1999 年的分类如下。

(1)无独立法定货币的汇率安排

这主要有美元化汇率和货币联盟汇率。

这种制度是以他国货币作为其法定货币(完全外币化)或成立货币联盟,货币联盟成员拥有共同的法定货币。采取这种制度安排就意味着放弃了国内货币政策的独立性。

目前共 41 个成员采用该制度。其中完全外币化的成员有 9 个,分别以美元、欧元、澳元作为其法定货币,外币作为法定货币居于主导地位,通常没有本国货币,最多也只是发行一些本国硬币作为补充。一般地,完全外币化国家只会指定一种外币作为法定货币。完全外币化的国家和地区人口规模都较小,且高度开放,对经常账户的可兑换和资本账户的交易限制很少。完全美元化最有名的例子是巴拿马。

货币联盟主要有 3 个。最著名的就是欧元区国家(12 个)。第二个是非洲法郎区国家,它包括 14 个共同采用非洲法郎(CFA francs)为法定货币的中、西非国家,分为"西非经济货币联盟"(WAEMU 共有 8 个成员)和"中部非洲国家经济与货币共同体"(CAEMC 共有 6 个成员)两个组织,这 14 个国家在独立前属于法属殖民地。法国加入欧元区前维持西非法郎和法国法郎 100:1 的固定汇率和自由兑换关系。在欧盟有关欧元的谈判中,法国坚持欧元启动不能触动上述联系,所以目前西非法郎与欧元保持固定兑换关系,即 655.957 西非法郎兑换 1 欧元。第三个是东加勒比货币联盟(ECCU),东加勒比中央银行发行在成员国范围内的单一流通货币——东加勒比元。这一货币联盟拥有 6 个成员。

(2)货币局汇率

实施这一制度就是用明确的法律形式以固定比率来承诺本币和一特定外币之间的兑换。货币发行量必须依据外汇资金多少来定,并有外汇资产作为其全额保证。货币发行当局没有传统中央银行的一些职能,诸如货币流量控制和最后贷款人。

目前共有 7 个成员采用该制度,其中包括中国香港特别行政区和几个东欧国家。随着这些东欧国家逐步加入欧元区,中国香港地区成为货币局制度最著名的代表。

(3)传统的钉住汇率

采取这一制度的国家正式或实际上将本币与另一种货币或一篮子货币保持固定兑换比率。一篮子货币是由主要的经贸伙伴的货币构成,其汇率权重和双边贸易、服务的交易额及资金流量有关,一篮子货币可以是 SDR 这样的标准形式。这一制度没有保持汇率不变的承诺。汇率可围绕中心汇率在小于1%的狭窄空间内波动,最高和最低汇率在最近3个月内波动幅度小于2%。货币当局通过在外汇市场上买卖外汇的直接干预或通过利率政策、外汇管理法规调整、道义劝告等间接手段去维持固定汇率。该政策相对于前两种,在一定程度上体现了的货币政策的灵活性(虽然是有限的),因为传统中央银行的作用依然得到体现。

目前共41个成员采用该制度,其中采取钉住单一货币的有32个成员。中国原来属于管理浮动制的,但由于波动幅度很小而被列入管理浮动制下的实际钉住制。钉住一篮子货币的有9个成员,包括斐济、摩洛哥等一些小国。

(4)有波幅的钉住汇率

这一制度是汇率围绕中心固定汇率有一个至少±1%的波动区间或者说最高和最低汇率之间的波动幅度超过2%。当然,不同的水平调整幅度对货币政策的影响程度是不同的。目前有4个成员采用该制度,其中,丹麦是发达工业化国家中唯一实行该制度的国家。

(5)爬行钉住汇率

爬行钉住指本币与外币保持一定的平价关系,但是货币当局根据一系列经济指标频繁地、小幅度调整平价。实行爬行钉住汇率有两种办法:第一种方法是发挥汇率目标的名义锚(Nominal Anchor)作用,汇率爬行速率低于预测的通货膨胀率,以使经济逐步克服通货膨胀而又不至于引起汇率短期内大幅度调整;第二种方法则是放弃汇率目标反通胀的名义锚作用,汇率随物价水平调整,重在维持真实汇率水平不变。维持爬行钉住制对货币政策的影响类似于固定钉住制,突尼斯、哥斯达黎加等5个国家采用该制度。

(6)有波幅的爬行钉住汇率

汇率围绕中心汇率有一个至少±1%的波动区间或者说最高和最低汇率之间的波动幅度超过2%,同时,中心汇率根据所选择的经济指标作周期性调整。波动区间基于中心汇率可以是上下对称或不对称,如果是不对称,也可能没有预先声明的中心汇率。货币政策的灵活性与波动幅度有关,以色列、罗马尼亚等10个成员采用该制度。

(7)管理浮动汇率

货币当局试图不带特定汇率走向和目标去影响汇率。采取干预行动的管理指标很广泛,可以是国际收支状况、外汇储备、平行市场的发展等。汇率调整可能是非自动的,干预方式可以是直接的或间接的。其中包括俄罗斯、印度、印尼、阿根廷、埃及在内的50个成员采用该制度。我国目前采用的是有管理地钉住一篮子货币的浮动汇率制度。

(8)完全浮动汇率

共34个成员采用,包括非欧元区的西方发达国家,如美国、英国、日本、加拿大、澳大利亚等。还包括许多新兴工业化国家,如巴西、墨西哥、菲律宾、南非、韩国等。

在汇率安排的分类中通常将一、二类归为固定汇率制度,七、八类归为浮动汇率制度,其余三、四、五、六类归于中间汇率制度。

IMF于2006年强调,它的分类体系是基于各成员国真实的、事实上的安排;这一安排已被IMF所认可,而不同于各成员国官方宣称的安排。这一分类方案的基础是汇率弹性(flexibility)的程度,以及各种正式的与非正式的对汇率变化路径的承诺。引人注目的是,IMF从

2001 年开始将汇率制度分类与货币政策框架联系在一起,即在对各成员国进行汇率制度分类的同时,也对其货币政策框架进行分类。IMF 认为,不同汇率制度的划分还有助于评价汇率制度选择对于货币政策独立性程度的含义。该分类体系通过展示各成员国在不同货币政策框架下的汇率制度安排以及使用这两个分类标准,从而使得分类方案更具透明性,以此表明不同的汇率制度可以和同一货币政策框架相容。据此,IMF 对其分类作了较小调整,例如其 2005 年的分类如下。

①无独立法定货币的汇率安排(41 个成员),主要有美元化汇率和货币联盟汇率。

②货币局安排汇率(7 个成员)。

③其他传统的固定钉住安排(42 个成员)。

④水平带内钉住汇率(5 个成员)。

⑤爬行钉住汇率(5 个成员)。

⑥爬行带内浮动汇率(1 个成员)。

⑦不事先公布干预方式的管理浮动制(52 个成员)。

⑧独立浮动汇率(34 个成员)。

如果将上述汇率制度划分为硬钉住汇率制、中间汇率制和浮动汇率制,那么硬钉住制包括①和②,中间汇率制包括③—⑥,浮动汇率制包括⑦和⑧。按照 IMF 的分类,自 20 世纪 90 年代以来,中间汇率制度的比重在不断缩减,并不断向硬钉住和浮动集聚。但是,中间汇率制度仍然没有消失,如在 2005 年,中间汇率制度在 IMF 所有成员国中的比重为 28.4%,此处论述的汇率制度划分已与前期的教材有较多改变,基本上已是最近的划分方法。

5.2.4 影响一国汇率制度选择的主要因素

①本国经济的结构性特征。如果一国是小国,那么较适宜采用固定性较高的汇率制度;如果是大国,则一般以实行浮动性较强的汇率制度为宜。

②特定的政策目的固定汇率有利于控制国内的通货膨胀。在政府面临高通货膨胀问题时,如果采用浮动汇率制往往会产生恶性循环。若一国为防止从外国输入通货膨胀往往会选择浮动汇率政策。因为浮动汇率制下一国的货币政策自主权较强,从而赋予了一国拒通货膨胀于国门之外,同时选择适合本国的通货膨胀率的权利。可见,政策意图在汇率制度选择上也发挥着重要的作用。

③地区性经济合作情况。一国与其他国家的经济合作情况也对汇率制度的选择有着重要影响。例如,当两国存在非常密切的贸易往来时,两国间货币保持固定汇率比较有利于相互间经济关系的发展。

④国际国内经济条件的制约。一国在选择汇率制度时还必须考虑国际条件的制约。例如,在国际资金流动数量非常庞大的背景下,对于一国内部金融市场与外界联系非常紧密的国家来说,如果本国对外汇市场干预的实力因各种条件限制而不是非常强的话,那么采用固定性较强的汇率制度的难度无疑是相当大的。

【阅读案例 5.2】

本币升值的灾难：日本的金融败战

1985 年 9 月，美国财长詹姆斯·贝克、日本藏相竹下登、前联邦德国财长杰哈特·斯托登伯、英国财长奈杰尔·劳森和法国财长皮埃尔·贝格伯及五国中央银行行长在纽约广场饭店举行会议，为解决贸易不平衡问题就降低居高不下的美元汇率而达成协议。这就是著名的广场协议。广场协议后，日元兑美元的汇率大幅上升。

20 世纪 80 年代开始，由于日、美两国间悬殊的利率差异，日本的机构投资者大量购买了高利率的美国国债，所有这些投资都是以美元结算的。结果，广场协议给日本对外净资产带来的汇率差损，约达 3.5 万亿日元。这些差损不仅来自人寿保险等机构投资者和个人投资者，日本的出口商一直将自己在出口中获取的美元投资于美元债券，而这些债券到期偿还时，由于日元升值、美元贬值，他们得到的支付却比购买时的支出减少了 60%。

日本经济学家颇为愤愤不平：在 3 次国际资本中心输出中，英国维多利亚时代的英镑输出是以英镑计值的；第二次世界大战后的美国资本输出是以美元计值的；而唯独 20 世纪 70 年代后的日本资本输出不是以日本的本币——日元计值的。这样，日元相对于美元的大幅升值使日本人陷入了痛苦不堪的境地！

来源：吉川元吉、日本金融败战[M].北京：中国青年出版社，2000.

思考题：

如何看待本币的升值。

【本章习题】

一、名词解释

外汇　汇率　基本汇率　套算汇率　买入汇率　卖出汇率　中间汇率　固定汇率　浮动汇率　即期汇率　远期汇率

二、简答题

1. 直接标价法和间接标价法有哪些不同？
2. 汇率制度的内容包含哪些？
3. 简述影响汇率的因素有哪些？
4. 谈谈固定汇率制度和浮动汇率的优劣。

第6章 金融机构与金融市场体系

6.1 金融机构

6.1.1 金融机构的概念

金融机构是金融活动的运行主体,在现代社会中,各国均有一个与其经济发展水平相适应的多样而复杂的金融机构体系。简单地说,金融机构指以货币资金为经营对象,从事货币信用、资金融通、金融交易以及相关金融服务业务的组织机构。金融机构通过提供各种金融产品和服务来满足经济发展中各部门的融资需求,将社会闲散资金集中起来投向需要资金的社会各部门,促进资金从盈余者向短缺者的流动。这样有利于社会资金的优化配置,提高资金的使用效率。资金的需求者除了通过金融机构进行融资外,还可以获得多种金融服务。

6.1.2 金融机构的产生与发展

金融机构是伴随着商品经济不断发展而形成的,是逐步适应社会经济融资和投资需求、管理资金风险的必然产物,其发展也与经济社会的发展紧密相连。

最早的金融机构是银行。最早的银行业起源于西欧古代社会的货币兑换业。在金属货币出现以后,各地区和国家之间贸易活动的开展需要大量的铸币用于支付,但是各地铸币的材料、成色、质量、面额等都不一样,这给跨地区的商品交易造成了很大的障碍。为了便于商品交易,客观上需要从商人中分离出一部分人来专门从事铸币的辨别、鉴定和兑换业务。于是,铸币兑换业出现了。随着商品经济的进一步发展,经常往来于世界各地的商人,为了避免长途携带、保管货币的麻烦和风险,就将货币交给货币兑换商保管,并委托他们代理支付货款和汇款。这样,货币兑换业也就演变为货币经营业。货币经营业是早期银行的前身,早期的货币兑换商和钱庄、银号等机构也因此而逐步形成。这是近代工业和近代银行业产生以前金融机构的主要形式。最初货币兑换商只是为商人兑换货币、保管货币、收付现金、办理结算和汇款,这时的货币经营者不支付利息,而是收取保管费和手续费。由于货币经营业适应了商品交换的需要,业务不断得到扩大,货币经营者手中也逐渐聚集了大量的货币,其中有一部分不需要立即支付,出现了暂时的闲置。于是货币经营者就把这部分放贷出去以获得利息。这种在货币经营业务基础上产生的存款、贷款、结算业务,使货币经营业变成了早期的银行业。

历史上公认的第一家以"银行"命名的金融机构是 1580 年意大利的威尼斯银行,后来扩展到欧洲其他国家,相继出现了米兰银行、阿姆斯特丹银行、汉堡银行以及纽伦堡银行等。早期的银行属于高利贷性质,年利率高达 20% ~30% ,主要贷款对象是政府和封建贵族,资产阶级组织生产所需的货币资本难以从银行获得。因此,还不是现代意义上的银行。

随着资本主义生产关系的确立和资本主义商品经济的发展,高利贷性质的银行业已不能适应资本扩张的需要。同时,资本主义经济工业化的建立需要资金雄厚的现代银行作为后盾,高利贷性质的早期银行成为资本主义经济发展的障碍。1694 年,在英国成立的英格兰银行是世界上公认的第一家现代股份制银行。这家银行一开始就把向工商企业的贷款利率定为 4% ~6% ,而当时的高利贷利率则高达 20% ~30% 。因此,英格兰银行的成立标志着现代商业银行的诞生。此后,股份制银行在英国以及其他各资本主义国家普遍建立起来。这些股份制银行资本雄厚、业务全面、利率较低,由此建立了较为规范的信用货币制度。现代商业银行业的建立极大地促进了工业革命的进程,也逐渐成为了现代金融业的主体。在现代银行的发展过程中,逐渐形成了各种类型的银行机构,形成了比较完善的银行体系,进而形成了以银行为主体,服务于各个金融领域的多元化的现代金融机构体系。

6.1.3 金融机构的功能

1)便利资金融通

一国金融机构最基本的经济职能就是充当专业的融通资金的媒介,使资金盈余者的资金迅速流向资金短缺者,使资金盈余者的闲置资金得以利用,帮助资金短缺者及时获得资金,使资金发挥最大的效益。金融机构对资金融通有直接融资和间接融资两种。直接融资中的金融机构主要是证券公司,间接融资中的金融机构主要是商业银行。通过各自独特的融资方式,金融机构在全社会范围内实现了闲置货币和货币资金的集中,并把这些货币或货币资本转化为生产过程的职能资本,使资金得到充分的利用。

2)降低融资交易成本

在资金融通的过程中,资金短缺者的每笔借款都可能涉及谈判、签约、履约等交易费用,资金盈余者也得花费大量时间和金钱去获取向他借钱的每一个企业或个人的各种信息并实施监督,如果没有金融机构的参与,融资成本会相当高。金融机构能够通过规模化经营和专业化运作,合理地控制利率,在一定程度上降低融资交易中的融资成本,并可以节约融资交易中的各项费用支出,降低交易成本。

3)改善信息不对称的状况

在融资活动中,资金需求方所拥有的市场信息会远远大于资金供给方所获得的信息。由于信息不对称,贷款者很难了解到借款者的信用状况,往往造成信用风险频发、不利于资金融通的局面。而银行等金融机构有比较完善的信用评级制度和管理,可以清楚地了解每个借款人的信用和财务状况。因此,能够及时搜集、获取关于借款人真实完整的信息,据此选择合适的借款人和投资项目,将客户提供的资金借贷给经营状况良好的公司,对所投资的项目进行专业化的监控,改善信息不对称的状况。

4)转移和管理风险

借贷市场上众多债务人发行的债券按各自的性质和质量具有不同的风险。金融机构能够汇聚无数小额投资者的资金,成为规模庞大的机构投资者;金融机构可以将资金分散投资于各种性质甚至不同国家的项目和证券;还可以通过分散贷款将风险较高的资产转变为风险较低的资产。这样,就能够将风险降至最低限度。

5)提供便利的支付方式和多种金融服务

随着经济的发展和全球化趋势不断增强,各种跨地域、跨国际的支付活动日益频繁,给交易者带来了很多麻烦和风险。金融机构都广泛应用了先进的计算机技术和网络技术,现金交易日趋减少,它们为客户提供支票、信用卡、借记卡和资金电子划拨等支付方式。这些支付方式降低了交易费用,加快了资金周转,促进了社会经济的发展。在现代经济中,资金的需求者对金融服务的要求是多方面的,除融通资金、划拨资金外,还有债权债务的清算、信用担保、信托咨询等,金融机构对这些业务一般都能提供。因此,资金需求者除了通过金融中介机构进行融资外,还可以获得多种金融服务。

6.1.4 金融机构的特征

经营性金融机构与一般经济单位之间既有共性,又有特殊性。共性表现在金融机构也具有普通企业的基本要素,如具有一定的自有资本,向社会提供特定的商品(金融工具)和服务,必须依法经营、独立核算、自负盈亏、照章纳税等。金融机构的特殊性主要表现在以下方面。

1)经营对象与经营内容不同

一般经济单位的经营对象是具有一定使用价值的商品或普通劳务,经营内容是普通的商品生产和流通活动;而金融机构的经营对象是货币资金这种特殊的商品,经营内容是货币的收付、借贷及各种与货币资金的运动相关的金融业务。

2)经营关系与经营原则不同

一般经济单位与客户之间是商品或劳务的买卖关系,而金融机构与客户之间主要是货币资金的借贷或投资的关系。一般经济单位要遵循等价交换的经营原则,金融机构在经营中虽然也以盈利为主要目的,但在其经营过程中必须遵循安全性、流动性和盈利性原则,对利润的追求必须在满足安全性和流动性的前提下才能进行。

3）经营风险及影响程度不同

一般经济单位的经营风险主要来自于商品生产和流通过程，集中表现为商品是否适销对路、货款能否及时收回等。这种风险所带来的至多是因为商品滞销、资不抵债而宣布破产。单个企业破产造成的损失对整体经济的影响很小，一般属于小范围、个体的性质。而金融机构由于其自有资本比例相对较低，资金主要来源于以各种形式吸收的外部资金，因而在经营过程中面临着较高的风险。因其业务大多是以还本付息为条件的货币信用业务，所以风险主要表现为信用风险、挤兑风险、利率风险、汇率风险等，这一系列风险往往超越对金融机构自身造成影响。金融机构因经营不善而导致的危机，不仅有可能对整个金融体系的稳健运行构成威胁，还可能进而危及整个社会的再生产过程，引发社会经济秩序的混乱，甚至会诱发严重的社会或政治危机。因此，各国政府普遍重视对金融机构的经营风险的控制，国家对金融机构的管理更严格，管理范围更广泛。

6.1.5 金融机构的构成

各国的金融机构体系虽各有特点，但在种类和构成上基本相同。现代金融机构体系通常是以中央银行为核心，由以经营信贷业务为主的商业银行和提供各类融资服务为主的非存款类金融机构以及相关金融监管机构共同构成。各国的金融机构体系主要包括中央银行、存款类金融机构和各种专业银行以及非存款类金融机构等。

1）中央银行

中央银行是一国金融机构体系的领导与核心，担负着制定、执行货币政策，管理、调节金融运行，维护金融体系安全的特殊职责。中央银行是银行业发展到一定阶段的产物，并随着国家对经济生活干预的日益加强而不断发展和强化。中央银行在一国的金融体系中处于核心和主导地位，它代表国家对整个金融体系实行领导和管理，维护金融体系的安全运行，对全国金融活动进行宏观调控，是管理全国货币金融的最高机构。

各国政府通常赋予其中央银行发行的银行、银行的银行和国家的银行 3 项基本职能。所谓发行的银行指各国中央银行为本国唯一的货币发行机构，各国中央银行必须维护本国货币的正常流动和币值稳定，这一职能使得中央银行有能力实施金融宏观调控。所谓银行的银行指中央银行的业务对象是商业银行和其他金融机构及特定的政府部门，当商业银行和其他金融机构发生资金困难而无法从其他银行或金融市场筹资时，中央银行作为最后贷款人向其提供资金融通。因而各国政府通常会要求商业银行和其他金融机构将其吸收的存款按一定比例存入中央银行。国家的银行是指中央银行代表国家行使职能，实行货币政策并对金融业实施监管。因此，中央银行不对企业单位和个人办理各种商业银行经营的金融业务，其主要业务是发行货币，管理各商业银行中存的法定准备金和超额准备金存款，代理国家经理国库、财政收入和支出。同时，中央银行还为解决商业银行在信贷业务中发生临时性资金周转困难而发放贷款或贴现商业银行未到期的票据，在政府财政收支出现失衡时提供短期信用放款（较少国家实施），通过公开市场买卖证券以调节和控制社会货币供应量以影响宏观经济、经营国际储备资产。为方便办理国内外支付业务，中央银行还办理组织同城票据交换、异地资金划拨和跨国清算等业务。

2）存款类金融机构

存款类金融机构，也称存款机构，指以吸收个人和机构的存款，以发放贷款为主要业务的金融机构。存款类金融机构主要包括商业银行、储蓄银行、信用合作社等。

（1）商业银行

商业银行是最早出现的现代金融机构，其主要业务是经营个人储蓄和工商企业的存、贷款，并为顾客办理汇兑、结算和提供其他多种金融服务。商业银行以盈利为目的，其机构数量多，经营活动直接面向社会企业、单位和个人，资产比重大，因而具有其他金融机构所不能替代的重要作用，是各国金融机构体系中的中坚力量。

20 世纪 80 年代以后，西方各国对金融管制放松，商业银行的业务范围有了明显扩大，除了传统的存贷款业务外，商业银行还可以提供全面、综合性的业务，如办理投资银行业务、保险业务、信托业务等。

（2）储蓄银行

储蓄银行是专门吸收居民储蓄存款并为居民提供金融服务的银行，其资金来源主要是储蓄存款、定期存款、支票存款，其主要的服务对象是居民，其资金运用主要是向居民发放长期抵押贷款和提供消费信贷，此外也会在可靠的债券市场投资。储蓄银行的名称各国有所不同，有的甚至不以银行相称，但功能基本相同。在美国称为互助储蓄银行、信贷协会、储蓄贷款协会等，在英国称为信托储蓄银行，日本称为储蓄银行。由于储蓄银行直接服务于广大居民，因而其数量在各国都较多。为了保护储户的利益，国家对储蓄银行一般有专门的立法，限制其资产和负债业务。

（3）信用合作社

信用合作社是围绕某一特定社会团体（企业职工、工会成员等）而建立的小型合作贷款机构。信用合作社的成员按照自愿、平等、互利的原则加入合作社，其资金来源主要是社员存款（通常被称为股份），存款人即为股东；资金运用主要是向社员发放消费者贷款。信用合作社不以赚钱为目标，运营的目的是为成员提供资金融通的便利，追求有限的经济利益。

3）非存款类金融机构

随着金融活动的日益深化，非存款类金融机构已成为现代各国金融体系中的重要组成部分。非存款类金融机构不以吸收存款作为其资金的主要来源，其吸收资金的方式主要为发行有价证券或受益凭证等特殊方式，并在经营过程中获取利润。各国的非存款类金融机构主要包括保险公司、养老或退休基金、投资基金、投资银行、证券机构、信托投资公司、金融租赁公司、典当行等。

（1）保险公司

保险公司是指按照《保险法》规定专门经营各种保险业务的金融机构，其基本职能是分散风险、补偿损失，其资金来源主要为投保人缴纳的保险费或出售保险单所得资金。保险公司对发生了保险事故的投保人应按保险合同中约定的赔偿事项进行经济赔偿，是一种信用补偿方式。保险公司所筹集的保险资金往往数额巨大，通常除一部分用于保险赔付及补偿经营费用,其余部分被用于投资。保险公司通常将其暂时闲置的资金投向风险较低的政府债券、企业债券,发放保单抵押贷款等,以实现保险资金的保值和增值。这部分资金的运用,对金融市场的影响较大。同时,随着保险险种的不断创新,保险公司利用保险方式融资的能力也日益增强。保险公司是一国非存款类金融机构的重要组成部分。

(2)养老基金或退休基金

养老基金或退休基金是一种向参加养老计划的人以年金的形式提供退休后收入的金融机构。现代世界各国往往以立法的形式规定在职人员必须参加养老基金或退休基金计划,以保障其由于年老丧失劳动能力后的生活。养老基金或退休基金的资金来源是雇主和雇员按照工资比例交纳的储蓄金,在雇员被雇用的年限内,由雇员本人或其雇主或两者共同交纳养老金。资金运用主要是购买政府公债、企业债券和公司股票等产生的收益。

(3)投资基金

投资基金是成立专门的基金管理机构运营,通过出售股份或受益凭证集中各投资者的资金,投资于各种金融资产的金融机构。投资基金一般进行多元化证券组合投资,投资方向多为各种有价证券或房地产等高获利的行业。投资基金发行后往往规模巨大、由专家进行管理,信息成本和交易成本较低,投资风险较小,因而受到中小投资者的欢迎。投资基金按组织形式有开放式和封闭式两种,开放式基金不限定发行的总额度,这可以随时购买基金入股,也可以随时赎回基金退股;而封闭式基金发行确定数量的股份,之后不再追加发行,投资者购买封闭式基金后只能在二级市场上出售,不能退股。

(4)证券机构

证券机构包括证券公司、证券交易所、期货公司、证券登记结算公司、证券投资咨询公司、证券评估公司等。其中,证券公司和证券交易所是最主要的证券机构。证券公司是经国家主管机关批准设立的专门从事各种有价证券经营及相关业务的机构。证券交易所是证券买卖双方公开交易的场所,为证券的集中和有组织交易提供一定的场所和设施,配备必要的管理和服务人员,并对证券交易进行周密的组织和严格的管理,为证券交易顺利进行提供一个稳定、公开交易的高效率的市场。

(5)投资银行

投资银行是专门从事长期金融投资业务的金融机构,其资金主要来源于发行股票和债券,主要业务是为工商企业发行和承销有价证券,为企业提供公司理财、收购与兼并、咨询、基金管理和风险资本管理等业务。投资银行是美国和欧洲大陆地区对这类金融机构的称呼,其在英国称为商人银行,在日本和我国则称为证券公司。20世纪80年代后,随着各国金融管制的放松,投资银行有了迅猛的发展。

(6)信托投资公司

信托公司是依照法律程序设立的经营信托业务的金融机构。信托机构的主要职能是接受客户委托,代客户管理、经营、处置财产,其职能可概括为"受人之托、为人管业、代人理财"。信托投资机构一般以法人身份,承办各种不与本国信托法相抵触,又为社会需要并有经济利益的业务。信托投资机构所涉及的业务范围一般较大,既包括信托业务,又包括其他信用业务,如进行信用担保、自信状况咨询等业务。

（7）金融租赁公司

金融租赁公司指专门办理融资性租赁业务的专业金融企业。金融租赁公司的组织形式有两种:第一种是独立经营的租赁公司,第二种是银行或其他金融机构所属的租赁公司。初期的租赁公司往往通过股份制和贷款来筹集资本,其主要业务为购买设备,然后通过提供设备对外租赁为企业融通资金,从而获取利润。后来,由于银行对租赁公司贷款,分享租赁公司的利润,逐渐发展到银行控股租赁公司,银行由贷款参与租赁变为附设租赁部门或另外组建独立的租赁公司直接出租。保险公司和投资银行等金融机构也有相应的部门从事金融租赁业务。

（8）典当行

典当行指以收取实物作为抵押而进行借贷的金融机构。典当行的业务主要为收取典当人为借款而交出的实物抵押品,加以妥善保管、发放借款,典当行从中获取利润。

此外,信用评级公司、风险投资公司、金融公司等也是非存款类金融机构的重要成员。

4）政策类金融机构

政策性金融机构指的是在政府的支持和鼓励下,以国家信用为基础,运用特殊的融资手段,严格按照国家特定经济和社会发展政策而进行的一种特殊的资金融通行为或活动。政策性银行的投资领域往往是商业性银行不愿进入的,因为这些领域不盈利、风险太高或者投资期限长、规模大。但这些领域对社会经济的长期发展又是非常重要的,如基础设施建设、农业开发项目等。由此而设立的政策性金融机构在我国有国家开发银行、农业发展银行、中国进出口银行,还有住宅信贷机构体系及针对学生的助学贷款体系等。

5）监管类金融机构

金融监管机构指政府指定对金融交易行为主体进行监督和管理的机构。为了加强和完善货币政策控制,维护金融体系稳定,防范金融风险,保护投资者利益,各国均建立了金融监管机构体系。世界各国的金融监管机构的设置不尽相同。美国由美联储负责监管混业经营的金融控股公司,而银行、证券、保险分别由其他监管部门监管;英国长期由英格兰银行来承担整个金融业监管的职责(1997年改为由金融服务局承担),实行"一元化"的监管模式;多数欧元区国家则将银行、证券、保险的监管从中央银行中分离出去。这些监管模式各有特色,也各有利弊。

6.1.6 我国的金融机构体系

目前,我国已形成了以中央银行为核心,以商业银行为主体,政策性金融机构、其他非存款类金融机构等多种金融机构并存,分业经营、相互协作的金融机构体系。

1）金融监管机构

金融监管机构由中国人民银行、中国银行业监督管理委员会(简称银监会)、中国证券监督管理委员会(简称证监会)、中国保险监督管理委员作为最高金融管理机构(简称保监会),对各类金融机构实行分业监管。

（1）中国人民银行

中国人民银行是我国的中央银行,在我国金融体系中处于核心地位。中国人民银行在国务院的领导下,制定和实施货币政策、维护金融稳定、对金融业实施监督管理。1984年以前,中国人民银行既办理个人和企事业单位的存款、发放工商企业贷款等商业银行的业务,又处理制定和执行金融货币政策、发行货币、经理国库等中央银行业务,同时还是国务院管理全国金融业的主管机关。从1984年1月起,中国人民银行专门行使中央银行职能,不再办理商业银行对个人和企事业单位提供的相关业务,集中力量履行制定全国金融的宏观决策、管理信贷资金、保持货币稳定、管理全国金融业等职责。

（2）银行业、证券业、保险业3大监管机构

我国金融业实行分业经营、分业监管,银监会、证监会和保监会分别监管银行业、证券业和保险业。银监会统一监督管理商业银行、政策性银行、信托公司、农村合作金融机构、金融资产管理公司、金融租赁公司、企业集团财务公司和汽车金融公司等金融机构。证监会监管我国证券业的金融机构,主要包括证券公司、证券交易所、基金管理公司、各种中介服务机构,如证券登记结算公司、证券评级机构、证券投资咨询机构、合格的境外机构投资者等。保监会是全国商业保险的主管部门。

2）存款类金融机构

我国目前存款类金融机构包括3类:大型存款类金融机构、小型存款类金融机构、其他存款类金融机构。

（1）大型存款类金融机构。

我国的大型存款类金融机构包括中国银行、中国工商银行、中国建设银行、中国农业银行、交通银行和中国邮政储蓄银行。这6大商业银行是我国银行类金融机构的主体。

（2）小型存款类金融机构。

我国的小型存款类金融机构主要包括:

①1987年后相继成立的全国性股份制银行,如中信银行、招商银行、华夏银行、光大银行、民生银行、广东发展银行、兴业银行、深圳发展银行、上海浦东发展银行等。

②城市商业银行。1998年以后城市合作商业银行改建为城市商业银行,目前全国已经形成100多家城市商业银行,机构遍布大、中城市。

③农村商业银行和农村合作银行。农村商业银行是在农村信用合作社基础上改制组建的股份制商业银行,部分地区则将农村信用社改组为农村合作银行。

（3）其他存款类金融机构

主要包括:

①农村信用合作社以及农村信用合作联社。

②村镇银行。

③中外合资银行、外资在华银行分行以及转制后的外资法人银行。

3）政策性金融机构

1994年我国组建了国家开发银行、中国农业发展银行和中国进出口银行3家政策性银

行。3 家政策性银行的分工分别是:国家开发银行主要为国家基础设施、基础产业、重点项目和重点产品提供金融支持;中国农业银行为筹集农业信贷资金,承担国家规定的农业政策性金融业务、代理财政性支农资金的拨付等提供服务;中国进出口银行主要为扩大我国机电产品和成套设备等资本性货物的出口提供出口信贷和其他各种贷款。

除了 3 家政策性银行外,中国的政策性金融机构还包括:

①金融资产管理公司。我国的金融资产管理公司是经国务院决定设立的收购国有独资商业银行不良贷款,管理和处置因收购国有独资商业银行不良贷款形成的资产的国有独资非银行金融机构。金融资产管理公司以最大限度保全资产、减少损失为主要经营目标,依法独立承担民事责任。目前,我国有 4 家资产管理公司,即中国华融资产管理公司、中国长城资产管理公司、中国东方资产管理公司、中国信达资产管理公司,分别接收从中国工商银行、中国农业银行、中国银行、中国建设银行剥离出来的不良资产。

②出口信用保险公司。2001 年我国成立中国出口信用保险公司,是中国唯一承办出口信用保险业务的政策性保险公司。中国信保的业务范围包括:中长期出口信用保险业务;海外投资保险业务;短期出口信用保险业务;国内信用保险业务;与出口信用保险相关的信用担保业务和再保险业务;应收账款管理、商账追收等出口信用保险服务及信息咨询业务;进口信用保险业务;保险资金运用业务;经批准的其他业务。

③中小企业担保公司。我国各省市通过成立中小企业担保公司解决中小企业融资难问题,为中小企业贷款提供担保,如 1999 年 12 月我国成立深圳市中小企业信用担保中心(2008 年 1 月转制为有限公司)等。

4)非存款类金融机构

(1)保险公司

截至 2015 年 6 月底,我国保险经营机构主要包括中国人民保险集团股份有限公司等 10 家保险集团、控股公司、70 多家财产险公司、82 家人身险公司、9 家再保险公司保险资产管理公司 21 家,外资保险公司代表处 187 家,另外还有成百上千家保险业代理公司、经纪公司、公估公司等保险中介公司。

(2)证券公司

按照我国《证券法》的规定,国家对证券公司实行分类管理,证券公司分为经纪类证券公司和综合类证券公司。前者只能专门从事证券的经纪业务,如代理证券买卖、代理证券的还本付息和分红、证券代保管、代理登记开户等业务;后者除可以开展以上业务外,还可以从事证券的自营买卖、证券的承销、证券投资咨询和顾问、受托投资管理等业务。截至 2014 年年底,我国共有中信证券股份有限公司、国泰君安证券股份有限公司等各类证券公司 120 家。我国目前有两家证券交易所,即上海证券交易所和深圳证券交易所。

(3)投资基金

我国的投资基金最早产生于 20 世纪 80 年代后期,1987 年,中国银行和中国国际信托投资公司共同推出面向海外投资者的基金。较为规范的证券投资基金产生于 1997 年 11 月《证券投资基金管理暂行办法》出台之后,根据要求,证监会对此前的基金进行了清理规范,同时审批新基金的设立。截至 2015 年 6 月底,我国共有 97 家基金管理公司,其中合资公司 46 家,内资公司 51 家,取得公募基金管理资格的证券公司 7 家,保险资管公司 1 家,公募基金资产合计 7.11 万亿元,基金数量 2 379 只,其中封闭基金 149 只,开放式基金 2 230 只。

(4)信托公司

我国的信托投资业始于 20 世纪初商品经济比较发达的上海,1921 年成立的上海通商信托公司是中国最早的信托公司。1979,荣毅仁先生创办了新中国首家信托投资机构——中国国际信托投资公司。经过历次整顿,我国目前正规的信托公司约 60 家。2014 年 4 月季度末,我国信托业固有资产总额 3 586.02 亿元,营业收入总额达 954.95 亿元,利润总额达 642.30 亿元,行业人均利润高达 301 万元,在金融业中处于较高水平。信托公司逐渐成为资本雄厚、资产质量优良、内部治理健全、创新活跃、高成长性、充满生机与活力的现代金融机构。

(5)财务公司

中国的财务公司大多由企业集团内部出资设立。企业财务公司不是银行,所以不可能在企业集团外部吸收存款,也不能对非集团企业和个人发放贷款,其主要业务是为本企业集团内部各分支机构的技术改造、新产品开发及产品销售提供中长期的金融服务。它在行政上隶属于企业集团,在业务上则接受中国银行业监督管理委员会的监督管理。

(6)金融租赁公司

金融租赁公司是指经中国银行业监管管理委员会批准以经营融资租赁业务为主的非银行融资机构。在改革开放初期,我国为了解决资金短缺的问题,获得外国的先进技术与设备,积极开展了国际金融租赁业务。近年来,我国的金融租赁公司发展较快,租赁资产行业分布广泛,服务领域不断增加,行业配比不断均衡。部分租赁公司还设立了专业化的租赁产品,将企业生产、销售和用户需求有机结合起来,有效地增加了企业的融资渠道。

(7)金融服务机构

服务类金融机构主要包括:

①信用评级机构,如中国诚信证券评估有限公司、长城资信评估有限公司、大公国际资信评估公司等。

②证券服务机构,如证券登记公司、证券结算公司、中央国债登记结算有限责任公司等。

③金融(或证券)咨询公司,如北京金桥咨询公司、新兰德证券咨询公司、北京东方华尔金融咨询公司等。

此外,典当行、小额信贷公司、农村资金互助社等新型金融机构,中外合资、外商独资金融公司,信用卡公司等,也是我国境内非存款类金融机构的重要成员。

【阅读案例 6.1】

银行会消亡吗?

在美国等选择市场主导型金融系统的国家中流传着这样一种观点,即随着金融市场的日趋完善,传统的以银行为代表的金融中介必将逐渐衰落,甚至消亡。并且,一些金融统计数据看上去也的确证实了这种预测。

银行资产总额占金融系统总资产的比重从 1860 年的 89.2% 降低到 1997 年的 46.9%,而保险公司、投资公司和基金三者总资产 1997 年已经能够同银行分庭抗礼。至少从资产上来看,银行在金融系统中的地位确实在不断下降。

银行真的会消失吗?

传统理论将银行的存在原因归结为交易成本和信息的不对称两方面,也就是通常所说的市场不完全或市场摩擦性。如果市场是完全或无摩擦的,那么银行也就不再有继续存在下去的必要。而从 20 世纪后半叶开始,西方国家的金融市场中交易成本和信息不对称现象显著下降。因此依据传统理论,银行的作用确实下降了。但是相反的证据仍然存在,因为交易成本和信息不对称的下降本应使得投资者直接参与市场的比例增大,但是从现实中来看,反而是个人直接持股比例下降而中介的持股比例增加。

银行之所以存在,必然是有其价值。银行的存在能够为金融体系中的交易主体提供风险管理服务,并且提供信息披露、投资代理、金融产品创造等专业性服务。我们在正文的分析中已经详细探讨了银行在金融体系中的作用。

并且,很重要的一点是,完善的金融市场在任何条件下都不会存在,它只会出现在严格假定的理论框架中。银行的存在不会没有意义,虽然金融市场的迅速发展使得银行地位受到冲击,但我们有理由相信,银行不会消失。

——存在即是合理。

来源:杨长江,张波,王一富.金融学教程[M].上海:复旦大学出版社,2004:342-343.

思考题:

如何看待现代金融机构的发展。

6.2 金融市场体系

金融市场是资金供求双方为融通资金而办理各种票据、有价证券买卖或货币借贷的场所。金融资产需要通过在金融市场上交易实现资金的融通,金融市场发达与否是一国金融发达程度的重要体现。金融市场体系是指以金融资产为交易对象、以金融资产的供给方和需求方为交易主体形成的交易机制及其关系的总和。在市场经济中,金融市场是整个市场体系中的重要组成部分,它与商品市场、劳动力市场、技术市场等各类市场相互联系、相互依存,共同形成统一的市场有机整体。金融市场的发展对整个市场体系的发展起着举重若轻的制约作用,因为其他市场的交易活动都要通过货币的流通和资金的运行来实现,都离不开与金融市场的密切配合。同时,市场体系中其他市场的发展,又为金融市场的发展提供了必要条件。

6.2.1　金融市场构成要素

与其他市场一样,一个完整的金融市场需要有一些必备的市场要素,否则市场活动就会难以顺畅地运行。金融市场的主要构成要素包括交易主体(即参加者)、交易客体、交易组织形式和交易价格等。

1)交易主体

金融市场的交易主体指金融市场交易活动的参加者,主要为货币资金盈余或短缺的企业、个人以及金融机构,政府和中央银行会由于参与金融市场交易也成为金融市场的交易主体。

2)交易客体

金融市场的交易客体是指交易对象和交易工具。金融市场的交易对象主要是货币资金,由于货币资金是一种仅仅转移使用权而不转让所有权的特殊商品,借贷双方通常需要借助金融交易工具来进行交易。不同的金融工具具有不同的特点,能分别满足资金供需双方在数量、期限和条件等方面的不同需要,在不同的市场上为不同的交易者服务。因此,金融市场上的交易工具,也被称为信用工具、金融工具,是金融市场上进行交易的载体。金融工具一般具有广泛的社会可接受性,随时可以流通、转让。

3)交易价格

在金融市场上,各种交易都是在一定的价格下实现的。金融资产交易所形成的价格被称为金融市场的交易价格,主要包括利率和股价。在金融市场上,利率是货币资金商品的"价格",其高低主要由社会平均利润率和资金供求关系决定。在股票市场上,股价是股权工具的交易价格,是反映股份公司盈利水平、宏观政策变化并受利率重大影响的价格机制。

4)交易的组织形式

金融交易的组织形式是指金融市场的交易主体在进行交易时采用的方式。受市场本身的发育程度、交易技术的发达程度等因素的影响,金融交易主要有以下3种组织方式:一是有固定场所的有组织、有制度、集中进行交易的方式,如交易所方式;二是在各金融机构柜台上买卖双方面议的、分散交易的方式,如柜台交易方式;三是电信交易方式,即没有固定场所,交易双方也不直接接触,主要借助电信手段来完成交易的方式。这几种组织方式各有特点,分别可以满足不同的交易需求。

6.2.2　金融市场的分类

1)货币市场和资本市场

根据金融资产的偿还期限,金融市场可以划分为货币市场和资本市场。

货币市场,也称短期资本市场,是进行一年及一年以下的短期资金交易活动的市场。货币市场的职能是满足资金需求者短期资金的需求,因此货币市场工具的流动性强、风险较低,同时价格波动较小,是较为安全的投资方式。货币市场包括商业票据市场、国库券市场、回购市场、大额可转让存单市场、同业拆借市场等子市场。

资本市场,也称长期资本市场,是进行一年以上的长期资本交易的活动市场。资本市场的职能是为资金的需求者筹措长期资金。资本市场的信用工具,由于期限长、流动性低,因此价格变动幅度较大,风险也较高。资本市场包括股票市场、长期债券市场以及长期贷款市场等子市场。

2)按市场功能为标准

按此标准,金融市场可分为发行市场和流通市场。

发行市场,又被称为初级市场、一级市场,是资金需求者将金融资产首次出售给公众时所形成的交易市场。发行市场的主要功能是筹集资金。

流通市场,又被称为次级市场、二级市场,是指已经发行的各类证券和票据等金融资产进行流通转让的交易市场。二级市场的主要功能为流动性功能和价格发行功能。流动性功能指二级市场使得金融工具得以变现出售,提高了金融工具的流动性;价格发现功能指二级市场上各类证券和票据的价格水平决定了发行公司在一级市场的证券定价基准。

3)按照金融中介的性质

按此标准,金融市场可划分为直接金融市场和间接金融市场。

直接金融市场指资金供需双方借助于金融工具直接融通资金的市场。在直接金融市场上,投资银行等金融中介仅仅作为市场中介为资金余缺双方的资金融通提供服务,而不参与资金的重新分配。

间接金融市场指资金供需双方通过银行等信用中介机构进行金融资产交易的市场。在间接金融市场上,银行等金融机构作为信用中介,通过发行债务工具向资金盈余者筹集资金,通过贴现、贷款、投资等方式向资金短缺部门融资。

4)按照市场组织形态

按此标准,金融市场可划分为有形市场和无形市场。

有形市场指有固定交易场所、有严格交易规则的集中交易市场。有形市场包括证券交易所、期货交易所、票据交换所等交易市场。

无形市场指无固定交易场所的金融市场,其交易一般通过现代化的电信工具在各金融机构、证券商及投资者之间进行。随着信用制度的完善,通信、计算机技术的快速发展,现代金融交易日益通过电话、电报、电传、计算机网络及其他通信工具进行,出现了有形市场无形化的总体趋势。

5)按照交割期限划分

按此标准,金融市场可划分为现货市场和衍生工具市场。

现货市场指的是金融资产交易达成后即期交割的市场,是金融市场上最普遍的一种交易方式。

衍生工具市场指各种衍生金融工具进行交易的市场。期货市场、期权市场是两种主要的衍生工具市场。

6）按照交易标的物的性质

按此标准,金融市场可分为资金市场、外汇市场、黄金市场、保险市场。

资金市场指以本币资金为交易标的物的市场。按照偿还期的长短,资金市场可分为货币市场和资本市场。

外汇市场指进行外汇资产交易的市场。外汇市场按其含义有广义和狭义之分。狭义的外汇市场指的是银行同业间的外汇交易,包括各银行之间、中央银行与外汇银行之间以及各国中央银行之间的外汇交易活动,通常被称为外汇批发市场。广义的外汇市场是指由各国中央银行、外汇银行、外汇经纪人及客户组成的外汇买卖、经营活动的综合,包括上述的批发市场以及银行同企业、个人间外汇买卖的零售市场。

黄金市场是专门集中进行黄金及其衍生品买卖的交易中心或场所。随着时代的发展,黄金非货币化的趋势越来越明显。但目前由于黄金仍是国际储备工具之一,在国际结算中占据着重要的地位,因此,黄金市场仍是金融市场的组成部分。现在世界上已发展到40多个黄金市场,其中伦敦、纽约、苏黎世、芝加哥和中国香港地区的黄金市场被称为5大国际黄金市场。

保险市场是进行各种保险和再保险业务交易的市场。在当今的金融服务业领域,保险业已成为与银行业和证券业并列的3大重要支柱之一。狭义的保险市场指进行保险商品交换的固定场所,如保险交易所。广义的保险市场是指保险商品交换关系的总和或是保险商品供给与需求关系的总和,它既可以指固定的交易场所,如保险交易所,也可以是所有实现保险商品让渡的交换关系的总和。保险市场的交易对象是保险人为消费者提供的保险保障,即各类保险商品。

7）按照交易的地理区域划分

按此标准,金融市场可划分为国内金融市场和国际金融市场。

国内金融市场指金融交易的作用范围仅限于一国领土范围之内的市场,双方当事人为本国的自然人或法人,以及依法享受国民待遇的外国自然人与法人,交易工具也多由国内发行。

国际金融市场指金融资产的交易跨越国界进行的市场,是进行金融资产国际交易的场所。它有广义和狭义之分,狭义的国际金融市场指进行各种国际金融业务的场所,广义的国际金融市场则包括离岸金融市场。在国际经济贸易领域中,国际金融市场显得十分重要,商品与劳务的国际性转移、资本的国际性转移、黄金输出与输入、外汇的买卖,以至于国际货币体系运转等各方面的国际经济交往都离不开国际金融市场。

6.2.3 金融市场功能

金融市场在市场体系中具有特殊的地位,加上该市场明显不同于其他市场的运作规律和特点,使得这个市场具有多方面功能。具体来看,金融市场主要有以下5个方面的功能:促进资金融通,合理配置和引导资金,实现风险的转移与分散,降低交易成本,调节经济功能。

1）资金融通功能

金融市场最基本、最主要的功能就是融通货币资金。在经济运行过程中，各经济主体必然会出现货币资金的盈余和不足，因而有相互间融通货币资金的需要。金融市场能够迅速、有效地动员和筹集资金，将社会上暂时闲置的货币资金聚集起来，将社会储蓄转化为生产资金。金融市场借助市场机制，聚集了众多市场交易主体，创造和提供了各种金融工具，开辟了范围广阔的筹资、投资渠道以及形式多样的资产转换途径，为资金的供给者和需求者提供了多种选择，满足了双方的不同需求，从而最大限度地便利了资金从盈余部门导向赤字部门，扩大了资金供求双方接触的机会，促进了资金的融通，提高了资金使用效益。金融市场使筹资者和投资者有了更广阔的融资途径。

2）配置资金功能

市场体系最重要的经济功能是优化资源配置功能，即借助市场机制将资源从利用效率低的地区或部门转移到利用效率高的地区或部门，实现社会资源的合理配置和有效利用。金融市场通过利率的差异及其上下波动，通过市场上优胜劣汰的竞争以及对有价证券价格的影响，能够引导资金流向最需要的地方，流向那些经营管理好、产品畅销、有发展前途的经济单位，从而有利于提高投资效益，实现资金在各地区、各部门、各单位间的合理流动，完成社会资源的优化配置，使有限的资源得到合理利用。

3）实现风险的转移和分散功能

在市场经济中，各经济主体在资金融通、资源配置的过程中充斥着各种风险，如资产价格风险、利率风险、汇率风险、信用风险、政治风险、自然灾害风险等。金融市场及其推动的金融创新活动，为各经济主体转移和分散风险提供了可供利用的众多工具、机构、机制和市场。金融市场推动了金融资产的多元化，便利了风险的分散化和转移；在金融市场中进行组合投资可以分散单一金融资产投资面临的系统性风险，而远期合约、期货合约、期权合约、互换合约等金融衍生工具已成为管理和控制风险的重要工具。

4）降低交易成本功能

金融市场的交易成本主要指交易的搜寻成本和信息成本。搜寻成本指为了寻找合适的交易对象而支付的成本；信息成本指在交易过程中搜集、整理和利用信息时所发生的成本。金融市场的运作机制能有效地降低交易成本。例如，集中交易、中介机构和信息披露制度等有利于降低搜寻成本；专业信息类服务机构及金融市场的价格发现机制等有利于降低信息成本。

5）调节经济功能

金融市场是中央银行实施宏观金融间接调控的理想场所。金融间接调控体系必须依靠发达的金融市场传导中央银行的政策信号，通过金融市场的价格变化引导各微观经济主体的行为，实现货币政策的调整意图。中央银行可以通过金融市场进行公开市场业务操作，调节货币供应量；也可以通过再贴现率的调整，影响信贷规模。金融市场的存在，增强了中央银行宏观调控的灵活性和有效性。金融市场中形成的金融资产价格，综合反映了资金供求关系、金融运行状况和经济运行态势,从而为宏观经济决策及其调整提供了灵敏的市场信号和信息反馈。此外,一国财政政策的实施也离不开金融市场,通过金融市场发行国债,成为当代各国政府筹集资金的重要方式,是财政政策发挥积极作用的前提条件。而国债的发行又为中央银行提供了公开市场操作的工具,从而对宏观经济活动产生着巨大的影响。因此,金融市场是金融管理部门实施宏观经济政策的重要场所。

6.2.4 国际金融市场

国际金融市场是在国际范围内进行货币资金交易活动的场所。随着现代科技和通信技术的发展,当今的国际金融市场已经突破了场所和地点的限制,发展成为由现代通信技术和计算机系统连接的全球化的金融市场网络,成为国际投资的重要渠道。

国际金融市场是随着世界市场的形成和各国经济交往的不断扩大而产生并发展起来的。近代随着经济全球化进程的加快和国际经济联系的日益广泛,国际资本流动日益频繁,国际借贷规模不断扩大,于是在一些国际金融交易集中的地方,逐渐形成了如伦敦、纽约等较大的国际金融市场和国际金融中心。真正现代意义上的全球化国际金融市场是从20世纪50年代以后才产生的。第二次世界大战后,科技革命和生产力的发展深化了国际分工,把资本主义生产的社会化提高至生产国际化的新阶段。生产的国际化使资本主义生产越出国界,在世界范围实行广泛的专业生产和协作,进一步推动了资本国际化的迅速发展,使国际投资和资本流动达到前所未有的巨大规模,客观上需要一个更加发达、有效的国际金融市场来融通资金,从而使金融市场的国际化得到了迅猛发展。

国际金融市场可以按照不同的标准划分为不同的类型和结构,如根据交易使用的金融工具的不同,可分为国际黄金市场、国家外汇市场、国际信贷市场、国际债券市场、国际股票市场和国际衍生金融工具市场等;根据资金融通的期限的不同,可以分为国际货币市场和国际资本市场;根据市场主体的国别关系的不同,可以分为在岸金融市场和离岸金融市场等。

1)国际外汇市场

国际外汇市场是国际间进行外汇交易的市场。外汇市场的主要功能是进行国际结算与支付、清偿国际债权债务、调剂国际资金余缺、实现国际资本流动以及规避汇率波动风险。当前除了少量的小额外汇交易必须在银行柜台上进行外,国际外汇市场主要通过遍布全球的商业银行,以电话、传真和计算机网络等方式进行交易。由于不同地区间的时差问题,使各国外汇市场随着地球的自转而接连不断地开市和收市,国际外汇市场实际上形成了一个每天24小时全天候连续运转的市场。国际外汇市场的参与者主要是外汇银行及其客户、外汇经纪人和各国的中央银行。随着国际经济联系日益密切,国际外汇市场已是金融市场不可或缺的重要组成部分。

2)国际货币市场

国际货币市场指资金借贷期限在一年以内的国际短期资金交易市场,其功能主要是为暂时闲置的国际短期借贷资金提供存放及生息的场所;便利短期资金在各国间的调拨转移,使国际结算得以顺利进行;提供短期融通资金,促进各种国际经济交易的进行。国际货币市场的参与者包括各国中央银行、商业银行、投资银行、证券公司、信托公司、财务公司、票据贴现行等各种金融机构。

3）国际资本市场

国际资本市场指借贷期限在一年以上的国际中长期资金市场，由国际中长期信贷市场和国际证券市场组成，其功能主要是为各国政府、国际金融机构和国际银行业在国际金融市场上进行中长期信贷提供交易的场所。国际资本市场的贷款类型包括政府贷款、国际金融机构贷款和国际商业贷款，交易的品种主要包括银行中长期贷款、中长期国债、公司债券、股票和欧洲债券等。

4）离岸金融市场

离岸金融市场，又称欧洲货币市场，特指经营非居民之间的融资业务，即外国投资者和外国筹资者之间的资金借贷业务所形成的金融市场。离岸金融市场不同于传统的国际金融市场，它以非居民为交易对象，资金来自于银行所在国的非居民和其他国际来源的外币资金。离岸金融市场又被称为欧洲货币市场，其原因在于它是由欧洲美元市场发展而来的。所谓欧洲美元，指的是在美国境外（最初是在欧洲）的银行所吸存和贷放的美元资金。后来这一市场又扩展出欧洲英镑、欧洲马克、欧洲日元等，于是这些资金便被称为"欧洲货币"，经营这些资金借贷业务的银行被称为"欧洲银行"，这一新型的市场被称为"欧洲货币市场"。此后这一市场又扩展到欧洲以外的金融中心，如新加坡、巴哈马和巴林等，采用"离岸"这一术语比"欧洲"能更好地描述其市场位置。因此，这些货币资金、银行和市场便被统称为"离岸货币""离岸银行"和"离岸金融市场"。离岸金融市场最初仅仅办理离岸货币的存贷款业务，后来又发展起了欧洲债券、欧洲商业票据和欧洲股票业务，成为包括欧洲银行信贷市场、欧洲债券市场、欧洲商业票据市场和欧洲股权市场等子市场在内的庞大的国际金融市场体系。

5）国际黄金市场

国际黄金市场是指世界各国或地区集中进行黄金交易的市场。尽管各国货币已与黄金脱钩，黄金非货币化趋势不可逆转，但黄金仍是重要的国际储备资产。特别是当国际政治经济关系发生动荡时，黄金的重要地位就会凸显，因而黄金市场仍然被视为金融市场的组成部分。

6.2.5 我国金融市场的发展与展望

1）改革开放前的金融市场

新中国成立初期，我国金融市场极度混乱，当时生产停顿、经济萧条、通货膨胀严重。为稳定经济和金融秩序，人民政府采取了很多措施来整顿金融市场，主要的措施包括将官僚资本主义金融机构收归国有、对私营金融机构进行社会主义改造、肃清国民党货币和在我国流通的外国货币、统一货币发行、禁止金银计价流通和私自买卖、由国家统一购销管理、国家统一管理和集中经营外汇，建立新中国的金融机构，遏制通货膨胀等。经过一段时间的整顿，金融市场秩序基本恢复正常。

在 20 世纪 50 年代末到 70 年代末,我国实行高度集中统一的计划经济体制和与之相适应的高度集中的金融体制。在这种体制下,金融市场无法发挥应有的作用,只能逐渐消亡。

2)改革开放后的金融市场

1978 年以后,中国进入改革开放的新的历史时期。随着社会主义市场经济体制作为社会经济发展模式的确立,金融市场作为市场经济体系重要组成部分的地位也得到确认。同时,随着经济结构的多元化发展和微观经济主体地位和利益的逐步确立,不仅社会经济得到长足发展、社会财富不断增加、经济货币化程度逐步提高,而且国民收入的分配格局和投融资结构也发生了重大变化,金融市场的作用相应加强。当前我国各类金融市场逐步完善,市场参与主体不断扩大,市场基础建设不断增强,交易和监管机制不断完善。改革开放 30 多年来,我国金融市场已取得了长足发展,无论是对配置金融资源,还是在宏观调控中都发挥了重要作用。目前,我国已基本形成了货币市场、资本市场、外汇市场、黄金市场共存的金融市场体系。当前我国的货币市场已发展为包括同业拆借市场、回购市场、商业票据市场、银行承兑汇票市场和货币基金市场等诸多子市场的市场体系。上海银行间同业拆借利率(Shibor)已成为我国金融市场的基准利率。

我国债券市场已经形成以银行间债券市场为主、证券交易所市场为辅、商业银行柜台市场为补充的多层次债券市场体系,债券的品种包括国债、地方政府债、中央银行票据、金融债券、企业债券等。我国债券市场的发展有效地改善了我国社会融资结构,缓解了单一的银行贷款融资渠道对企业发展的制约,有利于促进民间投资增长。

我国的股票市场已逐渐形成由沪深交易所主板市场、创业板市场和代办股份转让系统(三板市场)构成的多层次资本市场体系,成为不同类型的市场主体融资和投资的平台。近年来,我国股票市场的融资规模、总市值、成交总额在国际市场上已位居前列。2009 年,我国股市创业板的正式运行,意味着我国多层次资本市场建设取得了突破性进展,从而有助于大幅提高中小企业,特别是创新型企业的融资渠道,落实创新型国家战略的建设目标。

我国的基金市场规模也正日渐扩大,品种逐渐增加。2015 年 6 月底,已有基金管理公司 97 家,管理的公募基金资产合计 7.11 万亿元,管理着 2 379 只基金。基金的品种包括股票基金、指数基金、债券基金、货币市场基金、混合基金、保本基金、交易型开放式指数基金(ETF)、QDII 基金等,基金已成为我国证券市场重要的投资主体。

在当今世界经济中,国际贸易迅速发展,国际经济往来日益扩大,国际资本流动不断增加,外汇市场的作用也越来越大。我国外汇市场近年来取得了长足的发展。随着人民币汇率改革的不断深入,我国银行间外汇市场不断完善,外汇交易主体和交易品种也在不断增加,交易机制不断健全。外汇市场的发展又进一步推进了人民币汇率的市场化形成机制。

我国的黄金市场取得了长足的进步,除了传统的黄金饰品、金币、金条市场外,已成立黄金交易所,推出黄金现货交易、远期交易、延期交易和白银、铂金交易。上海期货交易所还推出黄金期货交易,黄金价格已实现市场化。

我国的衍生品市场取得初步发展。除了商品期货外,已有债券、利率、外汇远期交易、人民币互换交易、可转换债券、权证和少量的资产证券化品种。不久的将来,上海金融期货交易所还将推出金融期货、期权交易。

可以确信,我国的金融市场还有很大的发展空间。随着我国金融市场的进一步发展成熟,其对经济发展的支持作用将进一步增强,在加大对工商企业的资金支持力度、促进我国居民消费增长、提高金融企业防范和化解风险的能力等方面发挥更大的作用。同时,金融市场自身也将进入新的发展阶段。

【本章习题】

一、名词解释

金融机构　存款类金融机构　非存款类金融机构　中央银行　商业银行　金融市场　货币市场　资本市场　发行市场　流通市场　直接金融市场　间接金融市场

二、简答题

1. 简述金融机构的功能及特征。
2. 简述我国金融机构体系的构成。
3. 简述金融市场体系的构成及金融市场的类别。
4. 简述金融市场的功能。

第7章 存款类金融机构

1. 了解存款类金融机构的基本含义。
2. 理解存款类金融机构体系的性质与职能。
3. 熟知存款类金融机构的业务类型。
4. 理解存款类金融机构的管理原理。
5. 掌握我国存款类金融机构的发展状况。

7.1 存款类金融机构概述

7.1.1 存款类金融机构产生与发展

存款类金融机构指接受社会公众的存款并发放贷款的金融中介机构,商业银行、信用社等金融机构为其典型代表。存款类金融机构在金融体系中占有非常重要的地位,特别是商业银行,在信用活动中起着主导作用。存款类金融机构的产生与发展是与商品经济的发展紧密相连的,具体的机构产生于不同的背景。

商业银行的起源与发展经历了早期的货币经营业、近代银行和现代商业银行3个发展阶段。从历史上看,银行(Bank)一词被认为源于近代意大利。从12世纪中期开始,商业的发展使得欧洲许多城市流通着种类繁多的货币。随着国际贸易业务的进一步开展,不同地区之间多种货币的兑换业务成为交易中的一个重要问题。于是,有些意大利人在威尼斯等地,犹太人则在伦巴特等地,沿街摆摊,专门从事鉴定、兑换各种货币的业务,同时还为可为商人保管货币。由于这些经营货币的商人多坐在长板凳上,意大利人便把他们称为Banco,即长板凳,英语的Bank和法语中的Banguc就是由此演变而来的。货币经营商在办理业务的同时,手中逐渐聚集了大量的闲置的货币,货币余额相当稳定,可以用来发放贷款,获得高额利息收入。因此,货币兑换商逐渐开始发放贷款,从存贷息差中获取收益。货币兑换商后期逐渐由被动接受客户委托保管的货币转变为积极主动揽取货币保管业务,并且从降低保管费或不收保管费发展到给委托保管货币的客户一定好处,由此保管货币业务便逐步演变为存款业务。货币兑换商就这样从古老的货币经营业就转变为办理存款、发放贷款和汇兑业务的银行。

近代银行出现于中世纪的欧洲,当时欧洲的贸易已很发达。最早的银行是 1171 年建于意大利的威尼斯银行;随后又有于 1407 年设立的热那亚银行;荷兰在 1609 年成立了阿姆斯特丹银行;接着,德国在 1619 年成立了汉堡银行。这些早期的银行都具有高利贷性质。资本主义生产关系的确立和资本主义商品经济的发展,客观上要求建立与资本主义扩大再生产相适应的现代银行业。高利贷性质的银行业不能适应资本扩张的需要,因为资本的本质是要获取尽可能高的利润,利息率只能是平均利润率的一部分;同时,资本主义经济工业化的过程需要资金雄厚的现代银行作为其后盾,高利贷性质的早期银行业后期逐渐成为资本主义经济发展的障碍,而被现代商业银行所取代。

现代资本主义银行主要通过两条途径产生:一条途径是旧高利贷业转变为资本主义银行,另一条较典型的途径是以股份公司形式建立的新型股份制银行。1694 年英国成立的英格兰银行是世界上第一家资本主义股份制银行,它是现代银行的标志。至此开始,股份制银行在各国得以普遍成立。这些股份制银行资本雄厚,业务全面,利率较低,在社会上建立了规范的信用制度和信用货币制度,极大地促进了工业革命的发展,同时也使它们自己成为现代金融业的主体。

信用社,全称为信用合作社,产生于 19 世纪中叶的欧洲。当时的机器大工业生产形式一方面使得社会生产力高度发展、社会财富急剧增加,另一方面也带来了劳动者经济、生活状况的不断恶化,从而引发了工人、农民和新兴资本主义制度的紧张对立。一些工人运动的领导者决定采取新的方式,就是依靠工人自己的力量,以合作社的方式组织起来,互利互助,通过自力更生来改变自己的经济地位,由此产生了合作社的做法。合作社的贷款手续简便、利率较低,能及时帮助经济力量薄弱的个人和中小企业解决资金困难,不受高利贷的盘剥。信用合作社的建立有助于解决资本主义制度带来的诸多社会问题,因此得到了许多资本主义国家政府的支持,各国相继成立了类似金融机构。

7.1.2 存款类金融机构性质与职能

1)存款类金融机构的性质

存款类金融机构是以利润最大化为经营目标,以多种金融资产和金融负债为经营对象,提供多功能、综合性金融服务的金融企业。存款类金融机构的性质具体体现在以下几个方面。

(1)存款类金融机构具有一般企业的特征

存款类金融机构是一种企业,因此它与一般企业一样,拥有发展业务经营所需的自有资本、依法经营、照章纳税、自负盈亏、具有独立的法人资格、拥有独立的财产和营业场所。存款类金融机构的经营目标就是追求利润的最大化,在这点上与一般企业没有区别。

(2)存款类金融机构是一种特殊的企业

存款类金融机构经营的是特殊的商品——货币,因此,存款类金融机构是一种与工商企业有所区别的特殊企业——金融企业。一般企业从事的是具有一定使用价值的商品的生产和流通,而存款类金融机构从事的是包括货币收付、借贷以及各种与货币有关的或与之相关的金融服务;一般工商企业的经营好坏仅仅影响到一个企业的当事人,而商业银行的经营好坏可能影响整个社会的稳定。由于商业银行对社会的特殊影响,国家对商业银行的管理要比对一般工商企业的管理更严格,管理范围也更广泛。

(3)存款类金融机构是一种特殊的金融企业

非存款类金融机构,如政策性银行、保险公司、证券公司、信托公司等都属于特种金融机构,它们都不能吸收存款,同时只能提供一个或几个方面的金融服务。存款类金融机构能直接通过吸收公众存款的方式筹集到巨额资金,其业务活动又与服务对象有密切联系,因此它提供的金融服务比其他金融机构更全面,范围更广。

2)存款类金融机构的职能

作为经营货币的特殊企业,存款类金融机构主要有信用中介、支付中介、信用创造和金融服务4项基本职能。

(1)信用中介职能

信用中介职能是存款类金融机构最基本、最能反映其经营活动特征的职能。存款类金融机构通过吸收存款,集中社会上闲置的资金,再通过贷款或投资将这些资金提供给资金需求者,由此充当资金余缺双方的中间人,使资本得到有效的运用,大大提高了金融资源配置的效率。在此过程中,存款类金融机构还可以实现对经济结构及其运行过程的调节。

(2)支付中介职能

支付中介职能是存款类金融机构特别是商业银行最传统的职能。由于存款类金融机构具有很高的信誉和较多的分支机构,其业务活动又与社会各个企业和部门有密切联系。因此,可以通过存款账户为客户办理货币收付和货币结算等业务,减少现金使用,节约流通费用,加速结算过程和货币资金的周转,促进扩大再生产。

(3)信用创造职能

信用创造职能是在信用中介和支付中介职能的基础上产生的。存款类金融机构利用所吸收的存款,发放贷款。在支票流通和转账结算的基础上,贷款又转化为存款,由此衍生出更多的存款,从而扩大了货币供应量。存款类金融机构的信用创造职能还包括信用工具,如支票、本票、汇票等的创造。

(4)金融服务职能

现代化的经济生活和企业经营环境的日益复杂,使存款类金融机构之间的竞争日趋激烈,社会对金融服务的需求日渐增加。存款类金融机构在满足公众的金融服务职能的要求方面有着独特的优势。存款类金融机构可以利用其信息优势和技术优势,特别是借助电子化银行业务的发展,为客户提供一系列服务性业务,如发放工资、代理支付各种费用、向企业提供各种资本运营服务、提供咨询服务等,从而使存款类金融机构具有了金融服务的职能。金融服务职能逐步成为存款类金融机构的重要职能。

7.2 存款类金融机构业务

7.2.1 资本业务

存款类金融机构的资本指其成立时投入的原始资金,为其总资产减去总负债。

1)资本的构成

作为企业,存款类金融机构在设立之初必须有一定数额的原始资金来源,即自有资本。存款类金融机构的自有资本往往是其资本来源的一小部分,通常小于其负债业务总额的10%,但其对存款类金融机构具有重要意义。原因在于:首先,自有资本是存款类金融机构生存和发展的前提。由于存款类金融机构在开业之初不可能通过吸收存款获得资金,因此必须有足够的资本才能建立营业场所和购置各种设备。其次,自有资本表明存款类金融机构实力的大小,有利于增强客户对相关金融机构的信心。此外,自有资本还表明存款类金融机构的清偿能力和抵御风险的能力,是其抵御风险的最后屏障。

由于存款类金融机构的组织形式不同,其资本金的来源也有所不同。凡是由国家组织的存款类金融机构,其资本金主要来源于政府财政拨付的信贷基金。凡是以公司形式组织的存款类金融机构,其自有资金一般包括普通资本、优先资本和其他资本。以商业银行为例,普通资本是商业银行自有资金的基本形式,包括普通股、资本盈余和未分配利润。现代商业银行一般采用股份有限公司的企业组织形式,并以发行股票的方式筹集资本,其中又以普通股为主要股金资本形式。资本盈余指商业银行新发行普通股或增资扩股时,由于股票的市场价格高于票面价格而产生的溢价部分。未分配利润是商业银行留待以后年度进行分配的结存利润,是银行税后利润减去普通股股息和红利之后的余额。优先资本指在股息分配与资产清偿上优先于普通资本的资本,包括优先股、资本票据与资本债券、可转换债券等。其他资本,又称储备账户,是存款类金融机构为了应付可能的意外情况,按照一定比例从税前利润中提取的准备金,主要有资本准备金、贷款损失准备金、证券损失准备金。

2)资本充足度的标准:《巴塞尔协议》

资本充足度指银行在一定的资产规模下所持有的资本数量。

20世纪70年代以来,随着经济全球化和金融全球化的趋势不断加强,在新技术革命、金融政策自由化等因素的推动下,西方银行业经历了巨大的变革,形成了放松金融管制的浪潮,这就使得银行业的经营风险加大。为了避免银行危机的连锁反应,统一国际银行监管的建议被提上了议事日程。1974年,德国赫斯塔特银行和美国富兰克林银行的倒闭促成了银行监管的国际合作。次年2月,西方12国即美国、英国、法国、联邦德国、意大利、日本、加拿大、荷兰、比利时和瑞典(十国集团)以及卢森堡和瑞士的代表聚会瑞士巴塞尔,商讨成立了巴塞尔银行监管委员会。

1975年9月,第一个《巴塞尔协议》出台。这个协议极为简单,核心内容就是针对国际性银行监管主体缺位的现实,突出强调了两点:一是任何银行的国外机构都不能逃避监管;二是明确了母国和东道国应共同承担的职责。1983年5月,修改后的《巴塞尔协议》推出,这个协议基本上是前一个协议的具体化和明细化。因此,两个《巴塞尔协议》也就没有实质性差异:总体思路都是"股权原则为主,市场原则为辅;母国综合监督为主,东道国个别监督为辅"。但是两者对清偿能力等监管内容都只提出了抽象的监管原则和职责分配,未能提出具体可行的监管标准。

1988年7月,巴塞尔委员会正式签署了《关于统一国际银行的资本计算和资本标准的建议》,这就是通常所称的《巴塞尔协议》。《巴塞尔协议》的主要内容是针对十国集团的"国际活跃银行"的信用风险规定最低资本要求,从资本标准及资产风险两个方面对银行的资本比率、资本结构、各类资产的风险权数等方面作了统一规定;突出强调了资本充足率的标准和意义。该协议将商业银行的自有资本划分为核心资本和附属资本两大类,并要求核心资本应占全部资本的50%以上,附属资本不得超过全部资本的50%。核心资本包括股本和公开储备,其中股本包括普通股和优先股。公开储备指通过保留盈余或其他盈余的方式在资产负债表上明确反映的储备,如股票发行溢价、未分配利润和公积金等。附属资本包括未公开储备、资产重估储备、普通准备金、混合资本工具以及次级长期债务资本等。未公开储备是指不在银行资产负债表中公开标明的储备,与公开储备一样,可以自由、及时地用于应付未来不可预见的损失。但因其没有公开于资产负债表中,所以很多国家不承认它是资本的合法构成部分,因此不作为核心资本。资产重估储备是指为了使银行某些资产的价值相对于历史成本更接近于真实市值,要对这些资产进行重新评估,并将重估的增值包括在资本中。例如,对银行的办公大楼、各种设施、有价证券的重估增值。普通准备金是指银行为了防备未来可能出现的亏损而设立的准备金。混合资本工具是指既带有债务性质又带有股份性质的资本工具,可以用于分担损失。次级债务包括普通无担保的,原始期限不低于5年的次级债务资本工具,通常不用于分担继续从事交易的银行损失。

《巴塞尔协议》把资产负债表表内资产分为5类,使用了5个风险权数,即为0,10%,20%,50%,100%。《协议》还规定了资本标准比率目标;商业银行的全部资本对风险加权资产的比率至少为8%,其中核心资本至少为4%。即

$$\text{资本充足率} = \frac{\text{全部资本} \times 100\%}{\sum (\text{资产} \times \text{风险权重})} \geqslant 8\% \tag{7.1}$$

1995年我国《商业银行法》也规定了商业银行的资本充足率不得低于8%。

【阅读案例7.1】

银监会公布:我国商业银行2010年末资本充足率全部超过8%

中国银监会公布的统计数据显示,2010年四季度末,我国281家商业银行资本充足率水平全部超过8%,整体加权平均资本充足率达到12.2%,比三季度末提升0.6个百分点,较

年初上升 0.8 个百分点。

统计显示,2010 年四季度末,我国商业银行加权平均核心资本充足率达到 10.1%,较上季末升 0.6 个百分点,较年初上升 0.9 个百分点。

截至 2010 年年末,281 家商业银行的资本充足率水平全部超过 8%。

资本充足率指商业银行持有的资本总额与风险加权资产总额的比例,核心资本充足率指银行持有的核心资本与银行风险加权资产之间的比率。资本充足率反映商业银行在存款人和债权人的资产遭受损失之前,该银行能以自有资本承担损失的程度。

保持银行业资本充足,是银监会日常监管的重要方面。根据银监会的要求,目前大型银行资本充足率应不低于 11.5%,中小银行不低于 10%;核心资本充足率大型银行要达到 10%,中小银行 8%。

2010 年,我国银行业进行了有史以来最大规模的融资,16 家上市银行中的 14 家募集资金超过 3 400 亿元,从而使资本金得到有效补充。

来源:新华网,http://news.xinhuanet.com/2011-02/18/c_121098411.htm.[2015-05-20].

思考题:

如何判断一家银行的资本充足度?

7.2.2 负债业务

负债业务是存款类金融机构最基本和最主要的业务。存款类金融机构主要通过负债业务来筹集资金,主要资金来源是吸收外来资金,其中最主要的是吸收存款。存款是银行接受客户存入资金,存款人可以随时或按约定时间支取款项的一种信用业务。存款类金融机构是经营货币资金的企业,负债规模决定着其资产规模。存款类金融机构的负债业务主要包括存款负债、借款负债和其他负债等。

1)存款负债

存款负债业务是形成存款类金融机构资金来源的最主要的途径,也是其最传统的负债业务。存款负债指的是存款类金融机构通过为客户办理存款账户,吸收客户的资金款项,客户可以随时支取资金或在约定时间提取资金,并可相应获取利息收入的一种业务。按照存款方式的不同,存款负债业务可以划分为活期存款、定期存款、储蓄存款等类型。

(1)活期存款

活期存款指不规定存款期限,存户可随时存入或提取本金和利息,存款类金融机构有义务随时兑付的存款。对于存款客户来说,活期存款使用资金方便快捷,不受期限约束,因而受到普遍欢迎。这种存款一般情况下用于支付和交易,使用时用支票可随时提存。企业、个人、政府机关都可开立活期存款账户。开立这种账户的目的是通过存款类金融机构进行各种支付结算。由于活期存款的存取数量大、流通快,相关机构须付出较多服务,因此,绝大多数国家不对存户支付利息。我国目前仍对活期存款支付利息。

尽管活期存款可以随时提取、流动性强,但是由于存取的连续性使存款类金融机构总会有一笔相对稳定的资金余额。同时,在发达的商品交换过程中,接受支票付款的人通常不会持支票提取现金,而是把支票上所记载的金额,转存到自己的活期存款账户上,也就是说,支付行为常常是以银行转账的方式完成的。一张支票往往可以完成几次支付行为,如甲公司开出一张支票交给乙公司,乙公司可以用来支付给丙企业等,这样,支票流通就大大节约了现金。通过转账支票的多次使用和流通,存款类金融机构也就具有了信用创造或扩张能力。通过吸收活期存款,存款类金融机构不但可以取得短期的信用资金,而且还可以取得比较稳定的活期存款余额。因此,活期存款一直都是商业银行的主要经营对象和主要负债。

（2）定期存款

定期存款是指有固定期限,到期才能提取的存款,存款期限一般有 3 个月、6 个月、1 年、3 年、5 年几种。定期存款的利率随期限长短而高低不等,但总是高于活期存款。由于定期存款期限较长,到期前一般不能提取,所以银行给予较高的利息;如需提前支取,客户将蒙受利息损失。银行一般向客户出具定期存单,也有采用存折形式的。定期存单不能像支票一样转让流通,它只是到期提取存款的凭证,是存款所有权及获取利息的权利证书。

定期存款由于有固定期限,其流动性较差,因而是存款类金融机构稳定的资金来源,可用于长期贷款业务。存款类金融机构为了在存款竞争中争取到更多的存款客户,设立了各种灵活方便并支付利息的存款账户,为客户提供更多选择,充分满足存款者对安全性、流动性及盈利性的要求。从 20 世纪 60 年代开始,美国商业银行开始推出大额定期存单,规定在到期前不能兑现,但是可以转让,以满足存款者追求盈利性兼具流动性的要求。还有一些新品种,如货币市场存单、定活两便存款账户等,使定期存款种类不断增加,成为商业银行吸引资金的重要手段。

（3）储蓄存款

储蓄存款主要是针对居民个人积蓄货币而开办的存款业务。储蓄存款的存折,不具有流动性,一般不能据此签发支票,支取时只能提取现金或先转入储户的活期存款账户。储蓄存款的存折,不具有流动性,不能转让,但可以作为质物取得贷款。

储蓄存款可分为活期和定期两类,两者都需要支付利息给储户。活期储蓄存款的存取无一定期限,可只凭存折提现。定期储蓄需预先约定期限,利率比活期储蓄高。我国定期储蓄可分为以下几种类型:整存整取、零存整取、整存零取、存本取息、定活两便和通知存款,其存取方式因类型不同而有所区别。

整存整取:指约定存期,整笔存入,到期一次支取本息的一种储蓄。50 元起存,多存不限。存期分 3 个月、6 个月、1 年、两年、3 年和 5 年。存款开户的手续与活期相同,只是银行给储户的取款凭证是存单。另外,储户提前支取时必须提供身份证件,代他人支取时不仅要提供存款人的身份证件,还要提供代取人的身份证件。该储种只能进行一次部分提前支取。计息按存入时的约定利率计算,利随本清。

零存整取:指约定存期、每月固定存款、到期一次支取本息的一种储蓄,存期分为 1 年、3 年和 5 年。开户手续与活期储蓄相同,只是每月要按开户时的金额进行续存。储户提前支取时的手续按照整存整取定期储蓄存款有关手续办理。零存整取一般 5 元起存,每月存入一次,中途如有漏存,应在次月补齐;计息按实存金额和实际存期计算。

整存零取：指本金一次存入，分次支取本金的一种储蓄。存款开户的手续与活期相同，存入时为 1 000 元起存，支取期分 1 个月、3 个月及半年 1 次共 3 种，在开户时由储户与储蓄机构商定。利息于期满结清时支付。

存本取息：指约定存期、整笔存入、分次取息，到期一次支取本金的一种储蓄。存入时一般是 5 000 元起存，存期分 3 年和 5 年，其开户和支取手续与活期储蓄相同，提前支取时与定期整存整取的手续相同。储户每月凭存折支取利息，到期时支取本金。

定活两便：指储户在存款开户时不必约定存期，银行根据客户存款的实际存期按规定计息，客户可随时支取的一种储蓄，一般 50 元起存。定活两便储蓄的开户和支取手续均与活期储蓄存款相同。

通知存款：是指存款人不约定存期，在支取时事先通知银行的一种储蓄方式。储户的起存金额为 1 000 元，储户可一次或分次支取。银行按支取金额、实际存期及支取日挂牌同期限的利率档次打 6 折计息。

2）借款负债

存款类金融机构依靠吸收存款获取资金是一种被动的资金吸收方式。随着金融工具创新的层出不穷，投资机会增多，相关金融机构面临的竞争压力增大，被动等待客户存款已经不能满足其对资金的需求。所以，存款类金融机构在存款业务以外，还会主动通过其他途径借款以寻求资金来源。

（1）向中央银行借款

中央银行是"银行的银行"，是存款类金融机构资金的最终支持者，存款类金融机构在资金不足时，可以向中央借款，解决短期资金周转的困难。向央行借款主要采取再贴现和再贷款两种形式。再贴现即存款类金融机构把已经贴现但尚未到期的商业票据向中央银行再一次贴现，从中央银行那里取得现款，票据债权相应由存款类金融机构转给中央银行，中央银行到期收取票据所载款项。央行再贴现时审查票据的种类、期限和质量等，并根据宏观货币政策的要求适当加以控制，控制的主要方法是调整再贴现率。再贷款指存款类金融机构在短期资金较紧张时向中央银行的借款。中央银行作为一国金融体系的核心，有充当最后贷款人的职能。再贷款可以是信用贷款，也可以是抵押贷款。信用贷款是仅靠商业上的信用，无须特定的担保方式取得的贷款。抵押贷款是存款类金融机构将其持有的各种证券和票据作抵押，或者将企业的贷款抵押品再抵押给中央银行而取得的贷款。一般来说，中央银行对再贷款的控制比再贴现更严，条件更复杂。存款类金融机构也只有在其他资金来源不能满足需要时才会考虑向中央银行借款。

（2）同业拆借

同业拆借指存款类金融机构为了实现资金平衡、保持资金正常周转，头寸不足的存款类金融机构就向头寸多余的往来存款类金融机构或通过同业拆借市场向其他金融机构借入短期性资金。存款类金融机构的同业拆借主要指的是银行同业拆借。银行在日常的经营中有时会有暂时的资金闲置，有时又会发生临时性的资金不足，同业拆借市场恰好满足了资金供求双方的需要：临时发生流动性不足的银行通过同业拆借获取资金，而临时有资金闲置的银行通过拆借方式使资金得以运用。银行同业拆借是通过各自在中央银行的存款账户进行的,实际上是超额准备金的调剂。银行临时拆入资金,从而形成了银行之间的短期拆借活动。同业拆借通常数额较大,但期限较短,一般只有几小时、几天,稍长的可达几周、几月。同业拆借的利率比较灵活,略低于再贴现率和短期贷款利率,常受到市场资金供求变化的影响而浮动。同业拆借可以分为隔夜拆借和定期拆借两种类型。隔夜拆借是指银行间以一天为期限互相拆借资金的活动,这是同业拆借市场最常用的交易品种,基本上不需要抵押品。定期拆借指拆借时间较长的拆借资金活动,可以是几日、几周,甚至几个月,一般有书面协议,有时需要一定的抵押品。

(3)回购协议

回购协议指存款类金融机构以出售政府债券或其他证券的方式暂时性地从客户处获得闲置资金,同时订立协议,约定在将来某一日再购回等量证券偿付客户的一种交易方式。通常的做法是回购交易双方同意按照某一价格出售和回购证券,购回时的金额为本金加上双方约定的利息金额。还有一种做法是回购定价高于原出售价格,差额部分就是合同的收益。回购协议大多以政府债券做担保,在相互高度信任的机构间进行,并且期限一般很短。利用回购协议进行资金融通,不需要提缴存款准备金,因而可以提高资金的利用率,给存款类金融机构带来更多的收益。

(4)市场借款

存款类金融机构可以在市场上发行债券筹集资金,这是典型的主动负债方式。金融债券、固定利率或浮动利率的定期存单以及本票等都是商业银行常用的市场借款工具。银行发行的债券通常有确定的偿还期限,到期之前一般不能提前还本付息,资金稳定性较高;银行发行金融债券等筹集的资金无须向中央银行缴纳存款准备金,实际可应用的资金量多于存款资金;银行可以根据筹资的需要灵活规定期限,这样有利于其筹措到稳定且期限灵活的资金;发行债券的成本低于增发股票,因此市场借款是商业银行吸收长期资金的重要工具。

3)其他负债

存款类金融机构的其他负债主要指其在办理中间业务及同业往来过程中临时占用的他人资金。存款类金融机构在办理汇兑、代收代付、代客买卖、代理投资等中间业务时可以在收进款项和完成业务之间的这段时间内占用客户的资金。在同业往来过程中,如果出现应付款大于应收款,也会占用其他存款类金融机构的资金。虽然从每笔业务看,占用时间很短,金额不大,但从周转总额来看则非常巨大,因而其他负债也构成存款类金融机构的一项重要的资金来源。

7.2.3 资产业务

存款类金融机构的资产业务指其资金运用的业务。存款类金融机构的资产业务是其收入的主要来源,资产业务主要包括现金资产、贷款、票据贴现和证券投资4大类。

1)现金资产

存款类金融机构的现金资产指其持有的库存现金和与现金等同的可随时用于支付的资

产,这是存款类金融机构资产中流动性最强的部分,存款类金融机构随时可以用来支付客户的提现需要。现金资产基本上不具有盈利性,而且存款类金融机构为保存现金资产还要花费成本,但是各国仍然规定其存款类金融机构必须保有一定的现金资产,这主要是因为它是存款类金融机构日常经营中所必需的,是其流动性和安全性管理的重要内容之一。现金资产包括库存现金、在央行的存款、存放同业存款、在途资金4个方面。

(1)库存现金

库存现金是指存款类金融机构金库中的现钞和硬币,用于应付客户提现和日常开支。由于库存现金没有任何营利性,且需要一定的保管费用,同时相关管理严格,所以存款类金融机构只需要保持适当规模,基本原则为既能满足提现和日常开支需要,又不留存太多造成机会成本过大。

(2)在央行的存款

各国法律规定,商业银行必须按照一定比例提取存款准备金,这就是法定存款准备金率,按法定存款准备金率计算出来的商业银行的最低准备金数额就是法定存款准备金。商业银行必须在中央银行开立存款账户(存款准备金账户),在其准备金账户上保持一个固定的余额。目的是限制商业银行的贷款能力,使其有足够的现金余额应付存户的提现。各个商业银行之间的支票转账结算也通过该账户完成。

(3)存放同业存款

存放同业存款指存款类金融机构为了便于同业之间的业务往来,存放在其他银行的资产。比如一些小银行不能直接参加中央银行的清算系统,为了有效地托收支票,就必须同某一银行建立代理关系,委托其进行清算等业务,从而需要在这些代理行的账户中保持一定的存款量。存放同业存款属于活期存款性质,随存随取,因而可以视为商业银行的现金资产。

(4)在途资金

在途资金,也称托收未达款,指商业银行通过本行或同业向异地客户收取的应到而尚未收到的款项。在支票广泛流通的基础上,商业银行收到大量的、必须向其他付款行收取款项的支票,如果是本地其他银行付款的支票,当天可在本地票据交换所进行交换,支票上的款项当天便能入账;但如果是外地银行付款的支票,则必须提交外地的代理行代为收款,支票上的款项当天不能马上入账。这笔资金在被收妥前是被占用的资金,收妥后一般成为同业存款。

2)贷款业务

存款类金融机构的贷款业务指存款类金融机构将其所吸收的资金,按一定的利率贷放给客户并约定偿还的业务,是存款类金融机构最重要的资产业务和收益的主要来源。贷款在存款类金融机构的全部资产业务中,比重一般占首位。近年来我国存款类金融机构的贷款业务有了很大的发展,在业务种类、贷款规模上都有很大的进步。

存款类金融机构的贷款业务种类很多,按照不同的标准,可划分为不同的种类。

(1)按贷款期限

按此标准可划分为短期贷款、中期贷款和长期贷款。

一般短期贷款在1年以内,中期贷款在1年以上5年以下,长期贷款在5年以上。贷款的利率随着期限长短而高低不等。

(2)按贷款的保障程度不同

按此标准可分为信用贷款、保证贷款、抵押贷款、质押贷款。

信用贷款指以借款人的信誉发放的贷款,一般不需要任何形式的担保。由于借款人无须提供任何其他担保,存款类金融机构在发放信用贷款时风险很高。因此,存款类金融机构必须对贷款人的诚信状况、经济状况、还款能力等进行认真的考察与评估,掌握其资信情况,确保贷款的安全性。通常情况下,存款类金融机构只对信誉卓著的大企业、大公司才发放信用贷款。保证贷款指第三人承诺在借款人不能偿还贷款时,按约定承担一般保证责任或者连带责任的贷款。由于有第三人的担保,存款类金融机构在借款人不能还款时,可以向提供担保的人追索,因此这类贷款的风险比信用贷款要小。抵押贷款是指以借款人或第三人的财产作为抵押物发放的贷款。在我国,商业银行抵押贷款是最常见的贷款方式,尤其在房地产贷款业务中最主要的贷款方式就是抵押贷款。质押贷款是指以借款人或第三人的动产或权利作为质押物发放的贷款,银行存单、银行承兑汇票、政府债券、金融债券、其他易保管且变现能力强的财产或权利等都属于质押物的范围。

(3)按贷款对象划分

按此标准可分为工商企业贷款、农业贷款和消费贷款。

工商企业贷款主要是为了满足工商企业固定资产和流动资产投资的资金需要而发放的贷款。农业贷款主要是为了满足农业各方面的需求而发放的贷款。消费贷款主要是面向家庭(个人)而发放的贷款,主要用于购买消费品或支付劳务费用。

(4)按存款类金融机构风险程度不同划分

按此标准可分为正常贷款、关注贷款、次级贷款、可疑贷款及损失贷款。

正常贷款是指借款人能够履行合同,能够保证按时足额偿还本息的贷款。关注贷款指尽管借款人目前有能力偿还贷款本息,但存在一些可能对偿还产生不利影响的因素。次级贷款是指借款人的还款能力出现明显问题,完全依靠其正常营业收入无法足额偿还贷款本息,即使执行担保也可能会造成一定损失的贷款。可疑贷款是指借款人无法足额偿还贷款本息,即使执行担保或抵押,也肯定要造成一部分损失的贷款。损失贷款指在采取所有可能的措施或一切必要的法律程序之后,本息仍然无法收回,或只能收回极少部分的贷款。后3类属不良贷款。

3)票据贴现业务

票据贴现指票据持有人将未到期的票据在背书后转让给商业银行等金融机构,商业银行从票据到期值中扣除按贴现率计算的贴现利息,并将余额支付给持票人的行为。从形式上看,这是一种票据的买卖活动,但实质上是商业银行对贴现者的一种短期贷款,银行买入票据等于通过贴现间接地给票据的持有人发放了一笔贷款。票据贴现具有风险低、融通资金方便等特点。票据贴现的对象主要是商业票据,如银行承兑汇票、商业承兑汇票、商业本票和政府债券等。

4）证券投资业务

存款类金融机构的证券投资业务是指其购买有价证券的业务活动,它是存款类金融机构的一项重要资产业务。存款类金融机构进行证券投资的目的是获取收益、分散风险和补充流动性,其证券投资品种主要为货币市场和资本市场的金融产品。以美国为例,存款类金融机构投资的货币市场产品主要有国库券、大额可转让定期存单、商业票据、银行承兑汇票和证券投资基金等;资本市场的产品主要有中长期国债、政府机构债券、市政债券、公司债券和公司股票等。由于股票投资风险太大,所以很多国家、政府都对存款类金融机构的股票投资业务加以限制或禁止。如我国《商业银行法》规定:商业银行不得从事境内信托投资和股票业务。因此,存款类金融机构最常见的投资对象是信用可靠、安全性高、流动性强的政府债券(如国库券)等证券。

7.2.4　中间业务

在资产和负债业务之外,存款类金融机构还依靠其在信誉、机构设置、资金、信息等方面的优势开展中间业务。中间业务有广义和狭义之分。狭义的中间业务指存款类金融机构作为中介或代理提供各类金融服务并收取手续费的业务,即其不需要动用自己的资金而代理客户承办支付或办理其他委托事项,并据以收取手续费的业务。广义的中间业务是指不构成存款类金融机构资产负债表表内资产、表内负债并形成非利息收入的业务。我们一般所说的中间业务指的是广义的中间业务。随着金融业竞争的不断加剧、金融创新的发展,金融机构的中间业务显得十分重要,当前已逐渐成为金融机构利润的重要来源。

1）结算业务

结算业务指存款类金融机构将客户的款项从付款人账户划转到收款人账户而完成客户间的货币收付活动的业务,是由存款业务衍生出来的业务。结算业务有多种方式,在同一城市内的结算方式主要有支票结算、直接贷记转账、直接借记转账、票据交换所自动转账等。异地间的结算方式主要有汇款、托收、信用证和电子资金划拨系统等。存款类金融机构使用的结算工具主要有本票、汇票和支票3种。

2）代理业务

代理业务指存款类金融机构接受客户委托,以代理人的身份代办受托事务的业务,业务类型主要有代理保管、代客买卖、代理融通等。代理保管业务是存款类金融机构利用其坚固安全的设施代顾客保管贵重物品的业务。代客买卖业务是银行接受客户委托,代为买卖有价证券、贵金属和外汇的业务。代客融通即代收账款,指由存款类金融机构代顾客收取应收账款并向顾客提供资金融通的一种业务方式。

3）信托业务

信托业务指存款类金融机构接受客户的委托,依照契约的规定代为管理、营运、处理有关财产的业务。存款类金融机构可接受委托,依据谨慎性原则占有、管理、使用信托财产并处分其收益。存款类金融机构在信托业务中收取手续费和佣金。根据业务对象的不同,存款类金融机构的信托业务有个人信托、公司信托和团体信托之分。随着各国经济的发展,市场情况日趋复杂,客户向存款类金融机构提出委托代为运用资金、资产,或投资债券、股票、房地产的信托业务与日俱增,其信托业务发展十分迅速。

4)租赁业务

租赁业务指存款类金融机构以出租为目的购买大型设备等有形资产,通过所属的专业机构将其出租给用户,以租金的形式回收本金和利息的业务活动。存款类金融机构通常通过其控制的分公司经营相关租赁业务,主要租赁形式有融资租赁、经营租赁等。

5)银行卡业务

银行卡分为借记卡和贷记卡(即信用卡)两种,两者均可进行提现、消费、转账支付等业务,区别在于贷记卡具有短期融资功能,发卡银行为持有人提供"先消费、后付款"的便利,其持有人可在授信额度内获取短期资金融通。因此,向银行申请办理贷记卡时,银行要对申请人进行信用调查与评估。借记卡不能透支,持有人只能在卡内存款金额范围内消费。

6)担保业务

担保业务指存款类金融机构作为担保人作出的当缔约一方不履行或违反合同条款时由担保人代为偿付确定数额的承诺。担保业务有票据承兑和备用信用证等。存款类金融机构的承兑票据业务是其为客户开出的商业汇票提供承兑服务,即承诺兑付。在实践业务中,经银行承兑后的票据,可贴现流通。汇票到期后,承兑银行成为票据的第一支付人,承兑行付款后再向客户收取款项。备用信用证通常为银行应客户要求为其开立信用保证书,当客户无力支付时由银行代客户向受益人偿付。备用信用证可提高客户的信誉,银行据此则可收取手续费。这种业务在国际结算领域较为常见。

7)承诺业务

承诺业务主要有贷款承诺、票据发行便利、周期性贷款承诺和循环放款协议等,存款类金融机构通过提供承诺收取手续费。贷款承诺指存款类金融机构与借款客户达成具有法律约束力的正式契约,在特定的时间内,存款类金融机构按照双方约定的金额和利率向客户发放一定数额贷款的承诺。银行在提供这种承诺时,要按照一定的比例向客户收取承诺费,即使在规定的期限内客户并未申请贷款,也需要交纳承诺费。票据发行便利指存款类金融机构向发放短期票据融资的工商企业或政府承诺,未销售出去的部分将由存款类金融机构按事先约定的价格买下。

8)金融工具创新业务

金融工具创新源于规避金融管制、竞争资金来源以及规避金融风险的需要。表外业务中涉及的金融工具创新指为适应市场环境改变而作为风险管理手段产生的衍生金融工具,以金融期货、期权、互换、远期利率协议、资产证券化为主体。这些金融创新产品通常不反映在资产负债表上,因而被称为资产负债表外交易(简称表外交易)。

7.2.5 存款类金融机构资产负债表分析

存款类金融机构通过借款和吸收存款等其他负债来获取资金,将取得的资金用于贷款和证券等资产,总资产等于负债与自有资金之和。简化的存款类金融机构的资产负债表如表 7-1 所示。

表 7-1　存款类金融机构的资产负债表

资产	所有者权益与负债
准备金和现金项目	银行资本
库存现金	存款
在中央银行的存款	活期存款
在其他存款类金融机构存款和在途代收现金	定期存款
贷款	储蓄存款
工商企业贷款	借款
不动产贷款	其他负债
消费者贷款	
其他贷款	
证券	
公债	
地方政府证券及其他证券	
其他资产	
资产总计	所有者权益与负债总计

【阅读案例 7.2】

不断变化的银行收入来源

银行业是一个不断发展的行业。商业银行的资产和负债都受到了来自外部的竞争压力。在资产方,银行向公司的贷款曾经是银行收入的主要来源,但由于商业票据市场的发展和垃圾债券的出现而大大减少了。地方银行在地方抵押贷款上曾经享有很大的优势,这是因为它们可以方便地获得借款人的信息从而进行风险评估。然而地方银行的这种优势却受到了抵押贷款证券化的威胁。当前,其他地方的贷款者通过将单个抵押贷款组合起来并成批地出售出去(证券化)在很大程度上消除了源于信息不对称的风险。

在负债方,随着活期储蓄、定期存款替代物的出现,银行也面临着不断激烈的消费者资金竞争。首先对银行构成威胁的是货币市场互助基金。近年来,股票和债券互助基金也开始盛行,越来越多的年轻人将其收入的一部分直接存入这样的互助基金当中。结果,活期存款或者说不生息的活期存款(银行最便宜的资金来源)增长非常慢。

为了降低对银行盈利性造成的这些压力,银行增加了新的服务,并开始对这些服务收取费用。这些能够带来收入的服务包括信托管理、经纪人服务、贷款财团服务、换汇安排及为工商企业提供的其他形式的派生物,有些银行甚至对出纳业务也征收 3 美元。正是由于这些原因,服务费用占银行总收入的比例从 1985 年的不足 25% 达到了 1995 年的 35% 以上。与此同时,从贷款和证券上所获的利息收入占银行总收入的份额则相应下降。考虑到银行承受的巨大压力,如果这种趋势继续下去,请不要大惊小怪。

来源:迈克尔·G.哈吉米可拉齐斯,卡马·G.哈吉米可拉齐斯.货币银行与金融市场[M].聂丹,译.上海:上海人民出版社,2003:154.

思考题:

1.通过上述资料总结:银行的收入来源主要有哪些?

2.结合实际生活,列举你所知道的银行收入来源。

7.3 存款类金融机构的管理

7.3.1 存款类金融机构的管理原则

由于存款类金融机构经营的高负债率、高风险性以及受到严格管制等特点,决定其经营管理必须遵循一定的原则进行。一般来说,存款类金融机构的经营管理必须遵守安全性、流动性和盈利性 3 项原则。

1)安全性原则

安全性原则指存款类金融机构在经营活动中要考虑自身的安全,在整个经营管理过程中应采取各种有效措施使自己的资产免遭风险损失,保证稳健经营和持续发展。存款类金融机构必须保持足够的清偿力,能随时应付客户的提存,经得起重大的风险和损失。坚持安全性原则,有助于存款类金融机构减少或避免资产流失,也有利于在客户和公众中树立良好的形象,提高自身的信誉。从宏观上来说,存款类金融机构坚持安全性原则有利于整个国民经济的稳定。因此,安全性原则是存款类金融机构在经营中必须遵循的重要原则。

2)流动性原则

流动性原则指存款类金融机构必须保持随时能以适当的价格取得可用资金的能力,要保证能够满足客户随时提取存款的需求。存款类金融机构的流动性包括资产的流动性和负债的流动性两个方面。资产的流动性指资产能在不发生损失的情况下迅速变现;负债的流动性指存款类金融机构能以较低的成本随时获取资金的能力。存款类金融机构可以主动通过负债来获得流动性,如向中央银行借款、发行大额可转让存单、同业拆借、利用国际货币市场融资等。

3)效益型原则

效益性原则指存款类金融机构要以实现利润最大化为经营目标。获取利润是存款类金融机构经营的最终目标,其一切经营活动,包括设置分支机构、开发新的金融产品、提供金融服务、建立资产组合等均应服从这一目标。这是由存款类金融机构的企业性质决定的。坚持效益性原则,对于存款类金融机构提高信贷资金的使用效率、扩大经营范围、加强自身的积累能力和竞争能力、改善服务质量、提高银行信誉,具有重要意义。

商业银行在经营活动中必须遵循这 3 项基本原则。三者既相互统一又相互对立,贯穿于存款类金融机构的管理活动中。安全性和流动性正相关,流动性和安全性是存款类金融机构正常运营的前提和保证,但它们与效益性往往有矛盾。流动性强、安全性好,效益性一般较低;效益性较强的资产,往往流动性较差、风险较大。因此,存款类金融机构在经营过程中必须从客观现实出发,在安全性、流动性和效益性之间寻求统一和均衡,以维护自身的健康发展。

7.3.2　存款类金融机构的管理理论和方法

如何协调好存款类金融机构经营的“三性”原则,一直是存款类金融机构经营管理的重点。西方商业银行经营管理理论发展得比较成熟,经过了资产管理理论、负债管理理论、资产负债综合管理理论 3 个阶段。

1)资产管理理论

资产管理理论是最早产生的一种银行经营管理理论,该理论在 20 世纪 60 年代以前一直流行。存款类金融机构的资产管理主要指其如何把筹集到的资产恰当地分配到现金资产、证券投资、贷款和固定资产等资产上。该理论认为存款类金融机构的利润主要来源于资产业务,存款类金融机构能够主动加以管理的业务也主要是资产业务,而负债取决于客户是否愿意来存款,银行对此是被动的。因此,存款类金融机构应将管理的重点放在资产业务上,要致力于通过资产结构的合理安排,求得自身在经营过程中安全性、流动性和效益性的协调统一。

2)负债管理理论

20 世纪 60 年代,金融市场迅速发展,当时世界经济处于繁荣时期,生产流通不断扩大,对银行的贷款需求也不断增加。在追求利润最大化的目标下,银行希望通过多种渠道吸收资金、扩大规模。与此同时,欧洲货币的兴起、通信手段的现代化、存款保险制度的建立都大大方便了资金的融通,刺激了银行负债经营的发展,一种全新的经营管理理论开始在存款类金融机构中兴起,这就是负债管理理论。该理论认为银行对于负债并非完全被动、无能为力,而是完全能够也应该采取主动。银行可以主动到市场中争取资金、扩大负债,只要能借到款,将借款贷放出去,就能够通过增加贷款获利。负债管理理论意味着商业银行经营管理思想的创新,它使商业银行变被动的存款观念为主动的借款观念。

3)资产负债综合管理理论

20 世纪 70 年代中期起,各国金融管制逐渐放松,银行的业务范围越来越大,同业竞争加剧,使银行在安排资金结构和保证获取盈利方面困难增加,客观上要求商业银行对资产和负债进行综合管理,由此产生了资产负债综合管理理论。资产负债综合管理理论综合了资产管理和负债管理将经营重点主要放在资产方和负债方的优缺点,从整体上协调了商业银行的资产和负债管理。其核心思想:商业银行的经营要实现流动性、安全性和效益性的全面统一和协调,就要从资产和负债两方面综合考虑,协调其各种不同的资产和负债,在利率、期限、风险和流动性等方面进行搭配,通过资产结构与负债结构的共同调整和资产、负债两方面的统一协调管理,保持资金的高度流动性,从而实现商业银行的均衡发展。

4)资产负债综合管理的主要方法

(1)缺口管理法

资产负债综合管理理论强调对所有资产、负债项目的全面综合管理,它将所有资产和负债项目在利率、期限、风险和规模等方面存在的缺口、错位和差距作为研究对象,通过调整资产和负债双方的流动性差额,达到合理搭配、统一协调。这里的缺口指的是一家存款类金融机构所持有的可变利率资产超过可变利率负债的额度。进行缺口管理要求存款类金融机构根据对市场利率趋势的预测,及时调整固定利率的资产、负债与可变利率的资产、负债之间的不平衡,从资产和负债两个方面去寻找满足流动性需求的方法,使存款类金融机构获得最大化的收益。

(2)比例管理法

资产负债比例管理指通过一系列资产负债比例指标体系约束存款类金融机构的资金运用,以确保其资金的安全性、流动性和效益型三者的均衡和协调,使存款类金融机构做到稳健经营的一种管理方法。存款类金融机构的资金处于不断运动之中,资产和负债项目下各类资金的数额及其相互之间的比例也随之不断变化,但各项资金之间的比例应大体保持一定协调关系才能使存款类金融机构整体的资金正常运转。这种管理方法所确定的比例指标体系一般分为4大类:第一类为流动性指标,如存贷比例、备付金比例、同业拆借比例、中长期贷款比例等;第二类为安全性指标,如抵押、担保贷款比例、资本充足率比例、单项贷款比例;第三类为盈利性指标,如资金利润率、贷款收息率等;第四类为业务发展指标,如盈利性资产增长率、存款增长率等。

7.3.3　风险与风险管理

1)信用风险管理

存款类金融机构的信用风险是指存款类金融机构的借款人或交易对象违约或信用品质发生变化而导致发生损失的可能性。信用风险由两部分组成:一是违约风险,是指借款人或交易对方不愿或无力支付约定款项而致使存款类金融机构遭受损失的可能性;二是信用价差风险,是指由于借款人的信用评级和履约能力变动导致其债务的市场价值发生变动所引起的损失的可能性。存款类金融机构是一个特殊的行业,其特殊性就在于它是经营货币的金融企业,主要利用社会的存款以及其他借款作为营运资金,自有资本所占比例较低,这一特点决定了其经营过程的高风险性。存款类金融机构提供各种金融服务的过程,也就是承担各种风险获取盈利的过程,信用风险一直是摆在存款类金融机构面前的一大挑战。中国加入世界贸易组织后,我国的金融机构正面临来自国外同行的激烈竞争。因此,我国商业银行必须学习国外先进、科学的度量和管理方法,同时应结合我国的实际情况,强化信用风险管理。

2）市场风险管理

存款类金融机构的市场风险是指因市场价格，即利率、汇率、股票价格和商品价格的不利变动而使存款类金融机构的表内和表外业务发生损失的风险。市场风险可以分为利率风险、汇率风险、股票价格风险和商品价格风险，分别是指由于利率、汇率、股票价格和商品价格的不利变动所带来的风险。

存款类金融机构的市场风险管理指存款类金融机构识别、计量、监测和控制市场风险的全过程，市场风险管理的目标是通过将市场风险控制在存款类金融机构可以承受的合理范围内，实现收益率的最大化。为了确保有效实施市场风险管理，存款类金融机构应当将市场风险的识别、计量、监测和控制与其战略规划、业务决策和财务预算等经营管理活动进行有机结合。存款类金融机构应当充分识别、准确计量、持续监测和适当控制所有交易和非交易业务中的市场风险，确保在合理的市场风险水平之下安全、稳健经营，所承担的市场风险水平应当与其市场风险管理能力和资本实力相匹配。

存款类金融机构应当建立与其业务性质、规模和复杂程度相适应，完善、可靠的市场风险管理体系。市场风险管理体系应包括如下基本要素。

①董事会和高级管理层的有效监控。

②完善的市场风险管理政策和程序。

③完善的市场风险识别、计量、监测和控制程序。

④完善的内部控制和独立的外部审计。

⑤适当的市场风险资本分配机制。

存款类金融机构实施市场风险管理，应当适当考虑市场风险与其他风险类别，如信用风险、流动性风险、操作风险、法律风险、声誉风险等风险的相关性，并协调市场风险管理与其他类别风险管理的政策和程序。

3）操作风险管理

存款类金融机构的操作风险是指由不完善或有问题的内部程序、员工和信息科技系统以及外部事件所造成损失的风险，操作风险包括法律风险，但不包括策略风险和声誉风险。

存款类金融机构可采取的具体措施如下。

一是应指定专门部门负责市场操作风险管理体系的建立和实施。该部门与其他部门应保持独立，确保相关风险管理的一致性和有效性。

二是应制定适用于整个机构的操作风险管理政策，其风险管理政策应当与其业务性质、规模、复杂程度和风险特征相适应。

三是应当选择适当的方法对操作风险进行管理。具体方法：评估操作风险和内部控制、损失事件的报告和数据收集、关键风险指标的监测、新产品和新业务的风险评估、内部控制的测试和审查以及操作风险的报告。

四是业务复杂及规模较大的存款类金融机构应采用更加先进的风险管理方法，如使用量化方法对各部门的操作风险进行评估,收集操作风险损失数据,并根据各业务线操作风险的特点有针对性地进行管理。

五是存款类金融机构应当制定有效的程序,定期监测并报告操作风险状况和重大损失情况。应针对潜在损失不断增大的风险,建立早期的操作风险预警机制,以便及时采取措施控制、降低风险,降低损失事件的发生频率及损失程度。

六是应将加强内部控制作为操作风险管理的有效手段。

存款类金融机构应建立与其业务性质、规模和复杂程度相适应的操作风险管理体系,有效地识别、评估、监测和控制操作风险。操作风险管理体系至少应包括以下基本要素。

①董事会的监督控制。

②高级管理层的职责。

③适当的组织架构。

④操作风险管理政策、方法和程序。

⑤计提操作风险所需资本的规定。

随着我国银行业改革开放的不断深化,利率市场化、金融创新和综合经营的不断发展,存款类金融机构将越来越多地涉足有价证券、外汇、黄金及其衍生产品交易,金融产品价格变动所引致的市场风险不断显现和增长。近年来存款类金融机构面临的操作风险有增大的趋势。与国际银行业日趋成熟的市场风险管理相比,我国银行业对市场风险和操作风险的管理才刚起步。因此,存款类金融机构应采取积极措施加强相关工作。

4)《巴塞尔协议》

存款类金融机构的资本是其股东为赚取利润而投入的资本和保留在存款类金融机构中的收益,过高或过低的资本量对其经营管理都不利。资本量太小,不但会影响存款类金融机构的信誉,易引发客户的挤兑危机,危及其生存,还会影响其经营战略,不利于开展同业竞争和争夺市场份额。资本量过大,由于增加资本的成本高于借入负债,会影响存款类金融机构的经营效益。因此,存款类金融机构资本管理的主要任务是确立资本的结构和资本的适度水平。目前,在国际上比较具有权威性的、受到各国认同并共同遵守的标准就是《巴塞尔协议》。

《巴塞尔协议》的主要内容如下。

(1)资本的组成

协议将存款类金融机构的资本分为核心资本和附属资本两部分。规定核心资本应占整个资本的50%以上,附属资本不应超过资本总额的50%。

(2)风险资产权数的规定

该协议对风险的阐述分为三部分:一是资产负债表内不同种类资产的风险;二是资产负债表表外项目的风险;三是国家风险。资产风险的计算采取加权的方法,并考虑各类资产的相对风险而计算出风险加权比率,来衡量各类资产的风险度高低。

(3)设计目标标准比率

该协议要求各国存款类金融机构都应统一标准计算资本和风险资产的比率,全部资产对风险加权资产的比率,即资本充足率必须达到8%,其中核心资本与风险加权资产的比率至少为4%。

2004年6月,巴塞尔委员会正式公布了《巴塞尔新资本协议》。《巴塞尔新资本协议》的主要内容是要向以风险管理为核心的质量监管模式过渡;将信用风险、市场风险和操作风险全面纳入资本充足率计算,使资本状况与总体风险相匹配,提高监管的全面性和风险敏感度;为抑制监管资本套利行为,适当扩大资本充足约束的范围,区分监管资本和经济资本;把多元化外部监管与内部风险模型、监管目标与商业银行的内在激励机制相结合;推进解决信息不对称的信息披露,重点向资本充足率、银行资产风险状况等市场敏感信息集中,确保市场对银行的约束效果。新协议以资本充足率、监管部门的监督检查和市场纪律为3大支柱,有力推动了全球商业银行全面风险管理的发展。第一个支柱资本充足率,继承了旧《巴塞尔协议》以资本充足率为核心的监管思路,将资本金要求视为最重要的支柱。同时,为了适应世界银行业监管环境的变化,将资本充足率计算方法重新定义:市场风险和操作风险的资本要求乘以12.5(即最低资本比率8%的倒数),再加上针对信用风险的风险加权资产,就得到分母,即总的风险加权资产,分子则仍然是监管资本。第二个支柱监督部门的检查,要求监管当局根据以上要求评价存款类金融机构的资本管理,并在必要时进行干预。第三个支柱市场纪律,指新《巴塞尔协议》鼓励市场纪律发挥作用,其手段是制定一套信息披露规定,使市场参与者掌握有关银行的风险轮廓和资本水平的信息。

《巴塞尔协议》所提出的各项准则和具体实施标准,为金融监管的国际协调提供了共同的尺度,既有助于各国银行在平等的基础上进行竞争,又为防范金融风险的国际传播提供了可以依赖的制度框架。因此,该协议的初衷本来是针对从事国际银行业务的各国银行,但已经逐渐成为世界银行业进行资本管理监督的统一标准。

【阅读案例7.3】

美国银行掀倒闭潮愁坏华人 苦恼钱存何处才安全?

中新网6月30日电 据美国《侨报》报道,到6月初,2010年全美银行倒闭数量已升至81家,几乎是去年同期的两倍还多。面对新一轮的银行倒闭风潮,如何能够让银行存款100%的安全,同时还可挣到一点点利息? 是选择大银行还是小银行? 信用社(Credit Union)会更安全吗? 总之,无论钱存在哪里,都需随时关心存款银行的基本消息。

从2008年开始,美国南加州的华裔居民就初尝银行倒闭的风险,如在华裔社区有许多分行的华盛顿互惠银行(Washington Mutual)、印地美银行(INDY MAC)一下子倒闭之后,许多华裔人士连夜在以往自己信任的银行门口排队,希望能够拿回自己的存款。

之后,有不少的华裔人士,面对自己以往认为"100%放心"的存款单发愁,将钱放在哪里会更加安全呢?

来源:中国新闻网,http://news.163.com/10/0630/14/6AEBSN2S000146BD.html.[2015-05-20].

思考题：

你认为银行可能倒闭吗？商业银行应如何控制经营风险？

7.4 我国存款类金融机构

7.4.1 我国商业银行的状况与发展

新中国成立后,我国金融机构照搬苏联的计划经济体制模式建立了高度集中的国家银行体系,撤销、合并了除中国人民银行以外的其他金融机构,中国人民银行是全国唯一的银行,它的分支机构按行政区划设于全国各地。它既是金融行政管理机关,又是具体经营银行业务的经济实体;同时,还实行高度集中的信贷管理体制,信贷资金由其统收统支、集中管理,后来我们称之为"大一统"的银行体系。这种国家银行体系是高度集中的计划经济体制的必然产物,它适应了计划经济管理的要求,在第一个五年计划期间和20世纪60年代初的三年经济调整期间,发挥了应有的作用。但这种金融体系缺乏活力,其弊端随着经济体制的转变暴露无遗。所以,党的十一届三中全会后,为了适应我国经济体制改革的需要,我国对国家银行体系进行了大规模的改革。其改革历程大致可以分为3个阶段。

1)第一阶段

从20世纪80年代初到1993年,由"大一统"银行体系转变为专业银行体制。从1979年起,我国逐步恢复和成立了中国农业银行、中国银行、中国工商银行、中国建设银行4大国家专业银行;1980年中期,我国各地兴办了许多股份制商业银行;1983年9月,国务院决定中国人民银行正式专门行使中央银行职能,成为国家金融管理机关;1987年起又相继恢复和建立了几家全国性或区域性商业银行,包括交通银行、中信实业银行、深圳发展银行、招商银行、广东发展银行和福建兴业银行等股份制银行。这一阶段,由于脱胎于"大一统"的计划金融体制,不可避免地带有旧体制的痕迹,银行的内部约束体制不健全、经营效益低下,属于我国计划经济体制向社会主义市场经济体制转轨过程中的一种过渡性体制。

2)第二阶段

从1994年到2003年,将专业银行转变为国有银行,建立多元化金融机构体系。这一阶段中国人民银行开始独立执行货币政策的职能,中央银行对商业银行的监管主要运用货币政策手段实施间接调控;分离专业银行政策性业务,成立国家开发银行、中国国家进出口银行、中国农业发展银行3家政策性银行;现有国有商业银行按照现代商业银行经营体制运行,其经营管理具有一定的独立性。为了让国有商业银行摆脱历史包袱,轻装上阵,实现国有商业银行的真正商业化经营,1998年,国家用2 700亿元特别国债来充实4大国有银行的资本金,又先后成立了信达、华融、长城和东方4家资产管理公司,剥离了4家国有银行的1.4万亿元不良资产。20世纪90年代中期,中央以城市信用社为基础,组建城市商业银行。

截至 2010 年年末,全国共有的城市商业银行 147 家,营业网点近万个。从 1996 年起,我国对外资银行开始有限地开放人民币业务,外资银行开始成为我国金融机构体系的组成部分。经过上述改革,我国建立起了以中央银行为领导、国有商业银行为主体、多种金融机构并存的、适应市场经济发展需要的现代金融体系。

3)第三阶段

2003 年年底开始国有商业银行股份制改革。2004 年 1 月,国务院选择中国银行、中国建设银行进行股份制改革试点,同时动用 450 亿美元的外汇储备,通过新组建的中央汇金投资有限责任公司注资上述两家银行。再行使出资人权力,获得投资回报和分红收益。同时,引进战略投资者,主要是海外战略投资者,实现股权多元化,完善法人治理结构。最后,实现公开上市,筹集资金,成为符合现代企业制度要求的真正商业银行。中国工商银行在 2005 年 10 月改制为股份有限公司,2006 年分别实现在香港和上海证券交易所公开上市。中国农业银行由于历史包袱沉重、机构人员规模在 4 大行中最为庞大,经营效率也低于同业水平,其股份制改造最为艰难和漫长,最终于 2009 年改制为中国农业银行股份有限公司。这标志着我国的金融机构体系不仅从形式上,而且从实质内容上向现代金融体系迈出了一大步。

7.4.2　我国合作金融机构的状况与发展

存款类合作金融机构指由私人和信用合作社组成的互助性合作金融机构。合作金融机构的宗旨是促进社员储蓄,并以简便的手续和较低的利率向社员提供优惠贷款。这类金融机构一般规模不大,它们的资金来源于合作社成员缴纳的股金和吸收的存款,贷款主要用于解决其成员的资金需要。信用合作机构通常可以分为城市信用社和农村信用社两种。我国原有 5 000 多家城市信用社,但目前有相当多的城市信用社已经失去了合作性质,实际上已经成为小型商业银行。农村信用合作社是指经银行业监督管理机构批准,由乡(镇)、行政村农民和农村小企业自愿入股组成,为社员提供存款、贷款、结算等业务的社区互助性银行业金融机构。我国目前只有农村信用合作社。农村信用合作社的主要业务是吸收存款、发放贷款、办理结算业务、票据贴现及代理收付款项等。

【本章习题】

一、名词解释

存款类金融机构　信用中介　支付中介　信用创造　商业银行　合作金融机构　《巴塞尔协议》　资产业务　负债业务　中间业务　安全性　流动性　效益性　定期存款　大额可转让存单　政策性银行

二、简答题

1.简述存款类金融机构的职能。

2.简述存款类金融机构的资产业务。

3. 简述存款类金融机构的负债业务。

4. 简述存款类金融机构的中间业务。

5. 存款类金融机构的"三性"经营原则是什么？它们之间的关系如何？

6. 我国政策性银行有哪些？它们各自的主要任务是什么？

第8章 非存款类金融机构

【本章学习要求】

1. 掌握保险公司的概念,了解保险公司的发展状况。
2. 掌握信托的含义,了解我国信托业的发展状况。
3. 了解我国证券公司的发展状况。
4. 掌握什么是投资银行,投资银行的业务种类。
5. 掌握金融租赁的含义及金融租赁的业务种类。
6. 掌握金融服务机构的种类及作用。

8.1 保险公司

在日常生活和工作中,无论是企业还是个人,都可能会遭遇一些不确定因素所带来的意外风险和意外伤害。这些意外的不幸事件不但会造成经济损失、身体伤害,还有可能会影响到相关企业的正常生产经营、个人的正常生活。保险是一种市场化的风险转移机制和社会互助机制,是通过经济杠杆管理相关意外风险和意外伤害的有效途径。政府通过发挥保险的作用,有利于降低社会管理成本,提高社会管理效率,促进社会稳定。

8.1.1 保险公司的概念和功能

一般意义上的保险是指投保人根据合同约定,向保险人支付保险费,保险人对于合同约定的可能发生事故因其发生所造成的财产损失承担赔偿保险金责任,或者当被保险人死亡、伤残、疾病或者达到合同约定的年龄、期限时承担给付保险金责任的商业保险行为。

保险公司是依法设立的专门从事保险业务的公司,它通过向投保人收取保险费,建立保险基金,向社会提供保险保障并以此获得相应利润。保险公司以风险为经营对象,以提供保障获得利润,是现代经济生活中一种重要的非存款类金融机构。

8.1.2 保险公司的功能

保险公司的功能主要包括以下几个方面。

1）经济补偿功能

经济补偿功能是保险公司的基本功能。投保人通过交纳保险费将危险转嫁给保险公司,保险公司通过承保业务把被保险人的风险集中在自己身上,出险时则履行经济赔偿的义务,实现保险的补偿损失功能;另一方面,它又通过扩大承保面或再保险把风险分散出去,在被保险人、保险人之间实现风险的分摊。保险公司这种集散风险的操作能力,就是保险公司组织经济补偿的功能。

2）运营保险基金职能

保险公司为了实现其经济补偿的功能,就要通过收取保险费,建立赔付或给付保险基金的方法进行。收取了保险费后,保险公司会把积累的暂时不需要赔付或给付的巨额保险基金用于短期贷放或投资。这样,既可以把部分闲置的资金转化为生产性资金,满足社会对资金的需要,实现资金的保值和增值,增加保险公司的盈利;同时,又可为保险公司降低保险费率提供条件。

3）防灾防险职能

保险公司专门与灾险打交道,是风险的集中承担者,但它并不是被动地接受风险,而是主动地识别、防范风险,以降低风险出现的概率和减少损失。保险公司承保时,通过对危险因素的调查和识别,提出危险处理的方案;在承保期间,通过对危险因素的监督和检查,提出整改和防范措施;在标的出现风险时,通过对出险原因的检验核查,总结防灾防险的经验;凭借自己和危险打交道的丰富经验,开展危险管理的咨询服务等。保险公司所具有的防范风险产生,加强对风险的管理的能力就是保险公司的防灾防险功能。

8.1.3 保险公司的现状及发展

保险在中国已经有近 200 年的发展历史。早在 19 世纪初,英国的东印度公司就在广州开办了中国第一家保险机构。随后,越来越多的外资保险公司在广州、上海等贸易口岸设立了保险机构。新中国成立以来,我国保险业经历了一段不平凡的发展历程。新中国成立初期,我国对保险业进行了改造、整顿,逐步确立了以国营保险公司为主导的保险业格局。到1958 年,受计划经济体制和"左"的思想路线影响,国内的保险业务基本停办。1979 年 4 月,国务院同意恢复保险业务,由此,我国保险业重新焕发蓬勃生机。

改革开放初期,我国保险市场由中国人民保险公司独家经营。2002 年以后,我国相继成立和引进了一批保险公司。保险公司数量从 2002 年的 42 家增加到 2010 年的 140 家左右,已开展营业 131 家,其中:保险集团和控股公司 8 家,非寿险公司 53 家,寿险公司 61 家,再保险公司 9 家,另有保险资产管理公司 9 家。从保险公司资本国别属性看,中资保险公司 77家,外资保险公司 54 家。我国保险市场已经形成了多种组织形式、多种所有制并存,公平竞争、共同发展的市场格局。

目前我国多家保险公司成功进行了改制上市。2003 年,中国人保、中国人寿相继实现海外上市。其中,中国人寿创造了当年国际资本市场上市融资额的纪录。2004 年,中国平安成为我国第一家以集团形式境外上市的金融企业。目前,共有中国人保、中国人寿、平安集团、中国太平、太平洋保险集团 5 家保险公司在境内外上市。通过改制上市,保险公司资本实力大大增强,经营理念明显转变,为长远健康发展奠定了良好基础。现在,中国人寿的市值已跃居全球上市保险公司第一位。在 2007 年《财富》杂志评选的世界 500 强中,中国人寿排名 192 位,比 2003 年提高了 98 位。2007 年 1—10 月,中国人保在香港股市表现突出,增长率位居 H 股之首。中国平安 2007 年的市值也已超过 3 000 亿港元,在全球金融机构中排名第 66 位。目前我国 9 家规模较大的保险公司成立了专门的保险资产管理公司,其他保险公司设立了相对独立的保险资金运用中心。保监会还就加强保险资金管理颁布了 30 余项规章和规范性文件,涵盖债券投资、股票投资、保险外汇资金境外运用、保险资产管理公司管理规定和风险控制指引等各方面,并特别强化了全面风险管理制度。

我国保险业近年来发展速度较快,保险企业的竞争力也在不断增强。2003 年年底,中国按照加入世贸组织的承诺,放开对外资保险公司所有业务限制,保险业实现全面对外开放,成为我国金融系统开放最早、开放程度最高的行业。2010 年,保险公司总资产突破 5 万亿元,全国实现保费收入 1.45 万亿元,是 2005 年的 2.7 倍;总资产突破 5 万亿元,是 2005 年的 3.2 倍;保险赔付超过 3 200 亿元,保险业成为我国国民经济发展最快的行业之一,中国已成为全世界最重要的新兴保险大国。

8.1.4 保险的业务种类

现代保险业务的框架是由财产保险、人身保险、责任保险、信用保证保险 4 大部分构成的。

1)财产保险

财产保险是指以财产及其相关利益为保险标的,因保险事故发生导致财产利益损失,保险人以保险赔款进行补偿的一种保险。财产保险有广义与狭义之分。广义的财产保险包括财产损失保险、责任保险、信用保证保险等;狭义的财产保险是以有形的物质财富及其相关利益为保险标的的一种保险,其内容包括火灾保险、海上保险、汽车保险、航空保险、工程保险、利润损失保险、农业保险等。

2)人身保险

人身保险是以人的身体或生命为保险标的的一种保险。根据保障范围的不同,人身保险可分为人寿保险、意外伤害保险和健康保险等。

3)责任保险

责任保险是以被保险人依法应负的民事赔偿责任或经过特别约定的合同责任为保险标的的一种保险。责任保险的种类包括公众责任保险、产品责任保险、职业责任保险、雇主责任保险等。

4)信用保证保险

信用保证保险是一种以经济合同所约定的有形财产或预期应得的经济利益为保险标的的一种保险。信用保证保险是一种担保性质的保险。按担保对象的不同,信用保证保险可分为信用保险和保证保险两种。

保险人为了避免或减轻其在以上保险中所承担的保险责任,可以通过签订分保合同将其承保的风险或责任的一部分再向其他保险人进行保险,我们称之为再保险。

因此,保险公司按照所承担风险的类型不同,可以分为人寿与健康险公司、财产与责任保险公司和再保险公司。

8.2 信托公司

8.2.1 信托的含义

信托(英文是"Trust"),按其词义解释,"信"即信用,"托"即委托,合二为一,就是信用委托,也就是我们通常所说的"受人之托,代人理财"。信托的定义依照《中华人民共和国信托法》第二条的规定,是指委托人基于对受托人的信任,将其财产权委托给受托人,由受托人按委托人的意愿以自己的名义,为受益人的利益或者特定目的,进行管理或者处分的行为。简而言之,信托是一种财产管理制度,是由财产所有人将财产转移或设定于管理人,使管理人为一定之人之利益或目的管理或处分财产。信托业有助于提高社会资产的利用效率,有助于分散银行业的风险,也有助于促进金融行业良性竞争。

信托行为的确立必须具备三方当事人,即委托人、受托人、受益人。信托业务中的委托人是指具有完全民事行为能力的自然人、法人或者依法成立的其他组织,其为了一定的目的,将属于自己的资金财产授权受托人代为经营与管理。受托人,是接受委托人的委托,对信托投资代为经营与管理者,一般是有经营能力的信托机构,在我国一般指的是信托投资公司。信托投资公司是经营各种财产的信托业务,发挥受托理财功能,以手续费、佣金为主要收入来源的金融机构。受益人是在信托中享有信托受益权的自然人、法人或者依法成立的其他组织。受益人和委托人可以是同一人,也可以不是同一人。

8.2.2 信托的状况与发展

我国的信托投资业始于20世纪初商业经济较发达的上海,1921年成立的上海通商信托公司是中国最早的信托公司。新中国成立初期在上海、天津、广州等大城市开办有信托机构。当时的信托机构主要有两类:一类是银行的信托部,如中国人民银行上海分行信托部;一类是投资公司,如天津市投资公司。这些信托机构在20世纪五六十年代陆续停办。

改革开放以来,随着国民经济的蓬勃发展和经济体制改革的不断深入,我国信托业开始重新恢复并得以迅速发展,其原因在于,多层次的经济结构、多种经济成分的并存交叉和资金需求的多样化要求金融服务方式和融资方式的转变。1979年10月,中国第一家信托投资公司——中国国际信托投资公司成立。1980年初国务院颁布《关于推动经济联合的暂行规定》中明确规定,银行要试办各种信托业务。1980年9月中国人民银行根据国务院文件精神下发了《关于积极开办信托业务的通知》。据此,中国人民银行与各个专业银行、各行业主管部门、各级地方政府纷纷办起了"信托投资机构"。但是,由于中国信托业在历史上一直没有充分发展,缺少成熟的经验,在改革开放后30年的发展过程中,信托业也历经坎坷,一直在探索中前进。期间经历了5次大整顿,具体内容如下。

1)第一次信托业的清理与整顿

为响应国务院的号召,中国人民银行总行积极推动银行开办信托业务,各地区、部门也纷纷自行组建信托投资公司,到1982年年底,全国各类信托机构已发展到620多家。但信托机构在短时期内的迅速发展产生了资金分散、基建规模拉大、与银行争业务等问题,严重冲击了国家对金融业务的计划管理和调控,也直接助长了固定资产投资规模的膨胀和物价水平的上涨。因此,国务院于1982年4月下发《关于整顿国内信托投资业务和加强更新改造资金管理的通知》,明确指出:"今后信托投资业务一律由人民银行或人民银行指定的专业银行办理。经批准办理的信托投资业务,其全部资金活动都要统一纳入国家信贷计划和固定资产投资计划进行综合平衡。"据此,中国信托业开始了恢复后的第一次整顿。这次整顿的重点在于清理非金融机构设立的信托投资公司,以改变信托机构过多、过乱的局面。

2)第二次信托业的清理整顿

1984年,中国经济改革的重心从农村转至城市,中国经济增长速度明显加快,工农业生产有较大幅度增长。但由于经济发展过热,固定资产投资和消费基金增长过猛,导致出现货币投资和信贷失控的局面。在这轮经济过热中,信托业的新一轮扩张再次开始,信托业通过各种名义贷款和投资,对固定资产投资的急剧膨胀起到了推波助澜的作用,使留有缺口的物资供应计划更加失去平衡调节能力。1985年年初,国务院发出《关于进一步加强银行贷款检查工作的通知》,人民银行随即决定再次清理整顿信托业,这次整顿的重点是业务清理。人民银行发出通知,决定银行停止办理信托贷款和信托业务,已办业务应加以清理;各地应进行贷款检查,严格控制信托贷款,抓紧收回不合理的贷款。

3)我国信托业的第三次清理整顿

第二次信托大整顿之后,各信托机构经过重组和调整,内部建设不断增强。随着经济改革的不断深入和国民经济的快速发展,各地区对信托的作用越来越重视,信托业进入了机构和业务发展最快的一个时期。1988年中国经济呈现出高速发展的势头,经济过热现象空前严重,乃至达到严重恶化的地步,各专业银行为回避人民银行对信贷规模的控制,纷纷通过各种形式和渠道向信托公司转移资金,信托公司再次为固定资产投资失控推波助澜,与此相对应的是信托公司数量的飞速膨胀。到1988年年底,全国信托投资机构数量达到上千家,其中经中国人民银行正式批准的为745家,资产总额700多亿元。这一阶段我国经济秩序混乱,同时由于信托机构在短时期内的迅速发展,出现了乱设机构、超范围经营、擅自提高利率、乱拉存款等现象,在一定程度上影响了国家宏观货币调控。中国人民银行对信托机构进行了第三次清理和整顿,并总结我国信托业发展过程中的经验教训,提出了信托业和银行业分业管理的方针。经过3年多的清理整顿,各信托机构加强了内部管理和制度建设,违规现象明显减少,为我国信托业的进一步稳定发展提供了有利条件。

4)第四次信托业的清理整顿

1990 年以来,中国信托业在中国经济改革进一步加快及新的经济形势和政策下发展和运行。1992—1993 年我国货币发行、信贷规模和固定资产投资过快,金融秩序混乱,在此过程中,信托投资公司与银行联手,违规拆借、违规揽存、违规放贷,并直接大规模地参与了沿海热点地区的圈地运动和房地产炒作活动,再次充当了加剧经济形势过热、扰乱金融秩序的角色。1993 年 6 月,中央决定进行宏观调控,收紧银根,严控货币发行,整顿金融秩序。这次清理整顿初期阶段按"分业经营、分业管理"的思路将信托业与银行分开,切断了银行与信托公司间的资金联系。首先,限制银行向信托投资公司的资金拆借,并要求国有商业银行开办的信托投资公司采取重组改造,或者转让、关闭等形式全部脱离银行。于 1995 年通过《商业银行法》,禁止商业银行从事信托投资公司业务及投资于非银行机构,以彻底解决资金从银行流向信托投资公司的问题。1995 年国务院下令要求 4 大国有商业银行与所办的信托投资公司脱钩。到 1996 年年底,全国具有独立法人地位的信托公司变为 244 家。这些措施使信托公司赖以生存的资金来源渠道相继断流,信托公司的合法资金来源渠道几乎完全失去。许多信托公司被迫铤而走险,走上变本加厉的违规经营之路。

5)我国信托业第五次清理整顿

数年的清理整顿使信托公司难以支持,陆续爆发支付危机,原先若隐若现的违规经营、资不抵债、不良资产比例相当高、资产流动性丧失等问题暴露出来。中银国信、中农信、中创、广东国投的倒闭破产,促使政府对中国的信托业开始了规模最大、措施最严厉的清理整顿。1999 年 3 月,国务院下发文件宣布中国信托业的第五次清理整顿开始,其主要内容有:①信托业与证券业严格分业经营。②信托公司的资本金必须达到 3 亿人民币。③信托公司按现有的业务重点改组成不同的公司,达到条件的可以保留、经营状况好但规模不够的可以通过并购重组达到保留条件、主营实业的改为实业公司、以银行业务为主的可以并入当地城市商业银行、以证券业务为主可以改为证券公司、整顿结束后达不到要求的予以撤销。这次清理整顿引导信托公司走上以真正的信托业务为经营主业的发展道路。

经过第五次整顿后,全国批准保留的信托投资公司约为 50 家,原则上每个省(直辖市)、自治区保留一至两家。到 2002 年 12 月底,保留下来的信托投资公司均完成了中国人民银行要求的重新登记工作。我国信托公司逐渐回归本业,发行的信托产品数量和规模逐年扩大。随着个人拥有财富量的增多和企业闲置资金的规模不断扩大,其获得更高收益的要求越来越强烈,因此我国信托业近年来得到极大的发展。据统计数据显示,2008 年我国信托业共发行了 208 只信托产品,我国信托行业的盈利和资产规模继续上年的快速增长,信托公司营业收入总和增长了 1.77 倍,净利润增长了 0.9 倍。我国资产总额排在前十位的信托公司为平安信托、深圳国信、上海国信、中诚信托、江苏国信、中信信托、华宝信托、吉林信托、国联信托和外贸信托。

8.2.3 信托的业务种类

信托按标的物的不同可分为资金信托、实物信托、债权信托和经济事务信托 4 种。资金信托是一种以货币资金为标的物的信托业务。实物信托是一种以动产或不动产为标的物的信托业务,动产指原材料、设备、物资、交通工具和机器等,不动产指住宅、厂房、仓库、土地等。债权信托是以债权凭证为标的物的信托业务,如代为清理和收付债款、代收人寿保险赔款(人寿保险单也是一种债权凭证)等。经济事务信托是以委托代办各种经济事务为内容,委托凭证为标的物的信托业务,如专利代理、会计代理等。我国目前的信托产品主要有证券投资类、私募股权类、资产证券化类和房地产类4个大类。

《信托公司管理办法》规定,我国信托公司的基本业务主要有以下3类:①信托业务,包括资金业务、动产信托、不动产信托、有价证券信托、作为投资基金或者基金管理公司的发起人从事投资基金业务、其他财产或财产权信托。②咨询业务,包括经营企业资产的重组与购并、项目融资、公司理财、财务顾问、办理咨询、资信调查等业务。③代理业务,包括代理保管与保管箱业务,受托经营国务院有关部门批准的证券的承销业务。信托公司经营信托业务时,可以开展同业存放、拆放同业、贷款、租赁、投资等业务,但投资业务限定为金融类公司股权投资、金融产品投资和自用固定资产投资。

8.3　证券公司

8.3.1　我国证券公司的状况与发展

证券公司是主要从事各种有价证券经营及相关业务的金融机构,它受托办理股票、债券的发行业务,受托代理单位及个人的证券买卖,也可以自己从事有价证券的买卖活动。

我国证券公司的产生大致有以下几种不同的背景。①由国家级的专业银行或保险公司等金融机构发起设立的股份公司或全资子公司。这类证券公司多属全国性的大证券公司,如华夏证券、南方证券和海通证券等。②由地方金融机构入股或出资组建的股份公司或全资子公司,如申银证券、北京证券和河北证券等。③由地方财政系统组建的证券经营机构,如上海证券和湘财证券等。④由全国性的信托投资公司和地方金融机构所属的信托投资公司组建,如中信证券、光大证券等。由于脱胎于这样一些既有基础之上,我国证券公司总体上形成了全国性证券公司和地方性证券公司并存的格局。

我国自1987年第一家证券公司——深圳经济特区证券公司成立以来,证券公司在过去30多年中得到了迅速发展,其数量规模发生了很大的变化。我国证券公司的发展历程大致经过了以下3个发展阶段。

第一阶段:1987—1989年。这一阶段是证券公司发展的起步期,其特点是证券公司作为证券市场不可或缺的组成部分实现了零的突破,证券公司数目增加较快,但各公司资产规模较小,基本只有经纪业务。到1989年年底,全国共有证券公司30余家,总资产仅有50多亿元人民币。

　　第二阶段:1990—1998 年。这一阶段是证券公司快速增长时期,其特点是证券公司的数量大幅度增加,同时资产规模也迅速扩张。一大批证券公司如广发证券等通过大规模增资扩股,注册资本分别达到原有规模的 2.5～50 倍,出现了我国证券公司发展历史上的第一次增资扩股高潮。到 1998 年年底,全国证券公司达到 90 家,总资产 832 亿元人民币,比 1989 年增长了 16 倍。

　　第三阶段:1998 年至今。在这一阶段,证券公司之间的竞争加剧,业内开始发生兼并重组和整合,一些经营风险大、资产质量差的证券公司退出了证券市场;与此同时,随着分业经营工作的推进,证券公司数量有所增加,资产规模大幅增加,质量也有所提高。从 1999 年开始,我国证券公司步入了规范化发展新阶段。在《中华人民共和国证券法》对券商分业管理、分业经营的规定下,许多中小券商通过增资扩股跻身综合类券商之列,而大型券商则通过进一步扩大规模提高竞争力,掀起了证券产业规模化的浪潮。证券市场的集中度也大大提高,证券公司的注册资本和资产规模迅速扩大,证券公司正在向规模化方向迈进。截至 2015 年 6 月底,我国证券市场证券公司已经达到 125 家,上半年全行业营业收入 3 305.8 亿元,实现净利润 1 531.96 亿元,120 家公司实现盈利。125 家证券公司总资产为 8.27 万亿元,净资产为 1.30 万亿元,净资本为 1.14 万亿元,客户交易结算资金余额 3.41 万亿元,托管证券市值 38.62 万亿元,受托管理资本金总额 10.23 万亿元。

8.3.2　证券公司的业务种类

1)证券承销业务

　　证券承销业务,也称证券代理发行业务,是指证券公司接受发行人的委托,借助自己在证券市场上的信誉和营业网点,根据与发行人确定的发售方式,在规定的发行有效期限内代理发行人发行证券的活动。根据证券公司在承销过程中承担的责任和风险的不同,承销又可分为代销承销方式和包销承销方式,其中包销承销方式又包括全额包销、定额包销和余额包销 3 种方式。证券公司可以根据发行人所发行证券的种类、市场需求状况、具体发行要求以及自身的经营条件和经营能力选择。

　　国内目前股票承销主要采用的是余额包销方式。它是指证券公司承诺在证券发行期结束时,将未售出的证券全部自行购入,其实质是证券公司先代理发行,后全额包销,是代销和全额包销的结合。

2)证券经纪业务

　　证券经纪业务又称代理买卖证券业务,是指证券公司接受投资者(客户)的委托代投资者(客户)买卖有价证券的行为,是证券公司最基本的一项业务。

　　证券公司从事代理买卖证券业务,是随着集中交易制度的实行而产生和发展起来的。由于我国证券交易所实行会员制,只有成为证券交易所会员才能取得交易席位,即进行证券交易的操作资格,一般投资者不能直接进入场内进行交易,只能通过拥有席位的证券公司作为中介来完成交易。目前国内证券公司从事经纪业务主要通过开立证券营业部的形式进行。

目前我国的证券交易所挂牌交易的证券品种主要有股票、债券、基金、权证等证券,其中占证券市场绝大部分的股票又分两类:第一类是人民币普通股(A 股)、基金和债券的代理买卖业务;第二类是境内上市外资股(B 股)的代理买卖业务。

3)证券自营业务

证券自营业务是指综合类证券公司用自有资金和依法筹集的资金,用自己名义开设的证券账户买卖有价证券,以获取盈利的行为。在证券自营业务中,证券公司自行决定证券买卖的时机、价格、数量等,由此而产生的收益和损失也由其承担。证券公司的证券自营业务与经纪业务的区别在于证券自营产生的风险由证券公司承担,而经纪业务中证券买卖的风险由客户承担。

4)资金业务

证券公司的资金业务包括回购证券业务、股票质押贷款、同业拆借市场业务等。

(1)回购证券业务

证券回购交易是指证券买卖双方在成交的同时就约定于未来某一时间以某一价格双方再进行反向交易的行为。其实质内容:证券的持有方(融资者、资金需求方)以持有的证券作为抵押,获得一定期限内的资金使用权,期满后则需归还借贷的资金并按约定支付一定的利息;而资金的贷出方(融券方、资金供应方)则暂时放弃相应资金的使用权,从而获得融资方的证券抵押权,并于回购期满时归还对方抵押的证券,收回融出资金并获得一定利息。在我国,国债回购的市场有银行间回购市场与证券交易所回购市场。银行间回购市场的主体是商业银行,商业银行不允许进入交易所回购市场;证券交易所回购市场的主体是证券公司等非银行金融机构和企业,在这部分交易主体中仅有少数证券公司经中国人民银行批准后允许进入银行间回购市场。

(2)股票质押贷款

股票质押贷款指证券公司以自营的股票和证券投资基金作为质押,向商业银行获得资金的一种贷款方式。股票质押贷款是券商合法资金来源的渠道之一,对缓解券商资金压力具有一定帮助。股票质押贷款的缺点主要有质押物折扣比较大,收益性较差,限制条件多。

(3)同业拆借市场

同业拆借市场指金融机构之间进行短期、临时性头寸调剂的市场。1996 年 1 月,经过中国人民银行长时间的筹备,全国统一的银行间同业拆借市场正式建立。目前进入银行间同业拆借市场的主体有银行、财务公司、基金管理公司、证券公司。同业拆借市场的优点是交易成本低、市场集中、融资迅速;缺点是期限短、进入门槛高。证券公司进入银行间同业市场必须遵守中国人民银行的相关管理规定。

(4)创新业务

创新业务指创新试点证券公司根据现行法律、行政法规和中国证监会的有关规定,旨在开展未纳入中国证监会行政许可或审批范围的证券业务产品创新方案。证券公司证券业务产品创新主要指证券公司根据自身业务发展需要和行业发展趋势变化,改进或变革现有业务或产品的创新行为,包括投资银行业务、经纪业务、资产管理业务、金融衍生产品业务等方面的创新。目前国内已开展的创新业务为创设权证、资产抵押证券、集合理财计划等。

8.4 投资银行

8.4.1 投资银行的含义

由于投资银行业的发展日新月异,对投资银行的界定也显得十分困难。投资银行是美国和欧洲大陆的称谓,英国称之为商人银行,在日本则指证券公司。投资银行是最典型的投资性金融机构,是主要从事证券发行、承销、交易、企业重组、兼并与收购、投资分析、风险投资、项目融资等业务的非银行金融机构,是资本市场上的主要金融中介。在中国从事投资银行业务的机构包括证券公司、基金管理公司、金融资产管理公司、信托公司、风险投资公司,其中最主要的投资银行机构是证券公司。

8.4.2 投资银行的业务种类

经过最近一百年的发展,现代投资银行已经突破了证券发行与承销、证券交易经纪、证券私募发行等传统业务框架,企业并购、项目融资、风险投资、公司理财、投资咨询、资产及基金管理、资产证券化、金融创新等都已成为投资银行的核心业务。

1)证券承销

证券承销是投资银行最本源、最基础的业务活动。投资银行承销的证券范围很广,包括中央政府、地方政府、政府机构发行的债券,企业发行的股票和债券,外国政府和公司发行的证券,国际金融机构发行的证券等。投资银行在承销过程中一般要按照承销金额及风险大小来权衡是否要承销和选择承销方式。

2)证券经纪交易

投资银行在二级市场中扮演着做市商、经纪商和交易商三重角色。作为做市商,在证券承销结束之后,投资银行有义务为该证券创造一个流动性较强的二级市场,并维持市场价格的稳定。作为经纪商,投资银行代表买方或卖方,按照客户提出的价格代理交易。作为交易商,投资银行有自营买卖证券的需要,这是因为投资银行接受客户的委托,管理着大量的资产,必须要保证这些资产的保值与增值。此外,投资银行还在二级市场上进行无风险套利和风险套利等活动。

3)证券私募发行

证券的发行方式分作公募发行和私募发行两种,前面的证券承销实际上是公募发行,投资银行还从事证券的私募发行业务。私募发行又称私下发行,就是发行者不把证券售给社会公众,而是仅售给数量有限的机构投资者,如保险公司、共同基金等。私募发行不受公开发行的规章限制,除能节约发行时间和发行成本外,又能够比在公开市场上交易相同结构的证券给投资银行和投资者带来更高的收益率,所以,近年来私募发行的规模仍在扩大。但同时,私募发行也有流动性差、发行面窄、难以公开上市扩大企业知名度等缺点。

4)兼并与收购

企业兼并与收购已经成为现代投资银行除证券承销与经纪业务以外最重要的业务组成部分。投资银行能以多种方式参与企业的并购活动,如寻找兼并与收购的对象、向猎手公司或猎物公司提供有关买卖价格或非价格条款的咨询、帮助猎手公司制订并购计划或帮助猎物公司针对恶意的收购制订反收购计划、帮助安排资金融通和过桥贷款等。此外,投资银行参与的并购业务往往还包括"垃圾债券"的发行、公司改组和资产结构重组等活动。

5)项目融资

项目融资是对一个特定的经济单位或项目策划安排的一揽子融资的技术手段,借款者可以只依赖该经济单位的现金流量和所获收益用作还款来源,并以该经济单位的资产作为借款担保。投资银行在项目融资中起着非常关键的作用,它将与项目有关的政府机关、金融机构、投资者与项目发起人等紧密联系在一起,协调律师、会计师、工程师等一起进行项目可行性研究,进而通过发行债券、基金、股票或拆借、拍卖、抵押贷款等形式组织项目投资所需的资金融通。投资银行在项目融资中的主要工作是项目评估、融资方案设计、有关法律文件的起草、有关的信用评级、证券价格确定和承销等。

6)公司理财

公司理财实际上是投资银行作为客户的金融顾问或经营管理顾问而提供咨询、策划或操作。它分为两类:第一类是根据公司、个人或政府的要求,对某个行业、某种市场、某种产品或证券进行深入的研究与分析,提供较为全面、长期的决策分析资料;第二类是在企业经营遇到困难时,帮助企业出谋划策,提出应变措施,包括诸如制定发展战略、重建财务制度、出售转让子公司等工作。

7)基金管理

基金是一种重要的投资工具,它由基金发起人组织,吸收大量投资者的零散资金,聘请有专门知识和投资经验的专家进行投资并取得收益。投资银行与基金有着密切的联系。首先,投资银行可以作为基金的发起人,发起和建立基金。其次,投资银行可作为基金管理者管理基金。最后,投资银行可以作为基金的承销人,帮助基金发行人向投资者发售受益凭证。

8)财务顾问与投资咨询

投资银行的财务顾问业务是投资银行所承担的对公司尤其是上市公司的一系列证券市场业务的策划和咨询业务的总称,主要指投资银行在公司的股份制改造、上市、在二级市场再筹资以及发生兼并收购、出售资产等重大交易活动时提供的专业性财务意见。投资银行的投资咨询业务是连结一级和二级市场,沟通证券市场投资者、经营者和证券发行者的纽带和桥梁。

9）资产证券化

资产证券化是指经过投资银行把某公司的一定资产作为担保而进行的证券发行，是一种与传统债券筹资不同的新型融资方式。进行资产转化的公司称为资产证券发起人。发起人将持有的各种流动性较差的金融资产，如住房抵押贷款、信用卡应收款等，分类整理为一批资产组合，出售给特定的交易组织，即金融资产的买方（主要是投资银行）。再由特定的交易组织以买下的金融资产为担保发行资产支持证券，用于收回购买资金。这一系列过程就称为资产证券化。资产证券化的证券即资产证券为各类债务性证券，主要有商业票据、中期债券、信托凭证、优先股票等形式。资产证券的购买者与持有人在证券到期时可获本金、利息的偿付。证券偿付资金来源于担保资产所创造的现金流量，即资产债务人偿还的到期本金与利息。如果担保资产违约拒付，资产证券的清偿也仅限于被证券化资产的数额，而金融资产的发起人或购买人无超过该资产限额的清偿义务。

10）金融创新

根据特性不同，金融创新工具即衍生工具一般分为3类：期货类、期权类和掉期类。投资银行通过金融创新工具的设立与交易进一步拓展了其业务空间和资本收益。首先，投资银行作为经纪商代理客户买卖这类金融工具并收取佣金。其次，投资银行也可以获得一定的价差收入，因为投资银行往往首先作为客户进行衍生工具的买卖，然后寻找另一客户作相反的抵补交易。最后，金融创新工具还可以帮助投资银行进行风险控制，免受损失。金融创新也打破了原有机构中银行和非银行、商业银行和投资银行之间的界限以及传统的市场划分，加剧了金融市场的竞争。

11）风险投资

风险投资又称创业投资，是指对新兴公司在创业期和拓展期进行的资金融通。新兴公司一般是指运用新技术或新发明、生产新产品、具有很大的市场潜力、可以获得远高于平均利润的利润，但经营风险极大的公司。由于风险大，普通投资者往往都不愿涉足。但这类公司又最需要资金的支持，因而为投资银行提供了广阔的市场空间。投资银行涉足风险投资有不同的层次：第一，采用私募的方式为这些公司筹集资本。第二，对某些潜力巨大的公司有时也进行直接投资，成为其股东。第三，更多的投资银行是设立"风险基金"或"创业基金"向这些公司提供资金来源。

8.5　金融租赁公司

8.5.1　金融租赁公司的含义

金融租赁指由出租人根据承租人的请求，按双方的事先合同约定，向承租人指定的出卖人，购买承租人指定的固定资产。在出租人拥有该固定资产所有权的前提下，以承租人支付所有租金为条件,将一个时期的该固定资产的占有、使用和收益权让渡给承租人。这种租赁具有融物和融资的双重功能。

金融租赁公司是专门经营租赁业务的公司,是租赁设备的所有者,通过提供租赁设备而定期向承租人收取租金。金融租赁公司开展业务的过程:租赁公司根据企业的要求,筹措资金,提供以"融物"代替"融资"的设备租赁。在租期内,作为承租人的企业只有使用租赁物件的权利,没有所有权,并要按租赁合同的规定,定期向租赁公司交付租金。在租期届满时,承租人向租赁公司交付少量的租赁物件的名义货价(即象征性的租赁物件残值),双方即可办理租赁物件的产权转移手续。至此,租赁物件即正式归承租人所有。

8.5.2 金融租赁的状况与发展

我国的融资租赁业起源于 1981 年 4 月,最早的租赁公司以中外合资企业的形式出现,其原始动机是引进外资。自 1981 年 7 月成立首家由中资组成的非银行金融机构"中国租赁有限公司"到 1997 年,经原中国人民银行批准的金融租赁公司共 16 家。1997 年后,海南国际租赁有限公司、广东国际租赁有限公司、武汉国际租赁公司和中国华阳金融租赁有限公司先后退出市场。目前,经过增资扩股后正常经营的金融租赁公司有 12 家,它们主要从事公交、城建、医疗、航空、IT 等产业,总资产已过人民币 159 亿元的规模,租赁资产占总资产80% 以上,平均资本充足率达到了 30.07%。

未来的几十年是中国经济发展上台阶的时期,国家将继续对能源、交通和基础设施大力投资;中国企业经过几十年市场化运作和积累后急需进行产业更新和技术改造,这些都会带来大量的对成套设备、交通工具和专用机械的需求。今后市场的巨大需求是租赁业务发展的最好时机,发达国家的成功经验已经证明了租赁是解决这些需求的有效途径之一。

8.5.3 金融租赁的业务种类

金融租赁形式多样,包括直接租赁、转租赁、回租租赁和杠杆租赁等。

直接租赁是租赁最基本的业务形式。企业根据自身设备投资的需要向租赁公司提出设备租赁的要求,租赁公司负责融资并采购相应的设备,然后交付承租企业使用,承租企业按期交付租金。在直接租赁中,出租人以自己的信誉筹措资金并承担经营风险,这要求出租人具有较强的资金实力。目前,这种传统的租赁业务形式在各国租赁实践中仍占有最重要的地位。

转租赁是指以同一物件为标的物的多次融资租赁业务,是相对于只对同一标的物进行一次租赁的融资租赁而言的。转租赁业务包含至少两个出租人和两份租赁合同,上一租赁合同的承租人又是下一租赁合同的出租人,称为转租人。转租人以收取租金差为目的,对上一出租人承担偿付租金的义务,租赁物件的法律所有权归第一出租人。

回租租赁指承租人将自有物件出卖给出租人,同时与出租人签订租赁合同,再将该物件从出租人处租回的租赁形式。出售回租适用于有大量优质固定资产,但急需现金的客户。它的特点是承租人与租赁物件供货人是一体,租赁物件不是外购,而是承租人在租赁合同签约前已经购买并正在使用的设备。承租人将设备卖给租赁公司,然后作为租赁物件返租回来,对物件仍有使用权,但没有所有权。从表面上看,融资租赁是租设备,而实际上还是借资,只是融资的方式较为独特,设备的买卖仅仅是形式上的交易。

杠杆租赁是一个包括承租人、设备供应商、出租人和贷款人的比较复杂的融资租赁形式,指由出租人(租赁公司或商业银行)拿出少部分资金,其余的资金通过协议抵押给金融机构,由金融机构提供无追索权贷款(即规定贷款者只能从租金和设备留置权中得到偿还,对出租人的其他资产没有追索权),购买承租人所欲使用的资产并交由承租人使用;而承租人使用租赁资产后,定期支付租赁费用的租赁方式。通常出租人仅提供其中20%~40%的资金,贷款人则提供60%~80%的资金。租赁公司既是出租人又是借资人,既要收取租金又要支付债务。这种租赁方式的产生是由于租赁收益一般大于借款成本支出,出租人借款购物出租可获得财务杠杆利益,故被称为杠杆租赁。

【阅读案例8.1】

融资租赁业迎来巨大发展契机

2015年5月19日国务院正式印发的《中国制造2025》被认为是中国版的"工业4.0"白皮书,该规划提出了中国制造强国建设3个10年的"三步走"战略,是第一个10年的行动纲领。制造业是国民经济的主体,是立国之本、兴国之器、强国之基。打造具有国际竞争力的制造业,是我国提升综合国力、保障国家安全、建设世界强国的必由之路。在完善金融扶持政策中,《中国制造2025》重点强调了鼓励符合条件的制造业贷款和租赁资产开展证券化试点,支持重点领域大型制造业企业集团开展产融结合试点,通过融资租赁方式促进制造业转型升级。根据《中国制造2025》,未来我国将坚持创新驱动、智能转型、强化基础、绿色发展,加快从制造大国向制造强国转变。在采取财政贴息、加速折旧等措施,推动传统产业技术改造等背景下,融资租赁业对实体产业助推作用将日益显现。目前,我国融资租赁业正迎来前所未有的发展机遇。在宏观经济协调发展的形势下,融资租赁业的增长获得巨大的空间和潜力;国内流动性过剩的格局仍将长期延续,为融资租赁业的发展形成强大的资金支撑;不断创新的多元融资工具和互联网金融等融资渠道为租赁业的发展构筑了坚实的联结平台;包括《中国制造2025》在内的配套经济政策的不断完善,为融资租赁业的发展营造了更加有利的运作环境。

李克强总理明确指出,新常态下的金融有一个很重要的特点就是回归服务本质,助力实体经济。与银行贷款相比,融资租赁本身是融资与融物的结合体,可以更好地获得前期融资,因此目前在国际上有众多制造商、运营商正通过这一渠道完成业务交易。根据《中国制造2025》,未来我国将坚持创新驱动、智能转型、强化基础、绿色发展,加快从制造大国向制造强国转变。在采取财政贴息、加速折旧等措施,推动传统产业技术改造等背景下,融资租赁业对实体产业助推作用将日益显现。融资租赁在国际上早已是三大融资工具之一,而在中国受到的关注则相对较少,但发展迅速。业内普遍认为,作为连接金融业与实体产业的重要桥梁,融资租赁业以及以融资租赁业为代表的现代商业模式将为中国制造业转型升级提供强有力的资金支持。"中国是世界机械装备制造第一大国。飞机、船舶、海上钻井平台、高铁,这些装备在国际上60%是通过融资租赁实现投用的。"中国租赁联盟召集人、天津市租赁行业协会会长杨海田表示。在新一轮技术改造过程中,无论是产品前期创新研发,还是对现有设备的加速折旧,租赁业都将扮演重要角色。

近日,在天津滨海新区注册的工银金融租赁有限公司与中国商用飞机有限责任公司签署了30架ARJ21-700飞机购机协议。至此,工银租赁ARJ21飞机订单总数已达到308架,成为中国国产商用飞机的最大启动用户。在融资租赁业与实体产业加速对接的背景下,工银租赁将成为国产飞机出口海外市场的重要渠道以及国产飞机"走出去"战略的重要载体,助力航空业备战"中国制造2025"。据了解,除了飞机船舶外,目前四大国电集团的电力设备、海洋工程结构物、南车、北车集团涉足的高铁列车,都已经或即将以融资租赁的方式实现"引进来"和"走出去"。截至去年年底,仅在天津注册的融资租赁机构就已达到近300家,租赁资产超过4 000亿元,业务总量占全国的四分之一。

《中国制造2025》中提出发展服务型制造,研究制定促进服务型制造发展的指导意见,实施服务型制造行动计划。开展试点示范,引导和支持制造业企业延伸服务链条,从主要提供产品制造向提供产品和服务转变。支持符合条件的制造业企业建立金融租赁公司等金融机构,推广大型制造设备、生产线等融资租赁服务。

中国租赁联盟提供的数据显示,2009年国内融资租赁合同余额仅为3 700亿元,而到了2014年,这一指标已迅速膨胀至32 000亿元。从全球市场上看,欧美国家目前增长率在10%左右,而中国的增长率则保持在40%以上。而在行业渗透率指标上,有数据表明,中国目前仅为3.8%,远远落后于美国的22%。换言之,国内大部分行业对融资租赁的利用几乎是一片空白。在资本市场上,相关标的也极其稀缺,目前A股市场仅有渤海租赁(000415)一家,中化集团旗下公司远东宏信在香港上市。去年12月份,融信租赁登陆新三板,成为行业内首家挂牌新三板的企业。目前,国内融资租赁的业务模式主要分为直接租赁和售后回租两种。直接租赁是指融资租赁公司从供应商处采购产品,然后租给下游客户;售后回租则是公司从下游客户处购买已在使用的产品,再回租给对方使用。在直接租赁业务中,主要采用的是厂商租赁模式。《中国制造2025》规划所带来的契机,为融资租赁企业提供了一个巨大的成长机会,特别是厂商租赁模式。业内观点认为,厂商租赁模式虽然起步较晚,但从风险控制角度讲是最好的模式。制造业产能过剩的现状,为厂商租赁模式带来了机遇,通过与厂商的合作互补,租赁客户群成几何倍数递增成为可能。

来源:融资租赁网　发布时间:2015-07-15　11:39

思考题:

1. 我国租赁业主要面临哪些困境?

2. 阅读资料,对我国租赁业的未来发展提供相关的建议。

8.6 金融服务机构

8.6.1 征信机构

征信机构指依法设立的,专门从事采集、调查、整理和分析个人和企业信用信息资料工作,出具信用报告,提供多样化征信服务,帮助客户判断和控制信用风险等的信用信息服务机构。征信机构是独立于信用交易双方的第三方机构。在经济社会存在着大量信息不对称的情况下,征信机构承担着向商业银行及其他个人信用信息使用人提供个人信用信息咨询及评级服务社会功能,起到了促进和达成信用交易的作用。征信机构在现代市场经济条件下扮演着至关重要的角色,是征信市场的支柱。

征信机构分为信用调查机构、信用信息登记机构、信用评价机构以及信用管理机构4类。信用调查机构主要指接受委托对企业和个人的信用情况进行调查,并将从各方面收集到的信用信息情况进行整理、核对、归类,提供企业信用调查报告和个人信用调查报告的机构。信用信息登记机构指通过批量初始化和定期更新相结合的方式,集中采集借款人的信用信息形成数据库的机构。信用信息登记机构一般只客观反映借款人的信用记录或信用状况,不对借款人进行进一步的分析和判断,其核心数据是借款人借、还款的历史信息。信用评价机构指对企业或个人的信用状况进行评分的机构。信用管理机构指除以上3类征信机构以外的征信机构或从事征信延伸服务类工作的机构,主要包括非金融类商账追收、信用培训、信用咨询以及金融类的信用保险、信用保理、信用担保等机构。

一般来讲,征信机构的设立模式可以分为3种:一是由公共部门主导或参与建设的征信机构(或征信系统),一般由中央银行或金融监管当局推动建立并由中央银行直接控制和管理,主要服务于宏观金融决策和金融监管,也服务于商业银行。由公共部门主导或参与建设的征信机构(或征信系统)起源于欧洲,以法国为代表。二是私营征信机构,即由企业或个人投资组建而成,具有法人资格,以市场化方式运作,主要是为商业银行等商业化机构提供征信服务,立足于微观经济主体的需求,如美国和英国采取这种模式。三是混合性征信机构,一般由政府部门或行业协会参与运作,私营部门也参与到股权结构中来,如印度,新加坡等国家采取这种模式。混合型征信机构也可能由政府作为征信数据库的所有者拥有所有权,但交给私营部门进行市场化运作,如我国香港金管局将企业征信库交给邓白氏公司代为管理。

从其他国家的做法看,征信服务以收费为原则,不收费为例外,即使由公共部门如央行、银行监管机构等参与或主导建设的征信机构(或系统),很大一部分也会通过收取一定的征信服务费用以弥补建设和系统运行维护成本。

1999年7月,在上海市信息办和人民银行上海分行推动下,经中国人民银行总行的核准,上海资信有限公司组建成立,成为国内第一家从事个人征信业务的中介机构。2003 年,人民银行设立了征信中心,征信中心先后建成了个人和企业信用信息基础数据库,并为商业银行提供查询服务。就整体而言,中国目前有 300 多家各类征信公司,除了数家起步早、实力较强的征信公司外,大部分征信公司市场占有率和竞争力都比较弱。

8.6.2 信用评级机构

信用评级机构是金融市场上重要的服务性中介机构,它是由专门的经济、法律、财务专家组成的、对证券发行人和证券信用进行等级评定的组织。信用评级机构是信用管理行业中的重要中介机构,在经营中遵循真实性、一致性、独立性、稳健性的基本原则,向资本市场上的授信机构和投资者提供各种基本信息和附加信息。信用评级机构的主要职能是组织专业力量搜集、整理、分析并提供各种经济实体的财务及资信状况、储备企业或个人资信方面的信息,比如欠有恶性债务的记录、破产诉讼的记录、不履行义务的记录、不能执行法院判决的记录等。这种信用评级行为逐渐促成了对经济实体及个人的信用约束与监督机制的形成。证券信用评级的主要对象为各类公司债券和地方债券,有时也包括国际债券和优先股票。

信用评级一般包括以下程序。

①接受委托。包括评估预约、正式接受委托、交纳评级费用等。

②前期准备。包括移送资料、资料整理、组成评估项目组、确定评级方案等。

③现场调研。评估项目组根据实地调查制度要求深入现场了解、核实被评对象情况。

④分析论证。评估项目组对搜集的信息资料进行汇集、整理和分析,形成资信等级初评报告书,经审核后提交信用评级评审委员会评审。

⑤专家评审。包括评审准备、专家评审、确定资信等级、发出《信用等级通知书》。

⑥信息发布。向被评对象出具《信用等级证书》,告知评级结果。

⑦跟踪监测。在信用等级有效期内,评估项目组定期或不定期地搜集被评对象的财务信息,关注与被评对象相关的变动事项,建立经常性的联系、沟通和回访工作制度。

国际上公认的最具权威性的专业信用评级机构有 3 家,分别是美国标准·普尔公司、穆迪投资服务公司和惠誉国际信用评级有限公司。中国信用评级行业诞生于 20 世纪 80 年代末,最初的评级机构由中国人民银行组建,隶属于各省市的分行系统。20 世纪 90 年代以后,经过几次清理整顿,评级机构开始走向独立运营。1997 年,人民银行认定了 9 家评级公司具有在全国范围内从事企业债券评级的资质。2005 年,中国人民银行为推动短期融资债券市场建设,形成了中诚信、大公、联合、上海新世纪和远东 5 家具有全国性债券市场评级资质的评级机构。经过 20 多年的发展和市场洗礼,目前规模较大的全国性评级机构只有大公、中诚信、联合、上海新世纪 4 家,我国信用评级机构尚待进一步发展。

【阅读案例8.2】

周小川：减少对国外信用评级机构依赖

中国人民银行行长周小川2011年11月25日在出席第三届中国经济前瞻论坛时表示，我国应减少对国外信用评级机构的依赖，国内的大型金融机构应加强内部评级的研究，更多作出自己的判断、避免盲目跟风。同时，宏观经济调控以及未来投资，应更多体现为逆周期的行为。

周小川指出，就当前的形势而言，未来要清理各种依靠外部评级的监管评价和规定。信用评级需要有前瞻性，未来我国需要支持本土评级机构的发展，甚至是支持他们发展成为国际型评估机构。宏观经济调控应尽量减少经济中的顺周期性，而评级公司的做法就有可能扩大这种调控方式的渗透性。

他建议，今后我国可采取双评级机构的模式，在判断经济形势时，既参考国外评级机构的信息，也注重国内评级机构的建议。"如果说涉及本土金融市场的评级和金融产品的评级，我们就可以在制度上规定，至少应该是双评级机构，既有一家国际机构，也应该有一家国内机构。"而且，我国在债券市场上仍有很大发展潜力，一直大力支持直接融资的发展。而提高直接融资比重的重要方面，就是扩大债券市场的发展，除了国债、金融债以外，更重要的就是发展公司类信用债券，而其评级方面有很大的潜力。

他还称，就信用评级业的监管而言，应该加强协调和管理，促进行业长期健康发展，避免出现利益冲突。在方法论和评级程序方面，应该具有充分的透明度、详细的历史记录等。另外，不排除未来会有政府性的研究机构，或者是社会性的研究机构的建立。

周小川指出，次贷危机爆发直至扩大为金融危机以来，全球市场对国际评级机构表现出诸多不满，对其评级水平、评级方法、模型均提出质疑。国际三大评级机构垄断性较强，前瞻性不足。"一旦某公司出现问题，就大幅调低其评级，在问题发生之前，没有前瞻性的判断，这就放大了评估对象的好坏，加重了事态的发展。"因此，金融危机爆发后，G20也将评级行业的发展列入研究课题中。

周小川还强调，要对评级行业的发展模式、竞争格局作更多的研究，加强对评级机构所承担的社会责任教育。

来源：《中国证券报》，2011年12月26日。

思考题：

信用评级机构在经济生活中有哪些作用？

【本章习题】

一、名词解释

非存款类金融机构 保险 保险公司 信托 证券公司 投资银行 金融租赁 征信机构 信用评级机构

二、简答题

1. 保险有哪些基本类型？简述保险在现代经济生活中的作用。

2. 简述证券公司的业务种类。

3. 简述投资银行的功能。谈谈投资银行在项目融资中的作用。

4. 简述租赁公司的特征。

5. 简述信托机构的职能。

6. 谈谈你是如何看待信用评级机构的现状的？

第9章 货币市场

1. 认识货币市场的特点和功能。
2. 了解同业拆借市场的基本情况。
3. 掌握票据市场的运行机制。
4. 理解大额可转让定期存单的特点和发展状况。
5. 熟悉证券回购市场的操作原理。

9.1 货币市场概述

9.1.1 货币市场含义与特点

1) 货币市场含义

货币市场是指以期限在 1 年以内的金融工具为媒介进行短期资金融通的市场。货币市场上的金融工具一般都具有短期性、低风险、高流动的特点。正是由于这种高度的安全性和流动性,我们把交易这些金融工具的市场统称为货币市场。

2) 货币市场特点

(1) 交易期限短

这是由金融工具的特点决定的。货币市场中的金融工具一般期限较短,最短的期限只有半天,最长的不超过 1 年,这就决定了货币市场是短期资金融通市场,即筹资者只能在此市场中筹集短期临时性资金。之所以如此,又是因为货币市场上的资金主要来源于居民、企业和金融机构等暂时闲置不用的资金。

(2) 流动性强

此特点与货币市场的上一个特点紧密相连。货币市场金融工具偿还期限的短期性决定了其较强的流动性。此外,货币市场通常具有交易活跃的流通市场,这意味着金融工具首次发行后可以很容易地找到下一个购买者,这进一步增强了货币市场的流动性。

（3）安全性高

货币市场是个安全性较高的市场,除了交易期限短、流动性强的原因外,更主要的是因为货币市场金融工具发行主体的信用等级较高,只有具有高资信等级的企业或机构才有资格进入货币市场来筹集短期资金,也只有这样的企业或机构发行的短期金融工具才会被主要追求安全性和流动性的投资者接受。

（4）交易额大

货币市场是一个批发市场,大多数交易的交易额都比较大,个人投资者难以直接参与市场交易。

9.1.2　货币市场的功能

一般认为,货币市场作为短期资金市场,其特有的功能主要体现以下4方面。

（1）有利于资金的合理流动

货币市场的存在使得企业、银行和政府可以从中融通短期资金,也可将暂时多余的、闲置的资金投放在其中做短期投资,生息获利。从而促进资金合理流动,解决短期性资金融通问题。

（2）有利于银行和其他金融机构协调资金的供需

各家银行和金融机构的资金,通过货币市场交易,从分散到集中、从集中到分散,从而使整个金融机构体系的融资活动有机地联系起来,更好地协调银行和其他金融机构资金的供需。

（3）有助于进行宏观调控

货币市场在一定时期的资金供求及其流动情况,是反映该时期金融市场银根松紧的指示器,它在很大程度上是金融当局进一步贯彻其货币政策、宏观调控货币供应量的重要场所。

（4）有利于市场基准利率的生成

基准利率是一种市场化的无风险利率,被广泛用于各种利率型金融工具的定价标准,是名副其实的市场利率的风向标。货币市场交易的高安全性决定了其利率水平作为市场基准利率的地位,发挥基准利率特有的功能。

9.1.3　货币市场的分类

货币市场就其结构而言,可以分为同业拆借市场、票据市场、大额可转让定期存单市场、短期政府债券市场（国库券市场）、回购市场等若干个子市场。

9.2 同业拆借市场

9.2.1 同业拆借市场含义与特点

1)同业拆借市场的含义

同业拆借市场是金融机构同业间进行短期资金融通的市场。其参与主体仅限于金融机构。金融机构以其信誉参与资金拆解活动,也就是说,同业拆借是在无担保的条件下进行的,是信用拆借,因此市场准入条件往往比较严格。我国同业拆借市场的主体目前包括了所有金融机构,但金融机构金融同业拆借市场必须经中国人民银行批准。

2)同业拆借市场的特点

一般来讲,同业拆借市场具有如下特点。

(1)较严格的市场准入限制

由于同业拆借市场通常是信用拆借不需要担保或抵押,且交易金额一般很大,因而在市场准入方面有比较严格的限制条件,即进入同业拆借市场的必须是金融机构或某类指定的金融机构,而非金融机构或非指定的金融机构不能进入同业拆借市场。

(2)融通资金期限短,流动性高

同业拆借最初是为了解决头寸临时不足或头寸临时多余所进行的资金融通,因此同业拆借市场的资金融通期限一般为 $1 \sim 2$ 天或 1 周。然而,发展到今天,同业拆借市场已成为各类金融机构弥补短期资金不足或进行短期资金投资的市场,成为解决或平衡资金流动性和盈利性矛盾的市场,从而,临时性调剂市场也就变成为短期融资市场。

(3)交易手段先进,交易手续简便,交易成交时间短

同业拆借市场的交易主要采用现代电信技术进行洽商,线上达成协议后,就可以通过各自在中央银行的存款账户进行划账清算;或者向资金交易中心提出供求信息和进行报价,由资金交易中心进行撮合成交,并进行资金交割划账。

(4)利率由供求双方协定,可以随行就市

同业拆借市场上的利率可由双方协商,议价成交。因此可以说,同业拆借市场上的利率,是一种市场利率,或者说是市场化程度很高的利率,能够充分反映市场资金供求状况及变化。

9.2.2 同业拆借市场的主要构成要素

同业拆借市场的构成因素主要包括市场参与者、支付工具、拆借利率与期限几个方面。

1)同业拆借市场的参与者

一般而言,能够进入同业拆借市场的必须是金融机构,但各个国家以及每个国家在不同

的历史时期,对参与同业拆借市场的金融机构也有不同的规定。但从总体上分析,同业拆借市场的参与者大体可以分为以下几类:资金需求者、资金供给者、中介机构、交易中心和金融监管机构。

（1）资金需求者

从大多数国家的情况看,在同业拆借市场拆入资金的多为大的商业银行。之所以出现这种情况,主要有两个方面的原因:一方面,大的商业银行其资产和负债的规模比较大,所需缴存的存款准备金较多,所需的资产流动性及支付准备金也较多。为了尽可能提高资金利用的效率及其盈利性,同业也能够及时足额弥补资金头寸或流动性不足,由此必须更大程度上依赖同业拆借市场,经常性地临时拆入或拆出资金。另一方面,同业拆借市场的单位交易金额大,一般又不需要抵押或担保,由于大的商业银行资金实力雄厚、信誉等级高,因而可以在同业拆借市场上得到资金融通。

（2）资金供给者

总体上讲在同业拆借市场上扮演资金供给者角色的,主要是由超额储备的金融机构,包括地方中小商业银行、非银行金融机构、境外代理银行及境外银行在境内的分支机构。另外,外国的中央银行也经常成为拆借市场上的资金供给者。

（3）中介机构

从交易成本的角度考虑,资金供求双方直接面议的交易成本高于通过中介使供求双方实现交易的成本。同业拆借市场上的中介机构大体上可以分为两类:一类是专门从事拆借市场上中介业务的专业性中介机构,这些机构在有的国家被称为融资公司,有的被称为拆借经纪商。另一类是非专门从事拆借市场中介业务的兼营机构,这些兼营的拆借中介机构多由大的商业银行承担。

（4）交易中心

大部分国家的同业拆借市场都有一个固定的交易场所,交易中心为参与交易活动的各方提供了一个有规则和秩序的交易场所和结算机制,便利了会员之间的交易,促进了市场的稳定与发展。

（5）金融监管机构

同业拆借市场是中央银行货币政策重要的市场传导环节。由于同业拆借市场在货币市场的基础作用,同业拆借市场是各国金融监管部门的重点监管对象。在我国同业拆借市场上,中国人民银行和中国银行业监督管理委员会分别发挥着金融监管部门的角色。

2）同业拆借市场的支付工具

同业拆借市场最常用的支付工具包括本票、支票、承兑汇票等商业票据。其中本票由拆入方开出,支票由拆出方开出。此外,同业债券和转贴现票据也是同业拆借市场使用的支付工具。同业债券是拆入单位向拆出单位发行的一种债券,主要用于拆借期限超过4个月或资金数额较大的拆借,同业债券在金融机构间可以相互转让。转贴现票据是指在贴现市场上,银行贴现商业票据后,如果头寸紧缺,可将贴现票据转贴现给其他银行,以抵补其短缺的头寸。

3）同业拆借市场的拆借期限及拆借利率

（1）同业拆借市场的拆借期限

同业拆借市场的拆借期限有隔夜、7 天、14 天、20 天、1 个月、2 个月、3 个月、4 个月、6 个月、9 个月、1 年等，其中最普遍的是隔夜拆借。在 2009 年我国银行间同业拆借市场中隔夜拆借交易额已经占到市场交易总额的 84%，2010 年更是达到 88%。

（2）同业拆借市场的拆借利率

同业拆借按日计息，所以拆借利率是日利率。作为同业拆借的交易价格，利率主要有两种确定方式：一是由拆借双方自行协定，这种机制形成的利率弹性较大；另一种是拆借双方借助拆借中介来确定，利率水平主要由拆借中介根据市场中拆借资金的供求状况来决定，这种机制下形式的利率弹性较小。

同业拆借中大量使用的利率是伦敦同业拆放利率（LIBOR）。自 20 世纪 60 年代以来，伦敦同业拆放利率已经成为伦敦金融市场上的关键性利率，也成为国际金融市场的关键性利率。从 LIBOR 变化衍生出来的，还有新加坡同业拆放利率（SIBOR），纽约同业拆放利率（NIBOR）、香港同业拆放利率（HIBOR）和上海银行间同业拆放利率（SHIBOR）等。

9.2.3 我国同业拆借市场

我国的同业拆借市场起步于 1984 年。1984 年，中国人民银行专门行使中央银行职能后，确定了新的"统一计划、划分资金、实贷实存、相互融通"信贷资金管理体制，鼓励金融机构利用资金的行际差、地区差和时间差进行同业拆借。于是，一些地区的金融机构开始出现了同业拆借活动，但拆借量很小，没有形成规模市场。

1986 年是我国同业拆借市场真正启动的一年。当年 1 月，国务院颁布《中华人民共和国银行管理暂行条例》，对银行间资金的拆借作出了具体规定。从此，同业拆借在全国各地迅速开展起来。1988 年，部分地区金融机构违反资金拆借的有关规定，超过资金承受能力大量拆入资金，致使拆借资金到期无法清偿，拆借市场秩序混乱，国务院决定对同业拆借市场秩序进行整顿。1990 年，中国人民银行下发了《同业拆借管理试行办法》，第一次用法规形式对同业拆借市场管理作出了比较系统的规定。1992—1993 年，受当时经济金融环境的影响，同业拆借市场又出现了严重的违规现象，影响了银行的正常运营，扰乱了金融秩序。1993 年 7 月，中国人民银行根据国务院整顿拆借市场的要求，把规范拆借市场作为整顿秩序的一个突破口，出台了一系列措施，再次对拆借市场进行整顿，撤销了各商业银行及其他金融机构办理同业拆借业务的中介机构，规定了同业拆借的最高利率，拆借秩序开始好转。1995 年，中国人民银行参考意大利屏幕市场模式，决定建立一个全国联网的拆借网络系统，以形成全国统一的同业拆借市场。1996 年 1 月，全国统一的同业拆借市场网络开始运行，标志着我国同业拆借市场进入一个新的规范发展时期。1998 年以后，中国人民银行努力增加全国银行间同业拆借市场的交易成员，保险公司、证券公司、财务公司等非银行金融机构陆续被允许进入金融同业拆借市场进行交易，市场交易量不断扩大，拆借期限不断缩短，同业拆借市场已经成为金融机构管理流动性的重要市场。2007 年 1 月 4 日上海银行间同业拆放利率(SHIBOR)的正式运行,标志着中国货币市场基准利率培育工作的全面启动。SHIBOR的建设对于完善中国人民银行的货币政策传导机制发挥着日益巨大的作用。

9.3 票据市场

票据市场是各类票据发行、流通和转让的市场。票据市场通常分为商业票据市场和银行承兑汇票市场。

9.3.1 商业票据市场

商业票据是一种由企业开具,无担保、可流通、期限短的债务性融资凭证。由于无担保,所以只有信誉卓越的大公司才有资格发行商业票据。商业票据的期限较短,在我国商业票据市场上,商业票据的期限最长为180天。

1)商业票据的发行市场

(1)发行人与投资人

商业票据的发行主体并不仅仅局限于工商企业,事实上,各类金融机构更是这个市场的重要筹资主体。金融公司是一种金融中介机构,它常常附属于一个制造业公司,其主要业务是为购买该企业产品的消费者提供贷款支持。

商业票据的投资人极其广泛,商业银行、保险公司、非金融机构、信托机构、养老基金、货币市场基金等都是商业票据的购买者。

(2)发行方式

商业票据的发行方式可以分为直接募集和交易商募集两种。直接募集是指不经过交易商或中介机构,商业票据的发行人直接将票据出售给投资人,好处在于节约了付给交易商的佣金。大多数金融公司和一些大型工业公司在发行数额巨大的商业票据时都采用这种方式。交易商募集是指发行人通过交易商来销售自己的商业票据,市场中的交易商既有证券公司,也有商业银行。

2)商业票据的流通市场

商业票据的流通市场是一个柜台市场(OTC),采用询价交易方式,是场外大宗交易市场。虽然商业票据市场是一个巨大的融资工具市场,投资者在继续资金的时候,可将商业票据进行贴现,以此获得资金,但商业票据的流通市场并不活跃。这主要是因为商业票据的期限非常短,购买者一般都计划持有到期。另一原因是商业票据是高度异质性的票据,不同发行人的信用等级往往相差很大,商业票据在期限、面额和利率各方面各有不同,其交易难以活跃。

9.3.2 银行承兑汇票市场

银行承兑汇票是由在银行开立存款账户的存款人出票,向开户银行申请并经银行审查同意承兑的,保证在指定日期无条件支付确定的金额给收款人或持票人的票据。这里,银行是第一责任人,而出票人只负责第二责任人。银行承兑汇票最常见的期限有30天、60天和90天等几种。银行承兑汇票的违约风险下,但却存在利率风险。

1)银行承兑汇票市场的产生

最早的银行承兑汇票是在一般的商业活动中产生的,后来被广泛运用于国际结算。在国际贸易中,由于出口商和进口商对对方的资信都缺乏了解,双方又没有可以确保信用的凭证。这时便需要银行信用从中做保证。一般来说,进口商首先要求本国银行(开证行)开立信用证,表示开证行愿意为进口商进行信用担保。信用证授权国外出口商开出以开征银行为付款人的汇票,可以是即期的,也可以是远期的。

银行承兑汇票经由出口商的往来银行交给出票人(即出口商),出口商可以马上以其向往来银行申请贴现,回笼资金;贴现银行持有该承兑汇票,作为承兑银行的债权人,可以在到期日向承兑行进行兑付,当然也可以转贴现或再贴现以使资金提前回笼;对于承兑行来说,它会在汇票到期日前要求进口商将足额资金存入银行,以免本行为进口商长期垫款。这就是银行承兑汇票在国际结算中的作用。

2)银行承兑汇票的发行市场

银行承兑汇票的发行市场由出票和承兑两个环节构成,两者缺一不可。出票行为由两个步骤组成,一是按照法定格式做成票据,二是将票据交付给收款人。承兑是指承兑银行承诺在汇票到期日无条件支付汇票金额的票据行为。银行对汇票进行承兑具有十分重要的意义。银行承兑汇票后,银行就成了汇票的主债务人,由于银行的信誉很高,所以经银行承兑的汇票其信用也很高,它的流通转让也很容易。

3)银行承兑汇票的流通市场

经过出票、承兑环节之后,银行承兑汇票作为商业信用的产物形成了,但尚未发挥银行承兑汇票在货币市场中的功能和作用。事实上,汇票持有人为避免资金积压,不会将银行承兑汇票持有至到期日再收款,大多数情况下会立即将银行承兑汇票予以转让,以融通短期资金。银行承兑汇票的流通市场,就是一个银行承兑汇票不断流通转让的市场。它由票据交易商、商业银行、中央银行、保险公司、其他金融机构以及其他企业等一系列的参与者,转让、贴现、转贴现与再贴现等一系列的交易行为组成。银行承兑汇票的转让、贴现、转贴现与再贴现等票据转让行为都必须以背书为前提。

9.4 大额可转让定期存单市场

9.4.1 大额可转让定期存单市场的产生与发展

大额可转让定期存单市场首创于美国。1961年2月,为了规避"Q条例"对银行存款利率的限制,克服银行活期存款数量因通货膨胀的发生而持续下降的局面,花旗银行开始向大公司和其他客户发行大额可转让定期存单。大额可转让定期存单将活期存款的流动性和定期存款的收益性合为一体,从而吸引了大批客户。1970年,伴随着美国通货膨胀的持续上涨,美国国会取消了对大额可转让定期存单的利率限制,进而使这种存单成为美国商业银行筹集信贷资金的重要渠道。资料显示,至1972年,大额可转让定期存单占到全部银行存款的大约40%。此后,许多国家纷纷效仿美国建立大额可转让定期存单市场,促进了此市场在全世界范围内的发展。

在我国,大额可转让定期存单业务是从1986年开始的,投资者主要是个人,面额为500元及其整数倍。1996年,中国人民银行重新修订了《大额可转让定期存单管理办法》,对大额可转让定期存单的审批、发行面额、发行期限、发行利率和发行方式进行了明确规定,有效规范了大额可转让定期存单的发展。但由于对大额可转让定期存单的利率实行限制,加上二级市场发展严重滞后,这种金融工具的优势不复存在,我国大额可转让定期存单市场逐渐萎缩。1998年,中国人民银行下文停止发行大额可转让定期存单。

9.4.2 大额可转让定期存单的特点与种类

1)大额可转让定期存单的特点

与普通商业银行定期存款相比,大额可转让定期存单具备以下几个特点。

①存单面额大且固定。大额可转让定期存单的面额通常在10万美元与1 000万美元之间,而且存单面额是固定的。

②存单不记名。大额可转让定期存单为不记名存单,其目的是便利存单持有人在存单到期前在流通市场上将存单转让出去。

③存单不能提前支取,想要变现,必须在流通市场上进行转让,而且流通市场非常发达,异常活跃。

④利率一般低于同期限银行定期存款利率,利率既有固定利率也有浮动利率。由于大额可转让定期存单兼顾了活期存款流动性和定期存款收益性,所以其利率应该比普通定期存单低一点。大额可转让定期存单在存款期内随市场利率的变化而调整,既有固定利率也有浮动利率。

⑤存单期限较短。大额可转让定期存单期限一般在1年以内,以1个月、3个月、6个

月、9 个月的期限为多,而普通定期存单期限大多超过 1 年。

2)大额可转让定期存单的种类

(1)根据利率不同,大额可转让定期存单可分为固定利率存单和浮动利率存单

①固定利率存单。市场上的存单主要为固定利率存单。固定利率存单的票面利率在存单期限内不随市场利率的变化而变化。

②浮动利率存单。浮动利率存单是指在存单期限内,存单的票面利率不是固定不变的,而是参照货币市场的利率的波动而波动。通常做法是在货币市场上找到某一期限相同的贷款或票据,以其利率作为参照利率,加上预先确定的浮动幅度来调整大额可转让定期存单的票面利率。

(2)根据发行人的不同,大额可转让定期存单可分为国内存单、欧洲存单和外国存单

①国内存单。国内存单是指各国银行在本国货币市场上所发行的以本国货币为面值的大额可转让定期存单。

②欧洲存单。欧洲存单是指由美国的银行在国外的分支机构或外国银行在美国境外所发行的以美元为面值的大额可转让定期存单。

③外国存单。外国存单是指有外国银行在存单货币所在国发行的存单。

9.4.3　大额可转让定期存单市场运行机制

1)大额可转让定期存单的发行

(1)发行要素

发行大额可转让定期存单通常需要考虑以下几个要素:一是银行资产负债表的差额及期限结构。发行人要以保持合理的资产负债结构为原则,确定发行额度。二是利率风险。主要是根据利率走势的判断选择合适的存单期限。三是发行人的资信等级。一般资信等级越高,发行利率也就越低。四是金融监管。如不同国家对存单最低金额要求有所差异。

(2)发行价格的确定

大额可转让定期存单发行价格的确定,主要取决于以下几个因素:一是发行人资信等级;二是发行时市场利率水平;三是存单的期限;四是存单的流动性。

(3)发行方式的选择

大额可转让定期存单可选择有发行人直接发行,也可以选择委托承销商代为发行。

2)大额可转让定期存单的流通

大额可转让定期存单在流通市场的交易相当活跃,由于大额可转让定期存单一般不记名,因此在发行市场购买存单的投资者在流通市场上交易转让时,直接交付给新的购买人即可,无须背书。

由于大额可转让定期存单多以平价发行,因此其流通价格和收益率主要由同期市场利率决定。其中,浮动利率大额可转让定期存单的转让价格视利率浮动幅度而定,固定利率大额可转让定期存单的转让价格可按下列公式计算:

$$存单流通价格 = \frac{面额 \times \left(1 + 存单利率 \times \dfrac{存单发行日至到期日的实际天数}{360}\right)}{1 + 市场利率 \times \dfrac{存单买入日至到期日的实际天数}{360}} \quad (9.1)$$

其中:存单利率是存单发行时的票面利率;市场利率是指买入存单时新发行的存单的同期利率。

例:面额 10 万美元,利率 10%、期限为 60 天的可转让定期存单,投资者在发行 40 天后买入,当时市场利率为 8%,则

$$存单流通价格 = \frac{100\,000 \times \left(1 + 10\% \times \dfrac{60}{360}\right)}{1 + 8\% \times \dfrac{20}{360}} 美元 = 101\,217 美元$$

9.5 国库券市场

国库券是中央政府发行的期限在 1 年以内的短期债券。高安全性、高流动性是国库券的典型特征。由于有国家信用作为支撑,二级市场发达,流通转让十分容易,投资者通常将国库券看成无风险债券。国库券市场即为发行、流通转让国库券的市场。

9.5.1 国库券市场的特点与功能

1)国库券市场的特点

国库券市场的特点主要体现在以下几个方面。

(1)风险小

由于发行者是国家政府,一般认为国库券的违约风险为零。即使政府到期时资金短缺,也可以采用发新债还旧债的方式来解决。由于国库券市场的流动性很强,交易者可以在市场上以很低的交易成本迅速买卖,不用担心不能及时卖出或买入。

(2)利率低

由于国库券被认为近似无风险债券,所以其收益率在货币市场工具中最低。一般投资者仅将盈余资金暂时投放在国库券市场,以减少资金闲置成本、保持资产流动性。

(3)收入免税

国库券及其他短期政府债券可以免除一定的所得税。这对个人及机构投资者具有额外吸引力。

2)国库券市场的功能

国库券市场的功能主要体现在以下几个方面。

①有利于政府融通短期资金,调节财政年度收支的暂时不平衡,弥补年度财政赤字。在

一个财政年度内,政府财政状况经常出现上半年支大于收、下半年收大于支的情况,通过发行国库券可以很好地解决这个问题。此外,通过滚动发行国库券,政府可以获得低息、长期的资金来源,用于弥补年度的财政赤字。

②有利于中央银行更好地执行货币政策,调控经济。由于国库券具有无信用风险,且期限短、流动性强、利率灵活等特点,使其成为中央银行公开市场业务操作的最理想对象。

③有利于金融市场的发展与繁荣。因为国库券市场的形成意味着为广大金融市场投资者提供了一种近似无风险的投资工具,丰富了整个金融市场内的金融工具,为广大投资者提供了新的投资机会,促进了金融市场的发展与繁荣。

9.5.2　国库券市场运行机制

1)国库券发行市场

(1)国库券的发行人

国库券的发行人是政府及政府的授权部门,尤以财政部为主。在大多数发达国家,所有由政府(无论是中央政府还是地方政府)发行的债券统称为"公债",以区别于非政府部门发行的"私债"。但是,只有中央政府发行的1年期以内的债券才称为国库券。

(2)国库券的发行方式

作为短期债券,国库券通常采取贴现发行方式,即政府以低于国库券面值的价格向投资者发售国库券,国库券到期后按面值支付,面值与购买价之间的差额即为投资者的利息收益。

国库券通常还采用拍卖方式定期发行。财政部接收出价最高的订单,出价最高的购买者首先被满足,然后按照出价的高低顺序,购买者依次购得国库券,直到所有的国库券售完为止。在这个过程中,每个购买者支付的价格都不相同,这便是国库券发行市场中典型的"美国式招标"。如果国库券的最终发行价按所有购买人实际报价的加权平均价确定,不同的购买人支付相同的价格,则称为"荷兰式招标"。

2)国库券流通市场

国库券的流通市场非常发达,市场参与主体十分广泛,中央银行、商业银行、非银行金融机构、企业、个人及国外投资者等都广泛参与到国库券市场的交易活动中。在这个市场中,还有一级交易商发挥做市商的职能,通过不断买入和卖出国库券活跃市场,保持市场交易的连续性、及时性和平稳性,提高了市场的流动性。

各国法律大都规定,中央银行不能直接在发行市场上购买国库券,因此,中央银行参与国库券的买卖只能在流通市场上。在这个市场上,中央银行仅与市场的一级交易商进行国库券的现券买卖和回购交易,用以影响金融机构的可用资金数量。可见,国库券的流通市场是中央银行进行货币政策操作的重要场所。

商业银行等金融机构也积极参与国库券市场的交易活动。它们投资国库券的主要目的在于实现安全性、收益性和流动性相统一的投资组合管理。

非金融企业和居民个人参与国库券市场的交易活动大都通过金融中介机构。20世纪

70年代以后,货币市场基金成为居民个人参与国库券交易的主要渠道。

9.5.3　国库券价格与收益

国库券通常采取贴现发行方式,即政府以低于国库券面值的价格向投资者发售国库券,国库券到期后按面值支付,面值与购买价之间的差额即为投资者的利息收益。

①由于国库券主要采用贴现方式发行,其发行价格根据如下贴现公式确定:

$$发行价格 = 面额 \times \left(1 - 贴现率 \times \frac{发行期限}{360}\right) \qquad (9.2)$$

②国库券的流通转让价格也要按贴现公式计算,只是其显示未到期期限(即贴现期)公式为:

$$流通价格 = 面额 \times \left(1 - 贴现率 \times \frac{贴现期}{360}\right) \qquad (9.3)$$

③在已知发行价或流通价格时,国库券的实际收益率为:

$$收益率 = \frac{面额 - 发行价或流通价}{面额} \times \frac{360}{发行期限或持有期限} \qquad (9.4)$$

9.6　回购协议市场

9.6.1　回购交易原理

回购协议是指这样一种资金交易行为:证券持有人在卖出一定数量证券的同时,与证券买入方签订协议,双方约定在将来某一日期由证券的出售方按约定的价格再将其出售的证券如数赎回。从表面上看,回购协议是一种证券买卖,但实际上是以一笔证券为质押品而进行的短期资金融通。证券的卖方以一定数量的证券进行质押借款,条件是一定时期内再购回证券,且购回价格高于卖出价格,两者的差额即为借款的利息。

与上述证券交易方向相反的操作被称为逆回购协议,即证券的买入方在获得证券的同时,与证券的卖方签订协议,双方约定在将来某一日期由证券的买方按约定的价格再将其购入的证券如数返还。实际上,回购协议和逆回购协议是一个事物的两个方面,同一项交易,从证券提供者的角度看,是回购;从资金提供者的角度看,是逆回购。一项交易究竟被称为回购或是逆回购,主要取决于站在哪一方的立场上。

由此可以得知,回购协议市场就是指通过回购协议进行短期资金融通的市场。

9.6.2　回购交易的基本要素

回购交易的基本要素主要包括回购协议的种类和定价、回购协议的期限、回购协议的利率。

1）回购协议的种类和定价

在回购交易中,作为质押品的证券主要是国库券、政府债券或其他有担保债券,也可以是商业票据、大额可转让定期存单等其他货币市场工具。

回购交易中的定价方法有两种:一种是净价定价法,另一种是总价定价法。这两种定价方法均以交易开始日证券的市场价格为基础,所不同的是对证券回购交易期间证券利息的处理不同。净价定价法,仅考虑证券市场价格,不考虑证券回购交易期间证券的利息。而总价定价法,则在证券价格的确定中考虑到了证券回购期间的利息。

2）回购协议的期限

回购协议的期限从1天到数月不等,期限只有1天的称为隔夜回购,1天以上的称为期限回购协议。最常见的回购协议期限在14天之内。

3）回购协议的利率

在回购协议的交易中,回购利率是交易双方最关注的因素。约定的回购价格与售出价格之间的差额反映了借出资金者的利息收益,它取决于回购利率的水平。回购利率与证券本身的年利率无关,它与证券的流动性、回购的期限有密切关系。

证券回购价格、售出价格与回购利率之间的关系可用下列公式表示:

$$回购价格 = 售出价格 + 约定利息 \tag{9.5}$$

$$回购利率 = \frac{回购价格 - 售出价格}{售出价格} \times \frac{360}{距到期日天数} \times 100\% \tag{9.6}$$

9.6.3 回购交易的风险

尽管证券回购中使用的是高质量的抵押品,但是交易的双方当事人同样会面临信用风险。这有两种情况:一是到约定期限后证券卖方没有再回购证券,而买方只能保留这些抵押品,若市场利率上升,证券价格会下跌,买方就会遭受损失;二是市场利率下降,证券价格上升,买方不履行按约定价格卖回证券,则证券卖方就会遭受损失。

为了减少信用风险,一般可采用设置保证金的做法。回购协议中的保证金是指证券抵押品的市场价值高于贷款价值的部分,其额度一般在1%~3%,对于较低信用等级的借款者或当抵押证券的流动性不高时,保证金适度提高。保证金在证券价格下跌时向贷款者提供了一定的缓冲。另外,为减少信用风险,还可以根据抵押品市值调整回购价格或保证金。如在回购协议的条款中规定,当回购协议中的抵押品价值下跌时,回购协议可要求按新的市值比例追加保证金,或降低回购价格。

9.6.4 我国的证券回购市场

我国的证券回购市场主要是国债回购市场。回购可以在机构间进行,也可以在中央银行与金融机构间进行。1991年,我国建立全国证券交易自动报价系统(STAQ系统),推出国债回购,目的在于提高国债的流动性,以便于国债的发行。1996年,上海证券交易所和深圳证券交易所成为主要的回购市场,当时存在的问题是许多资金从银行流入股市。1997年商业银行被逐出回购市场。同年,银行间债券市场出现。于是出现两个平行的国债回购市场:银行间国债回购市场和场内国债回购市场。即在两个市场之间设置了一道"防火墙",隔绝了货币市场与资本市场之间的联系。银行间回购市场参与者仅限于商业银行,特点是主体单一、交易额大、回购利率较低。场内回购市场指交易所内国债回购市场,参与者为各大券商。随着银行的退出,该市场出现了资金缺乏、利率较高、交易额日渐萎缩等情况。1999年以后,券商开始进入银行间国债回购市场,是这两个回购市场逐渐呈现统一的趋势。应该说统一的回购市场有利于统一利率的形成和货币政策的传导。

【阅读案例 9.1】

期货公司进军银行间债券市场

中国期货业协会日前正式发布《关于做好期货公司及其资管产品进入银行间债券市场备案工作的通知》(以下简称《通知》)。《通知》明确,期货公司及其资产管理产品,按规定向中国人民银行上海总部完成备案后,可进入银行间债券市场。

据中期协有关负责人介绍,为贯彻落实证监会《关于进一步促进期货经营机构创新发展的意见》,支持期货公司依法进入证券交易所、银行间市场、机构间市场等各类合法交易场所开展衍生品及相关业务,中期协积极推动期货公司及其资产管理产品进入银行间债券市场的相关工作。期货公司及其资产管理产品进入银行间债券市场,将进一步拓宽期货公司自有资金和资产管理产品的投资渠道,是支持期货公司做优做强的重要举措。

《通知》对期货公司及其资管产品进入银行间债券市场申请备案的相关事宜进行了详细说明。期货公司及其资管产品在中国人民银行上海总部申请备案前应做好充分的准备工作,包括自营、代客债券投资团队的组建、相关人员经培训取得相应的资格证书、建立完善的债券投资管理制度等。在此基础上,提交备案申请材料、办理备案手续。备案申请审查通过后,期货公司在备案通知书或接收单的有效期内,分别向全国银行间同业拆借中心、中央国债登记结算有限责任公司和银行间市场清算所股份有限公司提出联网或开户申请,方可进入银行间债券市场。

来源:《金融时报》,2015,4.17。

【本章习题】

一、名词解释

货币市场 同业拆借市场 回购协议 逆回购协议 国库券 大额可转让定期存单
商业票据 银行承兑汇票 美国式招标 荷兰式招标

二、简答题

1. 什么是货币市场?货币市场的特点和功能有哪些?
2. 简述同业拆借市场的主要参与者及利率形成机制。
3. 国库券市场有哪些特征和功能?

4. 大额可转让定期存单是如何产生的？有哪些特点？

5. 简述证券回购的交易原理。

三、计算题

1. 面额 100 万美元，利率 12%、期限为 90 天的大额可转让定期存单，投资者在发行 30 天后买入，当时市场利率为 9%，则该存单的转让价格是多少？

2. 某一期限 90 天的国库券面额 100 美元，实际发行价格 98 美元，计算该国库券的实际收益率。

四、思考题

1. 货币市场为何如此重要？如何更好地通过货币市场达到调节经济的目的？

2. 什么是回购协议？什么是逆回购协议？比较两者之间的关系。

第 10 章　资本市场

【本章学习要求】

1. 掌握债券、股票、投资基金的特征及分类。
2. 了解债券、股票的发行与流通市场的情况。
3. 熟悉股票的价值评估方法。
4. 掌握证券投资基金的运作与管理。

10.1　债券市场

10.1.1　债券概述

1）债券的概念

债券是债券发行人为了筹措资金向债券投资者出具的,承诺在未来按照约定的日期和利率支付利息,并按照约定的日期偿还本金的一种债务凭证。

从债券的概念可以看出,债券的本质是一种具有法律效力的债券和债务关系的书面凭证。债券发行人通过发行债券实现融资,因此债务发行人为债务人;而债券投资者支付了相应的资金并持有债券,因此,债券投资者为债权人。在债券的有效期内,由于债券发行人获得了资金的使用权,因此,债券发行人必须向债券持有人支付一定的利息,以补偿债券持有人放弃资金使用权所遭受的"损失"(资金的机会成本)。

2）债券的特征

（1）偿还性

债券一般都规定有偿还期限,发行人必须按约定条件偿还本金并支付利息。债券的偿还性使得资金筹措者不能无限期地占用债券购买者的资金。

（2）流动性

债券持有人可以按自己的需要和市场的实际状况以及市场对转让所提供的便利程度,提前收回本金和实现投资收益。

（3）安全性

债券持有人的收益相对稳定,不随发行人经营收益的变动而变动,并且可以按期收回本

154

金。在企业破产时,债券持有人享有优先于股票持有人对企业剩余财产的求偿权。

(4)收益性

债券的收益性可以表现为两种形式:一是利息收入,投资债券可以给投资者定期或不定期地带来利息收入;二是买卖价差,投资者可以利用债券价格的变动买卖债券以赚取价差。

3)债券的分类

(1)债券发行主体性质

按此标准,债券可以分为政府债券、金融债券和公司债券。

①政府债券。政府债券是政府为了筹措资金而向债券投资者出具的,承诺在未来按照约定的日期和利率支付利息,并按约定的日期偿还本金的一种债务凭证。根据政府债券发行人的不同,政府债券可进一步分为中央政府债券、地方政府债券和政府机构债券。

中央政府债券是由中央政府发行的债券,又被称为国债。由于国债是以中央政府的信用为担保,因此,国债一般不存在违约风险。根据债券期限的不同,国债可以分为短期国债、中期国债和长期国债。短期国债也被称为"国库券",其期限在1年(含1年)以内;中期国债的期限在1~10年;长期国债的期限在10年以上。短期国债属于货币市场工具,而中长期国债才属于资本市场工具。

地方政府债券是由地方政府发行的债券。按照偿还资金来源的不同,地方政府债券可以分为普通债券和收益债券。普通债券是地方政府发行的,以自身的征税能力为偿债保证的债券。这种债券所筹措的资金往往用于地方的公共服务。而收益债券则是地方政府发行的,以某一项目建成后的运营收入为偿债保证的债券。这种债券所筹措的资金往往用于投资建设某一项目。

政府机构债券是有政府机构发行的债券。发行此种债券的目的通常是为了发展公共事业。一般情况下,政府会为政府机构债券提供一定的担保,因此,政府机构债券的违约风险相对较小。

②金融债券。金融债券是银行及非银行的金融机构为了筹措资金而向投资者出具的,承诺在未来按照约定的日期和利率支付利息,并按照约定的日期偿还本金的一种债务凭证。广义的金融债券还应包括中央银行债券,但它是一种特殊的金融债券,它以非中央银行的金融机构为发行对象,期限较短,发行目的不在于筹措资金,而是为了运用市场机制以间接手段加强宏观调控,是公开市场业务的一个构成部分。一般金融债券以一般筹资者为筹资对象,筹资目的是再投资于某种特殊用途或改变本身的资产负债结构。

③公司债券。公司债券是公司为了筹措资金而向投资者出具的,承诺在未来按照约定的日期和利率支付利息,并按照约定的日期偿还本金的一种债务凭证。公司债券的发行人一般是有限责任公司和股份公司。公司债券在发行前一般都要经过信用评级,信用等级越高的债券,不仅发行价格较高,而且容易销售。公司债券的利率一般高于国债和金融债券。

(2)有无抵押担保

按此标准,债券可分为信用债券和担保债券。

①信用债券。信用债券是指仅凭发行人的信用能力而发行的债券,它没有特定的财产

作为发债抵押。

②担保债券。担保债券是指以特定财产为抵押而发行的债券。具体又包括抵押债券、质押债券和保证债券。

（3）债券发行主体国别

按此标准，债券分为国内债券和国际债券。

①国内债券。国内债券是指由本国政府或本国公司发行的债券。国内债券的主要特点是债券发行人与债券发行市场都在同一个国家或地区。一般情况下，债券发行市场上的债券主要是由国内债券构成的。

②国际债券。国际债券是指由国际机构、外国政府或外国公司发行的债券。其主要特点是债券发行人与债券发行市场不在同一个国家或地区。国际债券具体包括外国债券和欧洲债券两种。

a. 外国债券。外国债券指的是，由国际机构、外国政府或外国公司在某国债券市场上发行的，以该国货币作为计价货币的债券。比如，由美国以外的国际机构、外国政府或外国公司在美国市场上发行的以美元作为计价货币的债券就是一种外国债券，它被称为"扬基债券"。

b. 欧洲债券。欧洲债券指的是，由国际机构、外国政府或外国公司在某国债券市场上发行的，以第三国货币作为计价货币的债券，如德国的一家机构在日本债券市场上发行以美元作为计价货币的债券。与外国债券不同的是，欧洲债券的发行人、发行市场所在地以及计价货币分别属于3个不同的国家或地区。

（4）债券是否存在选择权

按此标准，债券可以分为普通债券和含权债券。

在这里，普通债券是指不具有任何选择权的债券，而含权债券则附有一定的选择权。以下简要介绍几种主要的含权债券。

①可转换公司债券。它是指在一定条件下可以按照一定的转股比例转换成债券发行人股票的债券。可转换公司债券是一种特殊的公司债券，它兼具债券的性质和股票期权的性质。可转换公司债券具有债券的性质，是因为可转换公司债券与其他债券一样，也有规定的利率和期限，其持有者可以选择债券持有至到期，收取本金和利息；可转换公司债券又具有股票期权的性质，是因为可转换公司债券在一定条件下可以按照一定的比例转换成债券发行人的股票。

②可分离交易转换债券。可分离交易转换债券的全称是"认股权和债券分离交易的可转换公司债券"，这是一种特殊的可转换公司债券，它与普通的可转换公司债券的本质区别在于，其投资者在行使认股权利后，该债券依然存在，其持有者仍可将该债券持有到期后的本金和利息收益，而普通的可转换公司债券的投资者一旦行使了认股权利，该债券就不存在了。

与普通可转换公司债券相比，可分离交易转换债券具有"二次融资"的特点，即债券发行人可能因为发行可分离交易转换债券而获得两次融资。这是因为，在可分离交易转换债券发行时,投资者为了认购债券需要向债券发行人支付相应的款项。而在投资者想要按照行权价格认购股票时,则需要再次向债券发行人支付想要的款项。

③其他含权债券。除了上述两种常见的含权债券外,还有附有其他选择权的债券,如投资者具有向发行人回售债券选择权的债券、发行人具有向投资者赎回债券选择权的债券。通常情况下,对于投资者具有向发行人回售债券选择权的债券,其利率一般相对比较低;对于发行人具有向投资者赎回债券选择权的债券,其利率一般相对比较高。

10.1.2 债券发行市场

债券发行市场就是债券发行人向债券投资者发行债券的市场,也可以称为债券一级市场。另外,债券发行人向债券持有人支付利息、偿还本金以及特殊情况下的赎回和回售也属于债券发行市场的范围。

1)债券的发行价格

债券的发行价格即债券投资者认购新发行债券的价格。债券的发行价格可分为3种:一是按面值发行,称为平价发行,我国目前发行的债券大多数是这种形式;二是以低于面值的价格发行,称为折价发行;三是以高于面值的价格发行,称为溢价发行;债券的发行者可根据市场利率和市场供求状况来决定债券的发行价格。

2)债券的发行方式

(1)债券发行对象确定与否

按此标准,债券的发行方式可分为私募发行和公募发行。

①公募发行,又称公开发行,是由承销商组织承销团将债券销售给不特定的投资者的发行方式。公募发行的优点是面向公众投资者,发行面广、投资者众多、筹集的资金量大、债券分散、不易被少数大债权人控制,发行后上市交易也很方便,流动性强。但公募发行的要求较高,手续复杂,需要承销商参与,发行时间长,费用较私募发行高。

②私募发行,又称定向发行或私下发行,即面向少数特定投资者发行债券。私募发行有时不需要承销商参与,由债券发行人与某些机构投资者,如人寿保险公司、养老基金、退休基金等直接接触,洽谈发行条件和其他具体事务。有时,承销商也参与私募发行的操作,为债券发行人寻找投资者。私募发行手续简便、发行时间短、效率高,投资者往往已事先确定,不必担心发行失败,因而对债券发行者比较有利。但私募发行的债券流动性比较差,所以投资者一般要求其提供比公募债券更高的收益率。

(2)债券承销机构对债券发行所承担的责任

按此标准,债券的发行方式可以分为代理发行、余额包销和全额包销。

①代理发行(即代销)是指债券承销机构按照债券募集说明书的发行条款,代理债务发行人推销债权。但是,并不对最终的债券销售量负责,更不向债券发行人承诺购买未销售完的债券,而是将未销售完的债券返还给债券发行人。对于债券承销机构来说,这种发行方式的承销风险较小,但是佣金收入也相对较少。

②余额包销是指债券承销机构按照债券募集说明书的发行条件,在销售截止日以内向

投资者销售债券,如果在销售截止日债券的销售金额低于预先确定的金额,则由债券承销机构认购上述差额,并向债券发行人支付相应款项。对于债券承销机构来说,这种发行方式的承销风险较大,但是佣金收入也相应较多。

③全额包销是指债券承销机构先购买债券发行人发行的全部债券,之后再向投资者发售。对于这种发行方式来说,债券承销机构承担了全部的承销风险。值得注意的是,此时债券发行人与债券承销机构之间不再是委托代理关系,而是买卖关系。

10.1.3 债券流通市场

债券流通市场是债券投资者进行债券交易的市场,也可称为债券二级市场。债券流通市场是由债券投资者、债券交易的组织者、市场监管者构成的。在债券的流通过程中,债券投资者是债券流通市场的主体。由于债券流通涉及债券的买卖,因此债券投资者也可以相应分为买者与卖者;债券交易的组织者主要为债券的正常交易提供服务;而市场监管者则主要负责维护债券流通市场有效、稳定地运行,从而在一定程度上保证了债券的流动性。

1)债券流通市场的类型

债券流通市场可以分为场内交易和场外交易、第三市场和第四市场。

(1)交易所市场

交易所市场属于场内交易市场,它有特定的交易规则和固定的交易时间。投资者如果要在交易所进行交易,一般需要委托具备交易所会员资格的证券经营机构进行交易。在交易所市场上,债券的交易是通过公开竞价的方式进行的。由于交易所市场集中了债券的供求双方,因此,一般情况下,交易所市场具有较高的成交率。

(2)柜台交易市场

柜台交易市场是场外交易市场的主体。许多证券经营机构都设有专门的证券柜台,通过柜台进行债券买卖。在柜台交易市场中,证券经营机构既是交易的组织者,又是交易的参与者。

(3)第三市场

第三市场是指在证券交易所外对已上市债券进行交易的市场。严格地讲,第三市场既是场外交易市场的一部分,又是交易所市场的一部分。由于第三市场的交易者很少或不需要交易所提供各种服务,因此,可降低佣金支出和交易成本。

(4)第四市场

第四市场是指各种机构投资者和证券持有人完全绕开通常的证券经营机构,相互之间直接进行债券交易所形成的市场。利用第四市场进行交易的一般都是大企业、大公司,它们直接通过第四市场的电子计算机网络进行大宗债券交易,这样既可以使得交易较隐蔽,同时也可以降低交易成本。

2)债券的交易方式

债券市场上具有多种交易方式,丰富的交易方式有利于提高债券的流动性。在此,将从债券的交易性质和债券的报价方式这两个角度分别介绍债券的交易方式。

（1）债券交易性质的不同

按此标准,债券的交易方式可分为现券交易、期货交易和回购交易。

①现券交易。债券的现券交易,是指债券的买卖双方依据商定的付款方式,在较短的时间内进行交易清算。按照交割时间的安排,债券的现券交易可以分为3种:第一种是即时交割,即债券成交时可以立即办理交割;第二种是次日交割,即在债券成交后的第二个工作日可以办理交割;第三种是择日交割,即在债券成交后的若干个工作日内完成交割。

②期货交易。债券的期货交易,是指债券的买卖双方依据协议规定的价格和数量,在未来的某一日期进行交割清算。由于债券的价格会不断发生变化,因此,投资者可以通过期货交易的方式锁定债券的价格,从而规避价格风险。

③回购交易。债券的回购交易,是指债券的买卖双方在进行债券交易的同时,约定在未来的某一日期以约定的价格进行反向交易,这种交易方式在本质上可以被视为一种融资方式。

（2）债券报价方式的不同

按此标准,债券的交易方式可以分为全价交易和净价交易。

①全价交易。全价交易是指在债券交易中债券的价格包含债券的应计利息。在全价交易中,债券的交易价格不仅体现了债权本身的价格,还体现了债券应计利息。因此,作为含息价格,全价交易下的债券价格会随着计息时间的推移而不断变化,这不利于投资者对市场利率的判断。

②净价交易。净价交易是指在债券交易中债券的价格不包含债券的应计利息。在净价交易中,债券的交易价格剔除了债券应计利息的影响,只体现债券本身的价格。全价交易和净价交易的关系可以用一个等式来表示:

$$全价 = 净价 + 应计利息 \tag{10.1}$$

【阅读案例10.1】

巨灾债券基金

一、案例概述

该案例主要讲的是2001年瑞士的私人银行——人民银行正考虑建立世界上第一只公开发行的巨灾债券基金。而在此之前,巨灾债券的主要客户是银行的私人客户。现在银行让零售投资者也能参与投资,这种做法是否正确? 案例概述了传统额再保险市场和过去的证券运行效果,然后重点介绍人民银行作为巨灾债券市场的买方参与者的决策。通过案例,探讨了保险风险怎样转移到资本市场和风险一般是怎么证券化和交易的。

二、相关知识点介绍

从人民银行这个案例中,我们了解到一种新的债券基金,即巨灾债券基金。所谓巨灾（Catastrophe）,指的是地震、台风、飓风、冰雹以及洪灾等造成重大财产损失的巨大自然灾害。美国PCS公司定义的巨灾是造成50亿美元以上保险损失且影响众多保险人和被保险人的单一事件。巨灾主要分为:地动灾害(如地震、海啸及火山爆发等)、风灾(如台风、飓风、旋风、龙卷风等)及其他自然灾害(如冰雹、洪水、霜害等)3类。巨灾风险有3个特点:频率极低且几乎无法预测;损失范围广且严重;低频率所造成的高变异使得其历史数据参考价值降低。我们知道,保险公司除了为其客户提供寿险、健康险、财产险和机动车险等外,也针对这些大的自然灾害提供相应的保险产品。但由于巨灾从本质上讲比其他事件更难预测,所造成的损失更加大,因此,为其承保的保险公司承受的风险也更大。保险公司为了分散风险,通常的做法是通过再保险将一部分风险打包出售给再保险公司,即所谓的分保。保险公司按照不同的损失额来收取再保险费。再保险的价格取决于保险事件发生的可能性,或者保险合同的"精算附件"。价格通常称为保费责任比(ROL),以再保险所覆盖的风险敞口的百分比表示。例如,一个公司将在飓风中赔偿的3亿美元支付4 500万美元保险费,那么ROL就是45/300 = 15(%)。

三、风险向资本市场转移和风险证券化

由于巨灾所造成的损失过大,一旦灾难发生,就会造成巨大的损失,从而造成高额索赔,这往往会超出了保险公司的风险承受能力。例如,1992年的安德鲁飓风事件,赔付额高达200亿美元。索赔导致了大约60家保险公司破产。安德鲁飓风造成巨大损失之后,再保险行业将分散风险的目光投向了资本市场,开发几种形式的保险联结证券(ILS),这就是巨灾债券的由来。巨灾债券是一种支付取决于巨灾发生概率的债券。它是将保险机构承保的巨灾风险以证券发行的方式,分散到资本市场。保险公司、再保险公司或大型企业为规避巨灾所造成的损失,将它们承担的巨灾风险证券化,发行债券给投资人,承诺定期支付利息,一旦有巨大的自然灾害发生,本息的偿还直接或间接与发行债券的保险公司理赔情况相关联,投资者将损失部分或全部的投资本金。巨灾债券是将保险公司或者再保险公司(发行人)在有税收优势的地方设立一个特殊目的机构(SPV)。这个SPV的目的是通过发行巨灾债券把风险转移到资本市场。SPV通过再保险合同或者分包合同从发起人那里承接特定自然事件的风险,而发行人向SPV支付保险费。在保险事件没有发生的情况下,SPV的固定收益是资本市场向投资者发行债券。投资者支付的本金由SPV投资于低风险的债券,这些投资收入加保险费,以季度利息的形式支付给投资者,保险费由发行人按分保协议对SPV支付,到期时归还本金。如果保险事件发生了,SPV把本金支付给发行人,以弥补其全部或者部分损失。

四、巨灾债券的定价

巨灾债券以LIBOR加上一个价差的现金流贴现定价。定价受多种因素影响,包括债券评级、附件和支付触发条件。支付触发条件决定了一个自然灾害是否在承保范围内,包括赔款额、行业指数、参数指数和模型损失。最直接的方法就是基于赔偿额的触发条件,支付与否取决于发行人实际的经过证实的损失。但这种方法需要充分的信息,需要时间长,难以操作。另一种常用方法是指数触发条件。指数触发条件有两种:行业损失指数和参数指数。行业损失指数通过评估保险行业在巨灾中的总损失来判读是否进行赔偿。

五、发行巨灾债券的好处

①对投资者的好处:巨灾债券可以提供多样化的收益;代表了与高收益的公司债券显著

不同的风险敞口;与经济周期几乎不相关,降低其波动性。

②对发行人的好处:总成本低,信用风险几乎不用考虑,提供了更加稳定、多渠道的投资者。

来源:百度文库,金融工具与市场案例。

思考题:

1. 什么是巨灾债券? 巨灾债券有什么作用?

2. 巨灾债券的定价方式是什么?

10.2 股票市场

10.2.1 股票

1)股票的概念、种类和特征

（1）股票的概念

股票是一种有价证券,是股份公司在筹集资本时向出资人发行的、用以证明出资人的股东身份和权利,并根据股票持有人所持有的股份数享有权益和承担义务的书面凭证。

股票一经认购不得退股,投资者无权要求公司返还其出资。但是,股东可以通过在流通市场上有偿转让股票来收回现金。

（2）股票的种类

根据不同的标准,股票有不同的分类方法。

①按照股东享有的权利不同,股票可以分为普通股和优先股。

普通股是指在公司的经营管理、盈利以及财产分配上享有普通权利的股票,它构成公司资本的基础,是股票的一种基本形式,也是发行量最大、最为重要的股票。普通股股东分得的股息一般称之为红利,红利的大小取决于公司经营状况的好坏。因此,相对于优先股,普通股风险更大。

普通股股东是股份有限公司的基本股东,享有以下权利

a. 企业经营参与权。普通股股东有出席股东会议、表决和选举的权利,可以选出公司的董事会或监事会,从而对公司的经营有一定的发言权。

b. 盈余分配权和资产分配权。普通股的股东在把公司红利分派给优先股东之后,有权享有公司分派的红利;在公司解散或清算时,有权在公司的财产支付了其他债权人和优先股股东的请求权之后,参与分配公司的财产。

c. 优先认股权和股份转让权。在优先认股权制度下,现有的股东有权保持对企业所有权的现有百分比。如果公司增发普通股股票,现有股东有权优先购买新发行额股票,以维持其在公司的权益比例等。

金融学
JINRONGXUE

优先股是指股东享有某些优先权利的股票。同普通股一样,优先股股东也不可以要求退股(可赎回优先股除外)。但是,优先股一般不能上市流通,优先股股东无权干涉企业的经营,不具有参与公司经营的表决权。

优先股的优先主要表现在两个方面:其一,当公司派发红利的时候,优先股股东比普通股股东优先获得分红,而且能够享受固定数额的股息;其二,在公司宣布破产之后进入清算阶段的时候,优先股股东可以优先于普通股股东获得剩余财产的分配权。

②按照是否记载股东姓名,股票可以分为记名股票和无记名股票。

记名股票是指在股东名册上登记持有人的姓名或名称及住址,并在股票上也注明持有人姓名或名称的股票。记名股票不仅要求股东在购买股票时需要登记姓名或名称,而且要求股东转让股票时需向公司办理股票过户手续,除了记名股东外,任何人不得凭此对公司行使股东权利。

无记名股票是指在股票上不记载股东姓名或名称的股票。无记名股票的转让、继承无须办理过户手续,只要将股票转交给受让人,就可以发生转让效力。

③按照是否在票面上标明金额,股票可以分为有面额股票和无面额股票。

有面额股票,顾名思义是指在股票的票面上记载一定金额的股票。大多数国家的股票都是有面额股票,我国的股票也为有面额股票。

无面额股票是指在股票票面上不记载股票面额,只注明它在公司总股本所占比例的股票。无面额股票的价值会随股份公司净资产和预期未来收益的增减而相应增减。公司净资产和预期未来收益增加,则每股价值上升;反之亦然。目前我国不存在无面额股票。

④按照股票的发行时间的不同,股票可以分为始发股和增发股。

始发股是公司设立时发行的股票,所谓增发股是公司增资时发行的股票。尽管始发股和增发股在发行条件、发行目的、发行价格等方面不尽相同,但是其股东享有的权利和承担的义务是一样的。

⑤按照上市地区的不同,股票可以分为 A 股、B 股、H 股、N 股、L 股、S 股等。

A 股是以人民币标明票面金额,由我国境内公司发行,在上海、深圳证券交易所上市,供境内(不包括我国港澳台地区)投资者和合格境外机构投资者以人民币认购交易的股票。

B 股原本是指人民币标明票面金额,由我国境内公司发行,在深圳、上海证券交易所上市,供境外或我国港澳台地区投资者以外币认购和交易的股票。但自 2001 年 2 月我国对境内居民个人开放 B 股市场之后,境内投资者也逐渐成为 B 股市场的重要投资者。

H 股、N 股、L 股、S 股等统称为境外上市外资股,是指在中国境内注册的公司向境外投资者发行的,在境外证券交易所上市的股份。H 股是指我国境内公司发行的,在香港地区上市的股票。以此类推,N 股是我国境内公司发行的,在纽约证券交易所上市的股票;L 股是我国境内公司发行的,在伦敦证券交易所上市的股票;S 股是我国境内公司发行的,在新加坡证券交易所上市的股票。

⑥按照投资主体的不同性质,可以分为国有股、法人股、社会公众股。这是我国特有的一种股票分类方法。

国有股是指有权代表国家投资的部门或机构以国有资产身份向公司投资形成的股份,包括以公司现有国有资产折算成的股份。由于在我国大部分股份制企业中都是由国有大中型企业改制而来的,因此,国有股在上市公司股权中占有较大的比重。

法人股是指企业法人或具有法人资格的事业单位和社会团体以其依法可经营的资产向公司投资所形成的股份。

社会公众股是指我国境内个人和机构,以其合法财产向公司投资所形成的股份。

(3)股票的基本特征

①收益性。收益性是股票最基本的特征,它是指股票可以给持有人带来收益的特性。持有股票的目的在于获取收益,股票收益可以分为两类:一是股息、红利所得,其取决于股份公司的经营状况、盈利水平和股利政策等;二是资本利得,即股票持有者将持有的股票卖出,当股票的卖出价格高于买入价格时,卖出股票就可以赚取价差收益。

②参与性。参与性是指股票持有者有权出席股东大会,选举公司董事会,参与公司重大决策等特性,体现了股票持有人对公司经营决策的参与权。股东参与公司重大决策的权力大小由所持有股份数量的多少决定。如果某股东持有的股份数量达到决策所需要的有效数量时,就能实质性地影响公司的经营方针。

③永久性。股票一经认购不得退股,股东只能在二级市场上转让,虽然转让股票的同时也转让了资金的股东身份,但是并不会直接影响到公司筹集的资金数量。因此,股票的转让只是公司股东的改变,但是股份公司通过发行股票筹集到的资金却是一笔在公司存续期都不必偿还的资金,因此是永久性的。

④流动性。流动性是指股票可以在依法设立的证券交易所上市交易或转让的特性。由于股票持有人不能直接从股份公司退股,因此当股票持有人需要将股票变现时,就依赖在二级市场上将股票转让,从而形成了股票的流动性。另外,投资者在二级市场上的“低买高卖”行为也为标的股票提供了流动性。可见,二级市场是股票产生流动性的主要场所。

⑤风险性。风险性是指股票带来的预期经济利益所具有的不确定性。前面提到的股息和红利发放与否、发放多少,完全依赖于公司的经营状况、盈利水平和股利政策,而公司的经营状况和盈利水平是不确定的,因而股东能否获得股息红利、获得多少,也是一个未知数。另外,股票价格也随公司盈利水平、宏观经济形势、市场利率等多重因素的变化而波动,当股价下跌时,股票持有者就会因此而遭受损失。一般来说,股票的风险性与其收益性成正比,风险越大收益越大,风险越小收益也就越小。

10.2.2　股票发行市场

股票发行市场又称为一级市场,它是指公司直接或通过中介机构向投资者出售新发行股票的市场。所谓新发行的股票包括初始发行和再发行的股票。

1)股票发行制度与条件

(1)股票发行制度

股票发行制度实际就是指发行人在申请发行股票时遵循的一系列程序化的规范。从世界来看,股票发行制度一般分为核准制和注册制。

①核准制。核准制是指发行人在发行证券时,不仅要充分公开企业的真实信息,而且还必须符合有关法律和证券管理机构规定的必备条件。证券主要机构有权否决不符合规定的证券发行申请,发行人的发行权由审核机构以法定形式授予。我国的股票发行实行核准制。发行人申请公开发行股票的,应当聘请具有保荐资格的机构担任保荐人,并且发行申请需由保荐人推荐和辅导,由发行审核委员会审核,中国证监会批准。

②注册制。注册制是指发行人在准备发行证券时,必须将依法公开的各种资料完全、准确地向证券主管机关呈报并申请注册。证券主管机构的职责是依据信息公开原则对申请文件的全面性、真实性、准确性和及时性作形式审查,无权对证券发行行为及证券本身作出价值判断,发行人的发行权无须由主管部门授予。注册制的典型代表国家是美国。

(2)股票发行条件

股票发行条件是指由各国法律法规规定的,股份公司在发行股票时必须达到的标准。根据我国《证券法》的规定,我国股票发行条件主要包括首次公开发行股票的条件、增发新股的条件、配股的条件等。这些条件作为股份公司发行发票的第一道门槛,避免了一些不符合条件的公司滥竽充数,可以起到保护投资者利益的作用。

①首次公开发行(IPO)。包括以募集方式新建股份公司时公开发行股票以及原有企业改组为股份公司首次公开发行股票两种。首次发行应当向中国证监会递交募集申请,经批准后方可发行。

②增发新股。这是上市公司在获得有关部门的批准后,以证券市场的全部投资者为发售对象再次发行股票筹资。

③配股发行。这是指上市公司在获得有关部门的批准后,向其现有股东提出配股建议,使现有股东可以按其所持股份的比例认购配售股份的行为。它是上市公司发行新股的一种方式,具有实施时间短、操作简单、成本低廉等优点,同时配股还是上市公司改善资本结构的有效手段。

2)股票发行定价和股票估值方法

(1)股票发行价格

股票发行价格是指股份公司将股票公开发售给特定或非特定投资者所采用的价格。根据发行价格与票面金额的关系,发行价格可以分为平价发行、溢价发行和折价发行。我国《公司法》规定,股票不能以低于票面金额的价格发行,即只能平价发行或溢价发行。

(2)股票估值方法

确定股票发行价格的基础是进行股票估值,也就是确定股票的理论价值。股票估值的方法有很多种,主要有市盈率法、净资产倍率法、现金流量贴现法和竞价确定法等。在此,主要介绍市盈率法、净资产倍率法、竞价确定法和现金力量贴现法。

①市盈率法。市盈率法是指以公司股票的市盈率为依据,对股票进行估值,从而确定发行价格的一种方法。所谓市盈率(P/E)是指股票市场价格与每股净利润的比率。采用市盈

率法确定股票发行价格的步骤如下：

a.根据注册会计师审核后的盈利预测计算出发行公司的每股净利润,计算公式：

$$每股净利润 = 净利润 \div 发行以前的总股本数 \tag{10.2}$$

b.根据二级市场的平均市盈率、发行公司所处行业的情况(同类行业公司股票的市盈率)、发行公司的经营状况及其成长性等拟定发行市盈率。

c.根据 a.确定的每股净利润和 b.确定的发行市盈率来确定发行价格,计算公式：

$$发行价格 = 每股净利润 \times 发行市盈率 \tag{10.3}$$

②净资产倍率法。净资产倍率法又称资产现值法,是指通过资产评估和相关会计手段确定发行公司拟募股资产的每股净资产值,然后根据证券市场的状况将每股净资产乘以一定的倍率,以此确定股票发行价格的方法。净资产倍率法在国外常用于房地产公司或资产现值有重要商业利益的公司的股票发行。计算公式：

$$发行价格 = 每股净资产值 \times 溢价倍数 \tag{10.4}$$

③竞价确定法。竞价确定法是指投资者在指定时间内通过证券交易所的交易网络,以不低于发行底价的价格,按限购比例或数量进行申购委托。申购期满后,由交易所的交易系统将所有有效申购按照"价格优先、时间优先"的原则,将投资者的认购委托由高价位向低价位排序,并由高价位到低价位累计有效认购数量,当累计数量恰好达到或超过本次发行数量的价格,即为本次发行的价格。

④现金流量折现法。现金流量折现法是通过预测公司未来盈利能力,据此计算出公司净现值,并按一定的折扣率折算,从而确定股票发行价格的方法。该方法首先使用市场接受的会计手段预测公司每个项目未来若干年内每年的净现金流量,再按照市场公允的折现率,分别计算每个项目未来的净现金流量的净现值。公司的净现值除以公司股本数,即为每股净现值。发行价格通常再对上述每股净现值折让20%~30%。

3)股票的发行方式

(1)按发行对象不同

按此可以分为公募发行和私募发行。

①私募发行。私募发行是指仅向少数特定投资者发行股票的一种方式。发行对象一般是与发行者有特定关系的投资者,如发行公司的内部职工或与发行人有密切关系的金融机构、公司等。私募发行手续比较简单,可节省发行费用。但私募发行的股票一般不允许上市流通,投资者数量有限,流动性较差。

②公募发行。公募发行是指向广泛的不特定的投资者公开发行股票的一种方式。为保证投资者合法权益,政府对股票的公募发行控制很严,要求发行人具备较高的条件。公募发行的股票可以上市流通,因而具有较高的流动性。同时,公募发行方式还有助于提高发行者在证券市场的知名度,扩大社会影响。不足之处是手续比较复杂,发行成本较高。

(2)按发行过程划分

按此可以分为直接发行和间接发行。

①直接发行。直接发行是指发行人不通过证券承销机构而自己发行股票的一种方式,

私募发行多采用直接发行方式。

②间接发行。间接发行是指发行人委托一家或几家证券承销机构代为发行股票的一种方式。证券承销机构一般为投资银行、证券公司、信托公司等。

4)股票的销售方式

股票发行的最后一环就是将其销售给投资者。销售方式主要有两种:一是自行销售,即自销;二是委托他人代为销售,即承销。一般情况下,公开发行以承销为主。具体来讲,承销是指将股票的销售业务委托给专门的股票承销机构销售,按照发行风险的承担、所筹资金的划拨以及手续费的高低等因素划分。承销方式又分为代销、余额包销和全额包销3种,这3种方式在前述债券发行市场中已经详细提到过,这里就不重复论述了。

10.2.3 股票流通市场

股票流通市场是已经发行的股票按市价进行转让、买卖和流通的市场。由于它是建立在股票发行市场之上的,因此,又被称为二级市场。股票流通市场旨在为股票发行市场提供流动性,从而可以使股票的持有者在需要的时候能够尽快卖出股票,收回投资。

1)股票流通市场的组织形式

股票流通市场的组织形式可分为场内交易、场外交易、第三市场和第四市场。

(1)场内交易

场内交易是指在证券交易所内所进行的交易。证券交易所作为进行证券交易的场所,不仅设有固定的场所,备有各种服务设施,还配备了必要的管理和服务人员等。但是,证券交易所本身并不持有股票等有价证券,也不进行证券买卖,而主要是为了参与交易的各方创造条件,并进行必要的监督。场内交易是股票流通市场的主要组织形式,而证券交易所则是场内交易的主要场所。

①证券交易所的组织形式。世界各国证券交易所的组织形式大致可分为两类:会员制证券交易所和公司制证券交易所。

a.会员制证券交易所。会员制证券交易所是不以盈利为目的,会员之间自治自律、互相约束,仅参与其中的会员才可以进行股票买卖与交割的交易场所。尽管这种交易所的佣金和上市费用比较低廉,但是,由于经营交易所的会员本身就是股票交易的参与者,因而在股票交易中难免出现交易的不公正性。同时,由于参与交易的买方和卖方只限于证券交易所的会员,新会员的加入一般要经过老会员的一致同意,这就形成了一种事实上的垄断,不利于提高服务质量。

b.公司制证券交易所。公司制证券交易所是以盈利为目的,提供交易场所和服务人员,以便于证券商的交易与交割的证券交易所。从股票交易实践可以看出,这种证券交易所通过收取发行公司的上市费用与证券成交的佣金来获取收入。另外,经营这种交易所的人员不能参与证券买卖,从而在一定程度上可以保证交易的公平性。由于公司制显而易见的优点,目前世界上越来越多的国家都开始设立公司制证券交易所。

②证券交易制度。根据价格决定的特点,证券交易制度可以分为做市商交易制度和竞

价交易制度。目前世界上大多数证券交易所都是实行混合的交易制度。

a. 做市商交易制度。做市商制度是做市商以其自有资金和证券与投资者进行双向交易,从而为市场提供及时性和流动性,并通过买卖价差获取利润。所谓做市商,是指在证券市场上,由具备一定实力和信誉的证券经营法人作为特许交易商,不断向公众投资者双向报出某些特定证券的买入价格和卖出价格,并在该价位上接受公众投资者的买卖要求,以其自有资金和证券与投资者进行证券交易,从而维持整个市场的流动性和价格连续性。

b. 竞价交易机制。竞价交易制度的特征是,开市价格由集合竞价形成,随后交易系统对不断进入的投资者交易指令,按价格优先与时间优先原则排序,将买卖指令配对竞价成交。通过竞价方式,证券买卖双方能在同一市场上公开竞价,充分表达自己的投资意愿,最终直到双方都认为已经得到满意合理的价格才会撮合成交。

（2）场外交易

场外交易是相对于证券交易所交易而言的,是指在证券交易所以外进行的证券交易。由于这种交易最早是在各券商的柜台上进行的,因此也被称为柜台交易。与场内交易相比,场外交易没有固定的交易场所,其交易是由做市商决定的,其价格是通过买卖双方协议达成的。场外交易的特点在于管制少,比较灵活。

（3）第三市场

第三市场是指在证券交易所外对已上市股票进行交易的市场。严格地讲,第三市场既是场外交易市场的一部分,又是交易所市场的一部分。由于第三市场的交易者很少或不需要交易所提供各种服务,因此可降低佣金支出和交易成本。

（4）第四市场

第四市场是指各种机构投资者和证券持有人完全绕开通常的证券经营机构,相互之间直接进行股票交易所形成的市场。利用第四市场进行交易的一般都是大企业、大公司,它们直接通过第四市场的电子计算机网络进行大宗股票交易,这样既可以使得交易较隐蔽,同时也可以降低交易成本。

2）股票交易方式

（1）现货交易

股票的现货交易,是指股票的买卖双方依据商定的付款方式,在较短的时间内进行交易清算。按照交割时间的安排,股票的现券交易可以分为3种:第一种是即时交割,即股票成交时可以立即办理交割;第二种是次日交割,即在股票成交后的第二个工作日可以办理交割;第三种是择日交割,即在股票成交后的若干个工作日内完成交割。

现货交易有如下特点:第一,成交和交割基本上同时进行;第二,实物交易,即卖方必须实实在在向买方转移证券,没有对冲;第三,在交割时,购买者必须支付现款;第四,交易技术简单,易于操作,便于管理。

（2）期货交易

股票的期货交易,是指股票的买卖双方依据协议规定的价格和数量,在未来的某一日期进行交割清算。期货的交割期限一般为 15～90 天。由于股票的价格会不断发生变化,因此,投资者可以通过期货交易的方式锁定股票的价格,从而规避价格风险。当然,交易者还可以在期货交易到期前反向交易进行对冲。

（3）保证金交易

保证金交易又称信用交易,是指证券交易的当事人在买卖证券时,只向证券公司支付一定的保证金,或者只向证券公司交付一定的证券,而由证券公司提供融资或融券进行交易。保证金交易又分为保证金买长交易和保证金卖短交易。

①保证金买长交易。保证金买长交易,是指投资者买进价格看涨的某种股票,但只支付一部分保证金,其余的由经纪人垫付,并收取垫款利息,同时掌握这些股票的抵押权。由经纪人把这些股票抵押向银行所取得的利息,高于他向银行支付的利息的差额部分,就是经纪人的收益。当买卖者不能偿还这些垫款时,经纪人有权出售这些股票。

②保证金卖短交易。保证金卖短交易,是指投资者看跌某种股票,缴纳给经纪人一部分保证金,通过经纪人借入这种股票,并同时卖出。如果这种股票日后价格下跌,那么再按当时市价买入同额股票偿还给借出者,投资者在交易过程中获取价差收益。

保证金交易制度使客户能够超出自身所拥有的资金力量进行大宗的交易,具有较大的杠杆作用。但是,保证金交易的弊端也很多,主要是风险较大。从整个市场来看,过多使用保证金交易,会造成市场虚假需求,人为地造成股价波动,为此各国对保证金交易都进行严格的管理。

【阅读案例 10.2】

中国股票发行及交易市场的发展

股票在中国最早的出现是在鸦片战争以后。当时,外国资本的进入把发行股票筹资的方式带入了中国。19 世纪 50 年代开始,在华的一些外资银行分支机构开始发行股票;到了 19 世纪 70 年代,一些国内企业效仿外资银行,发行股票,其中最早的是李鸿章、盛宣怀筹办的轮船招商总局。1882 年,上海平准股票公司成立了,这是中国第一家股票交易机构。北洋政府在 1920 年成立的上海证券物品交易所是国内规模最大的证券交易所。但是,在后来的战争时期,旧中国的股票交易市场畸形发展,成为投机倒把、哄抬物价的场所。所以新中国成立后,证券交易所停止活动;而且随着计划经济体制的建立,证券交易市场已经没有存在的必要。

1979 年以后,中国改革开放拉开了序幕,企业开始发行股票。20 世纪 80 年代最早发行的一些股票都不够规范,因此,对第一只股票究竟是哪一只,人们有不同的看法。一些人认为,1983 年 7 月,深圳市宝安县联合投资公司(简称宝安公司)发行的股票是新中国发行的第一只股票。这次股票发行,面向全国,共筹到国家股 200 万元、法人股 160 万元和个人股 940 万元,个人股股东遍布了全国十几个省市。但是,公司章程中规定"入股自愿、退股自由、保本、付息、分红",并且由宝安县财政局为股东退股进行担保,因此并不符合现代规范。

更多人认为,1984 年 11 月,经中国人民银行上海分行批准、由上海飞乐电声总厂发行设立的上海飞乐音响股份有限公司向社会发行的股票是第一只比较规范的股票。飞乐音响股票向社会公开发行,没有期限限制,不能退股可以流通转让。在邓小平送给纽约证券交易所总裁一张飞乐音响股票后,它受到了全世界的关注。

1986 年 8 月 5 日,沈阳市信托投资公司主办的沈阳市证券市场开业,这是新中国第一家证券交易所。随后,西安、太原、武汉、郑州等地也相继建立证券市场。但是,这些证券市场只能交易债券,不能交易股票。为了满足股票流通的需要,1986 年 9 月 26 日,上海市工商银行信托投资公司静安营业部开始开办股票买卖业务,使股票市场在上海重新出现。开业的当天,这个营业部就被挤得水泄不通。1988 年 4 月,深圳也开设了股票交易柜台。

为了进一步发展股票交易市场,1990 年 12 月 19 日上海证券交易所正式挂牌营业,深圳证券交易所也在 1991 年 7 月 1 日获准正式成立。证券交易所的成立,为证券交易提供了一个集中交易的场所,极大地方便了股票的流通交易。在证券市场发展的短短十几年中,股票市场的发展迅速,取得了很好的成绩。

思考题:

1. 简述我国股票市场的发展历程。

2. 我国证券交易所的成立对资本市场的发展有何意义?

10.3　证券投资基金市场

10.3.1　证券投资基金的含义与特点

1)证券投资基金的含义

证券投资基金,是指通过发售基金份额,将众多投资者的资金集中起来,形成独立资产,由基金托管人托管、基金管理人管理,以投资组合的方式进行证券投资的一种利益共享、风险共担的集合投资方式。

2)证券投资基金的特点

与其他投资工具相比,证券投资基金具有如下的特点。

(1)组合投资、分散风险

证券投资基金通过汇集众多中小投资者的小额资金,形成雄厚的资金实力,可以将资金分散投资到多种证券或资产上,通过有效组合,最大限度地降低非系统风险。

(2)集中管理、专业理财

基金资产由专业的基金管理公司负责管理,基金管理公司配备了大量的投资理财专业人员,他们不仅掌握了广博的投资分析和投资组合理论知识,而且在投资领域也积累了相当丰富的经验,可以更好地抓住资本市场的投资机会,创造更好的收益。

（3）利益共享、风险共担

证券投资基金实行"利益共享、风险共担"的投资原则。基金投资者是基金所有者,基金投资收益在扣除由基金承担的费用后的盈余全部归基金投资者所有,并依据各投资者所持有的基金份额比例进行分配。同样,投资风险也由基金投资者承担。为基金提供服务的基金管理人、基金托管人只能按规定收取一定的管理费、托管费,并不参与基金收益的分配。

10.3.2　证券投资基金的种类

1）根据组织形态和法律地位的不同

按此标准,证券投资基金可以分为契约型基金和公司型基金。

契约型基金是指根据一定的信托契约而组织起来的代理投资行为,投资者通过购买受益凭证的方式成为基金的收益人。目前我国公开发售的基金全部都是契约型基金。

公司型基金是指依据《公司法》组建、通过发行股票或受益凭证的方式来筹集资金并将资金投资于有价证券获取收益的股份公司,投资者通过购买该公司的股份而成为基金公司的股东并以股份比例来承担风险、享受收益。公司型基金主要存在于美国。

契约型基金和公司型基金最根本的区别在于公司型基金具有法人资格和民事行为能力,而契约型基金则没有法人资格。由于法律地位的不同,公司型基金可以对外融资,而契约型基金则不能对外融资。

2）根据投资运作和变现方式的不同

按此标准,证券投资基金可以分为封闭式基金和开放式基金。

开放式基金是指基金可以无限地向投资者追加发行基金份额,并且随时准备赎回发行在外的基金份额,因此基金份额总数是不固定的。而封闭式基金的基金份额总数固定,且规定封闭期限,在封闭期限内投资者不得向基金管理公司提出赎回,而只能寻求在二级市场上挂牌转让。

3）根据投资目标的不同

按此标准,证券投资基金可以分为成长型基金、收入型基金、平衡型基金。

成长型基金是以追求资本的长期增值为目标的投资基金,主要投资于具有良好发展潜力,但目前盈利水平不高的企业股票,即主要投资于成长性较好的股票。其特点是风险较大,可以获取的收益也较大,适合能承受高风险的投资者。

收入型基金是指以追求稳定的经常性收入为目标的投资基金,它主要投资于盈利长期稳定、分红高的质优蓝筹股和公司债券、政府债券等稳定收益证券,适合较保守的投资者。

平衡型基金介于成长型基金与收入型基金之间,它将一部分资金投资于成长性好的股票,又将一部分资金投资于业绩长期稳定的质优蓝筹股和公司债券、证券债券,是既注重资本的长期增值,又注重当期收入的一类基金。

4）根据投资对象的不同

按此标准,证券投资基金可以分为股票基金、债券基金、货币市场基金、专门基金、衍生基金、对冲基金、套利基金等。

股票基金,即基金的投资对象是股票,这是基金最原始、最基本的品种之一。债券基金,即投资对象是债券的基金,这是基金市场上规模仅次于股票基金的另一重要品种。货币市场基金,即投资于短期票据、回购协议等货币市场工具的基金。专门基金,是从股票基金发展而来的投资于单一行业股票的基金,也称次级股票基金。衍生基金,即投资于衍生金融工具,包括期货、齐全、互换等的基金。对冲基金是在金融市场上基金套期保值交易,利用现货市场和衍生市场对冲的基金,这种基金能最大限度地避免和降低风险,因而也称避险基金。套利基金是在不同的金融市场上利用其价格差异低买高卖进行套利的基金。

5)根据地域不同

按此标准,证券投资基金可以分为国内基金、国家基金、区域基金和国际基金。

国内基金是把资金只投资于国内有价证券、且投资者主要是本国公民的一种投资基金。国家基金是指在境外发行基金份额筹集资金,然后投资于某一特定国家或地区资本市场的投资基金。区域基金是把资金投资于某一世界性区域的各个不同国家资本市场的投资基金。国际基金是把资金分散投资于全世界各主要资本市场上,从而能最大限度地分散风险。

10.3.3　基金的收益与费用

1)基金的收益

基金的收益是基金资产在运作过程中所产生的超过本金部分的价值。基金收益主要来源于基金投资所得的红利、股息、债券利息、买卖证券价差、银行存款利息以及其他收入。

2)基金的费用

基金的运营费用主要包括管理费、托管费。

基金管理人是基金资产的管理者和运营者,对基金资产的保值和增值起着决定性的作用。基金管理费是支付给基金管理人的管理报酬,其数额一般按照基金资产净值的一定比例从基金资产中提取。这一比例的高低与基金规模、基金类别有关。一般而言,基金规模越大,基金管理费率越低;基金风险程度越高,基金管理费率也越高。

基金托管费是指基金托管人托管基金资产所收取的费用,通常按基金资产净值的一定比例逐日提取、按月支付。基金托管费收取的比例也与基金规模、基金类别有关。一般而言,基金规模越大,基金托管费率越低;基金风险程度越高,基金托管费率也越高。

10.3.4　基金净值、基金单位净值

基金净值也称为基金资产净值,是指某一时点上基金资产的总市值扣除负债后的余额,代表了基金持有人的权益。

基金单位净值,是指每一基金单位(即每一基金份额)所代表的基金资产净值。计算公式:

$$基金单位净值 = (总资产 - 总负责) \div 基金总份数 \qquad (10.5)$$
$$= 基金资产净值 \div 基金总份数$$

其中,总资产指基金拥有的所有资产,包括股票、债券、银行存款和其他有价证券等;总负债指基金运作及融资时所形成的负债,包括应付给他人的各项费用、应付资金利息等;基金单位总份数是指当时发行在外的基金单位的总量。

基金单位净值表示了单位基金内含的价值,但单位基金净值的高低并不代表基金业绩的好坏,基金净值增长能力才是判断基金业绩的关键。

10.3.5 开放式基金的认购、申购与赎回

1)认购

开放式基金的认购是指投资者在基金募集期内购买一定的基金份额。认购份额的计算公式如下:

$$认购份额 = 认购金额 \times (1 - 认购费率) \div 基金单位面值 \tag{10.6}$$

2)申购

开放式基金的申购是指投资者在基金募集期结束后购买基金份额的行为。基金购买股票、债券等有价证券后,基金的资产价值会随着这些有价证券的市场价格的变化而变化,从而基金净值也发生变化。因此,申购份额的计算与认购份额的计算有所不同。基金申购份额的计算公式如下:

$$申购份额 = 申购金额 \times (1 - 申购费率) \div 申购日基金单位净值 \tag{10.7}$$

3)赎回

开放式基金的赎回是指投资者把手中持有的基金份额按规定的价格卖给基金管理人并收回现金的过程,是与申购相对应的反向操作过程。基金持有人赎回基金份额时,采用未知价法,先以份额赎回,然后转换成相应的货币金额。赎回金额的计算公式为:

$$赎回金额 = (赎回份数 \times 赎回日基金单位净值) \times (1 - 赎回费率) \tag{10.8}$$

【阅读案例 10.3】

资本市场助力川企跨越前行

从四川射洪到遂宁的公路上,会经过一片栽有很多柳树的镇子,如果是在春天,成片枝条细长而低垂的柳树一定会使你有驻足欣赏的冲动。这个镇子原名柳树镇,2010 年,四川省政府把这个镇子改名为沱牌镇,改名是因为全镇几乎被上市公司沱牌曲酒的生产基地所覆盖。

对地方经济而言,资本市场有力地促进了经济增长,带动产业升级,带来示范效应;对企业而言,资本市场促进了技术创新、增强了企业外延式扩张能力。

地方经济中流砥柱

以中流砥柱来形容资本市场对四川经济的影响并不为过。目前,四川的上市公司已基本覆盖了四川重点优势产业,既有东方电气、五粮液、攀钢钢钒等主板龙头企业,也有科伦药业、川大智胜、吉峰农机等创新能力强、成长性好的中小板、创业板企业;特别是一批高新技

术企业上市,有效引导了各类要素和资源向战略性新兴产业流动。

据权威数据统计,近3年来,四川上市公司累计实现营业收入6 354.07亿元,实现净利润349.52亿元,分别占四川1.3万家规模以上工业企业3年累计营业总收入的15.33%和累计净利润的15.40%。

据了解,资本市场的发展有效地激活了民间投资和拉动了间接融资。企业上市获得快速发展能力所显示的示范效应,极大地促进了未上市企业的上市积极性。除民营中小企业外,一批省属国有大企业也积极筹划改制和上市前准备。

资本市场发展还吸引创业资本和风险投资基金等各种资金纷纷进入四川,寻找和培育项目。《证券时报》记者此次采访的成都、绵阳和遂宁市相关官员都告诉记者,越来越多的社会资本,特别是沿海的创业资本到四川调研,希望能够找到合适的投资机会。

更重要的是,上市公司通过募集资金实现产业升级,在产业集群的作用下,带动一大批配套企业实现产业升级。如东方电气,在全产业链打通后,原来为其配套的中小企业全部都要进行产业升级、技术改造,迫使配套企业投入更多的资金用于研发创新。

资本市场的吸引力,不仅在于为企业提供融资平台,更在于让一家地方性企业瞬间变身为全国性企业,甚至是全球知名企业。

从地方走向全国

"资本市场的吸引力,不仅在于为企业提供融资平台,更在于让一家地方性企业瞬间变身为全国性企业,甚至是全球知名企业。"深交所一位负责上市推广的资深人士认为,"四川诸多已上市公司都获得了这样的好处。"

四川新希望农业股份有限公司是典型案例之一。该公司总经理黄代云在接受证券时报记者采访时表示,新希望刚开始上市时,发行了4 000万股,上市的资产仅有4家饲料公司,净资产1.02亿元。后来,经过一次配股,募集资金总额约为4亿元。"虽然这笔资金占现在新希望的总资产比例很低,但是这个资本非常重要,因为有了这个资本以后,才有了新希望后来的产业延伸,走出四川、走向全国、走出国门。"他说。

据了解,近期新希望又再一次借力资本市场,拟实现整体上市,打造中国最大的农牧业上市公司,销售收入将突破600亿元。"我们努力的目标是通过5年时间,打造千亿元收入的农牧企业。"黄代云说。

与新希望类似的四川上市公司还有很多。比如泸州老窖,上市以后相继收购同城的小酒厂,为后来推出"国1573"埋下伏笔,又收购湖南武陵酒有限公司股权。泸州老窖董事长谢明在接受《证券时报》记者采访时表示,泸州老窖未来准备把武陵酒打造成年收入超过20亿元的企业。科伦药业在上市之后,运用超募资金迅速收购浙江、广东、河南3地的同类企业,实现企业在上述区域的快速扩张,进一步提高产品在全国的市场占有率。

遂宁市委书记崔保华在谈到资本市场对企业的影响时,也认为是资本市场促进了企业的跨越式发展,品牌价值得到不断提升。遂宁的四川美丰,原来是县属"小氮肥"企业,现在已发展成为西南地区最重要的化工基地,净资产超过10亿元;原是民营"小屠宰场"的高金食品建成了全国十大肉类食品外贸出口企业;原是金属"小材料"的天齐锂业已成为国内最大的锂电新能源核心材料供应商。

近期,在国家"十二五"规划号召下,不少企业都瞄准了国家大力开发新疆的战略机遇,四川的上市公司在获得资本市场支持后,迅速出击,快速布局。

刚刚上市不久的科新机电拟运用超募资金3 000余万元在新疆投资组建新疆科新重装有限公司,用于满足新疆维吾尔自治区和周边地区的石油天然气化工、盐化工、煤化工等化工企业对装备制造业的需求,实现公司的战略布局。

科新机电董事长林祯华在接受证券时报记者采访时表示,如果不是通过资本市场获得发展资金,虽然公司看中新疆的发展机遇,但布局的时间肯定要推后,上市公司拥有的品牌形象和资金实力让科新机电有能力快速布局新疆市场。

除了科新机电,四川美丰也提出了投资新疆的设想,拟投资6 240万元联合新疆地方企业设立新疆美丰化工有限公司,一期建设年产10万吨合成氨及18万吨尿素装置。四川美丰总经理王世兆认为,公司之所以能够有资金用于新疆的投资,离不开资本市场的支持。

川企利用上市契机,抓紧利用募集资金投资项目,不断进行技术创新,积极开发各类具有前瞻性产品。

上市加快技术创新

"我们将利用上市契机,抓紧利用募集资金投资项目,不断进行技术创新,积极开发各类具有前瞻性的高端锂产品。"天齐锂业董事长蒋卫平说,"上市使得公司拥有更强的技术创新实力。"

据了解,天齐锂业募集资金投向中,除了扩大再生产外,募集资金还用于该公司的技术中心扩建。蒋卫平表示,为确保企业的可持续发展,积极研发具有前瞻性的锂产品是十分迫切而必要的。"通过扩建中试车间生产厂房,进一步完善实验设备设施,将有助于提高技术中心的整体技术研发能力和装备水平。"

科伦药业和科新机电也同样意识到技术创新的重要性。科伦药业在募集资金项目投向中有5 003万元用于研发中心建设项目。科伦药业总经理程志鹏表示,公司的研发中心项目建设非常顺利,建成后将极大地提高公司的研发技术和研发水平。

科新机电的业务正逐步由电站辅机和化工压力容器设备制造向核级压力容器设备制造领域拓展,该公司已全面进入核电常规岛设备制造领域,目前正在开展核岛二、三级压力容器制造许可证的取证工作。该公司董事长林祯华表示,通过上市,公司增强了实力,这将有助于公司积极进入核岛设备制造领域。

四川长虹副总经理、董事长秘书谭明献就表示,公司要求尽可能节约资源,让更多资金投入到技术创新中,给科技人员发高薪。"在我们公司,拿最高薪酬的是技术人员,有好几个总工年薪是500万元,我们管理层的薪酬待遇跟他们相比还是差很远的。要调动技术人员的积极性,长虹才有可能从加工型企业向创造型企业转变。"谭明献说。

来源:证券时报网,2011,1,24。

思考题:

1.阅读案例,谈谈资本市场对于四川地方经济的发展有何作用?

2.四川地方经济借助资本市场的发展经验对其他地区有何启示？

【本章习题】

一、名词解释

资本市场　债券市场　政府债券　公司债券　国内债券　国际债券　外国债券
欧洲债券　可转换公司债券　公募发行　私募发行　优先股　普通股　A股　B股
国有股　法人股社会公众股　核准制　注册制　全额包销　余额包销　代销　做市商
交易制度
第三市场　第四市场　保证金买长交易　保证金卖短交易　证券投资基金　封闭式
基金
开放式基金　成长型基金　收入型基金　平衡型基金　基金净值　单位基金净值

二、简答题

1.债券的发行价格主要有哪些确定方式？

2.债券主要有哪些发行方式？公募和私募各自的含义及特点是什么？

3.常用的股票价值评估方法有哪些？

4.股票的交易方式主要有哪几种？各自具有怎样的特点？

5.证券投资基金的特点是什么？

6.如何计算基金单位净值？如何评价基金业绩？

三、计算题

1.A公司于2013年年底实现净利润4亿元，目前公司发行在外的总股数为4亿股。为了某个项目的建设需要，A公司拟于2014年1月1日增发新股，筹集3亿元资金。又知A公司处于同行业的其他公司股票市盈率为10，求A公司需增发的股数。（不考虑发行费用）

2.华泰基金的认购费率为1.2%，基金单位面值为1元/单位，如果投资者认购金额为10万元，则可以认购多少份额的基金？

3.投资者甲持有某基金10万份，2014年8月28日赎回，赎回当日单位基金净值为1.8元，赎回费率为0.5%。计算甲的赎回金额是多少？

四、思考题

1.股票市场中的保证金买长交易和保证金买断交易各自的含义是什么？两者对股票市场有哪些影响？

2.封闭式基金和开放式基金各自的含义是什么？两者有何区别？

3.成长型基金、收入型基金和平衡型基金各自有何特点？三者的区别体现在哪里？

第11章 金融衍生品市场

【本章学习要求】

1. 了解金融衍生品市场的存在与发展的原因。
2. 熟悉远期、期货、期权、互换的异同点。
3. 了解远期、期货、期权、互换的价格确定方法。
4. 掌握远期、期货、期权、互换的运用。

11.1 金融衍生品市场概述

11.1.1 金融衍生品的概念与分类

1）金融衍生品的概念

金融衍生品又称金融衍生工具，是指其价值依赖于基本标的资产价格的金融工具或金融合约，如金融远期合约、金融期货合约、金融期权合约、金融互换合约等。金融衍生品是20世纪70年代初"布雷顿森林体系"瓦解后浮动汇率取代固定汇率、两次石油危机、金融自由化浪潮等因素共同促进的结果，是为了规避汇率、利率及股价指数等金融价格剧烈波动风险而进行的重大产品的创新。随着金融国际化和自由化的发展，金融衍生品市场发展迅速，在国际金融市场发挥着巨大的作用。

2）金融衍生品的分类

金融衍生品自诞生以来，其内涵和外延就在动态的变化和发展当中，尤其是进入20世纪80年代之后，金融创新的蓬勃发展使得金融衍生品得以通过进一步的衍生、分解和组合，形成新的类种。但这些新的金融衍生品大都可以归为金融远期合约、金融期货合约、金融期权合约和金融互换合约等金融衍生品大类中。具体来说，有以下几类金融衍生品。

（1）根据产品形态划分

根据产品形态，金融衍生品可以分为金融远期合约、金融期货合约、金融期权合约和金融互换合约4类。金融远期合约和金融期货合约都是交易双方在当前约定未来某一个交易的方式，金融期货合约与金融远期合约相比是更加标准化的合约；金融期权合约交易是买卖权利的交易，购买方只有权力没有义务；金融互换合约是交易双方约定的未来一系列现金流交换的合约。

（2）根据基础工具的不同划分

按照基础工具种类的不同，金融衍生产品可以分为股权式衍生工具、货币衍生工具和利率衍生工具。股权式衍生工具，是指以股票或股票指数为基础工具的金融衍生工具，主要包括股票期货、股票期权、股票指数期货、股票指数期权以及上述合约的混合交易合约；货币衍生工具是指以各种货币作为基础工具的金融衍生工具，主要包括远期外汇合约、货币期货、货币期权、货币互换以及上述合约的混合交易合约；利率衍生工具是利率期权、利率互换以及上述合约的混合交易合约。

（3）根据有无固定交易场所划分

根据有无固定交易场所，金融衍生品可分为场内交易金融衍生品和场外交易金融衍生品。金融期货合约和部分标准化金融期权合约都属于场内交易；金融互换合约和金融远期合约属于场外交易。

10.1.2 金融衍生品的作用

在当今金融市场上，金融衍生品获得了巨大的发展，也开始发挥着越来越大的作用。

1）有利于金融市场向完全市场发展

完全市场也称为有效市场，是指理想的市场，即市场无摩擦、无税收，信息完全对称，交易双方遵循"经济人"假设等严格假设条件的市场。越接近完全市场，经济中的市场主体对未来风险收益的期望就越能够实现，市场主体的处境就越能够改善。因此，尽管一个实际的市场可能永远无法真正达到完全市场，但对完全市场的追求却是市场发展的重要目标。金融衍生品的存在和不断发展就是市场不断向完全市场发展的主要方式和动力所在。

2）价格发现

金融衍生品市场在全球经济社会领域中扮演着多重角色。其中，金融期货市场的一个主要功能就是价格发现。所谓价格发现，是指在一个公平、公开、高效、竞争的金融期货市场中，通过期货交易形成的期货价格具有真实性、预测性、连续性和权威性的特点，能够比较真实地反映出金融资产价格的变动趋势。当然，金融期货合约并不是能够提供此项功能的唯一金融衍生品。实际上，金融远期合约和金融互换合约也可以采用一个单一锁定的价格来替代未来价格的不确定性，因此也具有价格发现的功能。

3）投机功能

金融衍生品具有高杠杆的交易特征，这为许多希望进行投机、追逐利润的投资者提供了非常强大的交易工具，而适度的投机是金融市场得以存在和发展的重要基础之一。当然，需要注意的是，过度的投机也可能带来市场的剧烈波动。

4）风险管理

与传统的风险管理手段相比，利用金融衍生品进行风险管理具有 3 个比较明显的优势。第一具有更高的准确性和实效性。金融衍生品的价格受制于基础工具价格的变动，且变动趋势有明显的规律性。所以,成熟的金融衍生品市场上的产品交易可以对基础资产的价格变化作出灵敏反应,并随基础交易头寸的变动而随时调整,较好地解决了传统风险管理工具处理风险的时滞问题。第二具有成本优势。金融衍生品交易操作时多采用高财务杠杆方式,即付出少量资金即可控制大额交易,定期进行差额结算,动用的资金相对于保值对象而言比例很低甚至不交保证金,可以减少交易者套期保值的成本。第三具有灵活性。比如金融期权合约的购买者获得了履约与否的权利,场内的金融衍生品交易可以方便地由交易者随时根据需要进行抛补。还有一些场外的金融衍生品,多是由金融机构以基本金融工具为素材,随时根据客户需要为其"量身定做"新的金融衍生品,这种灵活性是传统金融工具无法比拟的。

11.1.3　金融衍生品的交易者类型

金融衍生品市场中有众多的交易者,根据其参与交易的不同动机和目的,可以将其划分为套期保值者、投机者和套利者 3 类。

1)套期保值者

套期保值者是指那些把金融衍生品市场当作转移价格风险的场所,他利用金融衍生品合约的买卖,对其现在已经持有或即将持有的金融资产进行保值。

套期保值者的目的在于为他们已经持有或即将持有的金融资产转移风险,稳定金融资产价值和保住已经取得的收益。利用金融衍生品进行套期保值所能达到的效果是使最终结果更加确定,但它不一定改进最终结果。

2)投机者

套期保值者是希望减少某项资产价格变动的风险,而投机者则希望在市场中持有某个头寸,利用某项资产价格变动来获取收益。

运用金融衍生市场进行投机和在现货市场中购买标的资产进行投机有着重大的区别。在现货市场上购买一定数额的标的资产需要支付款项,付款金额等于所购买资产的全部价款。签订与该项资产金额相同的金额衍生品合约往往最初不需要支付太多款项,因此投机者运用金融衍生品市场进行投机的杠杆比率会很高。

3)套利者

在金融衍生品市场,套利者可以同时进入两个或多个金融衍生品市场进行交易,以锁定一个无风险的收益。虽然交易成本可能会减少投资者的收益,但是,对大的投资公司来说,其在市场上的交易成本一般都很低,套利机会极具吸引力。但套利机会往往不会长期存在,因为套利者的套利交易会使市场的不平衡瞬间消失,套利机会也随之消失。

【阅读案例 11.1】

"327"国债期货风波

1992 年 12 月 28 日,上海证券交易所首先向证券商推出了国债期货交易。国债期货是以国债为标的物的一种金融期货。此时,国债期货尚未对公众开放,交易量清淡,并未引起投资者的兴趣。1993 年 10 月 25 日,上证所国债期货交易向社会公众开放。与此同时,北京商品交易所在期货交易所中率先推出国债期货交易。

1994 年至 1995 年春节前,国债期货飞速发展,全国开设国债期货的交易场所从两家陡然增加到 14 家(包括两个证券交易所、两个证券交易中心以及 10 个商品交易所)。由于股票市场的低迷和钢材、煤炭、食糖等大宗商品期货品种相继被暂停,大量资金云集国债期货市场尤其是上海证券交易所。1994 年全国国债期货市场总成交量达 2.8 万亿元。

"327"国债是 1994 年 7 月上海证券交易所推出的国债期货品种,标的物是财政部于1992 年发行的 3 年期国债,票面利率为 9.5%,到期利息 128.50 元,享受两年保值贴补。1995 年年初,当时赫赫有名的上海万国证券公司和辽宁国发股份有限公司因对保值贴被率和贴息的错误预估,联手对"327"品种在 148 元左右的交易部位大量抛空,企图操纵市场。但是,市场盛传"财政部将对'327'国债加息"的消息。从 2 月初起,2 月 23 日,辽国发及其操纵的几家公司通过无锡国泰期货经纪公司大笔抛空无效,又提前得知"贴息"的确切消息后,率先空翻多。这一行为再加上原本就做多的各种机构的推波助澜,导致期货价格自148.50 元飙升,最高至 151.98 元。

后知后觉的万国证券当即处于全面被套牢状态,且由于持仓过大,一旦平仓会引发价格更加飞涨,其亏损将达几十亿元,足以使整个公司烟消云灭。为扭转局面,其主要负责人授意恶意透支,超限量砸盘,造成收市前 8 分钟,700 万手(需保证金 14 亿元)巨单将价格暴挫至 147.50 元,使"327"合约顿时暴跌 3.8 元,并使不少多头于瞬间由"巨额浮盈"转眼变成"亏损爆仓",市场一片混乱。

"327"风波之后,各交易所采取了提高保证金比例、设置涨跌停板等措施以抑制国债期货的投机气氛。但因国债期货的特殊性和当时的经济形势,其交易中仍风波不断,并于 5 月10 日酿出"319"风波。5 月 17 日,中国证监会鉴于中国目前尚不具备开展国债期货的基本条件,作出了暂停国债期货交易试点的决定。至此,中国第一个金融期货品种宣告夭折。

来源:杨长江,张波,王一富.金融学教程[M].上海:复旦大学出版社,2004:50-51.

思考题:

1."327"国债期货风波有什么经验教训?

2.结合案例,阐述对于期货交易监管有何建议?

11.2　金融远期市场

11.2.1　金融远期合约的概念

金融远期合约是指交易双方约定在未来的某一确定时间,按确定的价格买卖一定数量的某种金融资产的合约。合约中规定在将来买入标的物的一方称为多方,在未来卖出标的物的一方称为空方。合约中规定未来买卖标的物的价格称为交割价格。如果信息是对称的,而且合约双方对未来的预期相同,那么合约双方所选择的交割价格应使合约的价值在签署合约时等于零。

11.2.2 远期合约的特点

1)协议非标准化

金融远期合约通常发生在两个金融机构之间或者金融机构与客户之间。远期合约交易没有固定的交割时间和标准金额,交易的资产、价格、交割时间、金额等任何的具体要求都由双方协议决定,为非标准合约。

2)场外交易

金融远期合约市场组织较为松散,没有专门的交易场所,也没有集中交易地点,交易方式也不是集中式的,是场外交易。

3)灵活性强

金融远期合约交易双方可以根据自己的需要来"量身定做"金融远期合约,不受标准化条款的束缚。在签署金融远期合约之前,交易双方可以协商确定交割地点、交割时间、交割价格以及标的资产的质量等细节,以便满足双方需求。

4)无保证金要求

正常情况下,金融远期合约交易双方再商定合约时,不需要加纳保证金,也不需要进行任何金钱的交割。

5)实物交割

远期交易属于实体交易,到了交易日一般要进行实物交割。

11.2.3 金融远期合约的种类

1)远期利率协议

(1)远期利率协议的概念

远期利率协议是买卖双方同意从未来某一商定的时间开始在某一特定时期内按协议利率借贷一笔数额确定,以具体货币表示的名义本金协议。远期利率协议的买方是名义借款人,其订立远期利率协议的目的主要是规避利率上升的风险。远期利率协议的卖方则是名义贷款人,其订立远期利率协议的目的主要是规避利率下降的风险,二者的远期利率协议可以固定买方和卖方的夹带利率,将未来损益锁定。之所以成为"名义",是因为借贷双方不必交换本金,只是在结算日由交易一方付给另一方结算金。在远期利率协议交易中,一般采用确定日的某市场同业拆借利率作为参考利率(即市场利率)。

假定 A 公司预计 3 个月以后有一笔 1 亿元的贷款需要,为防止 3 个月后贷款利率发生不利变动,A 公司则可以购买一笔金额 1 亿元期限为 3 个月的远期利率协议。现在假设远期利率协议的价格为6.25%,则A公司理论上把借款利率锁定在6.25%的水平上。如果3个月后参考利率(即市场利率)最终高于合同利率6.25%,那么A公司则从远期利率协议的卖方收到一笔结算金作为补偿较高的利息支出;如果参考利率(即市场利率)最终低于合同利率6.25%,那么A公司则向远期利率协议的出售方支付结算金以补偿其较低的贷款利息收入。无论是哪一种情况出现,或者说,不管最终才考利率(即市场利率)的水平是高还是低,远期利率协议的买方和卖方最终都以6.25%的利率完成融资,通过远期利率协议交易,双方锁定了未来的利率成本或收益。

(2)远期利率协议的主要作用

首先,远期利率协议能规避利率的风险,通过将来支付的利率锁定为协议利率来达到目的。其次,远期利率协议可以作为一种资产负债管理的工具,该交易不需要支付本金,利率也是按照差额计算,故其所需资金数量小,使银行及非银行金融机构可以在无需改变资产负债结构的基础上,有效规避利率风险、有效管理资产负债。最后,远期利率协议简便、灵活,不需要支付保证金。

2)远期外汇合约

远期外汇交易又称期汇交易,是指买卖双方就货币交易种类、汇率、数量以及交割期限等达成书面协议,然后在规定的交割日由双方履行合约,即结清有关货币金额。

【例题11-1】　一家中国公司将于3个月后收到100万美元,如果3个月后美元贬值,公司将遭受损失。为了规避这一汇率风险,该公司可以签订一份远期外汇合约,约定3个月后以7.00 RMB/USD的价格卖出100万美元买入人民币。试分析未来3个月后该公司该笔远期外汇合约的盈亏状况。

分析:

购买该远期外汇合约相当于对美元做空,对人民币做多。3个月后,如果美元贬到7.00 RMB/USD以下,如6.90 RMB/USD,该公司仍可以金融远期合约约定的交割价格7.00 RMB/USD进行交割,从而有效避免了汇率损失。但是如果3个月后,美元升值到7.00 RMB/USD以上,如7.10 RMB/USD,该公司也只能以金融远期合约约定的交割价格7.00 RMB/USD进行交割,失去了由于美元升值带来的盈利机会。

11.3　金融期货市场

11.3.1　金融期货合约的概念

金融期货合约是指协议双方同意在约定的将来某个日期按约定的条件(包括价格、交割地点、交割方式等)买入或卖出一定标准数量的某种标的金融资产的标准化协议。合约中规定的价格就是金融期货合约价格。

11.3.2　金融期货合约的特点

1）标准化

金融期货合约的标准化主要包括：①交易对象标准化。它是指交易对象均是无形的和虚拟化的金融商品，而且其价格、收益率和数量均具有均质性、标准性和不变性。②交易单位规范化。交易单位规定为数目较大的整数，以增强买卖效率。③收付期限规范化。收付期限大多为 3 个月、6 个月、9 个月和 12 个月。④交易价格统一化。交易价格统一由交易所公开拍卖决定。

2）场内交易，间接清算

金融期货合约交易在固定、集中、有组织的期货交易所内进行。交易双方并非直接接触，而是各自与交易所的清算部或者专设的清算公司结算。

3）保证金制度，每日结算

在金融期货合约市场上，交易者只需按照金额期货合约价格的一定比率缴纳少量资金作为履行金融期货合约的财力担保，便可参与金融期货合约的买卖，这种资金就是金融期货合约保证金。金融期货合约交易的结算是由期货交易结束后，交易所按当日结算价结算所有合约的盈亏、交易保证金及手续费等费用。如果保证金不足，交易者要及时补足；否则交易所或清算机构则有权强行平仓。

4）流动性强

市场中进行期货实物交割的是少数，大部分投机者和套期保值者一般都在最后交易日结束之前择机将买入的金融期货合约卖出，或将卖出的金融期货合约买回。这种通过一笔数量相等、方向相反的金融期货合约交易来冲销原有金融期货合约，终止金融期货合约交易的行为叫作平仓。平仓为金融期货合约交易者提供了一种在交割日之前将金融期货合约结清的方式，大大提高了金融期货合约的流动性。

5）违约风险低

由于金融期货合约交易者的对手方均为期货交易所的结算公司，所以参与金融期货合约交易的违约风险很低，接近于零。

11.3.3　金融期货合约与金融远期合约的区别

金融期货合约就是标准化了的金融远期合约。它与金融远期合约的主要区别如表 11-1 所示。

表 11-1　金融期货合约与金融远期合约的区别

	远期合约	期货合约
合约大小	双方协议	标准固定
交割日期	双方协议	特定日期

续表

	远期合约	期货合约
交易方式	双方间通信	交易所竞价、可冲销
商品交割方式	多数为实物交割	少数为实物交割
交易行为的监督	双方自我约束	专门的管理机构
交易风险	违约风险高	违约风险低
保证金要求	无	有

由表 11-1 可知,金融期货合约通常有标准化的合约条款,合约规模、交割日期、交割地点等都是标准化的,在合约上有明确的规定,无需双方再商定;而远期合约条款由交易双方协议决定。金融远期合约没有固定交易场所,通常在金融机构的柜台或通过电话等通信工具进行交易;而金融期货合约交易则是在专门的期货交易所内进行的。由于远期合约是非标准化的金融产品,转让相当困难,因此绝大多数远期合约只能通过到期实物交割来履行;而期货合约是标准化的,当交易一方的目的达到时,它无须征得对方同意就可以通过平仓来结清自己的头寸,而实际中绝大多数期货合约也都是通过平仓来了结的。远期合约的履行仅以签约双方的信誉为担保,不能保证到期一定能履行,远期交易的违约风险较高;期货合约的履行则由交易所或清算公司提供担保,即使一方违约,另一方也不会受到直接影响,期货交易的违约风险几乎为零,但是交易双方要承担价格波动风险。期货合约有保证金要求,而远期合约没有。

因此,从原理上来看,金融远期合约和金融期货合约是本质相同的两种金融衍生品,其最大的区别就在于交易机制的设计不同。金融期货合约交易通过标准化的合约设计和清算、保证金、每日结算等制度,提高了交易的流动性,降低了信用风险,从而大大促进了交易的发展。

11.3.4 金融期货的功能

1)价格风险转移

在日常金融活动中,市场主体经常面临利率、汇率和证券价格风险(通称价格风险)。通过金融期货合约交易,可利用金融期货合约多头或空头把价格风险转移出去从而实现避险目的。这是金融期货合约市场最主要的功能,也是金融期货合约市场产生的最根本原因。但是,金融期货合约交易的避险功能只是对单个主体而言的,对整个社会而言,金融期货合约交易并不能消除价格风险,它的作用只是实现价格风险的再分配即价格风险的转移。

不过,在有些条件下,金融期货合约交易还具有增加或减少整个社会价格风险总量的作用。具体而言,套期保值者之间的金融期货合约交易可以使两者的价格风险互相抵消,投机者之间的金融期货合约交易则是给社会增加价格风险,而套期保值者与投机者之间的金融期货交易才可以实现价格风险的转移。由此可见,适量的投机可以充当套期保值者的媒介,加快价格风险转移速度,而过度的投机则会给社会增加许多不必要的风险。

2)价格发现

金融期货合约价格是所有参与金融期货合约的交易人,对未来某一特定时间的现货价格的期望。不论金融期货合约的多头还是空头,都会依其个人所持立场或所掌握的市场资讯对过去的价格表现加以研究,做出买卖委托。而交易所通过电脑撮合公开竞价出来的价格即为此瞬间市场对未来某一特定时间现货价格的平均看法。这就是金融期货合约市场的价格发现功能。市场参与者可以利用金融期货合约市场的价格发现功能进行相关决策,以提高自己适应市场的能力。

11.3.5 金融期货合约的主要产品

按标的物不同,金融期货合约可分为利率期货、股价指数期货和外汇期货。利率期货是指标的资产依赖于利率水平的金融期货合约,如长期国债期货、短期国债期货和欧洲美元期货。股价指数期货的标的物是股价指数。由于股价指数是一种极特殊的商品,它没有具体的实物形式,双方在交易时只能把股价指数的点数换算成货币单位进行结算,没有实物的交割。这是股价指数期货与其他标的物期货的最大区别。例如,芝加哥商品交易所(CME)的S&P500指数期货的单位价格(即每份合约的价格)规定为指数点数乘以500美元。外汇期货的标的物是外汇,如美元、欧元、英镑、日元、澳元、加元等。

1)利率期货

利率期货,是指由交易双方签订的,约定在将来某一时间按双方事先商定的价格,交割一定数量与利率相关的金融资产的标准化合约。利率期货交易则是指在有组织的期货交易所中通过竞价成交的、在未来某一时期进行交割的债券合约买卖。

利率期货合约的种类繁多,但大体可分为两类:一类是以短期固定收入为主的债务凭证,主要有国库券、商业票据、可转让定期存单以及各种欧洲货币等;另一类是以长期固定收入为主的债务凭证,主要是各国政府发行的中长期公债,如美国的中长期债券、英国的金边债券、日本的日本政府债券等。

2)股指期货

股指期货的全称是股票价格指数期货,是指以股价指数为标的物的标准化金融期货合约,在双方约定的未来的某个特定日期,可以按照事先确定的股价指数的大小,进行标的指数的买卖。

与其他金融期货合约以及股票交易相比,股价指数期货交易具有以下特殊性。

(1)特殊的交易形式

股价指数期货交易兼有期货交易和股票交易的双重特征,其交易标的——股价指数期货合约的价格也与整个股票市场价格同步变动,同样要承担股票价格波动所带来的风险等。但与进行股指所包括的股票现货交易相比,股指期货提供了更为方便的卖空交易方式和较低的交易成本,其杠杆比例和市场流动性都明显高于现货股票市场。

（2）特殊的合约规模

与外汇期货和利率期货不同，股价指数期货交易合约规模又称交易单位，是指以股价指数的点数与某一规定货币金额（这一规定的货币金额叫作合约乘数）的乘积来表示的。合约乘数是合约设计时交易多少规定的，赋予每一指数点一个固定价值的金额。比如，恒生指数期货合约乘数为50，其交易单位为没指数点乘以50港币；英国富时100股指期货合约乘数为100，其交易单位为每指数点乘以100英镑。

（3）特殊的结算方式和交易结果

股指期货合约代表的是虚拟的股票资产，而非某种有形或具体的股票。因此，合约到期时，交易双方采用现金结算即可，无须也无法进行实物交割。同时，也正是由于股指期货交易并未发生实际的股票收付，故交易中也不会发生任何股东权利和义务的转移。

（4）特殊的高杠杆作用

一般的股票投资，投资人必须存有不低于股票价值50%的保证金，而股指期货合约只需10%左右的保证金。这种高杠杆作用可以使投资者以小搏大。

3）外汇期货

外汇期货是交易双方约定在未来某一时间，依据现在约定的比例，以一种货币交换另一种货币的标准化合约的交易，是以汇率为标的物的金融期货合约，用来规避汇率风险。

（1）外汇期货交易的特点

外汇期货交易与远期外汇交易相比，具有以下几个特点。

①市场参与者广泛。远期外汇交易的参与者主要是银行等金融机构及跨国公司等大型企业；外汇期货交易则以其灵活的方式为各种各样的企业提供了规避风险的管理工具。

②流动性不同。远期外汇交易由于参与者在数量上的局限性，一般而言合约的流动性较低；外汇期货交易则由于参与者众多，且有大量的投机者和套利者，流动性较好。

③场内交易。外汇期货交易在有形的交易所内喊价、竞价成交；而远期外汇买卖则由银行通过电话、电传或网络直接商谈成交。

④合约具有标准型。外汇期货合约是标准化的，交易品种单位、变化幅度、涨跌停板、交割时间等都是事先确定的；远期外汇交易的合约内容是由金融机构与客户根据其要求协商而定的。

⑤违约风险低。远期外汇交易的交易基础是交易双方的信用，相对而言风险较大；外汇期货交易由交易所或结算机构做担保，风险由交易所承担，风险相对来说较小。

⑥履约方式不同。远期外汇交易的履约主要是外汇的全额现金交收；外汇期货交易则大多采取对冲方式了结交易，一小部分采取现金交割方式。

（2）外汇期货交易的主要作用

外汇期货的作用主要有以下几个方面。

①投机。外汇期货市场的投机是指交易者根据其对未来市场走势的预测和判断，通过买卖外汇期货合约，从中赚取差价的交易行为。单笔头寸投机可以分为做多和做空，前者就是当投机者预测某种外汇的期货价格将会上升，便买入该外汇期货合约，待以后择机对冲，

反之亦然。

②转移汇率风险。套期保值者可把外汇期货合约视为一项保值手段,以此来避免国际贸易和投资活动中面临的汇率风险,将汇率风险转移到愿意承担汇率风险获取利润的投机者身上。

③提高交易效率。外汇期货合约市场上买卖双方在一起,通过标准化的交易方式降低了交易成本,提高了市场效率。

【例题 11-2】 某年 6 月 10 日美元对瑞士法郎的汇率为 1 USD = 1.343 8 CHD,一个美国公司将收到贷款 100 万瑞士法郎,若按 6 月 10 日的汇率计算该公司可以收到 744 158.36 美元,但是实际上贷款 3 个月后才能收到。该公司预测瑞士法郎有贬值的趋势,请分析:该公司应于国际货币市场规定的瑞士法郎期货合约的交易单位为 125 000 瑞士法郎,该公司卖出 8 份 9 月到期的外汇期货合约,假定期货合约的价格为 1 USD = 1.343 4 CHD,则合约的总价值为 744 546.2 美元(125 000×8/1.352 5)。若 9 月 10 日美元对瑞士法郎的汇率上升为 1 USD = 1.351 0 CHD,则该美国公司按此汇率收回的贷款为 740 192.45 美元,汇率变动给其造成的损失为 3 965.91 美元。同时 9 月 10 日该公司以 1 USD = 1.352 5 CHD 的价格买入 8 份 9 月到期的瑞士法郎期货合约,则合约总价值为 739 371.53 美元(125 000×8/1.352 5)该公司通过低买高卖瑞士法郎期货合约盈利了 5 174.67 美元,弥补了汇率变动带来的损失,有效地进行了套期保值。

【阅读案例 11.2】

上证 50 指数的编制

一、指数简介

上证 50 指数是根据科学客观的方法,挑选上海证券市场规模大、流动性好的最具代表性的 50 只股票组成样本股,以便综合反映上海证券市场最具市场影响力的一批龙头企业的整体状况。上证 50 指数自 2004 年 1 月 2 日起正式发布。其目标是建立一个成交活跃、规模较大、主要作为衍生金融工具基础的投资指数。

二、上证 50 指数编制方法

1. 样本选取

①样本空间:上证 180 指数样本股。

②样本数量:50 只股票。

③选样标准:规模;流动性。

④选样方法:根据总市值、成交金额对股票进行综合排名,取排名前 50 位的股票组成样本,但市场表现异常并经专家委员会认定不宜作为样本的股票除外。

2. 指数计算

上证 50 指数采用派许加权方法,按照样本股的调整股本数为权数进行加权计算。计算公式为:

$$报告期指数 = 报告期成分股的调整市值 / 基期 \times 1\,000 \tag{11.1}$$
其中,调整市值 $= \sum (市价 \times 调整股数)$。

调整股本数采用分级靠档的方法对成分股股本进行调整。上证 50 指数的分级靠档方法如表 11-2 所示。

表 11-2　上证 50 指数分级靠档表

流通比例/%	≤10	(10,20]	(20,30]	(30,40]	(40,50]	(50,60]	(60,70]	(70,80]	>80
加权比例/%	流通比例	20	30	40	50	60	70	80	100

3. 指数的修正

(1)修正公式

上证 50 指数采用"除数修正法"修正。

当成分股名单发生变化或成分股的股本结构发生变化或成分股的调整市值出现非交易因素的变动时,采用"除数修正法"修正原固定除数,以保证指数的连续性。修正公式为:

$$修正前的调整市值 / 原除数 = 修正后的调整市值 / 新除数 \tag{11.2}$$
其中,修正后的调整市值 = 修正前的调整市值 + 新增(减)调整市值。由此公式得出新除数(即修正后的除数,又称新基期),并据此计算以后的指数。

(2)需要修正的情况。

①除息——凡有成分股除息(分红派息),指数不予修正,任其自然回落。

②除权——凡有成分股送股或配股,在成分股的除权基准日前修正指数。

修正后调整市值 = 除权报价 × 除权后的股本数 + 修正前调整市值(不含除权股票)

$$\tag{11.3}$$

③停牌——当某一成分股停牌,取其最后成交价计算指数,直至复牌。

④摘牌——凡有成分股摘牌(终止交易),在其摘牌日前进行指数修正。

(5)股本变动——凡有成分股发生其他股本变动(如增发新股、配股上市、内部职工股上市引起的流通股本增加等),在成分股的股本变动日前修正指数。

(6)停市——部分样本股停市时,指数照常计算;全部样本股停市时,指数停止计算。

4. 成分股调整

上证 50 指数依据样本稳定性和动态跟踪相结合的原则,每半年调整一次成分股,调整时间与上证 180 指数一致。特殊情况时也可能对样本进行临时调整。

每次调整的比例一般情况不超过 10%。样本调整设置缓冲区,排名在 40 名之前的新样本优先进入,排名在 60 名之前的老样本优先保留。

三、用途

1. 对股票投资组合进行风险管理

股票的风险可以分为两类,一类是与个股经营相关的非系统性风险,可以通过分散化投资组合来分散;另一类是与宏观因素相关的系统性风险,无法通过分散化投资来消除,通常用贝塔系数来表示。例如贝塔值等于1,说明该股或该股票组合的波动与大盘相同;如贝塔值等于1.2,说明该股或该股票组合波动比大盘大20%;如贝塔值等于0.8,则说明该股或该组合的波动比大盘小20%。通过买卖股指期货、调节股票组合的贝塔系数,可以降低甚至消除组合的系统性风险。

2.利用股指期货进行套利

所谓套利,就是指利用股指期货定价偏差,通过买入股指期货标的指数成分股并同时卖出股指期货,或者卖空股指期货标的指数成分股并同时买入股指期货,来获得无风险收益。套利机制可以保证股指期货价格处于一个合理的范围内,一旦偏离,套利者就会入市以获取无风险收益,从而将两者之间的价格拉回合理的范围内。

3.杠杆性的投资工具

由于股指期货保证金交易,只要判断方向正确,就可能获得很高的收益。例如,如果保证金为10%,买入1张上证50指数期货,那么只要股指期货涨了5%,就可获利50%。当然,如果判断方向失误,期货不涨反跌了5%,那么投资者将亏损本金的50%。

来源:上海证券交易所网站。

思考题:

1.上证50股指是如何修正的?

2.如何对股票投资组合进行风险管理?

3.如何利用股指期货进行套利?

11.4 金融期权市场

11.4.1 金融期权合约的概念

金融期权合约,是指赋予其购买方在规定期限内按买卖双方约定的价格(简称协议价格或执行价格)购买或出售一定数量某种金融资产(称为标的资产)权利的合约。金融期权合约购买方为了获得这个权利,必须支付给金融期权合约出售方一定的费用,该费用称为期权费或期权价格。

11.4.2 金融期权合约的特点

一般而言,金融期权具有以下特点。

1)以金融资产作为标的物

期权是一种可以买卖某种商品的权利,它本身是一种抽象、无形的东西。金融期权交易以某种金融资产作为交易标的,是一种权利的有偿使用,是期权的买方向期权的卖方支付了一定数额的期权费之后所拥有的,在规定有效期或有效期内按事先约定的价格,向卖方买进或卖出一定数量的某种金融商品的权利。

2）期权买方与卖方非对等的权利义务

金融期权的买方付出期权费买入看涨期权或看跌期权,就获得了处置某种资产的权利,也可以放弃行使权利。但如果金融期权合约买方要求行权卖方就必须接受。因此,对于金融期权合约的买方而言,付出期权费后就只有权利没有义务,而金融期权合约的卖方则相反,收到期权费后,就只有义务没有权利。所以,金融期权合约买方可能遭受的最大损失和金融期权合约卖方可能获得的最大盈利都在期权费之内。

3）买卖双方风险与收益的不平衡性

对于期权的买方来说,一方面他所承担的风险是有限的,因为其可能遭受的最大损失就是购买期权所支付的期权费,这种风险是可预知的并且已支付的;另一方面期权买方具有行使买进或卖出标的金融资产的权利,所以获利机会较多,并且收益额可能是无限的。但是对于期权的卖方来说,他在期权交易中所面临的风险是很难准确预测的,为此必须先缴纳一笔保证金以表明其具有履约的财力,具体来说,在出售期权情况下,其风险可能是无限的。与其承担的风险相比,期权卖方的收益永远是有限的,即期权买方支付的期权费。

11.4.3 金融期权合约市场的构成要素

1）金融期权合约的买方与卖方

买方是指依据金融期权合约买卖协议支付期权费用,同时获得行使期权权利的一方。卖方是依据金融期权合约买卖协议收取期权费用,同时负有按期履行期权义务的一方。

2）标的资产的种类及数量

金融期权合约中规定的双方买入或售出的资产,称为金融期权合约的标的资产。金融期权合约中应指明标的资产的种类及数量。

3）合约的有效期限

金融期权合约的有效期限一般不超过 9 个月,以 3 个月和 6 个月最为常见。

4）期权费

金融期权合约是其卖方将一定的权利赋予买方而自己承担相应义务的一种交易。作为给金融期权合约出售方承担义务的报酬,金融期权合约买方必然要支付给金融期权合约卖方一定的费用,称为期权费或期权价格。

5）执行价格

执行价格是指金融期权合约所规定的,金融期权合约买方在行使其权利时实际执行的价格(标的资产的买价或卖价)。显然,执行价格一经确定,金融期权合约买方就必然根据执行价格和标的资产实际市场价格的相对高低来决定是否行使金融期权合约,由此衍生了金融期权合约交易中常用的内在价值、实值、虚值和平价等概念。

6）到期时间

金融期权合约中的另一个交易要素是金融期权合约的到期时间,金融期权合约买方只能在合约所规定的时间内行使其权利。一旦超过期限仍未执行即意味着自愿放弃了这一权利。按金融期权合约买方执行金融期权合约的时限划分,金融期权合约可基本分为欧式期权和美式期权。

11.4.4　金融期权合约市场的交易制度

1)标准化合约

交易所期权合约的最大特征和成功原因之一就是期权合约的标准化,标准化的期权合约中,交易单位、执行价格、最后交易日与履约日、每日价格波动限制、最小变动价位、合约月份、交易时间等都由交易所规定。

(1)期权合约的交易单位

交易单位也被称为"合约大小",就是一张期权合约中标的资产的交易数量。期权合约不同、交易所不同,交易单位的规定都会有所不同。

(2)执行价格

期权合约中的执行价格也是由交易所事先选定的。为期权合约确定执行价格的时候,首先根据该合约标的资产最近的收盘价,依据某一特定的形式确定一个中心执行价格,再根据特定的幅度设定该中心价格的上下各若干级距的执行价格。

(3)最后交易日和履行日

最后交易日是指期权合约的交易所交易的最后截止日。履约日是指期权合约中规定的期权合约的买方实际执行该合约的日期。

2)保证金制度

金融期货合约的保证金制度是要求买卖双方都要缴纳保证金,而金融期权合约交易中只有金融期权合约的卖方需要交纳保证金。因为金融期权合约的买方只有履约的权利而没有履行的义务,卖方则相反。金融期权合约的卖方可以选择现金缴纳保证金,也可以预先将金融期权合约的标的资产存在经纪人处作为履约保证。

3)交割规定

在场内金融期权合约交易中,如果交易者不想继续持有未到期的期权头寸,就可以在最后交易日结束之前,随时进行反向交易,结清头寸。这与金融期货合约交易中的对冲是相似的。相反,如果最后交易日结束之后,交易者所持有的头寸仍未平仓,买方就有权要求执行,而卖方就必须做好相应的履约准备。当然,如果是美式期权,金融期权合约买方随时有权利决定交割。从实际来看,金融期权合约交割的比例要比金融期货合约高得多。

11.4.5　金融期权合约的种类

按期权买者的权力划分,期权可分为看涨期权和看跌期权。看涨期权赋予期权买者购买标的资产的权利;而看跌期权赋予期权买者出售标的资产的权利。

按期权买者执行期权的时限划分,期权可分为欧式期权和美式期权。欧式期权的买者只能在期权到期日才能执行期权;而美式期权允许买者在期权到期前的任何时候执行期权。

按照金融期权合约的标的资产划分,金融期权合约可分为利率期权、货币期权、股价指数期权、股票期权以及金融期货期权。

【阅读案例 11.3】

上证 50 股指期货合约介绍

一、合约

本合约的合约标的为上海证券交易所编制和发布的上证 50 指数。本合约的合约乘数为每点人民币 300 元。股指期货合约价值为股指期货指数点乘以合约乘数。本合约以指数点报价。合约的最小变动价位为 0.2 指数点,合约交易报价指数点为 0.2 点的整数倍。本合约的合约月份为当月、下月及随后两个季月。季月是指 3 月、6 月、9 月、12 月。本合约的最后交易日为合约到期月份的第三个周五,最后交易日即为交割日。最后交易日为国家法定假日或者因异常情况等原因未交易的,以下一交易日为最后交易日和交割日。到期合约交割日的下一交易日,新的月份合约开始交易。合约的交易代码为 IH。

二、交易业务

本合约的交易单位为手,合约交易以交易单位的整数倍进行。合约交易指令每次最小下单数量为 1 手,市价指令每次最大下单数量为 50 手,限价指令每次最大下单数量为 100 手。合约采用集合竞价和连续竞价两种交易方式。集合竞价时间为每个交易日 9:10—9:15,其中 9:10—9:14 为指令申报时间,9:14—9:15 为指令撮合时间。连续竞价时间为每个交易日 9:15—11:30(第一节)和 13:00—15:15(第二节),最后交易日连续竞价时间为 9:15—11:30(第一节)和 13:00—15:00(第二节)。

三、结算业务

本合约的当日结算价为合约最后一小时成交价格按照成交量的加权平均价。计算结果保留至小数点后一位。合约以当日结算价作为计算当日盈亏的依据。具体计算公式如下:

当日盈亏 = { $\sum$ [(卖出成交价 − 当日结算价) × 卖出量] + $\sum$ [(当日结算价 − 买入成交价) × 买入量] + (上一交易日结算价 − 当日结算价) × (上一交易日卖出持仓量 − 上一交易日买入持仓量)} × 合约乘数。

本合约的手续费标准为不高于成交金额的万分之零点五。合约的交割结算价为最后交易日标的指数最后两小时的算术平均价。计算结果保留至小数点后两位。合约采用现金交割方式。本合约的交割手续费标准为交割金额的万分之一。

四、风险管理

本合约的最低交易保证金标准为合约价值的 8%。合约的每日价格最大波动限制是指其每日价格涨跌停板幅度,为上一交易日结算价的 ±10%。季月合约上市首日涨跌停板幅度为挂盘基准价的 ±20%。上市首日有成交的,于下一交易日恢复到合约规定的涨跌停板幅度;上市首日无成交的,下一交易日继续执行前一交易日的涨跌停板幅度。合约最后交易日涨跌停板幅度为上一交易日结算价的 ±20%。

本合约实行持仓限额制度。

①进行投机交易的客户某一合约单边持仓限额为 1 200 手。

②某一合约结算后单边总持仓量超过 10 万手的,结算会员下一交易日该合约单边持仓量不得超过该合约单边总持仓量的 25%。

进行套期保值交易和套利交易的持仓按照交易所有关规定执行。

来源:长江证券网站。

思考题:

1. 上证 50 股指期的交易标的是什么? 合约乘数为多少? 合约交易的最小变动价位为多少? 合约交易报价指数点的规定是什么?

2. 合约的最低交易保证金标准为多少? 每日价格最大波动限制为多少?

3. 当日结算价和合约的交割结算价有什么不同?

11.5 金融互换市场

11.5.1 金融互换合约的概念及基本原理

金融互换合约是两个或两个以上当事人按照商定条件,在约定的时间内,交换一系列现金流的合约。金融互换合约交易的主要原理是比较优势原理,即交易双方利用各自在筹资成本上的比较优势筹措资金,然后分享由比较优势而产生的经济利益。

比较优势理论是英国著名经济学家大卫·李嘉图提出的。他认为,在两国都能生产两种产品,且其中一国在这两种产品的生产上均处于有利地位,而另一国均处于不利地位的条件下,如果前者专门生产优势较大的产品,后者专门生产劣势较小(即具有比较优势)的产品,那么通过专业化分工和国际贸易,双方仍能从中获益。李嘉图的比较优势理论不仅适用于国际贸易,而且适用于所有的经济活动。只要存在比较优势,双方就可通过适当的分工和交换使双方共同获利。人类进步史,实际上就是利用比较优势进行分工和交换的历史。

金融互换合约是比较优势理论在金融领域最生动的运用。根据比较优势理论,只要满足两种条件就可进行金融互换合约:双方对对方的资产或负债均有需要;双方在两种资产或负债上存在比较优势。

11.5.2 金融互换合约的特点

1)风险比较小

金融互换合约一般不涉及本金,信用风险仅限于息差,而且涵盖数个利息期间,所以总体上风险比较小。

2)灵活性大

金融互换合约交易为场外交易,虽然合约标准化,只是指条款格式化而言,具体的条件可以商定,变通性较大。另外,金融互换合约交易不通过交易所,手续简单。

3)参与者信用比较高

金融互换合约交易通常在 AA 级信用以上的交易者之间进行,一般不需要保证和抵押,签订交易合约并不立即影响交易者的现金流量;而金融期货交易需要有保证金,金融期权交易需要有期权费,从而会影响交易者的现金流量。

11.5.3 金融互换合约的作用

1)合理利用经济资源,提高经济效益

投资者可以利用金融互换合约交易,充分利用双方的比较优势来提高收益。同样道理,筹资者也可以利用金融互换合约交易大幅度降低筹资成本。

2)规避风险

投资者或者筹资者可以利用金融互换合约交易规避利率风险或者汇率风险。

3)有效管理资产负债结构

银行或者企业可以利用金融互换合约交易筹措到所需的任何期限、币种、利率的资金。同时,可以灵活地调整其资产负债的市场结构和期限结构,有效地管理资产负债。

4)合理逃避管制

金融互换合约交易属于不计入资产负债表的表外业务,可以合理地逃避税收管制、利率管制、外汇管制等各类管制。

11.5.4 金融互换的主要产品

1)货币互换

货币互换又称外汇互换,是交易双方之间达成的一种协议或合约,合约中交易双方承诺在一定期限内互相交换约定的不同货币的本金额以及相同或不同性质的利息。货币互换的主要原因是双方在各自国家中的金融市场上具有比较优势。

【例11-3】 假定英镑和美元汇率为 1 英镑＝1.600 0 美元。一家美国公司想借入 3 年期的 1 000 万固定利率英镑借款,而一家英国公司想借入 3 年期的 1 600 万固定利率美元借款。但由于两国金融市场对两公司的熟悉状况不同,因此,市场向它们提供的固定利率也不同,如表 11-3 所示。

表 11-3 市场向两公司提供的借款利率

	美元利率/%	英镑利率/%
英国公司	10	6
美国公司	11	8

分析：

从表 11-3 可以看出,英国公司在英国市场和美国市场上的借款利率均比美国公司低,但绝对优势大小不同。英国公司在英镑市场的绝对优势为 2%,而在美元市场上的绝对优势较小。这两家公司就可以利用各自的比较优势,也即英国公司从英国市场上筹集英镑,美国公司在美国市场上借美元,然后通过金融互换合约得到自己需要的资金,并通过分享互换收益:1%[(8.0% - 6.0%) - (11.0% - 10.0%) = 1%] 来达到双方降低筹资成本的目的。

2)利率互换

利率互换是指双方同意在未来的一定期限内根据同种货币同样的名义本金交换现金流,其中一方的现金流根据浮动利率不计算出来,而另一方的现金流根据固定利率计算。利率互换中交换的现金流可以是固定利率利息流和浮动利率利息流,其中浮动利率利息流一般用 6 个月的 Libor 表示。

简单来说,利率互换就是两笔货币相同、本金相同、期限相同的资金,做固定利率与浮动利率的调换。这个调换是双方的,如甲方以固定利率换取乙方的浮动利率,乙方则以浮动利率换取甲方的固定利率,故称利率互换合约。交易双方进行利率互换的主要原因在于双方分别在固定利率市场和浮动利率市场上具有比较优势,计算原理与货币互换类似。但因利率互换只交换利息差额,因此信息风险很小。

我们以一个例子来说明利率互换的交易过程及其功能。

【例 11-4】 假定 A,B 两个公司都想通过发行债券的方式借入 5 年期的,价值 100 万美元的货币借款,但 A 公司为与其资产相匹配,想以固定利率方式借入资金,而 B 公司想以浮动利率方式借入资金。两家公司信用等级不同,A 公司信用等级低于 B 公司,故市场向它们提供的利率也不同,如表 11-4 所示。

表 11-4　A,B 两家公司发行 5 年期债券的市场利率水平

	固定利率/%	浮动利率/%
A 公司	16	Libor+2
B 公司	14	Libor+1

分析：

从表 11-4 可以看出,A 公司无论是在发行浮动利率债券还是在发行固定利率债券上成本均高于 B 公司,但其在发行浮动利率债券上有比较优势,B 公司在发行固定利率债券上有比较优势。双方利用各自的比较优势,A 公司发行浮动利率债券,利率为 Libor+2%,B 公司发行固定利率债券,利率为 14%,然后进行利率互换。由于本金相同,故双方不必交换本金而只交换利息的现金流。

通过商业银行等互换中介,A,B 公司达成了利率互换协议。A 公司同意定期向 B 公司支付 13.55% 的固定利率以换取 Libor 浮动利率,B 公司同意定期向 A 公司支付 Libor 浮动利率以换取 13.45% 的固定利率。13.55% 与 13.45% 之间的利差为互换中介获得的手续费。通过利率互换,A,B 两公司都降低了自己的筹资成本。A 公司的筹资成本变为:Libor+0.55%(即支付 Libor 换

取13.45%,而13.45%与发行债券要支付的利率14%相差0.55%),比起自己发行浮动利率债券的成本低0.45%;B公司的筹资成本变为15.55%(13.55%+2%,即支付13.55%换取Libor,而换取的Libor与其发行债券要支付的利率Libor+2%还相差2%),比起自己发行固定利率债券的成本低0.45%。由此可见,通过利率互换,A,B两公司都降低了各自的筹资成本。

【阅读案例11.4】

世界主要股指期货市场

一、标准普尔500指数

标准普尔500指数是由标准普尔公司1957年开始编制的。最初的成分股由425种工业股票、15种铁路股票和60种公用事业股票组成。从1976年7月1日开始,其成分股由400种工业股票、20种运输业股票、40种公用事业股票和40种金融业股票组成。它以1941年至1942年为基期,基期指数定为10,采用加权平均法进行计算,以股票上市量为权数,按基期进行加权计算。与道琼斯工业平均股票指数相比,标准普尔500指数具有采样面广、代表性强、精确度高、连续性好等特点,被普遍认为是一种理想的股票指数期货合约的标的。

二、道琼斯平均价格指数

道琼斯平均价格指数简称道琼斯平均指数,是目前人们最熟悉、历史最悠久、最具权威性的一种股票指数,其基期为1928年10月1日,基期指数为100。道琼斯股票指数的计算方法几经调整,现在采用的是除数修正法,即不是直接用基期的股票指数做除数,而是先根据成分股的变动情况计算出一个新除数,然后用该除数除报告期股价总额,得出新的股票指数。目前,道琼斯工业平均股票指数共分4组:第一类是工业平均数,由30种具有代表性的大工业公司的股票组成;第二组是运输业20家铁路公司的股票价格指数;第三组是15家公用事业公司的股票指数;第四组为综合指数,是用前3组的65种股票加总计算得出的指数。人们常说的道琼斯股票指数通常是指第一组,即道琼斯工业平均数。

三、英国金融时报股票指数

金融时报股票指数是由伦敦证券交易所编制,并在《金融时报》上发布的股票指数。根据样本股票的种数,金融时报股票指数分为30种股票指数、100种股票指数和500种股票指数3种指数。目前常用的是金融时报工业普通股票指数,其成分股由30种代表性的工业公司的股票构成,最初以1935年7月1日为基期,后来调整为以1962年4月10日为基期,基期指数为100,采用几何平均法计算。而作为股票指数期货合约标的的金融时报指数则是以市场上交易较频繁的100种股票为样本编制的指数,其基期为1984年1月3日,基期指数为1 000。

四、日经股票平均指数

日经股票平均指数的编制始于1949年,它是由东京股票交易所第一组挂牌的225种股票的价格所组成。这个由日本经济新闻有限公司(NKS)计算和管理的指数,通过主要国际价格报道媒体加以传播,并且被各国广泛用来作为代表日本股市的参照物。

1988 年 9 月,新加坡国际金融交易所(SIMEX)推出日经 225 股票指数期货,成为一个重大的历史性发展里程碑。此后,日经 225 股票指数期货及期权的交易,也成为许多日本证券商投资策略的组成部分。

五、香港恒生指数

恒生指数是由香港恒生银行于 1969 年 11 月 24 日开始编制的用以反映香港股市行情的一种股票指数。该指数的成分股由在香港上市的较有代表性的 33 家公司的股票构成,其中金融业 4 种、公用事业 6 种、地产业 9 种、其他行业 14 种。恒生指数最初以 1964 年 7 月 31 日为基期,基期指数为 100,以成分股的发行股数为权数,采用加权平均法计算。后由于技术原因改为以 1984 年 1 月 13 日为基期,基期指数定为 975.47。恒生指数现已成为反映香港地区政治、经济和社会状况的主要风向标。

六、价格影响因素

1. 宏观经济及企业运行状况

在宏观经济运行良好的条件下,股票价格指数一般来说会呈现上升趋势;宏观经济运行恶化条件下,股票价格指数往往呈现出下滑的态势。同样,当企业经营效益普遍不断提高时,会推动股票价格指数上升;反之,则会导致股票价格指数下跌。

2. 利率水平的高低及趋势

一般来说,利率水平越高,股票价格指数会越低。一来因为在利率处于较高水平时,投资者倾向于到银行存款或购买债券等,从而导致股票市场的资金减少,导致股票价格指数下跌;反之,利率水平越低,投资者倾向于投资到收益率较高的股票市场,股票指数就会上升。二来因为利率上升,导致企业的生产成本上升,利润下降,股票价格也随之下降;反之亦然。

3. 资金供求状况与通胀水平及预期

当市场资金比较充裕,股票市场的投资需求比较大时,会推动股票价格指数上升;否则,会导致股票价格指数下跌。当通货膨胀水平较低时,货币供应量增加,能刺激生产增加公司利润,对股票价格指数有推动作用;而通货膨胀严重的时期,物价上涨,货币购买力下降,一般政府会实行紧缩货币政策提高市场利率水平,从而导致股票价格指数下降。

4. 经济金融政策

国家出台的变动利率、汇率及针对行业、区域的政策等会对整个经济或某些行业板块造成影响,从而影响上证 50 成分股及其指数走势。

5. 其他因素

国际政局动荡、战争、恐怖事件、金融危机、能源危机等,对全球证券市场行情和股票价格指数均会造成不同程度的影响。

来源:长江证券网站。

思考题:

1. 世界主要股指期货市场有哪些? 影响股指价格的因素有哪些?

2. 结合现在的上证指数,谈谈你认为影响现在指数走势的主要有哪些?

【本章习题】

一、名词解释

金融衍生工具　金融远期合约　远期利率协议　金融期货合约　外汇期货
利率期货　股指期货　金融期权　看涨期权　看跌期权　期权费　欧式期权
美式期权　金融互换　利率互换　货币互换

二、简答题

1. 什么是金融衍生工具？金融衍生工具的特点是什么？
2. 金融远期合约和金融期货合约有什么样的区别？
3. 金融期货合约和金融期权合约有什么样的区别？
4. 金融互换合约产生的理论基础是什么？

三、思考题

A 公司和 B 公司如果要在金融市场上借入 5 年期本金为 1 000 万美元的贷款,需支付的年利率分别为:

	固定利率/%	浮动利率/%
A 公司	10	Libor+1
B 公司	12	Libor+2

A 公司需要的是浮动利率贷款,B 公司需要的是固定利率贷款。请设计一个利率互换,其中银行作为中介获得的报酬为 0.1% 的利差,而且要求互换对双方具有相同的吸引力。

第12章　金融管理机构

【本章学习要求】

1. 了解中央银行的类型与组织结构，掌握中央银行的职能与基本业务。
2. 熟悉金融监管体制。
3. 熟悉银行监管机构及其监管内容。
4. 认识证券监管机构及监管内容。
5. 了解保险监管机构及监管内容。

12.1　中央银行

12.1.1　中央银行的产生与发展

1) 中央银行的起源

银行业起源于古老的货币兑换业，已有几千年的历史。而中央银行是在一般商业银行迅速发展、竞争日益激烈的客观经济基础上应运而生的，不过只有几百年的历史。18世纪末至19世纪初，资本主义社会生产力的迅速发展和商品流通迅速扩大，使货币信用业务也随之不断扩展，资本主义商业银行在全世界纷纷建立起来。如英国在1814年已有940多家私人商业银行。银行业在种类和数量上迅速扩大，带来了更加激烈的竞争，引发了一系列问题。

(1) 银行券发行过剩，货币流通陷入混乱

最初的商业银行都有权力发行银行券，如英国18世纪末有279家银行都发行货币。这样使一国流通界的纸币种类过多，数量过剩，人们难以分辨纸币的真伪和真实价值。而且，很多商业银行的发行超过其兑现能力，在经济危机时无法保证兑现，银行间还有恶意挤兑现象，破产时有发生，银行信用极不稳定。同时，私人商业银行限于资力、信用及机构不足，发行地区并不广泛，给生产和流通也带来了很多困难。这时，货币流通的混乱已经成为资本主义经济发展的极大障碍。

(2) 银行业务的迅速扩大，各行间债权债务关系日趋复杂

由于各银行发行的货币不同，又没有一个统一的票据交换和债权债务清算中心，而且限

于当时的通信技术、交通运输等条件,一家银行所收的支票经多家代理行转手,很长时间后才能到达付款银行。这时,也许付款银行已经破产,或者支票有误和存户存款不足,退回的支票又要经过"长途旅行"后才被发觉。这种落后的结算方式和制度也成为货币金融业发展的阻碍。

(3)竞争使大量较小商业银行倒闭

随着生产流通的扩大,贷款要求数量大、期限长,这是较小商业银行无能为力的。因此,在日益激烈的竞争中,较小银行处于劣势,若没有强大的资金支持,就难逃破产的厄运。大量银行衰落倒闭,给银行业和金融市场造成极大的威胁和混乱,甚至引起金融恐慌。另一方面,股份银行无论在资本和数量上都日益扩大,这种此消彼长的趋势也冲击着资本主义经济的发展。由此可见,商业银行与金融业务发展到一定阶段,就具备了要求统一发行货币、统一票据结算、统一收缴准备金,以稳定金融、促进经济发展的客观基础为前提。也就是需要国家建立一个专门的机构,代表国家对全国的金融业行使管理的监督权力。于是,中央银行便在这种强烈的呼唤中悄然起步了。

2)中央银行的形成与发展

中央银行产生于17世纪后半期,但中央银行制度的真正形成和发展始于19世纪中叶。中央银行主要是通过两种方式建立并发展起来的。

第一种方式是从一般商业银行演变而来,由国家法令授予权力,逐步确定中央银行的地位。英国的英格兰银行是这种方式的突出代表。世界上一般公认英格兰银行是现代中央银行的先驱。英格兰银行的前身是1694年成立的一家商业银行,当时英国国会规定其有不超过资本总额的钞票发行权。1826年英国国会通过法案,准许设立其他股份银行,并可发行钞票,但限制在距伦敦65英里以外,以区别于英格兰银行。直到1844年,由于1825年和1839年两次金融混乱导致了经济危机,国会才通过银行特许条例,即"皮尔条例",宣布英格兰银行独具货币发行权,并负责集中商业银行的存款准备金。1854年英格兰银行取得清算银行的地位,从而确定了英格兰银行作为中央银行的地位。这是中央银行发展史上的一个重要里程碑。又如瑞典中央银行的前身是1656年私人创办的一家商业银行,1661年发行钞票,1668年改组为国家银行。1897年瑞典政府发布法令将货币发行权集中于该行后,其他银行发行的钞票逐步收回。这样瑞典银行演变为真正意义上的中央银行。

第二种方式是直接建立中央银行。这种典型首推美国联邦储备体系。美国在1863年国会通过了全国货币法案,建立国民银行制度。各国民银行均可发行银行券,只需在财政部设立的"通货监理官"存入一定比例的公债。但随后几年出现的金融恐慌,特别是1907年的金融大恐慌,使美国政界和经济界意识到建立中央银行的迫切性。1908年5月,美国成立了全国货币委员会,调查研究各国银行制度。鉴于各州利害关系不同,既要实行金融改革,建立统一管理机构,又要防止中央银行成为银行卡特尔,于是,创新出一种折中性的联邦储备制度。1913年,伍德罗·威尔逊总统签署了联邦储备法,1914年正式建立了美国联邦储备体系,行使中央银行的全部职能。

12.1.2　中央银行的类型与组织结构

1)中央银行的类型

世界上一百多个国家的中央银行制度虽然各不相同,但大体上可以分为以下4种类型。

(1)单一式中央银行制度

单一式中央银行制度是指在一国内单独设立一家中央银行,作为发行的银行、政府的银行和制定并执行宏观金融政策的最高金融管理权力机构。这种制度也可分为两种方式:①一元制,即设立中央银行总行和在各地设众多分支机构,这些分支机构虽是隶属总行,但不得独立制定货币政策,一切听命于总行。目前法国、意大利、瑞典、日本等国都实行这种高度集中的中央银行制度。②二元制,即在中央和地方设立两级中央银行机构。中央联邦一级是最高权力和管理机构,地方联邦一级的中央银行有自己的权力机构,除执行统一的货币政策外,在业务经营管理上有较大独立性。中央和地方两级中央银行分别行使职权。美国、德国等国目前采用这种制度。

(2)复合式中央银行制度

复合式中央银行制度是指在一国把中央银行的业务、职能与商业银行的业务、职能集中于一体,不单独设立中央银行。东欧一些国家在20世纪五六十年代,中国在改革开放之前,都是实行这种制度。

(3)跨国中央银行制度

跨国中央银行制度是指几个国家共同组成一个货币联盟,各成员国不设本国的中央银行,而由货币联盟为成员国执行中央银行职能。它主要由地域相邻、习俗相近、经济发展水平相当的若干国家所组成。跨国中央银行为联盟各国共同所有,并为联盟各国服务。实行跨国中央银行制度的典型代表是西非货币联盟,此外,还有中非货币联盟和东加勒比海货币管理局等。

(4)准中央银行制度

准中央银行制度是指在一个国家或地区还没有建立通常意义上的中央银行制度,或者由政府授权某个或几个商业银行行使部分中央银行的权力;或者建立了中央银行,但只是它的初级形式,缺少基本的中央银行职能。显而易见,这种意义上的中央银行只能称之为准中央银行。实行准中央银行制度的国家和地区主要有新加坡、中国香港等。

2)中央银行的组织结构

中央银行的组织结构包括权力分配结构、内部职能机构和分支机构设置等方面。

(1)中央银行的权力分配结构

权力分配是指最高权力(决策权、执行权和监督权)的分配状况,它通过权力机构的设置和职责分工体现出来。有些国家的中央银行是三权合一的,而有些国家则设立不同机构分别行使其权力。但无论如何,对中央银行行使职能无实质性影响。

(2)中央银行的内部机构设置

中央银行内部机构设置是指中央银行总行或总部机关的职能划分及分工。一般包括:

①与行使中央银行职能直接相关的部门。这是中央银行内设机构的主体部分,包括办理与金融机构业务往来的部门、货币政策操作部门、负责货币发行的部门、组织清算的部门、金融监管部门等。

②为中央银行行使职能提供咨询、调研和分析的部门。包括统计分析部门、研究部门等。

③为中央银行有效行使职能提供保障和行政管理服务的部门。包括行政管理部门、服务部门、后勤保障部门等。

（3）中央银行分支机构的设置

中央银行分支机构的设置大致有3种情况:

①按经济区域设置(大多数国家)。

这种设置方法是根据各地经济金融发展状况和中央银行业务量的大小,视实际需要按经济区域设立分支机构,与行政区划并不一致。经济区域的划分主要考虑以下因素:a.地域因素;b.经济、金融联系的密切程度;c.理事传统;d.业务量。

②按行政区划设置(一般与计划体制相适应)。在这种设置方式下中央银行的分支机构设置与国家的行政区划相一致,逐级设置分行或支行。

③以经济区域为主、兼顾行政区划(如日、德、意、匈、1998年以后的中国)。这种设置方式一般是按经济区域设置分行,而分行之下的机构设置则考虑行政区划并尽量与行政区划相一致。

12.1.3 中央银行的性质与职能

1)中央银行的性质

中央银行的性质是由其在国民经济中的地位所决定的,并随着中央银行制度的发展而不断改变。现代中央银行的性质较之早期中央银行的性质有了很大变化。它已由过去集中发行银行券、解决国家财政困难的政府银行,逐步发展成为代表国家调节宏观经济、管理金融机构的特殊机构,在一国国民经济活动中和金融业务中居特殊的领导地位。它的主要任务:制定或执行金融政策,监督和管理整个金融机构的政策实施和运行情况,稳定货币,促进国民经济发展。中央银行具有与其他金融机构不同的性质。

（1）中央银行是调节宏观经济的工具

中央银行利用自己在整个金融体系中特殊的核心地位,根据社会发展的宏观需要,运用经济、行政、法律的金融手段和货币政策工具影响商业银行的信用行为,达到控制社会信用规模、调节信用结构,从而实现对社会经济调节的目的。第一,中央银行通过改变基础货币的供应量,保障社会总需求和总供给在一定程度上的平衡。第二,中央银行在金融市场上处于支配地位,它可以通过公开市场操作,即通过购进和抛出有价证券的方法,直接参与金融市场活动,调节社会的货币供应量,影响社会信用规模。第三,中央银行是最后贷款者,它通过变动存款准备金率和再贴现率对商业银行和其他信用机构进行贷款规模和结构的调节,间接地调节社会经济活动。

（2）中央银行是国家最高的金融决策机构，具有国家机关的性质

为促进国民经济发展，保证物价、币值稳定，其首要任务是执行国家的金融政策，对社会经济活动、金融机构的业务发展以及经营状况等进行金融监督和管理。第一，很多国家的银行法都明确规定中央银行是一国金融业的最高管理机构，是政府在金融领域内的代理人；第二，其资本所有权属于政府，大多数国家的中央银行实现了资本国有化；第三，其组织关系不论隶属政府还是议会，都是代表国家管理金融，政府拥有任免中央银行总裁和理事的权力；第四，中央银行还代表国家制定和执行金融方针、政策、制度、法令，并监督各金融机构贯彻执行，代表国家管理金融机构，代表国家参加国际金融组织和国际金融活动。中央银行作为政府的组成部分，具有国家机关的性质，但又不同于一般的国家机关，具有服务机构和管理机构双重性质，有执行管理金融、扶持金融业发展的双重任务。

（3）中央银行是特殊的金融机构

中央银行是以促进国民经济全面发展和稳定货币为宗旨的，是非盈利性金融机构。中央银行不经营普通银行的业务，交易对象一般仅限于政府部门和金融机构，不直接与个人和一般企业发生业务往来。中央银行享有政府赋予的若干特权，如发行货币，代理国库，保管存款准备金，制定金融政策、法令等。中央银行与政府有特殊的关系。中央银行既要与政府保持协调，又要有一定的独立性，可独立地制定和执行货币政策，实行稳定政策目标。

2）中央银行的职能

中央银行的职能是其性质的反映，从不同的角度观察，有多种归纳分类。按传统的归类可分为发行的银行、政府的银行、银行的银行3大职能；按业务活动的特征可归纳为服务职能、调节职能、管理职能。下面按传统职能加以分析说明。

（1）中央银行是发行的银行

在现代银行制度中，中央银行首先是发行的银行。所谓发行的银行是指有权发行银行券、纸币的银行。垄断货币发行权，成为全国唯一的货币发行机构，是中央银行不同于商业银行及其他金融机构的独特之处之一。中央银行独占货币发行权，是中央银行发挥其职能作用的基础。一部中央银行史，首先是一部独占货币发行权的历史。"几乎在每一个国家，钞票发行特权部分与中央银行的起源和发展相联系。"英格兰银行及其他一些国家的中央银行之所以能由商业银行演进为现代中央银行，其主要原因便是它逐渐独占了货币发行权。享有垄断的货币发行权，是中央银行的一个重要的标志。

中央银行垄断货币发行权，是中央银行发挥其职能作用的基础。中央银行垄断货币发行权，第一，有利于通货形式的统一，避免造成货币流通混乱，适应商品经济的需要；第二，有利于政府监督管理，推行国家的货币政策；第三，有利于随时根据经济发展的客观需要，调节货币供应量；第四，有利于掌握资金来源，控制商业银行的信贷活动。

（2）中央银行是政府的银行

政府的银行是指中央银行既作为政府管理金融的工具，又为政府服务。它具体体现为：凡是政府机构以及国有事业单位均应在中央银行开立往来账户；政府收支由于预算收入和支出季节性不均衡，或临时需要款项，通常向中央银行借款或发行公债；经营政府的各种交

易,包括外汇买卖交易;代表政府管理金融,充当政府金融咨询机构等。它主要执行以下职责。

①政府的财政金融顾问。中央银行是一国的最高金融机构,与世界各金融机构有广泛的联系,掌握与了解货币供应量、证券和外汇市场的情况,有利于参与国民经济的调节,为政府制定金融政策,为财政部或其他部门发行公债和进行外汇交易提供资料、可供选择的方案和建议,并担负着执行金融政策的任务。同时,代表政府参加国际金融协定以及从事国际金融活动,与外国中央银行接触磋商等。

②中央银行服务于国家财政,代理国库。中央银行为政府开立账户,经办政府的财政预算收支划拨与清算业务,执行国库出纳职能,并代理政府发行公债和还本付息事宜。财政在中央银行的存款不支付利息。财政存款是中央银行重点的资金来源,因而这一职能既为政府提供了服务,同时又增强了中央银行的资金实力。

③直接对政府贷款。中央银行与政府关系密切,对财政一般有支持业务,直接给政府无息或低息贷款。提供的信贷方式主要是中央银行直接向政府提供短期贷款,或者政府用国库券贴现或者以有价证券为抵押品的短期贷款,个别也有信用放款和透支方式。但是这种短期贷款实际上是政府通过中央银行增发货币,不是以商品流通对货币需要量的增长为基础,容易造成全国货币流通的紊乱,影响币值稳定。因此,大多数国家中央银行都以立法程序对这种贷款加以严格限制,如我国法律就禁止政府直接向中央银行透支。

④代理政府进行黄金与外汇的交易,并负责管理国家外汇、黄金储备。有的国家如法国等实行外汇管制的国家,为政府开立"外汇平衡资金账户",以此干预外汇市场。

⑤作为政府的银行,中央银行也处理政府的借款。大多数政府通常不能靠税收完全满足筹资的需要,因此,政府得依赖中央银行代表它在金融市场借款。至于长期筹资,中央银行将直接向公众出售新股票,或通过股票交易所的政府经纪人出售这些股票。在短期货币市场上,中央银行负责发行短期国库券,通常以投标的形式,其中大多数的短期国库券是在金融市场上以贴现的形式出售的。

(3)中央银行是银行的银行

中央银行作为银行的银行,是指其与商业银行和其他金融机构发生业务往来,对商业银行发生存贷款关系及资金往来清算关系,是全国存款准备金的保管者,金融票据的交换中心,全国银行业的最后贷款者。中央银行作为银行的银行,主要表现在以下几个方面。

①银行存款准备金的保管者。在大多数西方国家里,为了保障存款的安全与调节货币信用的需要,中央银行根据银行法的规定,要求商业银行和其他金融机构根据其存款的种类与金额,按一定比例提出存款准备金无息存入中央银行的"准备金账户"。此项准备金不能由银行动用,而由中央银行集中保存,并根据扩张和紧缩银根的需要,通过对存款准备金率的提高或降低的幅度缩减或扩大自己的信贷规模,影响商业银行的投资和贷款。

②银行的最后贷款者。如果商业银行或其他金融机构发生资金短缺时,可以将持有的票据向中央银行进行再贴现或要求抵押贷款,得到自己所需的资金。有时为了配合政府财政政策,中央银行主动降低再贴现率,向商业银行提供优惠利率贷款。从这个意义上讲,中

央银行在资金上是一般银行或金融机构的"最后融通者"。中央银行作为最后贷款者向商业银行融通资金,其主要意义在于加强了整个信用机构的弹性和清偿力。

③全国金融业的票据清算中心。各银行及金融机构,在中央银行开设往来存款账户,其票据通过中央银行主持的票据交换所进行清算,清算后的应收差额即贷记应收行的账户,应付差额即借记应付行的账户。各地中央银行分行主持该地区的清算事宜,全国各地区之间,则通过中央银行分行或由总行进行清算。中央银行组织、监督管理全国的清算系统,提供票据清算工具,制定有关清算纪律和清算的收费标准,执行清算中心的职能。

12.1.4 中央银行的主要业务

中央银行的性质和职能都要通过其业务得到具体的体现。任何国家的中央银行都要经营一定的业务,虽然不同国家中央银行所经营的业务不完全相同,同一国家中央银行在不同时期所经营的业务也不尽一致,但有些业务特别是一些主要业务总是共同的。

1)中央银行的负债业务

中央银行的负债,是指社会各集团和个人持有的对中央银行的债权。中央银行的负债业务主要有货币发行、集中存款准备金、代理国库等项目。

(1)货币发行

货币发行有两重含义:一是指货币从中央银行的发行库,通过各家银行的业务库流到社会;二是指货币从中央银行流出的数量大于从流通中回笼的数量。这二者通常都被称为货币发行。货币发行业务是中央银行的最主要负债业务,流通中的现金都是通过货币发行业务流出中央银行的,货币发行是基础货币的主要构成部分。中央银行通过货币发行业务,一方面满足社会商品流通扩大和商品经济发展的需要;另一方面是筹集资金,满足履行中央银行各项职能的需要。货币发行按其性质划分,一般分为经济发行和财政发行两种。货币经济发行,指中央银行根据国民经济发展的客观需要增加现金流通量;货币财政发行,指因弥补国家财政赤字而引起的货币发行。

中央银行货币发行的渠道是通过再贴现、贷款、购买证券、收购金银和外汇等中央银行的业务活动,将纸币注入流通,并通过同样的渠道反向组织货币的回笼,从而满足国民经济发展、商品生产与流通扩张和收缩对流通手段和支付手段的需求。

(2)集中存款准备金

集中存款准备金,是指中央银行收存的一般金融机构的存款,是中央银行对一般金融机构的负债。中央银行集中的存款准备金由两部分组成:一部分是法定存款准备金,它等于商业银行吸收存款余额乘以中央银行规定的法定存款准备金比率;另一部分是商业银行的超额准备金,也称为一般性存款,是指商业银行为保持资金清算或同业资金往来而存入中央银行的存款。

(3)代理国库

国库全称为国家金库,是负责办理国家预算资金收入和支出的机关。在通常情况下,国家政府都要赋予中央银行代理国库的职责,财政的收入和支出都由中央银行代理(在某些情况下,中央银行会委托其他商业银行进行再代理)。同时,有些国家依靠国家财政拨款的行政事业单位、机关团体、部队、学校的存款,也是由中央银行办理的。中央银行代理国库业务主要包括库款收缴和库款支拨两个方面。库款收缴业务是对预算收入征收机关所征收的预算收入及时办理入库手续。所谓预算收入征收机关,是指负责管理、组织征收、监督各单位按规定缴纳税利的部门。主要包括税务机关、海关和财政机关3个部门。所谓库款支拨业务,是指国库按财政部门支拨指令向有关单位办理支拨款项手续。国库负有监督审查的责任。

(4)其他负债业务

中央银行的主要负债业务除上述3项外,还有国际金融机构负债、国内金融机构往来、兑付国库券基金等。

2)中央银行的资产业务

中央银行的资产是指中央银行在一定时点上所拥有的各种债权。通常,其资产业务包括再贷款、再贴现、有价证券买卖、黄金外汇储备等主要内容。

(1)再贷款与再贴现

中央银行再贷款,主要是指中央银行对商业银行和其他金融机构在经营信贷业务中因资金周转性与临时性资金不足而发放的贷款。其所以称之为再贷款,是因为它具有如下特征。

①贷款对象是那些经营信贷业务的一般性金融机构。

②这种贷款具有形成高能货币的特点。

③这种贷款的利率水平、额度大小和条件限制是中央银行货币政策意愿的反映,是中央银行实施货币政策的一种手段或工具。

中央银行再贴现,又称为重贴现。是指商业银行和其他金融机构持有已贴现的尚未到期合法商业承兑汇票或银行承兑汇票,向中央银行进行票据再转让的一种行为。再贴现主要用于解决一般金融机构由于办理贴现业务,引起暂时的资金困难。

(2)公开市场业务

中央银行为了稳定金融局势,调节货币流通,通常都要在公开市场(金融市场)上从事有价证券买卖业务。在需要紧缩银根,减少市场货币供应量时,便在市场上卖出它所持有的有价证券(抛出证券,回笼货币);反之,在需要扩张信贷,增加市场货币供应量时,便在市场上买进它所需要的有价证券(发行货币,收回证券)。一般说来,中央银行买卖有价证券时应注意以下几个问题。

①不能在一级市场上购买各种有价证券,而只能在证券的二级市场上购买有价证券。

②不能购买市场性差(可销售性差)的有价证券,只能购买市场性非常高、随时都可以销售的有价证券。

③不能购买没有正式上市资格、在证券交易所不能挂牌的有价证券,而只能购买具有上市资格,且在证券交易所正式挂牌销售的、信誉非常高的有价证券。

④一般不能购买国外有价证券。

（3）黄金外汇储备

中央银行的资产应以随时可以出售而且又可以避免损失为原则，所以黄金、白银和外汇储备就是中央银行的一项重要资产业务。虽然当今世界各国国内市场上并不流通和使用金银币，纸币也不兑换金银，但在清算国际债权、债务时，除了以外汇作为支付手段外，还可以用黄金这一保值佳品换取外汇来支付。因此，各国都把黄金、外汇作为最重要的储备资产，由中央银行保管，以便在国际收支发生逆差时，用来清偿债务。中央银行办理此项业务有着特殊重要的意义，它可以起到稳定币值、稳定汇价、调节国际收支的作用。

（4）其他资产业务

除以上几项主要资产业务之外，各国中央银行大都根据具体情况，经营若干其他资产业务，如待收款、房屋、设备等。

【阅读案例 12.1】

中国人民银行和美国联邦储备体系

中国人民银行和美国联邦储备体系（Federal Reserve System）分别是一元式中央银行和二元式中央银行的典型代表。

1. 中国人民银行

人民银行由总行和它的分支机构组成。总行作为国家管理金融业的职能部门，负责总量性业务的操作和金融监管；分支行是总行的派出机构，是贯彻货币政策、进行金融行政管理和金融业务监管的具体执行单位。

人民银行实行行长负责制。

货币政策委员会是货币政策的咨询议事机构。货币政策委员会由人民银行行长及两名副行长、国家外汇管理局局长、中国证监会主席，以及政府综合经济管理部门（计委、经贸委和财政部）和学术界代表等共11人组成。

过去人民银行的分支机构是按照行政区划来设置的。随着经济和金融体系的发展，这种设置的弊端越来越多地显示出来。1998年底人民银行对分支机构体系进行了重大调整，以经济区域作为新的划分标准，撤销了原来的省级分行，新设了9大分行：沈阳分行（辖黑龙江、吉林、辽宁）、天津分行（辖天津、河北、山西、内蒙古），济南分行（辖山东、河南），南京分行（辖江苏、安徽），上海分行（辖上海、浙江、福建），广州分行（辖广东、广西、海南），武汉分行（辖湖北、湖南、江西），成都分行（辖四川、贵州、云南、西藏），西安分行（辖山西、甘肃、青海、宁夏、新疆）。另外，设两个总行营业部，分别在北京和重庆。1999年1月1日，这种新的体系正式开始运作。

2. 美国联邦储备体系

美国联邦储备体系（简称美联储）由联邦储备理事会（Board of Governors）、联邦公开市场委员会（Federal Open Market Committee，FOMC）和12家地区性的联邦储备银行构成。

联邦储备理事会是联邦储备体系的最高领导层，其7名理事由总统提名并征得参议院同意后任命。为防止政治因素的影响,每个理事的任期长达 14 年且不能连任,同时理事的任期错开。主席在理事中产生,任期 4 年,可以连任,但传统上主席离任后就会退出理事会。

联邦公开市场委员会由联储理事会的 7 名成员、上纽约联储银行行长和另外 4 位联储银行行长(在余下的 11 家联储银行之间轮流分配)组成,它的主席由理事会主席同时担任。公开市场委员会并不直接从事证券买卖,而是向纽约联储银行交易部发出批量令,由它实际操作。

12 家地区性联邦储备区各设有一家联储银行。这些银行的股份为本储备区内的联储体系成员银行(一般为私人商业银行)所持有,股息支付不超过 6%。各联储银行董事会的 9名成员由成员银行(6 名),职业银行家(1 名)、农、工、商知名企业家(1 名)和联储理事会指定人选(1 名)组成。所有的国民银行(在货币监理局注册的商业银行)都必须加入联储体系,而在各州注册的商业银行则自愿加入。

来源:杨长江,张波,王一富.金融学教程[M].上海:复旦大学出版社,2004:185-186.

思考题:

比较中美两国中央银行监管体系的特点。

12.2　金融监管机构

12.2.1　金融监管的概念

金融监管是由金融监管当局制定并执行的、直接干预金融市场配置机制,或间接改变金融企业和金融产品消费者供需决策的一般规则或特殊行为。

从金融监管的概念可以看出,金融监管的主题是一个国家和地区的金融监管当局;客体是金融市场活动和金融行业,包括金融市场的配置机制、金融企业、金融产品消费者;金融监管的依据是有关金融法律、法规、条例和政策。

依据上述概念还可以推论出 3 种不同的金融监管形式:一是直接干预金融市场配置机制的金融监管制度,如利率管制、金融产权管制;二是通过影响金融产品消费者决策而影响金融市场均衡的金融监管制度;三是通过干扰金融企业决策从而影响金融市场均衡的管制,包括对金融企业投入、服务和技术的限制导致金融企业产品组合方面的制约。

12.2.2　金融监管机构与监管对象

金融监管机构是根据法律规定对一国的金融体系进行监督管理的机构。其职责包括按照规定监督管理金融市场,发布有关金融监督管理和业务的命令和规章,监督管理金融机构的合法合规运作等。我国目前的金融监管机构包括"一行三会",即中国人民银行、银监会、证监会和保监会。

12.2.3 金融监管的目标

金融监管的目标是金融监管理论和实践的核心问题,对金融监管目标的认识直接决定或影响着金融监管理论的发展方向,也主导着具体监管制度和政策的建立与实施。虽然不同历史时期、不同国家和地区金融监管的目标会有所不同,但概括起来主要有以下两个目标。

1)维护金融市场体系的安全与稳定

这是金融监管的首要目标,金融机构是经营货币信用的特殊企业,是风险很大的行业。任何一家金融机构经营出现严重问题都会引起连锁反应,由此导致经济、金融秩序的严重混乱,甚至引发经济危机。因此,世界各国均将金融市场体系视为国民经济的神经中枢,千方百计地维持和保护。

2)保护存款人与投资人的利益

这是金融市场的具体目标,存款人通过银行机制成为事实上的贷款人,保护存款人的利益实质上是维护信用制度,也使银行得以生存。投资人是金融市场上的参与主体,作为资金的输出方,也是各种交易中的信息弱势群体,需要受到保护。因此,金融监管当局要保证存款人和投资人的利益不受损害。

以上两个目标之间存在密切联系、相辅相成,维护金融市场体系的安全和稳定是保护存款人和投资者利益的前提条件。金融市场机构一旦出现危机,遭受损失的首先是存款人和投资者。同时,保护存款人和投资者利益,又可促进金融市场体系的安全与稳定。

12.2.4 金融监管的原则

1)依法监管原则

依法监管是指金融监管必须依据法律,符合法律,不得与法律相违背。具体要求是,金融监管主体由法律确定,违反合法性原则的金融监管没有法律效力。金融监管主体的产生由立法解决。在主体多元化的情况下,各金融监管主体的地位和职权范围由法律确定,同一主体内部不同部门或不同级别机构的职权由法律或根据法律明确。金融监管主体必须在法律授权的范围内行使权力,逾越权限的监管行为是对相对人权利的侵犯。金融监管主体行使权力不得有悖法律,其中不仅要符合实体法规定,而且还必须符合程序性规定。若金融监管主体行使权力时程序违法,其行为仍归无效。其特定情况下,金融监管主体可以授权他人代行部分监管职权。这是因为金融监管事务十分庞杂,在一些技术性和操作性的烦琐事务中,监管主体难以独立承担职责,不得不由其他主体分担。如我国现金管理的主管机关是中国人民银行,但它同时又授权开户银行负责现金管理的具体工作。金融监管职权的委托和转授,须有法律依据,并依法定程序进行,否则便违反了合法性原则。

2)合理性原则

面对千变万化的金融世界,在具备合法性的前提下,金融监管主体拥有行使职权的自由性,即自由裁量权。自由裁量权是金融监管主体履行职责的需要,但由于较少受到法律的严格约束,常常出现滥用的情况。合理性原则便是作为在实质上约束自由裁量权而提出的。合理性的基本要求:金融监管行为的动因应符合金融监管目的,金融监管行为应建立在正当考虑的基础上,金融监管行为的内容应合乎情理。

合理性原则实质上是要求金融监管主体行使职权时要求符合常理(法律精神)。一般而言,在实施金融监管时,具有不正当动机(目的)及不合理内容的决定,就是滥用自由裁量权的行为,它有悖于法律精神。所谓不正当动机,是指违背金融监管宗旨的动机,如由于私利和其他利害关系的考虑,实行过严或过松的监管。不相关考虑是指实施金融监管行为时考虑了法律要求以外的条件,如考核证券公司领导人时考虑其与自己的关系。不合理内容是指金融监管行为的内容不合政策、道德和常理。动机不正及内容不合理在实践中往往是相互联系的,而动机正当、考虑相关及内容合理则共同构成金融监管自由度的一种控制,对金融监管主体自由裁量的一种约束。然而,对自由裁量权的约束必须适当,过度的限制等于取消自由裁量,而没有限制则易形成监管专横。

因此,合理性原则是避免监管专横与自由裁量丧失的设计,其实质是要求金融监管行为符合法律精神。合理性原则既有利于保障被监管人的利益,又有利于保障自由裁量权的自由行使。在金融监管性违背合理性原则时,应有一个"纠偏机制"予以修正。

3)协调性原则

协调性原则要求金融监管行为应具有协调性,这种协调性主要包括以下3条。

第一,不同金融监管主体之间的协调性。首先,不同监管主体之间的职责范围要明确合理划分,既不能冲突,又不能留有监管死角和空白;其次,不同金融监管主体之间在执法时应加强协调,不得互相推诿或相互扯皮。

第二,同一金融监管主体不同职能部门之间及上下级机构之间职责划分要合理明确、相互协调。

第三,金融监管与宏观金融调控之间要相互协调,从某种意义上讲,有效的金融监管是搞好金融宏观调控的基本条件。

4)效率原则

效率原则有两个含义,一是金融监管不得压制竞争,要鼓励、倡导和规范竞争,创造适合金融竞争的外部环境,防止垄断,提高金融市场体系的整体效率;二是金融监管本身也要讲求效率,降低金融监管成本,减少社会支出,从而增加社会净福利。

12.2.5 金融监管体制

金融监管体制是为实现特定的社会经济目标而对金融市场活动施加影响的一整套机制和组织结构的总和。由于各国各地区的历史、政治、法律、文化及经济金融发展水平不同,形成的金融监管体制也各具特色。

1)不同国家金融监管体制的比较分析

长期以来,对金融分业监管体制和混业监管体制优劣的争论一直没有停歇,更没有定论,金融监管"没有一个理想的模式"正在全球通用。通过对美国、日本和英国的金融监管体制的分析,我们发现,一国所选择的金融监管体制的模式,是与其当时的社会历史条件和经济发展水平相适应的,是以本国的经济体制为基础并以能实现金融业的发展和稳定为目标的。分业监管与混业监管的比较如表 12-1 所示。

表 12-1　分业监管、混业监管的比较

	分业监管	混业监管
监管成本	过高,比如英国的原有分业监管体制	低,可实现规模经济,如北欧和英国等国家在实行混业监管之后
监管效率	低,会出现重复监管和监管真空,如美国各州的州立银行几乎都参加了联邦存款保险计划,受到联邦政府的监管,但同时也受到各州银行监管局的重复监管,自然降低监管效率	资源配置可以实现效率最优;弹性较大,监管当局在行使其监管职权时,只需通过自身对金融市场风险的判断和立场,通过必要的监管手段实现一定的监管目标
监管目标	很难形成一个明确、统一的整体监管目标	监管目标简要而明确
监管能力	具有专业化优势	有规模效应,其监管更具全局性
监管协调	需要协调	不存在监管部门之间的冲突,矛盾只存在于监管机构的内设部门之间,协调起来较为容易
对金融行业差异性的适应能力	更能适应不同金融行业的差异性,能够根据不同金融行业的特殊性,区别对待不同金融市场机构或金融市场业务,确定各自的监管标准和要求,制定有针对性的监管手段和措施,从而更有效地控制金融风险、保持金融市场稳定	由于金融业各部门具有各自的特征,因此各监管机构的目标、方式和理念必然没有统一的标准,这就使综合性监管机构对内部专业化极强的各监管部门难以协调,从而不得不对各自目标有所取舍

从表 12-1 中的比较可以发现,混业监管体制在总体上比分业监管体制具有一定的优越性。随着国际金融市场的发展,全球金融监管模式变革呈现出以下趋势。

1)从分业监管向混业监管转变

以 1999 年美国《格拉斯—斯蒂格尔法案》的废除为标志,全球的金融市场业务日益向混业经营的方向转变,与之相适应的金融监管模式也日益朝着混业监管的方向演变。美国旧的金融监管体系采取按不同金融机构的类别进行纵向分别立法、分别监管的模式。1999 年实施《金融服务现代法案》后,美国采取了联邦政府、州政府与专门机构分层的金融监管模式,综合监管与分离监管相结合。与此同时,英国、日本等国也通过金融改革建立了统一的监管框架。统一监管提高了复杂金融联合体的监管效率,实现金融监管的规模经济,顺应了现代金融业混合经营的发展潮流。

2)从机构性监管向功能性监管转变

机构性监管是指按照金融市场的类型分别设立不同的监管机构,不同的监管机构拥有各自的职责范围,无权干预其他类别金融市场的业务活动。功能性监管是指依据金融体系基本功能而设计的监管。功能性监管关注的是金融市场产品所实现的基本功能,以金融市场业务而非金融机构来确定相应的监管机构和监管规则,减少监管职能的冲突、交叉重叠和监管盲区。同时,功能性监管正对混业经营下金融市场业务交叉现象层出不穷的趋势,强调跨机构、跨市场的监管,因而可以实现对金融市场体系的全面监管。

3)从单向监管向全面监管转变

从监管内容上看,由于金融工具的不断创新,各国监管当局相应地扩大了金融监管的范围,从单纯的表内、表外业务扩展到所有业务。从监管重点来看,以往的金融风险监管侧重于信用监管,但银行还可能因为其他风险而陷入经营困境。因此,当前国际金融业的监管除信用监管外,还重视市场风险、经营风险等。从监管范围上看,国际金融监管也从单纯的资本充足率的监管转向以最低资本标准、监管当局的检查及市场自律3个层次的全面监管。

4)从封闭性监管向开放性监管转变

金融市场全球化发展趋势,主要表现为国际资本的大规模流动、金融市场业务与机构的跨境发展和国际金融市场的发展。然而,金融市场全球化也同时带来了许多负面的影响。巴林银行的倒闭,使各国监管当局认识到各国的信息沟通对于加强国际银行及其经营活动监管的重要性。国际金融危机的频频爆发,使得全球范围、地区范围及双边范围内各个层次上的国际银行监管合作得到了长足发展。一国的金融安全及经济安全与国际金融市场的变化息息相关,金融市场全球化使各国的监管哲学发生重大变化,金融监管从国内单边监管转向国内、国际的多边监管,从封闭性监管转向开放性监管。

5)合规性监管和风险性监管并重

20世纪末,金融市场复杂多变,金融创新产品层出不穷,金融衍生产品交易、银行网络化以及中间业务日益增大。相较于传统银行业务,金融创新业务在收益更大的同时,对金融市场造成的冲击也更直接、更猛烈。因此,只有并重监管传统业务和创新业务,才能有效地防范和化解金融市场的整体风险。从20世纪80年代后期开始,国际监管组织和各国监管当局就对金融市场创新产品和电子银行都给予了高度关注。但是,随着金融市场机构的创新和变革,合规性监管并不能及时全面地反映金融市场风险,相应的监管措施也滞后于市场发展。为此,国际金融监管组织和一些国家的监管当局相继推出了一系列以风险监管为基础的审慎规则。风险性监管更注重金融市场机构本身的风险控制程序和管理水平,能及时反映金融市场机构经营状况,预测潜在风险。

6)从一国监管向跨境监管转变

随着金融市场国际化的发展及不断深化,各国金融市场之间的联系和依赖性也不断加强,各国风险在国家之间相互转移、扩散便在所难免。金融市场国际化要求实现金融监管本身的国际化,如果各国在监管措施上松紧不一,不仅会削弱各国监管措施的效应,而且还会导致国际资金大规模的投机性转移,影响国际金融市场的稳定。因此,西方各国致力于国际联合监管。各个国际性监管组织也纷纷成立,并保持着合作与交流。为了有效监管金融市场机构的境外业务和离岸业务,各国监管当局逐步实施了跨境监管。

12.2.6　我国金融市场监管的历史沿革

我国的金融市场监管是伴着金融市场改革发展的深入,逐步成长、发展和壮大的。回顾我国金融市场监管的发展历程,大体上经历了以下几个主要阶段。

1)中央银行行使金融监管职能的初始阶段(1985—1992 年)

这一阶段是中国人民银行专门行使中央银行职能的初期,主要依靠行政手段管理金融市场。该时期中国人民银行的工作重心是放在改革和完善信贷资金管理体制、加强中央银行的宏观调控上,对中央银行金融监管工作研究不多、重视不够。金融市场监管的作用发挥不是很理想。

2)整顿式、合规性监管的阶段(1993—1994 年)

这一阶段以 1993 年中央银行提出整顿金融秩序、进一步发挥中央银行的监管作用为契机,针对当时经济生活中存在的各地盲目扩张投资、竞相攀比发展速度,乱集资、乱拆借,用信贷资金炒房地产、炒股票以及银行信贷资金体外循环的现象,强调中央银行的分支机构要转变职能,由过去侧重于管资金、分规模,转变到加强金融市场监管上来。1994 年,各级人民银行按照中央指示,切实加强金融市场监管,严肃查处了一批越权批设金融机构、擅自提高利率、非法开办外汇期货市场及个别地方出现的非法集资等问题。这一阶段的监管方式主要是整顿式、运动式监管,内容以合规性为主。

3)金融市场监管有法可依的阶段(1995—1997 年)

1994 年和 1995 年是我国金融市场法制建设大发展的时期。在此期间,我国先后颁布了《外资金融机构管理条例》《金融机构管理规定》等金融市场监管法规,全国人大先后通过了《中国人民银行法》《商业银行法》《票据法》《保险法》《担保法》和《关于惩治破坏金融秩序犯罪的决定》等金融法律、法规。我国金融市场监管开始走上依法监的轨道。

4)金融市场监管改革深化阶段(1997—2003 年)

这一时期,金融分业经营、分业监管体制进一步完善,中国证券监督管理委员会(简称证监会)、中国保险监督管理委员会(简称保监会)相继成立,分别负责证券业、保险业的监管,中国人民银行承担各类银行、信用社和信托投资公司等非银行金融机构的监管,银行与其所办的信托、证券业务相继脱钩。1999 年,中国人民银行管理体制进行了重大改革,撤销了省级分行、建立了 9 个跨省区分行,中央银行依法履行金融市场监管职责的独立性得到了进一步增强。

5)"一行三会"金融市场监管模式阶段(2003 年至今)

2003 年 3 月,十届人大一次会议决定成立中国银行业监督管理委员会(简称银监会),依法对银行、金融资产管理公司、信托公司以及其他存款类金融机构实施监督管理,形成了中国人民银行、银监会、证监会、保监会分工合作的金融分业监管体制。

12.2.7　我国金融市场监管的现状

根据《中国人民银行法》《商业银行法》《证券法》和《银行业监督管理法》等的有关规定,我国现阶段实行的是"一行三会"(中国人民银行、银监会、证监会、保监会)的分业金融市场监管格局。其中,银监会负责监管商业银行、政策性银行、信托投资公司、资产管理公司、农村信用社等存款类金融机构及相应市场,证监会负责监管证券公司和期货公司等金融机构及相应市场,保监会负责监管政策性保险公司和商业性保险公司及相应市场等。中国人民银行作为中国的中央银行主要负责制定并保证货币政策的执行,加强宏观调控、监管货币市场。

1)中央银行的监管职能

根据修改后的《中国人民银行法》的规定,中国人民银行的职责有:发布并履行与其职责有关的命令与章程;依法制定和执行货币政策;发行人民币,管理人民币流通;监督管理银行间同拆借市场和银行间债券市场;实施外汇管理、监督管理银行间外汇市场;监督管理黄金市场;持有、管理、经营国家外汇储备、黄金储备;经理国库;维护支付、清算系统的正常运行;指导、部署金融业反洗钱工作,负责反洗钱的资金监测;负责金融业的统计、调整、分析和预测;作为国家的中央银行,从事有关的国际金融活动;国务院规定的其他职责等。

由上述职能中可以看到,中国人民银行仍然保留以下监管权,即监督管理银行间同业拆借市场、银行间债券市场、外汇市场、黄金市场以及防范和化解系统性金融风险,维护国家金融稳定。这主要是为了更好地保证其稳定货币的职能,防范金融市场的系统性风险。

2)银监会的监管职能

2003年第十届全国人民代表大会第一次会议通过了《关于国务院机构改革方案的决定》,国务院决定将中国人民银行对银行、资产管理公司、信托公司以及其他存款类金融机构的监管权分离出来,并和中央金融工委的相关职能进行整合,设立中国银行业监督管理委员会。2003年4月28日银监会正式履行职责。2003年12月27日十届人大常委会第六次会议通过了《中华人民共和国银行业监督管理办法》。

根据中国银行业监督管理委员会公告2003年第1号,银监会的主要职责有:制定有关银行业金融机构监管的规章制度和办法;审批银行业金融机构及分支机构的设立、变更、终止及其业务范围;审查银行金融机构实行现场和非现场监管,依法对违法违规行为进行查处;审查银行业金融机构高级管理人员任职资格;负责统一编制全国银行数据、报表,并按照国家有关规定予以公布;会同有关部门提出存款类金融机构紧急风险处置意见和建议;负责国有重点银行金融机构监事会的日常管理工作;承办国务院交办的其他事项。

3)证监会的监管职能

我国的证券市场建立于20世纪80年代,当时的监管机构只有中国人民银行及其分行。到1991年,除了中国人民银行金融管理司、国家体改委、财政部担当证券市场管理职责外,还专门成立了"全国股票市场办公会议",由中国人民银行、体改委、计委、经贸委、财政部等部委派员参加,负责对股票市场进行监管。1992年10月,国务院对证券管理机构进行了改组,正式成立了国务院证券管理委员会(简称证券委)下设办事机构即中国证券监督管理委员会(简称证监会)。这样,证券市场基于处在一个多头管理的状态下,效率低下,监管制度也欠严密,这严重阻碍了我国证券市场的发展。为深化改革,建立有效安全的证券市场,同时也为了建立统一的监管体制,国务院决定撤销国务院证券委,于 1998 年 5 月 18 日由"中国证券监督管理委员会"专门负责全国证券市场、期货市场的监管。

证监会的主要职责:研究和拟定证券期货市场的方针政策、发展规划,起草证券期货市场的有关法律、法规、规章;统一管理证券期货市场,按规定对证券期货监督机构实行垂直领导;监督股票、可转换债券、证券投资基金的发行、交易、托管和清算;批准企业债券的上市;监管上市国债和企业债券的交易活动;监管境内期货合约上市、交易和清算;按规定监督境内机构从事境外期货业务;监管上市公司及其有信息披露义务股东的证券市场行为;管理证券期货交易所及其高级管理人员;管理证券业协会;监管证券期货经营机构、证券投资基金管理公司、证券登记清算公司、期货清算机构、证券期货投资咨询机构;与中国人民银行共同审批基金托管机构的资格并监管其基金托管业务;制定上述机构高级管理人员任职资格的管理办法并组织实施;负责证券期货从业人员的资格管理;监管境内企业直接或间接到境外发行股票、上市;监管境内机构到境外设立证券机构;监督境外机构到境内设立证券机构、从事证券业务;监管证券期货信息传播活动,负责证券期货市场的统计与信息资源管理;会同有关部门审批律师事务所、会计师事务所、资产评估机构及其成员从事证券期货中介业务的资格并监管其相关的业务活动;依法对证券期货违法行为进行调查、处罚。

4)保监会的监管职能

我国的保险业过去一直由中国人民银行负责监管,1998 年我国成立了保险监督管理委员会,负责全国保险的监管。保监会的主要监管职责:拟定有关商业保险的政策法规和行业发展规划;依法对保险企业经营活动进行监督管理和业务指导,维护保险市场秩序,依法查处保险企业违法违规行为,保护被保险人利益;培育和发展保险市场,推动保险业改革,完善保险市场体系,促进保险企业公平竞争;建立保险业风险评估与预警系统,防范和化解保险业风险,促进保险企业稳健经营与业务的健康发展。

【阅读案例 12.2】

美、英、日三国的银行监管体系

1. 美国

由于历史原因,美国的银行监管体制相当复杂。

首先,由于银行实行国法银行和州法银行("国法银行"也称"国民银行",指依照联邦法律登记注册的银行;"州法银行",指依照各州法律登记注册的银行,而并非州立银行)并存的双重银行体制,因此法律不仅赋予联邦政府以监管商业银行的职能,而且也授权各州政府行使监管职责。因此,除美国财政部下设的货币监管总署(OCC)以外,各州政府均设立了银行监管机构,形成了联邦和州政府的双线监管体制。OCC 和州银行监管当局成为美国银行最主要的两个基本监管者。

其次,美联储、联邦存款保险公司(FDIC)、司法部、证券交易委员会(SEC)、期货交易委员会、储蓄机构监管办公室(OTS)、国家信用合作管理局(NCUA)、联邦交易委员会(FTC)、州保卫介入田径赛署(SIC),甚至联邦调查局等机构也都从各自的职责出发对商业银行进行监督和管理。其中,美联储、FDIC是两类最主要的监管机构。美联储对所有成员银行均负有直接的、基本的监管职能。同时,美联储还是银行控股公司和金融控股公司的基本监管者,负责发放这两类公司的营业执照。为保证投保银行乃至整个金融体系的安全和稳健运营,降低风险,FDIC除了进行存款保险以外,还兼有金融检查、金融预警的职能,并对投保银行(特别是6 000个州非联储成员银行)实施严格的直接监管。

2. 英国

2000年,英国议会通过了新的金融法,2001年11月,又通过了新金融法的细则,并从12月1日起执行。英国成为世界上第一个实行统一金融监管的国家,这场金融监管改革被西方舆论称为"金融大爆炸",并被一些全球性的投资机构称为"革命性"的改革。

英国新的统一金融监管制度主要体现在金融监管局(Financial Service Authority)的功能上。金融监管局既要为英国的金融服务法制定执行的细则,又要监管银行、住房基金、保险公司、证券公司等各种金融机构的金融活动,决定惩罚与处置,是个权力很大的二级立法及执行机构,现有2 200名雇员,70%来自原英格兰银行的监管部门,其余来自其他监管机构。将来,金融监管局要增加到5 000多人。金融监管局是一个非营利性机构,经费来源完全靠收费。金融监管局虽有很大的独立性,但它与英格兰银行及财政部也有很多密切的关系。

3. 日本

以1998年通过《新日本银行法》为新的起点,日本开始对其金融监管体制进行大幅度的机构调整和改革。修改后的法案使日本银行与政府(大藏省)的关系发生了根本性变化,将长期以来一直为政府(大藏省)所拥有的业务指令权、日本银行高级职员的罢免权等统统废除,日本银行的独立性大大增强。2001年1月,在全面推行政府的外设局,独立地全面负责金融监管业务,包括对金融机构的检查和监督、金融制度改革的重大决策、制定与民间金融机构的国际业务相关的金融制度(含金融破产处置制度和危机管理制度)、检查企业财务制度以及金融再生委员会的遗留工作等;同时,协助财务省(原大藏省)共同对存款保险机构进行监督。

此外,日本在此次金融监管体制改革中,一方面,注意缩小行政监管部门的监管权限和范围,将其许可权限定在金融制度(宏观政策和法律法规)的完善以及对金融机构的行为合规性和风险度方面的监管等领域,不再干预金融机构的具体业务。金融厅的监管方式也由过去的行业监管改为职能监管,在职能监管部门之下再细分行业进行检查与监督。另一方面,努力强化市场的约束机能,规范金融机构的信息披露制度,提高金融机构的透明度,完善企业会计制度准则,加强会计师事务所等中介服务机构在社会监管中的作用。至2001年,一个以金融厅为核心、独立的中央银行和存款保险机构共同参与、地方财务局等受托监管的新的金融监管体制基本框架已初步形成。

资料来源：杨长江，张波，王一富.金融学教程［M］.上海：复旦大学出版社，2004：313-314.

思考题：

1.阐述美、英、日三国的银行监管体系各自的特征。

2.上述各国的银行监管体系对我们有何借鉴之处。

【本章习题】

一、名词解释

中央银行　单一制中央银行　准中央银行制　再贷款　再贴现　公开市场业务　金融监管　分业监管体制　混业监管体制

二、简答题

1.中央银行的类型有哪些？

2.中央银行的职能哪些？

3.金融监管的体制有哪些？有何区别？

4.金融监管体制的发展趋势体现在哪些方面？

三、思考题

你认为我国目前金融监管体制的现状如何？存在哪些问题？完善的对策有哪些？

第13章 货币供求与货币均衡

1. 熟悉货币需求的相关理论,重点掌握马克思关于流通中货币量的理论及现代货币需求理论。

2. 掌握货币需求的相关概念、货币需求量的界定;了解我国货币需求的变化及现状。

3. 掌握货币供给及层次划分;掌握名义货币供给与实际货币供给;重点掌握货币供给的形成机制。

4. 掌握决定货币乘数的因素分析;了解货币供给弹性及弹性机制的运用;了解货币供给的内生性与外生性。

5. 掌握货币均衡与货币失衡的表现及形成原因;掌握货币供求均衡与社会总供求平衡;掌握货币失衡的调整。

13.1 货币需求的理论

13.1.1 货币需求的概念

货币需求是指宏观经济运行和微观经济经济主体对货币的需求,即指商品流通或商品交换过程中对货币的需求。商品通过市场实现其价值时,需要货币充当流通媒介、支付手段和价值贮藏手段。

货币需求的实质是市场需求。市场和市场经济由多种系统和因素构成,其中供给与需求是市场体制的重要构成部分。供给是指商品和劳务的供给;需求是指货币需求,一国统一形态的货币需求对应着各种各样的商品和劳务供给,若没有与商品和劳务供给相对应的货币需求,就没有商品流通或商品交换,也就不存在着市场和市场需求问题。

货币需求也是市场体系的重要构成要素。市场体系包括商品市场、劳动力市场、金融市场和技术市场等。其中,金融市场又包括货币市场和资本市场,在货币市场和资本市场,同样都包括货币需求和货币供求两个方面。本章节主要针对货币需求进行分析。

13.1.2 我国古代的货币需求思想

我国古代已有货币需求思想的萌芽,约在2 000年前的《管子》一书中,就有"币若干而中用"的提法,意思是铸造多少钱可以够用。在论述兼并时,有这样的内容:"人君铸钱,民庶之通施也。人有若干百千之数矣,然而人事不及、用不足何也?"其意思是说:君王给百姓所铸造的用于流通的钱币已经达到每人平均"若干百千之数",不应该不够了。这种按每人平均铸币多少即可满足流通需要的思路,一直是控制货币数量的主要思路。

东汉章帝年间(公元84—87年),尚书张林针对当时物价发表意见:"今非但谷贵也,百货皆贵,此钱贱故耳;宜令天下悉取布帛为租,市买皆用之,封钱勿出,如此,则钱少,物皆贱矣。"在当时就提出了流通中货币的数量多少,决定了商品价格的高低的思想。

13.1.3 古典经济学家关于货币需求的观点

货币理论包括货币需求理论和货币供给理论,货币需求理论的发展比货币供给理论要早。从重商主义开始,西方经济学家就开始探讨货币需求问题并形成了各种观点,产生了各种流派。

1)洛克的货币需求思想

17世纪英国著名的哲学家和经济学家约翰·洛克以数量论的观点,分析了影响贸易所需要的货币量和商品价格与货币数量间的关系,最早提出了商品价格决定于货币数量的学说。如果增加或减少某一地方贸易中流通的货币数量,商品价格将会变动。

2)休谟的货币需求说

18世纪英国经济学家货币数量论的代表人物大卫·休谟认为,商品价格决定于流通中的货币数量。在进入流通以前,商品没有价格,货币没有价值,只有在进入流通以后,通过现有的商品和货币的比较,商品和货币才取得各自的价格和价值。而货币的价值实际上是虚构的,如果商品数量增加,商品的价格就会降低;如果商品数量减少,商品的价格就会提高,货币的价值就降低。所以,一国的商品价格决定于其国内流通中的货币量,流通中的货币与市场上的商品之间的比率决定了货币的价值。

3)李嘉图的货币需求理论

英国古典政治经济学的杰出代表和完成者大卫·李嘉图,以价值论的观点分析认为,在使用金属货币的任何一个国家中,流通手段的数量首先决定于货币本身的价值;其次决定于流通中的商品价值总额;最后决定于流通手段的节约程度,即同一货币的流通速度。

4)马克思关于流通中货币量的理论

卡尔·马克思的价值论货币需求理论的创建,是在吸收前人关于价值论的有益成分,分析批判传统货币数量论的非科学性,以劳动价值论为基础建立起来的。马克思以完全的金币流通为假设条件,对货币的需求量是以金币价值与商品价值对比关系为前提,其论证是:①商品进入交换前,首先由货币发挥价值尺度职能衡量商品的价值,商品的价值取决于生产过程,所以交换前商品是带着价格进入流通的。②商品进入交换后,根据商品价格的高低以一定量的流通手段加以实现,比如值5克金的商品就需要5克金来购买。③商品与货币交换后,商品退出流通,货币却留在流通之中为新进入流通的商品价值的实现而流转,从而一

定数量的货币,流通几次就可使相应倍数价格的商品得以出售。因此,有:

$$M = \frac{PT}{V} \tag{13.1}$$

式中 M 表示一定时期内执行流通手段的货币量;P 为商品价格;T 为商品数量;V 为货币流通速度。此式也称为马克思的货币必要量公式。

上式表明,在影响货币量的诸多因素中,决定性的因素有 3 个:①商品的价格;②商品数量;③货币流通速度。

马克思的以上论证有一个重要假设,即在经济中存在着一个数量足够大的黄金贮藏,在流通中需要较多的黄金时,黄金从贮藏中流出,进入流通;在流通中需要较少的黄金时,金则退出流通,转化为贮藏。正是有了这一假设,经济中存在一个调节器,使得流通中需要多少货币,就有多少货币存在于流通之中。但在实际经济中,并不一定存在这样的假设条件。

马克思也对纸币流通条件下,货币量与价格之间的关系进行了分析。马克思认为,纸币是由金属货币衍生而来的,纸币之所以能够流通,是因为国家的强力支持;纸币本身没有价值,只有流通才能作为金币的代表。如果说,流通中可以吸收的金量是客观决定的,那么流通中无论有多少纸币也只能代表客观所要求的金量。例如流通中客观需要 10 万克黄金,政府发行 10 万张纸币,每张纸币代表了 1 克黄金;若政府增发纸币到 20 万张,则每张纸币代表了 0.5 克黄金。从而使得原价格为 1 克黄金的商品,用纸币表示,由 1 张增加为 2 张,物价上涨了 1 倍。因此,在纸币作为唯一流通手段的条件下,商品价格会随着纸币数量的增减而涨跌;而在金币流通条件下,流通所需要的货币数量是由商品价格总额决定的。

马克思还曾分析银行券的流通规律。他认为这类信用货币的流通规律也服从于他根据金币流通所分析出来的规律。

13.1.4 现代货币需求理论

1)货币数量需求理论

(1)费雪方程式

1911 年美国耶鲁大学教授艾尔文·费雪在《货币购买力》一书中提出了现金交易方程式。这一方程式从货币和商品交易的数量关系入手来分析货币的需求。

费雪认为,货币购买力不取决于货币的价值与商品价值的比例,而取决于货币所能购买到的其他商品的数量的表示。一国的物价水平决定于:流通中的货币数量,流通货币的效率即流通速度,商品的交易数量这 3 个因素。根据这 3 个因素与物价的关系,给出的现金交易方程式为:

$$MV = PT \tag{13.2}$$

式中 M 为一定时期内用以购买商品和劳务的货币平均数量;P 为各类商品价格的加权平均数;T 为社会总产出也称社会交易总量;PT 为总支出,也称为名义收入或名义国民生产总值;V 为货币流通速度,$V = PT/M$,为名义收入除以货币数量,也就是每 1 元钱用来购买经济中最终产品的和劳务总量的平均次数,也称为货币周转率。该方程揭示了名义收入和货币数量与货币流通速度的关系。上式经变换可表示为下式：

$$P = \frac{MV}{T} \tag{13.3}$$

在这一恒等式中，P 的值取决于 M、V、T 这 3 个变量的相互作用。费雪认为，V 由经济中影响交易方式的制度和技术进步决定，在较长时间内经济中的制度和技术进步才会对 V 有轻微影响，所以，在短期内 V 是相对稳定的，故可视为常数。费雪还认为，工资和价格是完全有弹性的，所以在正常年份整个经济的总产出 T 总是维持在充分就业水平上，所以在短期内总产出 T 不变，即短期内社会交易总量不变，也可视为常量。因此，P 的值就取决于货币数量 M，即货币数量决定商品价格。

费雪方程式说明，在货币流通速度与商品交易总量不变的条件下，物价水平随着货币数量变动而变动，利率对货币需求没有影响。

（2）现金余额货币需求

许多经济学家认为费雪方程式存在一个缺陷，即它没有考虑微观主体对货币需求的影响。以英国经济学家阿尔弗雷德·马歇尔和其弟子阿瑟·塞西尔·庇古为代表的剑桥学派，在研究货币需求时，强调了微观主体对货币需求的影响。他们认为，人们为了便于进行日常支付，对货币便有一定的需求，即将其资产的一部分以现金形式持有。若以 R 表示总资产，以 k 表示持有的货币形式的资产对总资产的比率，以 M 表示货币数量，以 P 表示货币单位价值或商品价格，则有如下方程：

$$\frac{1}{P} = \frac{kR}{M} \tag{13.4}$$

上式说明，在社会总资产 R（社会总资产包含社会总收入和总财富）和货币数量不变的情况下，k 成为决定货币价值和物价水平的关键变量，因此，称 k 为"剑桥系数"，该方程称为剑桥方程式。该方程式既保持了数量论需求说的观点，又说明了人们在通常情况下所保持的货币量（或现金）与收入水平之间总是保持着一个较为稳定的比例关系。通常用 M_d 表示需求量，y 表示实际收入，上述方程可转换为：

$$M_d = kPy \tag{13.5}$$

上式说明，人们对货币的需求取决于影响 k、P、y 的各种因素，以及人们认为应该保持多少货币为宜，利率对货币需求成为一个不可忽略的因素。

2）凯恩斯的货币需求理论

现代西方经济学最有影响的经济学家之一，英国著名经济学家约翰·梅纳德·凯恩斯放弃了古典学派将货币流通速度作为常量的观点，发展了强调利率重要性的流动性偏好理论。他从货币需求的动机来研究货币需求，他认为，人们的货币需求行为取决于 3 种动机，即交易动机、预防动机和投机动机。

（1）交易动机

交易动机是指个人、企业为应付正常交易活动而持有货币的动机。交易性货币需求量与收入、商业制度及惯例有关，但其主要取决于收入水平。收入水平越高，交易性货币需求量越大，持币量越大。

（2）预防动机

预防动机是指个人、企业为预防意外支出而持有货币的动机。虽然从个人角度看,预防性货币需求量取决于个人对意外事故的看法,但从整个社会来看,预防性货币需求量也取决于收入。

若用 M_1 表示由以上两种动机产生的货币需求量,用 Y 表示名义收入,用 k 表示两种动机的货币需求量与名义收入的比例关系,用 L_1 表示 Y 与 M_1 的函数关系,则有如下关系式:

$$M_1 = L_1(Y) = kY \tag{13.6}$$

上式说明,交易性和预防性货币需求与收入之间存在着正向变动关系,即交易性和预防性货币需求是收入的递增函数。

（3）投机动机

投机动机是指人们为了抓住有利的购买有价证券的机会而持有一部分货币的动机。债券价格与利率之间存在着反向变动关系。如果人们预期将来利率会跌,则会买入债券,对持有货币的需求将会降低;如果人们预期将来利率会涨,则会卖出债券而持有货币,对货币的需求将会增加。所以,投机性货币需求与利率之间存在着反向变动关系,即投机性货币需求是利率的递减函数。若用 M_2 表示投机性货币需求,r 表示利率,h 表示投机性货币需求对利率的反应系数,用 L_2 表示 r 与 M_2 的函数关系,负号表示投机性货币需求与利率成反向变动,则有如下关系式:

$$M_2 = L_2(r) = -hr \tag{13.7}$$

3 种动机产生的货币需求可表示为:

$$M = M_1 + M_2 = L_1(y) + L_2(r) = L(Y,r) = kY - hr \tag{13.8}$$

上式说明,货币需求与收入之间存在着正向变动关系,与利率之间也存在着反向变动关系。即货币需求是收入的递增函数,是利率的递减函数。

凯恩斯学派对凯恩斯的货币需求理论进行了修正和补充,一是认为交易性和预防性货币需求同样也是利率的函数;二是多样化的资产选择对投机性货币需求会产生影响。提出了一个"平方根法则",其表达形式如下:

$$M = kY^{\frac{1}{2}} r^{-\frac{1}{2}} \tag{13.9}$$

上式说明,交易性货币需求是收入 Y 的函数,随着用于交易的收入增加,货币需求量会随之增加;但 Y 的指数 $\frac{1}{2}$ 又说明其增加的幅度较小,即交易性货币需求有规模节约的特点。

同时又表明,货币需求是利率 r 的函数,而 r 的指数 $-\frac{1}{2}$ 说明交易性货币需求与利率的变动成反向且其变动的幅度较小。

3）弗里德曼的货币需求理论

1976 年诺贝尔经济学奖得主美国经济学家米尔顿·弗里德曼作为现代货币主义的代表人物,基本上承袭了传统货币数量论的观点,非常看重货币数量与物价水平之间的因果联系。同时,他也接受了剑桥学派和凯恩斯以微观主体行为作为起点,把货币看成受利率影响的一种资产的观点。在其所著的《货币数量说的重新表述》一文中,对影响人们的货币持有量的各个因素加以分析得出如下货币需求函数:

$$\frac{M_d}{P} = f\left(r_m, r_b, r_e, \frac{1}{P} \cdot \frac{dP}{dt}, \omega, y, u\right) \tag{13.10}$$

式中 M_d 为名义货币需求,$\frac{M_d}{P}$ 为实际货币需求,P 为价格水平,r_m 为货币预期收益率,r_b 为固定收益的债券收益率,r_e 为非固定收益的股权预期收益率,$\frac{1}{P} \cdot \frac{dP}{dt}$ 为预期物价变动率,ω 为非人力财富在个人总财富中所占的比例,y 为实际恒久性收入,u 为反映主观偏好、风尚及客观技术与制度等因素的综合变数。

$r_m, r_b, r_e, \frac{1}{P} \cdot \frac{dP}{dt}$ 在其货币需求分析中被统称为机会成本变量,也就是说能从这几个变量的相互关系中衡量出持有货币的潜在收益或损失。弗里德曼考察的货币扩大到 M_2 等,在这一大口径的货币形态中,有一部分货币是有收益的,如定期存款。物价变动率同时也是保存实物的名义报酬率。在其他条件不变时,物价向上的变动率越高,则货币需求量越小;货币以外的资产如债券、证券收益率越高,则货币需求量也越小。将物价变动率纳入货币需求函数,也就是将通货膨胀的情况纳入了货币需求分析中。

弗里德曼将财富分为人力财富和非人力财富,人力财富主要指个人的能力,它不容易转化为货币,如失业时人力财富就无法取得收入。所以,在总财富中,人力财富所占比例越大,出于谨慎动机的货币需求就越大;而非人力财富所占比例越大,则货币需求就越小。因此,非人力财富在个人总财富中所占的比例 ω 与货币需求为负相关。恒久性收入 y 是弗里德曼在分析货币需求中所提出的概念,可以理解为预期平均长期收入,它与货币需求正相关。

u 是一个代表多种因素的综合变数,因此它可能从不同的方向对货币需求产生影响。弗里德曼认为,货币需求变量中的 4 种资产——货币、债券、股票和非人力财富的总和,即人们持有的财富总额,其数值大致可以用恒久性收入 y 作为代表性指标。强调恒久性收入对货币需求的重要影响作用是弗里德曼的货币需求理论的一个特点。

弗里德曼最具有概括的论断:由于恒久收入的波动幅度比现期收入的波动幅度小得多,且货币流通速度(恒久收入除以货币存量)也相对稳定,货币需求因而也是比较稳定的。

13.2 货币需求的分析

13.2.1 各种货币需求的相关概念

1)主观货币需求与客观货币需求

货币需求通常可以理解为人们对货币的占有欲望,由于人们的欲望是无限的,所以对货币的需求也是无限的。将这种占有欲望是否符合客观实际且有能力达到,可将货币需求分为主观货币需求与客观货币需求。

主观货币需求也称为潜在货币需求,是指各经济主体在主观上希望拥有多少货币,它是一种对货币占有的欲望。然而在经济学中,货币需求是指一种能力与愿望的统一,它必须同时满足两个基本要素,一是必须有得到或持有货币的欲望;二是必须有得到或持有货币的能力。只有同时满足这两个条件才称其为有效的需求,所以,主观货币需求是一种无效需求。

客观货币需求是指在一定时期内,各经济主体究竟需要多少货币才能够满足商品生产和商品交换的需求。它是有支付能力的有效需求,是客观的货币需求。在金融学中我们研究的货币需求是以客观货币需求为对象。

2)名义货币需求与实际货币需求

名义货币需求是指经济主体在一定时期内不考虑价格变化时的货币需求,其实质是用货币单位来表示的货币需求。名义货币需求是在物价上涨的情况下,同一枚货币单位所能购买的商品和劳务数量。例如,原来100元所能购买到的商品,由于物价上涨1倍,现在需要200元才能买到,这200元就是名义需求,而实际需求仍为原来价值100元的商品。

名义货币需求理论内容如下。

①货币的价值是交换价值,交换价值也就是货币的购买力。而货币的购买力是指可以购买到的商品、劳务的数量,它是物价水平的倒数。

②名义货币需求与价格的涨跌是按同比例变动的。可表示为:

$$M_d = \frac{PQ}{V} \tag{13.11}$$

M_d 为名义货币需求,P 为在市场上与货币交换的所有商品和劳务价格的加权平均指数,Q 是以货币形式交换的商品和劳务的数量,V 代表一定时期内每一单位货币周转或流通的次数,即流通速度。

③名义货币需求决定于货币供应量。名义货币需求与货币价值按同一比例不同方向变动;物价水平与货币供应量按同一比例同方向变动,即货币量增加一倍,物价就上涨一倍。用公式表示:

$$\frac{\Delta M}{M} = \frac{\Delta P}{P} \tag{13.12}$$

式中 M 为名义货币需求,ΔM 为名义货币需求增量;P 为物价,ΔP 为物价的增量。

实际货币需求是剔除了物价变动或通胀因素以后的货币需求,以货币所实际对应的商品和劳务表示的货币需求,也是指用国民生产总值平减指数平减后所表示的货币需求量。其实质是以实物价值来表示的货币需求,又称为实际余额需求。名义货币需求一般用 M_d 表示,实际货币需求用 $\frac{M_d}{P}$ 表示;它们之间的区别在于是否剔除了物价变动的影响。实际货币需求用公式表示有:

$$\frac{M_d}{P} = KQ \tag{13.13}$$

式中 K 为国民所得以货币形式所拥有的份额，Q 表示国民生产总值。从上式可知，实际货币需求不受物价变动的影响，而只随 K 和 Q 的变动而变动。例如，假设 1995 年国民生产总值 $Q = 2\,000$ 亿元，实际货币需求 $m = \dfrac{M_d}{P} = 1\,000$ 亿元；2000 年按不变价计算国民生产总值 $Q = 4\,000$ 亿元，$m = 2\,000$ 亿元；这时流通中的货币量增加 1 倍剔除了物价影响，1995 年 1 000 亿元货币能够买到的商品和劳务，在 2000 年也同样能买到。在现实经济中，通货膨胀是一种经济的常态，所以包含物价因素的名义货币需求不能直接反映经济主体对货币的实际需求，因而人们更加注重考察实际货币需求。

3）微观货币需求和宏观货币需求

微观货币需求是指从微观经济主体即个人、家庭、企业的角度进行考察，研究微观经济主体在既定的收入水平、利率水平和其他经济条件下，持有多少货币在手使得机会成本最少，所得利益最大。宏观货币需求指从宏观经济主体的角度进行考察，研究一国或一地区在一定时期内，经济发展与商品生产流通所必需的货币量，这一货币量既能满足一国经济发展的客观要求，保证充分就业和经济稳定增长，又不会引起通货膨胀率上升。

微观货币需求和宏观货币需求是相互联系的，从数量上看，微观货币需求的全部加总即为相应时期的宏观货币需求，两者密不可分、不可脱节。

综上所述，我们讨论的货币需求是经济学意义上的货币需求概念，重点研究的货币需求是客观货币需求中的宏观货币需求，但也不能忽视客观货币需求中的微观货币需求。

13.2.2　货币需求的分析

1）货币需求量的界定

前面，我们已经对货币需求进行了定性分析，但在经济运行中，如何合理预测货币需求数量，以确定货币供给数量，对宏观货币政策的操作显得尤其重要。

在经济分析中，存量反映的是某一时点的数量，通常称为余额、持有额等；流量反映的是某一时期内的加总数量，通常称为发生额、周转额等。货币需求量是一个存量指标，通常是从存量意义加以观察和计算的。但在研究货币需求及货币政策时，我们要关注和分析的并不是某一时点上的货币需求量，而是某一时期内货币需求量变动的趋势和范围，因此，在讨论货币需求的数量时，必须同时分析存量和流量，进行静态和动态的研究，考察货币需求的流量。

货币需求量总是处于不断地变化之中。如果进行事后分析，货币需求是一个确定的量值，不同的产出水平对应着不同的货币需求量，见图 13-1，将产出水平对应于货币需求量的各个时点的数据进行描述我们可得到一条曲线，为简化问题，通常用一条直线表示。

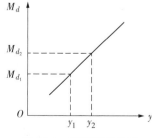

图 13-1　货币需求曲线

如果进行的不是事后分析，而是本期或下期的货币需求分析，则货币需求不会是一个确定的量值。从微观角度来考察，微观主体在其收入给定的条件下要受消费倾向和多种机会成本变量的影响。①假设收入为 1，那么消费的比例就整个社会的平均而言是否为 $x\%$,而不可能是 $(x+\varepsilon)\%$ 或 $(x-\varepsilon)\%$ (其中 ε 指与 $x,y\cdots$ 对比来说相当小的正值)。当经济生活中存在很多不确定、不稳定和难以预期的因素时,将消费比例理解为一个值域 $(x\pm\varepsilon)\%$,可能更符合实际生活中微观主体抉择的特点。②剩余的收入对各种利率、通货膨胀率的反映将使它按照某种比例进行分配,其中只有一部分以货币形态保持在手中,那么这部分货币需求在其剩余收入中是否也只能是一个确定的比例,比如 $y\%$ 呢?如果我们将消费比例视为一个值域 $(x\pm\varepsilon)\%$,同理,以货币形态持有的比例也应为一个值域 $(y\pm\varepsilon)\%$,只有如此才更接近于实际生活。所以,微观货币需求作为一个值域的特点是合理的。

按照同样的思路从宏观角度来考察,也会得到同样的认识,即经济生活中的不确定、不稳定和难以预期的因素也会使得那些相关关系极强的因素之间并非只能形成一个准确的数量比例。比如在社会商品劳务总额与宏观货币需求之间,即使剔除其他因素影响,也不见得只能是一条无宽度的函数曲线。

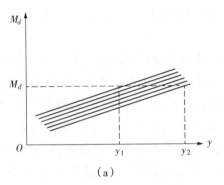 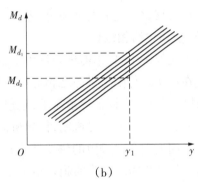

| (a) | (b) |

图 13-2 货币需求曲线簇

如果曲线有宽度,货币需求就可以描述为如图 13-2 那样的一簇曲线。如果曲线有宽度,那会有如下两种情况,若收入变动,从 y_1 增至 y_2 ,但货币需求可以不变,见图 13-2(a);在同样的收入时,货币需求却是一个值域 $M_{d1}\sim M_{d2}$,见图 13-2(b)。

总之,在实际操作中为了不至于在货币政策选择上陷于过分简单的境地,我们不应将货币需求看成一个确定的量;考虑到经济结构、政局、心理因素等影响货币流通速度,以及货币本身的增值性、周转灵活性或容纳弹性,较为贴近现实的思路是把一定时期流通中的货币需求看做一个具有一定宽度的值域。

2)货币需求的研究方法

(1)微观分析与宏观分析相结合

货币需求的微观分析是指从微观主体的持币动机、持币行为考察货币需求变动的规律,通过建立充分反映客观实际的模型,以此剖析货币需求变化的原因。本章第一节介绍的剑桥方程式、凯恩斯的货币需求模型、弗里德曼的货币需求模型都是从货币需求的微观角度分析货币需求的模型。货币需求的宏观分析则是根据可以解释货币需求的变化,其中包括国民经济总量指标和一些重要机会成本变量,来估算总体货币需求,并作为货币供给决策的依据。如前节介绍的马克思的货币必要量公式、费雪的现金交易方程式都属于宏观模型。在考察货币需求时,应该既从宏观角度进行需求分析,又从微观角度进行需求分析,并将两者进行有机的结合;宏观和微观角度进行货币需求分析各有其侧重点和优劣势,在理论研究和实践中应相互配合互为补充。

（2）理论分析与实证分析相结合

货币需求的理论分析是使用抽象的方法揭示货币需求的内在规律,找出影响和制约货币需求的主要因素,并在吸收前人研究成果的基础上,结合本国经济的特点和发展情况,提出更完善、更科学的理论主张。货币需求的实证分析是着重对一国经济中的事实、情况和关系进行描述和研究分析,通过大量的实证材料和数据得出相关的结论。理论分析离不开实证分析,理论分析的结果必须通过实践和实证分析加以检验、修正和完善。实证分析的结论要通过理论分析和研究,使之得以提升,使其具有普遍性和规律性来指导经济实践活动。

在进行理论分析与实证分析的过程中,可以采取定性分析与定量分析相结合的方法;在市场经济发展比较充分的环境里,定量分析以数据说话更有说服力、实用性更强。

（3）货币供给相结合

在国民经济中,货币需求与货币供给是相互联系不可分割的两个方面。研究货币需求是为了在经济运行中提供与之相适应的货币供给,以使货币供求达到均衡。在现代金融体制下,即使正确地掌握了货币需求,也很难按货币需求量供给相应的货币,因为在货币供给的过程中有一系列的传导机制,传导机制是否畅通、传导机制的完善与否、传导过程的延迟等一系列因素都会对货币的供给产生影响,货币供给还取决于微观经济主体的反映行为。预测得到的货币需求量为实施货币供给提供了数量依据,但必须注意到货币供给对货币需求也会有反作用,货币供给的变动会使微观经济主体的行为发生相应的变化,这种变化会反过来影响货币需求。因此,要使货币供求达到均衡,不仅要研究分析货币需求,还要研究分析货币供给。

3）货币需求量的测算方法

（1）经验数据法

经验数据法是以商品零售额代表经济发展水平,通常用正常年份的社会商品零售额与市场现金流通量的比例关系,即货币流通次数来测算货币流通量,经验数据为1∶8,其公式表示为：

$$货币流通次数 = \frac{某年社会商品零售额}{某年流通中的平均现金量} \tag{13.14}$$

具体算法是,在我国,一般认为1965年经过调整后,国民经济发展状态较好,这一年商品零售额为413亿元,平均货币供给量为51.3亿元,两者的比例即货币流通次数为8.05次,即1元货币相当于8元商品流转额,将其作经验数据。如果其他条件不变,某年的货币流通次数为6,说明当年1元货币对应于6元商品,与经验数据对比可知此时货币多商品少,应该相应减少货币供给。这种方法根据货币购买力与商品供应量的关系进行调节,在我国,1979年前经常采用,其中1∶8的比例只计算现金,不计算非现金需求量。货币流通速度的概念已不科学,因根据货币流通规律,货币流通速度减慢,货币需求量会相应增加。

（2）基本公式法

基本公式法是以经济增长率、物价、货币流通速度这3个因素来确定货币需求量增长率。与前一种方法比较,其特点是:①扩大了货币需求的范围,即包括现金和存款的货币需求;②从静态观察货币需求转向动态观察货币需求;③不以某一年的数据为依据,而是直接计算货币总量,还可以分层次进行测算。其公式为:

$$货币增长率 = \frac{（1 + 预期经济增长率）× （1 + 预期调价幅度）}{1 ± 货币流通速度变化率} - 1 \qquad (13.15)$$

根据微积分原理,当各种因素变化比率很小时,上式可进一步简化为:

$$货币增长率 = 预期经济增长率 + 预期物价上涨率 ± 货币流通速度变化率 \qquad (13.16)$$

上式也可表示为:

$$M^* = Y^* + P^* ± V^* \qquad (13.17)$$

改革开放以后,该式在我国对货币需求理论的运用中广为流传。上式说明货币增长率 M^* 与预期经济增长率 Y^* 和预期物价上涨率 P^* 正相关,与货币流通速度变化率 V^* 负相关。在式中没有利率变量,这反映出在我国改革开放多年以来,由于各种因素的影响,利率所起的作用不大;式中列入了通货膨胀率,反映了我国已由计划经济体制下的隐性通货膨胀很快转化为显性的通货膨胀。

由于不同层次媒介的商品范围不同,货币流通速度也不同,故可分层次测算。

在计算现金增长率 M_0 时,因现金主要用于购买消费资料,包括生产资料和其他劳务支出,因此,货币流通速度变化率应该为社会商品零售额增长率和消费物价变动幅度。在计算狭义货币量 M_1（现金+活期存款）时,货币流通速度变化率应该为社会总产值增长率和预期价格变动幅度。

（3）回归分析法

回归分析法是运用数理统计原理和线性回归分析的方法确定经济增长与货币增长之间的函数关系。在测算时,根据自变量的多少,可以采用一元回归方程或多元回归方程进行测算。经济增长可用社会总产值、工农业总产值、国民收入或国民生产总值来代表,货币增长用现金加全部存款来计算。测算方法如下:首先,根据自变量的个数,确定采用一元或多元回归方程;再根据历史数据建立样本,计算出回归方程中的待定系数;然后将待定系数代入回归方程,利用该回归方程将测算年度的国民生产总值等因变量代入进行计算,最后求出货币需求量的测算值。

具体算法是,以一元线性回归方程为例,用 y 表示货币需求量的测算值（现金加存款）,x 表示国民生产总值,a、b 表示待定系数,则回归方程表达式如下:

$$y = a + bx \qquad (13.18)$$

我们假设某国1991—2002年的国民生产总值和货币总量的样本数值如表13-1。

表 13-1　某国 1991—2002 年国民生产总产值和货币总量样本数值

年份	国民生产总产值 x	货币总量 y	x^2	y^2	xy
1991	40	130	1 600	16 900	5 200
1992	42	150	1 764	22 500	6 300
1993	50	155	2 500	24 025	7 750
1994	55	140	3 025	19 600	7 700
1995	65	150	4 225	22 500	9 750
1996	78	154	6 084	23 716	12 012
1997	84	165	7 056	27 225	13 860
1998	100	170	10 000	28 900	17 000
1999	116	167	13 456	27 889	19 372
2000	125	180	15 625	32 400	22 500
2001	130	175	16 900	30 625	22 750
2002	140	185	19 600	34 225	25 900
合计	1 025	1 921	101 835	310 505	170 094

a 和 b 可利用最小平方法求出，n 为时间数列的项数，将上表的数值代入后可求出待定系数 a 和 b。

$$b = \frac{n \sum xy - \sum x \sum y}{n \sum x^2 - \left(\sum x \right)^2} \qquad (13.19)$$

$$b = \frac{12 \times 170\ 094 - 1\ 025 \times 1\ 921}{12 \times 101\ 835 - \left(1\ 025 \right)^2} = 0.420\ 7$$

$$a = \frac{\sum y - b \sum x}{n} \qquad (13.20)$$

$$a = \frac{\sum y - b \sum x}{n} = \bar{y} - b\bar{x}$$

$$a = \frac{1\ 921 - 0.420\ 7 \times 1\ 025}{12} = 124.15$$

将计算结果 $a = 124.15$，$b = 0.420\ 7$ 代入回归方程式 $y = a + bx$ 有：

$$y = 124.15 + 0.420\ 7\ x \qquad (13.21)$$

经数学检验，该方程式的回归效果显著。若 2003 年的国民生产总值为 150，可用这个方程式预测 2003 年的货币总量 $y = 124.15 + 0.420\ 7 \times 150 = 187.25$。回归分析方法利用较为科学的数学计算方法，但是这种方法要求样本量多，样本越多、计算效果越显著。

（4）比例法

根据经济增长与货币增长之间的比例系数直接计算货币需求量。具体方法是根据历史数据求得经济总量（以社会总产值或国民生产总值为指标）每增长 1%，货币需求增长百分之几。具体计算方法可参考货币供给量的计算。

13.2.3 我国货币需求的变化及现状

随着改革开放的深入，我国经济管理体制、社会经济结构、城乡居民消费观念、消费结构等都发生了前所未有的变化，社会主义市场经济改革的理论探讨及实践给货币经济和信用经济的发展带来了很大的影响，也给货币需求带来了相应的变化。

1）经济体制改革与货币需求

我国经济体制改革极大地促进了生产力的发展，促进了市场经济体系的发展和完善，带来了货币经济和信用经济的发展，也使得货币需求发生了很大的变化。改革开放以来，我国的货币需求总量发生了很大的变化，导致货币需求总量变化的因素主要有以下4个。

（1）产出量及产出范围扩大引起货币需求总量增加

改革开放以后，我国由计划经济转向市场经济，使计划经济模式下的产品经济转向商品经济和货币信用经济，由原来单一的消费市场向生活资料市场、劳动力市场、技术市场和金融市场全面发展，从而使国民经济产出范围的扩大引起货币需求增加较快。在过去的近十年中，我国的国内生产总值每年平均以 10.5% 的速度增长，从 2000 年国内生产总值 8.97 万亿元到 2010 年国内生产总值 39.7 万亿元，2014 年国内生产总值 63.65 万亿元，GDP 的快速增长带来货币需求的快速增加，仅流通中的现金 M0 从 2000 年 12 月的 14 652 亿元增加到 2014 年 12 月的 60 259 亿元，增加了 4.1 倍；狭义货币 M1 从 53 147 亿元增至 348 056 亿元，增加了 6.55 倍；广义货币 M2 从 134 610 亿元增至 1 228 374 亿元，增加了 9.1 倍。2014 年流通中现金（M0）同比增长 2.9%，狭义货币（M1）同比增长 3.2%，广义货币（M2）同比增长 12.2%。

（2）需求结构和渠道的变化引起货币需求总量增加

货币需求结构的变化主要是由所有制和经营方式的变化引起，表现为由计划经济的单一公有制形式的经营方式，发展为以公有制为主体、多种所有制形式共存的共同发展的经济体制。改变了需求结构，疏通了流通渠道，活跃了城乡市场，消费品零售总额由改革开放初期的 1979 年的 1 476 亿元，到 2014 年为 271 896 亿元，增加了 184 倍。

2010 年社会消费品零售总额达 27.19 万亿元，同比增长 18.4%，比上年加快 2.9 个百分点。扣除价格因素，实际增长 14.8%，增速比上年回落 2.1 个百分点。随着改革开放的不断深入，2010 年我国消费市场的主要特点为以下 4 点：第一，区域消费协调发展。从省市来看，消费增速在 18% 以上的省市占 83.9%。其中，天津、海南、安徽、江西、贵州、黑龙江、湖南等中等发达地区消费增长较快，增速均在 19% 以上。第二，消费结构升级步伐加快。城乡居民对交通通信、住房、教育、文化娱乐等需求明显增加，消费结构升级加快。2010 年，在限额以上企业商品零售中，金银珠宝零售额达 1 261 亿元，同比增长 46.0%，比上年加快 30.1 个百分点。汽车需求稳定增长。据中国汽车工业协会统计,2010年全国汽车销售1 806万辆,同比增长32.3%。第三,大型流通企业销售旺盛。随着流通企业发展环境的逐步好转,流通企业机制改革深化,中高档消费需求稳步回升,大型流通企业销售快速增长。2010年,限额以上企业零售额为5.8万亿元,同比增长29.9%,占社会消费品零售总额比重为37.6%,比上年提高3.4个百分点。另据商务部监测,全国3 000家重点零售企业销售额同比增长18.1%,增速比上年加快10.6个百分点。第四,新型消费方式快速发展。消费群体结构变化、消费理念转变等推动消费方式转变,网络购物、团购、刷卡消费等方式得到快速发展。据中国互联网络信息中心(CNNIC)统计,2010年中国网络购物市场交易规模达5 231亿元,同比增长109.2%,相当于社会消费品零售总额的3.4%。综上所述,消费市场的这些变化,会引起需求结构和渠道的变化,从而引起货币需求总量的变化。

(3)价格改革引起货币需求总量的变化

我国经济体制改革的重要内容之一是,通过调整和改革建立合理的价格体系。价格的改革会引起货币需求量的变化,其变化主要有如下几种情况:一是对部分不合理价格进行调整,不影响总体价格水平的稳定,货币需求是不会发生突发性的变化;二是在价格调整中,有较多商品的价格调高幅度大于商品价格调低的幅度,使得物价总水平上升,由此引起货币需求量的上升;三是由于经济体制由计划管理和调节转为市场自动调节,在需求大于供给时,物价会上涨,使得货币需求量增加;反之,货币需求会减少。从我国情况来看,由于多种因素的影响交织在一起,物价总水平呈不断上升的趋势,使货币需求总量较大幅度地超过经济增长率。例如,2009年国内生产总值现价总量为340 507亿元,按不变价格计算的增长速度为9.1%,但广义货币(M2)同比增长达25%以上,狭义货币(M1)同比增长达到27%以上。

(4)经济主体的变化所引起的货币流通速度变化,进而影响货币需求总量的变化

经济体制的改革引起经济主体对于货币需求发生了巨大的变化。经济所有制形式的变化,带来需求主体由高度集中型转向多元开放型。改革开放前,居民的货币收支仅限于消费资料的购买范围,其货币需求一般从属于以购买消费品为目的的交易性货币需求。经济体制改革后,家庭的经济功能得到了极大的增强。农户成为独立的经济活动单位,各类副业、工商业的发展更使农户参与经济活动的深度和广度得到空前提高,农户的收入水平也有了大幅度的增长。同样,随着国有企业改革和各类非国有经济成分的发展,城镇多种经济形式和经营单位如雨后春笋般地发展起来,商品生产和经济单位大幅增加,铺底的货币增多,货币流通速度减慢,货币需求总量增加。据计算,我国货币流通速度年平均减慢1.1%,现金流速每年递减0.088次。货币流通速度逐年减慢,也使得货币需求量增加。

2)开放经济条件下的货币需求

我国从改革开放以来坚持对外开放的基本国策,促进了国民经济的极大发展,加强了我国经济与全球经济一体化的进程,也引起货币需求发生了巨大的变化。

(1)对外贸易的发展引起货币需求量和范围增加

随着我国对外经济贸易的快速发展,市场由单一向多元发展,由国内市场向国际市场发展,贸易额逐年增加,引起货币需求量增加。贸易区域、贸易伙伴、贸易品种和贸易结构也发

生了较大的变化,引起对外贸易范围扩大,从而引起货币需求范围扩大。据海关统计,2008年我国对外贸易进出口总值达 25 616.3 亿美元,比上年增长 17.8%。其中出口 14 285.5 亿美元,增长 17.2%;进口 11 330.8 亿美元,增长 18.5%。贸易顺差 2 954.7 亿美元,比上年增长 12.5%,净增加 328.3 亿美元。受美国次贷危机引发的国际金融危机影响,"入世"7 年来增长速度首次低于 20%。在世界排名中,我国由 1989 年的第 15 位跃升到 2008 年的第 3 位。

(2)利用外资水平的提高引起货币需求增加

有数据表明,改革开放以来,我国吸引外商投资累计约 5 000 多亿美元,连续十年实际利用外资金额居发展中国家之首。2008 年,我国利用外资达 923.95 亿美元,外资的引入会引起货币需求增加;同时,还会引起国内相应配套的资金需求增加。近年来,我国一批企业积极"走出去",加大了对外投资,也会引起货币需求的增加。

(3)居民个体货币替代引起货币需求量的变化

随着我国对外交往的不断开放,特别是民间交往的增多,使得本国居民和外国居民在留学、旅游、访问、外出务工等交往增多。本国居民可以持有一定量的外币,引起对外国货币需求的增加;外国居民为交往持有人民币,引起对人民币需求的增加。同时,我国居民参与外汇市场交易和保值储蓄,也会引起货币需求量的变动。

【阅读案例 13.1】

货币流通速度长期变化的国际比较

在最近的研究中,罗格斯大学(Rutgers University)的迈克尔·博尔多(Michael Bordo)和斯德哥尔摩经济学院(Stockholm school of Economics)经济学院的 Lars Jonung 考察了很多国家近一百多年来货币流通速度变化情况。他们的结论是,几乎所有国家的货币流通速度变化趋势都呈"V"形,而制度因素从中起了关键的作用。Bordo 和 Jonung 提出假说,金融部门的发展引起了两种力量,而这两种力量对货币流通速度长期趋势的影响是相互抵触的,这两种力量在工业化过程中各自曾经占据一段主导地位。在第一阶段,金属铸币、以货易货以及实物支付逐渐为纸币所取代。在此"货币化"阶段,随着商业银行业务的发展,公众相对于其收入或 GDP 持有更多的货币,导致货币流通速度下降。在第二阶段,诸如债券、股票和货币市场工具这样的货币代替品的出现降低了货币需求,提高了货币流通速度。经济日趋稳定,诸如信用卡、隔夜日购协议和透支之类的金融创新不断出现也大大提高了货币流通速度。

在几乎所有的国家,货币流通速度先是随着货币化的深入下降,然后又随着金融创新和经济的稳定化程度提高而上升。然而,发生转折的时间各国则有所不同。美国、加拿大、意大利、日本和英国于 1946 年左右达到货币流通速度的最低点,而瑞典、丹麦、挪威和德国达到货币流通速度最低的时间则要早 20 年左右。

Bordo 和 Jonung 采用了一些替代变量来估测制度现象所造成的影响。举例来说,由于农业部门广泛采取以货易货、实物支付的手段来代替货币,因此他们采用非农业劳动力与一国总劳动力之间的比率来代替货币化程度。他们使用"通货/M2"来代替银行业务情况(银行越是发展和普及,该比率越低)。实际 DGP 标准差的平均值可以用来表明经济的稳定性程度。大量的例子表明,在所选取的 12 个工业化国家中,替代变量确实是货币流通速度的重要决定因素。

Bordo 和 Jonung 得出结论,在相当多数的国家,制度的发展变化对货币需求和货币流通速度产生了重要的影响。所以,这种包含制度变量的模型是对只考虑如利率和收入这样经济变量的传统模型的一种明显的改进,只有全面考虑长期内制度因素发展变化,我们才能更好地理解货币流通速度。

来源:迈克尔·G.哈吉米可拉齐斯,卡马·G.哈吉米可拉齐斯.货币银行与金融市场[M].聂丹,译.上海:上海人民出版社,2003:203-204.

思考题:

货币流通速度主要受到哪些因素的影响?

13.3　货币供给

货币供给是对应于货币需求的另一个方面,货币供给量的多少会对国民经济产生重要的影响。中央银行实施货币政策,使货币需求与货币供给相适应,保持货币和物价的稳定,为经济发展创造一个良好的货币环境。

13.3.1　货币供给及层次划分

1)货币供给的概念

货币供给是指货币供给主体——银行向货币需求主体供给货币的经济行为,它是一个动态概念。货币供给的数量表示称货币供给量,它是一个静态概念,是指政府、企业、个人持有的由银行体系所承担的债务总量。货币供给可以包含着多重口径,货币供给量也有宽窄之分。

货币供给按流通性从大到小,口径从小到大依次划分为 M_1、M_2、M_3 和 M_4 等若干个层次。在各国的货币口径中,只有通货和 M_1 这两项大体一致。通货指不兑现的银行券和辅币,在我国习惯上称为现金,都是指通货与支票存款之和,在我国也称其为准货币。各国中央银行都有自己的货币统计口径,其划分的基本依据和意义却相同,都以流动性的大小,即以流通手段和支付手段的方便程度作为标准。流动性高,说明其在流通中周转方便,变现损失小,形成购买力的能力强。这个标准对于考察市场均衡、实施宏观调控有重要意义。

2)货币层次的划分

(1)国际货币基金组织对货币层次的划分

国际货币基金组织将货币划分为 M_0、M_1、M_2 3 个层次。

M_0 指流通于银行体系以外的现钞和铸币,不包括商业银行业务库的现钞和铸币。

$M_1 = M_0 +$ 商业银行活期存款 + 邮政汇划或国库接受的私人活期存款。

许多国家把活期存款视同现钞,因其可以随时提取现金,商业银行的活期存款是 M_1 的主要构成部分。一般将 M_1 称为狭义货币,它是现实的购买力,对一国的经济生活有明显的影响,特别是使用现金较多的国家。

$M_2 = M_1 +$ 准货币。

准货币也称为亚货币或近似货币,是指定期存款和政府债券。一般认为准货币不是真正意义的货币,不是现实货币,但定期存款和政府债券可以兑换成现实货币,其变现能力仅次于活期存款,变现中可能会有一定利息损失。M_2 与 M_1 相比具有更广泛意义的货币层次,其兑现后会加大流通中的货币量,对预测未来货币流通的趋势具有重要作用。

(2)我国的货币层次的划分

经 2001 年 6 月中国人民银行修订后的划分层次如下。

$M_0 = $ 流通中的现金,也称其为通货含纸币和硬币。

狭义货币 $M_1 = M_0 + $ 活期存款 。

广义货币 $M_2 = M_1 + $ 定期存款 + 储蓄存款 + 其他存款 + 证券公司客户保证金。

将广义货币量减去狭义货币量 $M_2 - M_1$,称为准货币。

(3)美国的货币层次的划分

美国中央银行货币供给量统计由 M_1、M_2、M_3 3 个层次组成,同时公布大口径货币范围的流动性资产 L 的数值。

$M_1 = $ 流通中的现金 + 旅行支票 + 活期存款 + 其他支票存款。

流通中的现金是指处于国库、联邦储备系统和存款机构之外的通货;旅行支票是指非银行发行的旅行支票;活期存款指商业银行的活期存款,不包括存款机构、美国政府、外国银行和官方机构在商业银行的存款。

$M_2 = M_1 + $ 小面额定期存款 + 储蓄存款 + 货币市场存款账户 + 货币市场互助基金居民份额 + 隔日回购协议 + 隔日欧洲美元。

隔日回购协议是存款机构发行的;隔日欧洲美元是美国银行在世界上的分支机构向美国居民发行的。

$M_3 = M_2 + $ 大面额定期存款 + 货币市场互助基金机构份额 + 定期回购协议 + 定期欧洲美元。

$L = M_3 + $ 短期财政部证券 + 商业票据 + 储蓄债券 + 银行承兑票据。

(4)欧洲中央银行的货币层次的划分

欧盟的货币供给量体系由狭义货币 M_1、中间货币 M_2 和广义货币 M_3 3 个层次组成,其重点监测的指标是 M_3。

狭义货币 $M_1 = $ 现金 + 具有即时支付能力的存款。

具有即时支付能力的存款,如隔夜存款是欧洲中央银行统计中流动性最强的货币,处于货币体系的最底层。

中间货币 $M_2 = M_1$ + 期限为 2 年以下的定期存款。

广义货币 $M_3 = M_2$ + 回购协议 + 货币市场基金 + 货币市场票据 + 期限为两年以内的债券。

广义货币 M_3 中不包括期限超过两年的定期存款,但将期限超过两年的定期数据统计公布作为一个参考指标。

(5)日本的货币层次的划分

M_1 = 现金 + 活期存款。

现金为企业、个人和地方政府等持有的现金,但不包括日本银行持有的现金;活期存款为企业、个人和地方政府等持有的活期存款,包括企业活期存款、活期储蓄存款、通知即付存款、特别存款和纳税准备金存款。

$M_2 + CD = M_1$ + 准货币 + CD 大额可转让存单。

准货币指活期存款以外的一切公私存款,如定期存款、外币存款等。

13.3.2　名义货币供给与实际货币供给

1)名义货币供给

名义货币供给是指一国的货币当局即中央银行根据货币政策的要求提供的货币量。这个量并不是完全以一国真实商品和劳务表示的货币量,它包括由供给量引起的价格变动的因素。因此,名义货币供给也是以货币单位(如元)表示的货币量,是现金和存款之和。

在理解名义货币供给的含义时,注意在当代信用货币流通的条件下,流通中的通货都是由中央银行通过贷款投放基础货币,这些基础货币通过商业银行对社会经济主体进行一系列的存贷款活动,从而扩大整个社会的名义货币供给。

名义货币供给在实际操作中可能高于或低于实际货币需求。在这种情况下,货币价值论的观点认为,商品的价格由商品价值与货币代表的价值的比例决定:若名义货币供给超过了实际货币需求,就会引起货币贬值,具体表现为商品的价格上涨;反之,若名义货币供给不变,实际货币需求增加,此时会引起货币升值,商品的价格下降。按照货币数量论的观点,商品价格由实际货币需求与名义货币供给的比例决定。假设社会的实际货币需求为 100 亿公斤棉花,名义货币供给量为 500 亿元,则每公斤棉花售价为 5 元。如果实际货币需求增加到 125 亿元,名义货币供给量不变,此时每公斤棉花售价为 4 元,货币升值 20%。若实际货币需求不变仍为 100 亿元,而名义货币供给量增加至 600 亿元,则每公斤棉花售价为 6 元,货币贬值 20%,由此说明商品价格的变动是由名义货币供给供给量决定的。

2)实际货币供给

实际货币供给是名义货币供给与一般物价指数平减后所得的货币供给,也就是剔除了物价上涨因素而表现出来的货币所能购买的商品和劳务总额。用公式表示为:

$$实际货币供给 = \frac{M_s}{P_0} \tag{13.22}$$

式中,M_s 表示名义货币供给,P_0 表示平减后的一般物价指数。该式说明一国在一定时期内的实际货币供给受名义货币供给与一般物价指数的综合影响,当名义货币供给增加时,可能引起实际货币供给的增加,同时,若名义货币供给不变,价格的上涨也会引起实际货币供给的购买力的减少。因为,实际货币供给是剔除了物价因素后,所能购买的商品和劳务的总额,因此实际货币供给实质上取决于实物形态的国民总产出。为了保持实际货币供给与实际货币需求相适应,实际货币供给应该与用实物形态表示的国民总产出 Y 成一定的比例关系,用公式表示为:

$$\frac{M_s}{P_0} = kY \tag{13.23}$$

上式表明,实际货币供给必须与国民总产出 Y 保持同步增长。如果实际货币供给>kY,说明货币供给大于实际货币需求,可能引起通货膨胀的发生;反之,如果实际货币供给<kY,说明货币供给小于实际货币需求,出现投资紧张,消费减少,失业增加,经济不景气。

13.3.3　货币供给的形成机制

货币总量有存量和流量之分,货币存量是指一国在某一时点上实际存在于整个经济中货币数量;而货币流量是指一国在某一时期内货币流通的总量,它是货币存量与货币流通速度的乘积,即货币流量=MV,货币存量 M 就是我们所说的货币供给量。讨论货币供给量的总量,就得分析货币供给的形成机制。

在现代金融体系下,货币供给是由两个层次的货币供给机制形成,第一个层次是一国的货币当局中央银行提供的基础货币和对货币供给所实施的宏观货币政策;第二个层次是商业银行的创造存款货币功能。

1)商业银行与货币供给

在现代金融制度下,商业银行是货币供给体系中的一个重要层次,是整个货币运行的最主要的载体。商业银行通过办理支票活期存款,发放贷款完成创造货币的功能。

(1)商业银行的存款派生与收缩

商业银行创造多倍的派生存款必需的条件,一是在整体银行体系下进行,即不止一家银行。二是在信用制度发达的条件下,即银行客户的活期存款不全部用现金提取,且商业银行实行的是部分准备制。

存款的多倍扩张的过程如下:假设某客户在 A 银行存入 1 万元支票存款,银行 A 在中央银行的储备将增加 1 万元。假定储备存款没有利息,银行不考虑超额储备。银行 A 的 T 形账户如下:

资产		负债	
储备	+10 000	支票存款	+10 000

如果法定准备金率为10%,银行 A 将储备增加的 10 000 元,其中 1 000 元作为法定准备金,9 000 元贷给借款人。银行 A 的 T 形账户如下:

资产		负债	
储备	+1 000	支票存款	+10 000
贷款	+9 000		

若借款人得到该笔贷款后,存入银行 B,则银行 B 的 T 形账户如下:

资产		负债	
储备	+9 000	支票存款	+9 000

同理,银行 B 将储备增加的 9 000 元,其中 900 元作为法定准备金,8 100 元贷给借款人。银行 B 的 T 形账户如下:

资产		负债	
储备	+900	支票存款	+9 000
贷款	+8 100		

从银行 B 得到贷款的借款人再将 8 100 元存入银行 C。这一过程如此继续下去,见表 13-2,最初的 1 万元存款,通过银行体系的借贷活动,使整个银行体系内的存款总额增加到 10 万元,是最初存款的 10 倍,即为法定准备金率的倒数。

表 13-2　银行体系存款货币创造过程

银行	存款增加/元	贷款增加/元	储备增加/元
A	10 000	9 000	1 000
B	9 000	8 100	900
C	8 100	7 290	810
D	7 290	6 561	729
E	6 561	5 905	656.1
⋮	⋮	⋮	⋮
合计	100 000	90 000	10 000

表 13-2 中最初的存款 1 万元称为原始存款,经过存贷款业务所创造的存款称为派生存款,例中为 9 万元。若以 R 表示原始存款,D 为活期存款总额或存款货币总额,则派生存款为 $D-R$,r_d 表示活期存款的法定准备金率,k 表示派生倍数则有:

$$D = \frac{R}{r_d} = kR \qquad (13.24)$$

通过以上的分析可知,若银行客户最初的一笔存款,通过银行体系创造出多倍的存款货币。与之相反,若银行客户最初的一笔取款,同理通过银行体系会收缩多倍的存款货币。

(2)存款派生倍数的制约因素

在以上讨论存款创造过程中,我们假设商业银行不持有超额准备金,只保留法定存款准备金,其余的全部贷出或购买证券,并且客户将贷款存入银行不提取现金,在此假设条件下,商业银行创造货币能力的大小主要取决于活期存款的法定准备金率 r_d,并与 r_d 成反比关系。但是,除了法定存款准备金率这个主要因素外,影响商业银行创造存款能力,还受超额准备金、现金漏损率或通货率、定期存款的法定准备金率等因素的影响,我们将在讨论货币乘数的影响因素时一并加以分析。

2)中央银行与货币供给

(1)基础货币

基础货币也称货币基数,强力货币,又称为高能货币(High Powered Money),是公众持有的现金 C 与商业银行以现金形式持有的准备金 R 之和。以 H 表示基础货币则有:

$$H = C + R \tag{13.25}$$

基础货币可以从其来源和运用两个方面加以分析。从其来源看,它是指货币当局对公众的负债,即由货币当局投放并为货币当局所能直接控制的那部分货币,它是整个货币供给量的一部分。从其运用来看,它由两个部分构成:一是商业银行的存款准备金,它包括商业银行的库存现金和商业银行在中央银行的法定准备金存款;二是流通于银行体系之外而为社会公众的持有的现金。这两者的实质都是中央银行对社会公众的负债总额。基础货币的伸缩或增减对商业银行信用规模有着非常重要的影响,它直接决定了商业银行准备金的增减,从而决定了商业银行的信用规模扩张和收缩。

(2)基础货币的决定因素分析

基础货币的实质是中央银行对社会公众的负债总额,我们可以从中央银行资产负债表(见表 13-3)加以分析,研究基础货币的决定机制。

表 13-3　中央银行资产负债表

资产	负债
贴现及放款	流通中的通货
政府债券和财政借款	国库及公共机构存款
外汇、黄金储备	商业银行及金融机构存款
其他资产	其他负债和资本项目
合计	合计

在中央银行体制下,中央银行有着这样的特权,其扩大资产业务并不以负债的增加为前提,从资产与负债关系来看,中央银行不需要负债的扩大就可以扩大其资产,而只要扩大了资产就必然有等额的负债扩大来平衡。例如中央银行向某商业银行发放一笔贷款,它会使资产负债表左侧的资产增加,得到贷款的商业银行在中央银行的存款准备会相应增加,使资

产负债表右侧的负债增加。如果中央银行资产总额增减,则基础货币必定会随之增减。若中央银行的资产中有增有减,基础货币是否增减则视各项资产增减变动的情况而定。

①贴现及放款对基础货币的影响。中央银行资产业务中主要是对商业银行的资产业务,其主要形式是票据再贴现和再贷款。在再贴现业务中,反映在中央银行资产负债表中增加了以票据形式持有的资产;在再贷款业务中,反映在中央银行资产负债表中增加了对商业银行的债权。这两种业务都相应增加了其负债,即商业银行在中央银行的准备存款,从而引起基础货币的等额增加。若中央银行减少再贴现业务或收回再贷款,则会导致基础货币相应减少。

②政府债券和财政借款对基础货币的影响。中央银行资产业务中通过公开市场业务使增加其持有的国债资产,使中央银行金库存款减少,商业银行的准备存款会相应增加,导致基础货币会相应增加。反之,减少其持有的国债资产,资金回笼,商业银行的准备存款会相应减少,导致基础货币会相应减少。同理,若中央银行增加财政贷款或直接贴现国债,使中央银行金库存款减少,商业银行的准备存款会相应增加,导致基础货币会相应增加。反之,若减少财政贷款,会导致基础货币会相应减少。

③外汇、黄金储备对基础货币的影响。中央银行通过收购外汇、金银,增加其外汇、黄金储备,形成中央银行的资产,但会增加通货的投放,使社会公众在商业银行的存款增加,导致基础货币会相应增加。相反,若中央银行出售外汇、金银,减少持有的外汇、黄金储备资产,会使社会公众在商业银行的存款减少,导致基础货币会相应减少。

总之,中央银行资产业务的扩大会相应增加商业银行的准备存款,导致基础货币的增加。

(3)货币乘数

货币乘数又称货币创造乘数,是指货币供给的扩张的倍数,即当基础货币变动 1 单位时,货币供给量的变动规模,它说明由于基础货币变化引起的货币供给量增减的幅度。中央银行提供 1 单位基础货币,其构成中的一部分即商业银行的准备金会成为创造存款,供给货币的基础,另一部分通货则不存在创造存款这样的扩张,因而最终形成的货币供给量与基础货币之间会有一个系数关系,称为货币乘数。货币供给的基本模式可以表示为:

$$M_s = mH \qquad (13.26)$$

式中 M_s 为货币供给总量;H 为基础货币,由公众持有的现金 C 与商业银行以现金形式持有的准备金 R 组成,如 13.25 式 $H = C + R$;m 为货币乘数。货币乘数可分为单项和多项乘数模式。

①单项乘数模式。单项乘数模式是以一种因素影响货币乘数变动所建立的模型。例如,仅考虑活期存款准备金率一种因素影响货币乘数,货币乘数的是活期存款准备金率的倒数。以公式表示:

$$m = \frac{1}{r_d} \qquad (13.27)$$

式中,m 为货币乘数,r_d 为活期存款准备金率,它由中央银行控制。

②多项乘数模式。多项乘数模式是几种因素影响货币乘数变动所建立的模型。其数值

大小由一定时期的通货比率、现金漏损率、超额准备金率、活期和定期存款的法定准备金比率等因素决定。

若使用的货币供给量口径是 M_1，则货币供给量为现金 C 和非银行公众在商业银行各种活期存款 D 之和。则有：

$$M_1 = C + D \tag{13.28}$$

用 r_c 表示流通中的现金 C 与活期存款 D 的比率，则有 $r_c = C/D$，r_c 称为现金漏损率，也称通货比率。用 r_{td} 表示定期存款 T 与活期存款 D 的比率，则有 $r_{td} = T/D$，r_{td} 称为定期存款比率。用 r_e 表示商业银行超额准备金 E 与活期存款 D 的比率，则有 $r_e = E/D$，r_e 称为超额准备金率。用 r_d 表示活期存款的法定准备金比率；用 r_t 表示定期存款的法定准备金比率。商业银行以现金形式持有的准备金 R 组成为：

$$R = r_d D + r_t T + r_e D \tag{13.29}$$

商业银行的准备金包括有活期存款的法定准备金、定期存款的法定准备金、超额准备金 E，它既包括了商业银行在中央银行的法定准备金存款，又包括了商业银行的库存现金。

将（13.26 式）变形有：

$$m = \frac{M_s}{H} \tag{13.30}$$

若使用的货币供给量口径是 M_1，则可将 M_s 用 M_1 代替，货币乘数用 m_1 表示，并将 13.26 式和 13.23 式代入 13.28 式有：

$$m_1 = \frac{M_1}{H} = \frac{C + D}{C + R} \tag{13.31}$$

再将 13.27 式代入 13.29 式，并将分子分母同时除以 D 得下式：

$$m_1 = \frac{M_1}{H} = \frac{C + D}{C + R} = \frac{C + D}{C + r_d D + r_{tr} r_{td} D + r_e D} = \frac{1 + r_c}{r_c + r_d + r_{tr} r_{td} + r_e} \tag{13.32}$$

若使用的货币供给量口径是 M_2，则可将 M_s 用 M_2 代替，货币乘数用 m_2 表示，从 M_2 定义可知：

$$M_2 = C + D + T \tag{13.33}$$

T 表示定期存款、储蓄存款、其他存款和证券公司客户保证金的余额。根据以上的推导同理有：

$$m_2 = \frac{M_2}{H} = \frac{C + D + T}{C + R} = \frac{C + D + r_{td} D}{C + r_{dD} + r_t r_{td} D + r_e D} = \frac{1 + r_c + r_{td}}{r_c + r_d + r_t r_{td} + r_e} \tag{13.34}$$

上式表明，货币乘数是由中央银行、商业银行和社会公众三方共同决定的。中央银行规定了活期存款的法定准备金率 r_d 和定期存款的法定准备金率 r_t，从而决定基础货币数量和法定准备率；商业银行则以法定准备率为下限，确定自己的超额准备金比率 r_e；社会公众决定现金——活期存款比率 r_c，即通货比率和定期存款与活期存款的比率 r_{td}。

（4）决定货币乘数的因素分析

通过以上的分析，我们可以知道货币供给量是由基础货币和货币乘数共同决定的。一般认为，基础货币 H 的变动可由中央银行决定，即通过向商业银行发放和收回贷款以及证券的买进和卖出操作来主动调控。但中央银行并不能完全控制货币供给量 m,其他经济主体的行为也会对货币乘数的大小产生作用,从而影响货币供给量。

①法定存款准备金率。它是由各国中央银行规定的,商业银行必须保有的最低限额的存款准备金对其存款负债总额的比率,包括活期存款的法定准备金率 r_d 和定期存款的法定准备金率 r_t。若假设其他变量不变,法定存款准备金率提高,则限制了商业银行创造存款货币的能力,商业银行会收缩贷款,使存款和货币供给减少,相对于没有变动的基础货币而言,货币乘数变小。因此,可以认为货币乘数与法定存款准备金率负相关。

②超额准备金率。它是商业银行保有的超额准备金对活期存款的比率。它是商业银行为应付提现和机动放款的需要,超出法定准备金的部分。若假设其他变量不变,商业银行提高其持有的超额准备金,则会减少贷款额度,信用扩张能力减小。贷款收缩将导致存款多倍收缩,相对于没有变动的基础货币而言,货币乘数变小。因此,可以认为货币乘数与超额准备金率负相关。

③通货率或称现金漏损率。它是社会公众持有的通货对商业银行的活期存款的比率。它表示在存款派生过程中现金的漏损情况,即有多少款项是通过提现存放于银行体系之外。若通货率上升,说明通货增加,用于活期存款的数额将减少,因而削弱了银行创造存款的能力。所以,通货率与货币乘数也是负相关。

④定期存款比率。它是商业银行的定期存款与活期存款的比率,表明商业银行的负债结构。若使用的货币供给量口径是 M_1,根据得到的 13.32 式的货币乘数模型可知,定期存款比率 r_{td} 与货币乘数是反向变动关系。若使用的货币供给量口径是 M_2,根据得到的 13.33 式的货币乘数模型可知,定期存款比率 r_{td} 在分子分母中同时出现,定期存款比率与货币乘数的关系不能直接得出,若对 13.34 式求 r_{td} 的导数,发现两者呈同方向变动。

13.3.4 货币供给弹性及弹性机制的运用

1)货币供给弹性

对于弹性货币有各种不同的解释,有的认为,弹性货币专指足值货币,因为足值货币具有贮藏手段职能,能被贮藏,因而具有弹性。另一种观点认为,弹性货币是指典型的银行券,因为银行券可以随时兑换黄金;由于银行券是通过商业票据贴现进入流通领域的,它可以根据商品流通规模的扩大或缩小对流通手段或支付手段增加或减少,自动调节流通量,所以银行券是一种富有弹性的调节货币流通的手段,属于弹性货币。还有一些观点认为,弹性货币是指可灵活转化为其存在形式的货币。

货币供给弹性是指金融当局为适应经济发展的需要而有伸缩地供应货币。这种货币供应的弹性或伸缩性的产生,是由于在纸币或不兑现信用货币流通条件下,实际货币供给量与货币必要量之间存在着一个货币容纳量弹性,使得金融当局能够根据商品流通的需要,灵活地增加或减少货币供给量。

要正确理解货币容量弹性机制问题,必须把握以下 5 点:

①货币流通量是大体符合客观的需要量,货币供给也应大体符合客观实际需要,不能将

这个量绝对化。

②货币流通容纳量弹性实际上是市场供求弹性的表现形式。

③一定时期社会总供给与总需求绝对平衡不易实现。

④国民经济这架大机器有一定的超负荷承受能力。在潜在生产能力存在的条件下,货币即使多一点,也不致引起物价巨大波动,反而可能诱发生产的发展。

⑤现代金融当局具有灵活调节货币供给的能力和权力。

2)货币容纳量的弹性区间

流通中的货币容纳量具有一定的伸缩性,但这种伸缩性是有一定的限度的,不是无限的。若以货币流通客观需要量作为中心线,货币容纳量围绕中心线上下波动形成曲线,曲线上下波动的幅度称为弹性区间或伸缩区间。当货币供给过多,超过弹性区间的上限就有可能引起物价水平上涨;当货币供给过少,低于弹性区间的下限就有可能引起物价水平下跌和市场滞销。货币供给操作的难度在于合理掌握弹性幅度。计算货币容纳量弹性的公式可概括为:

$$货币容纳量弹性 = 商品供给总额增长比率 / 货币购买力总额增长比率 \quad (13.35)$$

3)货币容纳量弹性机制的运用

在实际经济生活中,如果出现货币供给过剩的情况,物价有较大波动时,除了应该严格控制货币供给外,还可以利用弹性机制来调节货币供求。反之,如果出现货币供给不足的情况,可根据生产增长对货币需求量的要求而扩大货币供给量,以使货币供求达到均衡。利用弹性机制实际上是利用流通领域对货币流通速度的自动调节功能,如提高储蓄利率,吸引储蓄存款,减慢货币流通速度,发展金融市场,转移或分解购买力的压力等。

13.3.5　货币供给量的内生性与外生性

内生变量,又称非政策性变量,是指在经济机制内部由纯粹的经济因素决定的变量,不受政策的影响。外生变量,又称政策性变量,是指在经济机制中由非经济因素决定,易受外部因素影响的变量,它由政策决策人控制,并用作实现其政策目标的变量。

在20世纪60年代以前,西方的货币理论学家大都认为货币供给量是可由中央银行绝对控制的外生变量。但在20世纪60年代以后,随着对货币供给量的研究不断深入,人们发现按这一理论进行实际的货币政策操作是失败的,因而一些经济学家对此进行了修正,从而形成了货币供给的内生论和外生论。

内生论者认为,中央银行不能完全直接控制货币供给量,货币供给的变动是由经济体系中各经济主体的行为共同决定的。后凯恩斯主义的代表人物托宾认为,货币当局对货币供给有影响,但无法对货币供给实行完全的控制。其主要原因有:一是在金融体系高度发达的今天,只要有贷款需求,银行就会提供贷款,相应创造出存款货币,导致货币供给量增加。二是由于金融工具的创新层出不穷,即使中央银行只是部分地提供所需货币,通过金融创新也可以相对地扩大货币供给量。三是决定货币供给的3个变量,即高能货币 H,存款准备金率 D/R 和存款通货比率 D/C 之间会发生交叉影响,特别是存款准备金率 D/R 和存款通货比率

D/C 并不完全取决于货币当局,而是随着经济活动的涨落而变动。因此,货币供给量是经济体系中的内生变量,中央银行对货币供给的控制只能是相对的,货币当局难以直接控制货币供给,货币供给主要取决于银行与非银行金融机构在内的社会经济各部门的共同活动。

外生论者认为,货币供给量主要是由经济体系以外的货币当局决定的,中央银行可以通过发行货币、规定存款与储备比率等方式来控制货币供给量。货币主义的主要代表人物弗里德曼认为,决定货币供给的方程式中的 3 个主要因素,即高能货币 H,存款准备金率 D/R 和存款通货比率 D/C,虽然分别由货币当局、商业银行和社会公众三者的行为决定,但中央银行可以直接决定基础货币 H。因此,只要控制和变动基础货币,那么,存款准备金率 D/R 和存款通货比率 D/C 必然受到影响,从而决定货币量的变动。所以,货币供给量属于外生变量。

我们认为,货币供给具有双重性,表现为既具有内生性,又具有外生性。具有内生性是因为货币供给形成的源头——基础货币是可以由中央银行直接控制的,货币当局能够按照自身的意图运用政策工具对经济运行中的货币量进行扩张或收缩,货币供给量的大小在很大程度上为政策所左右。另一方面又具有内生性,是因为在货币形成的机制中,在现代中央银行体制和部分准备金制度下,决定货币供给量的因素不仅仅受政策左右,还受其他的经济因素(如商业银行、社会公众的偏好和资产选择等)影响。特别是货币乘数是一个受多重经济主体行为和多重因素影响的复杂变量,这表明货币供给量带有内生变量的性质。

货币供给具有双重性以何为主,则应从不同的角度,结合经济发展状况及经济主体的行为的变化进行分析。从长期趋势来看,因为经济发展所需而新增的货币量,大量的是依靠中央银行不断追加基础货币,而不是依靠货币乘数值的增加来实现的,若排除超经济的基础货币供给的可能,则货币供给的外生性要强于其内生性。那么,从短期来看,货币供给量的性质较为复杂,主要根据基础货币和货币乘数变化率的大小比来决定。所以,在实际操作中片面强调某一个方面都是不对的,货币当局既要积极发挥调控功能,发挥货币政策的积极效应,同时又要注意到金融调控和货币政策有一定的局限性。

【阅读案例 13.2】

影响货币供给的变量

20 世纪 80 年代以来,随着金融证券化的发展,为创造一个更加宽松的金融竞争环境,西方国家开始放松金融管制,采取金融自由化措施,各国政府纷纷放松对银行业的管制。1980 年,美国率先废除了 20 世纪 30 年代大危机后制定的 Q 条例,允许商业银行向支票存款支付利息。

这个措施提高了支票存款相对于通货的预期回报率,增加了支票存款对公众的吸引力,公众相应减少通货的持有,于是在 1980 年 6—12 月,美国公众的 C/D(即通货比率:通货/支票存款)由 0.4 下降到 0.37。C/D 比率的下降意味着公众手持通货的减少和商业银行基础货币的增加,商业银行信用创造能力增强,这就造成货币乘数扩大,货币供给量增加,当年货币供应增长率就达到 7.2%。由此可见,短期内,C/D 比率的变动对货币供给影响很大,支票存款这一金融工具可以作用于通货比率,影响货币供给。显然,中央银行只是决定货币供给的一个方面,其他经济主体,商业银行和公众也有影响货币供给的很大力量。

来源:胡海鸥. 货币理论与货币政策[M]. 上海:复旦大学出版社,2004:94.

思考题:

阅读上述资料讨论:支票存款对货币供给有何影响?

13.4　货币均衡

13.4.1　均衡与货币均衡

1)均衡与非均衡

均衡是由物理学中引入经济学的一个概念,用于描述市场供求相适应的状态;失衡也称为非均衡,是指市场供求不相适应的状态。西方经济学家对均衡的概念有不同观点。

(1)瓦尔拉斯均衡

瓦尔拉斯均衡是指供给与需求完全相等时的市场状态。瓦尔拉斯认为,均衡是一种市场结清状态,市场上供给与需求相等,既不存在滞存,又不存在短缺,整个经济运行处于完全和谐状态。反之,则为瓦尔拉斯失衡。这种观点不仅不可能,而且经济运行也不会按此理想状态进行。

(2)凯恩斯均衡

凯恩斯提出了非充分就业均衡这一观点。他认为,瓦尔拉斯均衡是一种理想状态,在需求约束型经济中,普遍存在的是非自愿失业和非自愿的商品供给过剩。由于愿意提供的供给大于用于交换的需求,因此,现实经济运行中的均衡是由有效需求决定的。由有效需求决定的非充分就业均衡状态称为凯恩斯均衡。凯恩斯失衡则是指对应于凯恩斯均衡以外的经济运行状态。

(3)科尔纳均衡

科尔纳从需求大于供给的需求约束型经济来进行分析。他认为,现实经济运行中,瓦尔拉斯均衡是不存在的,客观存在的是广义的均衡和正常状态下的均衡。广义的均衡是指滞存和短缺都不超过一定幅度时的均衡。正常状态下的均衡是指均衡本身是一种正常状态,改变这种正常状态便是均衡到失衡的过渡。科尔纳均衡是一种广义的均衡和正常状态下的均衡的有机结合。凯恩斯均衡和科尔纳均衡一并称为非瓦尔拉斯均衡。

综上所述,经济学中的均衡不同于数字意义上的数量完全相等,供求完全相等的瓦尔拉斯均衡是不存在的。从前面的分析可知,货币需求量并非为一个"点",而是有一定宽度的

"线",因此,货币均衡是建立非瓦尔拉斯均衡基础上的,货币需求与货币供给之间存在的基本一致的趋势。

2)货币均衡与非均衡

(1)货币均衡

货币均衡的可以从以下几点加以界定。

①货币均衡是货币供需作用的一种状态,是指货币供给与需求大体一致,并非数量上的完全相等。瓦尔拉斯均衡只是经济中的一种偶然现象。若以 M_d 表示货币需求,以 M_s 表示货币供给,以"≈"符号表示基本一致,则货币均衡可以表示为:

$$M_d \approx M_s \tag{13.36}$$

②货币均衡是一种动态过程,它并不要求在某一具体时间上货币供给与货币需求完全相等,允许短期内货币供求间在可接受的幅度内不一致的状态,但在长期内是大体一致的。

③在现代经济运行中,货币均衡在一定程度上反映了国民经济的总体均衡状况。因为货币不仅仅是现代经济中商品交易的媒介,而且本身还是国民经济发展的内在要求;货币供需的相互作用制约并反映了国民经济运行的全过程,国民经济运行的状态会通过货币均衡与否反映出来。

(2)货币失衡的表现及形成原因

在现实经济中,货币均衡是暂态,货币失衡则是常态,当货币供给量与客观经济运行所需的货币量不一致时,就出现了货币的非均衡状态,它具体有3种情况。

①货币供给过多。货币供给量大于货币需求量的经济状态,一般表现为物价上涨和强迫储蓄。假设货币市场原本处于均衡状态,若货币供给量超出了经济运行对货币的客观需求量,则平衡被打破,只有通过物价的上涨来吸收过多的货币,使之在较高的价格水平上重新达到平衡,显然这是一种带有破坏性的强制均衡。强迫储蓄也会使货币供求达到一种强制均衡状态,过多的货币并不会消失,从而使货币过多的压力始终存在。

造成货币供给过多的原因:主要是政府发生财政赤字而向中央银行透支。在中央银行没有事先准备的条件下,政府财政发生赤字,政府财政的投资会迫使中央银行增加货币发行,从而导致货币供给量增加过多,造成货币供求失衡。引发货币供给过多有以下几种情况:一是在经济发展过程中,由于政府的高速经济增长政策迫切需要货币来支撑,在中央银行无足够的货币资本实力的情况下,银行信贷规模不适当扩张,造成了信贷收支逆差和货币资本急剧扩张,从而导致货币供给大于货币需求的失衡状态。二是经济运行中,前期货币供给量相对不足,造成产品积压和再生产过程不畅,为促进经济的发展,中央银行实行扩张货币政策,但由于力度把握不当,银根过度放松,使货币供给的增长速度超过了客观经济发展的需要。三是在经济落后或经济结构刚性的发展中国家,货币条件的相对恶化和国际收支失衡使得仅靠进出口机制来弥补收支逆差极为困难,而汇率高估和本国货币贬值造成货币供给量急剧增长,从而导致货币供求失衡。

②货币供给不足。货币供给不足以满足客观经济运行对货币的需求,其表现是出现非意愿性存货或其他资源的闲置。从理论上看,似乎可引起工资下调、物价走低、利率下行,从

而刺激投资增长,增加货币的支出流量,使货币供需恢复均衡。但是,我们知道由于工资具有刚性,利率下降在经济不景气时对投资的刺激作用有限,所以,仅凭市场的调节机制难以恢复,往往需要采取扩张的财政政策来恢复货币的均衡。

造成货币供给不足的原因:一是在原有经济运行中,货币供需处于均衡状态,中央银行出于预防通货膨胀的目的,实施紧缩性的货币政策,减少货币供给,从而使流通中的货币出现短缺,使货币运作由原来的均衡转变为非均衡。二是在经济危机阶段,由于经济运行中信用链条的断裂,正常的信用关系遭到破坏,社会经济主体对货币的需求急剧增加,而中央银行的货币供给却相对滞后,从而导致货币供需失衡。三是在经济体制转轨时期,随着货币化进程的加深,货币流通速度变慢,经济吸收货币的能力变强,货币需求增加,而中央银行的货币供给没有跟上,从而产生货币供给不足,货币供需失衡。

③货币供求的结构性失衡。前述的两种情况都属于货币供需总量的失衡,货币供求的结构性失衡是指在货币供给量和货币需求量上两者大体是一致的,但出现了货币供给的结构与货币需求的结构不相适应,经济运行中出现部分商品和生产要素供大于求,而另一部分商品和生产要素则求大于供。这种货币结构失衡的原因在于社会经济结构的不合理及以此为基础的结构刚性造成。

13.4.2 货币均衡与社会总供求平衡

1)社会总供求

社会总供求之间的平衡是指社会总供给与总需求的相互适应。最简单地表述为,总供给(aggregate supply,AS)是由提供给市场的商品和劳务构成,可分为两大类,消费品供应和生产品供应。总需求(aggregate demand,AD)是由指向于市场的支出构成,也可分为消费支出和投资支出两大类。则社会总供求均衡的条件是:

$$(总供给)消费品供应 + 生产品供应 = (总需求)消费支出 + 投资支出 \qquad (13.37)$$

2)货币供给与社会总需求

社会总需求 AD 也可表示为以下 4 项构成:

$$AD = C + I + G + X \qquad (13.38)$$

式中 C 为消费需求;I 为投资需求;G 为政府支出,可分解为投资支出和消费支出;X 为净出口,同样也可分解为投资和消费两类。因此,社会总需求可归为两类,即消费需求和投资需求进行分析。

在现代经济中不论是消费需求还是投资需求的实现都需要支付货币,其表现为有支付能力的需求。社会总需求由流通性货币及流通速度构成,而不论是流通性货币还是潜在的货币,都是由银行体系的资产业务活动创造出货币供给,货币供给形成有支付能力的购买总额。若货币供给是适当的,由它作为载体的总需求也是适当的,因为这样的货币供给和总需求可以保证社会总产出得以出清。调节货币供给的规模会影响社会总需求的扩张。所以,货币供给是否合理决定着社会总需求是否合理,从而决定着社会总供求能否达到平衡。

3）社会总供给与货币需求

社会总供求的平衡包含商品和劳务的总供给与商品和劳务的总需求的平衡,因为任何商品和劳务都需要用货币来度量其价值,并通过与货币交换实现其价值,产品市场的商品供给决定了一定时期货币市场上的货币需求。经济体系中到底需要多少货币,从根本上说,取决于有多少实际资源需要货币实现其流转。所以,商品供给的规模决定了与之相对应的货币需求,即社会总供给决定货币需求。

4）货币供给与社会总供给

货币供给是否合理决定着社会总需求是否合理。同时,货币供给还会通过两个途径影响社会总供给,其一是在经济中存在闲置的社会资源时,若货币供给增加,投资增加,会使闲置的社会资源得以利用,导致社会总需求相应增加,从而引起社会总供给的增加,进而引起货币需求的进一步增加,使产品市场和货币市场达到均衡。其二是在经济中不存在闲置的社会资源时,货币供给的增加会随之引起社会总需求增加。但由于社会资源已得到充分利用,无法引起社会总供给的增加,而只能引起价格水平的上涨,对货币的实际需求并未增加,从而使产品市场和货币市场由于价格上涨而处于一种强制的均衡状态。

5）货币供求均衡与社会总供求平衡

货币供求均衡是社会总供求平衡的现象形态或载体,如果以 M_s、M_d、AS、AD 分别表示货币市场的供给与需求、社会总供给与总需求,它们的关系可用图 13-3 表示。它们之间的作用是相互的,箭头表示其主导方。从图中可知:

图 13-3 M_s、M_d、AS、AD 关系示意图

①社会总供给 AS 决定了货币的总需求 M_d。因为在市场经济中,任何商品和劳务都需要用货币来度量其价值,并通过与货币交换实现其价值。此时,商品是第一性,货币是第二性的,货币是为商品服务的,有多少商品生产出来就需要有多少货币之平相对应。

②货币需求 M_d 决定了货币供给 M_s。因为中央银行控制货币供给的出发点和归宿点都在于使货币供给适应货币需求,并以货币需求作为前提和基础。

③货币供给 M_s 形成了对社会的总需求 AD。基础货币经银行体系的资产业务活动创造出存款货币,形成了有支付能力的对商品和劳务的总需求。

④社会总需求 AD 必须与社会总供给 AS 保持平衡。如果社会总需求大于社会总供给,会引起物价水平上涨,通货膨胀的发生;反之,如果社会总需求小于社会总供给,会引起存货增加,投资下降,失业增加。所以,保持社会总需求与社会总供给平衡是各政府宏观管理的最终目标。

货币供求均衡与社会总供求平衡有着紧密的联系,货币均衡有助于社会总供求平衡的实现,但货币均衡并不必然意味着社会总供求平衡。其原因在于:

社会总需求 AD 是以货币为载体,但并非所有的货币供给都构成了对商品和劳务的总需求。货币供给中一部分用于满足交易需求作为流通手段的货币,称为现实流通的货币,它可以形成当期的市场需求;另一部分作为贮藏价值手段,不参与流通,是一种潜在需求无法形成当期的市场需求,称为现实不流通的货币。其差别可表示如下:

$$货币供给 = 现实流通的货币 + 现实不流通的货币 \tag{13.39}$$
$$社会总需求 = 现实流通的货币 \times 货币流通速度 \tag{13.40}$$

社会总供给 AS 要求货币使之实现流转或出清,这部分的货币需求称为对现实流通货币的需求,但这方面的货币需求并非是货币需求的全部。对于作为贮藏价值手段的货币需求,并不单纯取决于当期的社会总供给,有可能是多年的积蓄,形成了对现实不流通货币的需求。其差别表示如下:

$$对现实流通货币的需求 = 社会总供给 \div 货币流通速度 \tag{13.41}$$
$$货币需求 = 对现实流通货币的需求 + 对现实不流通货币的需求 \tag{13.42}$$

综上所述,一方面,货币供给影响着社会总需求,进而又影响着社会总供给;另一方面,社会总供给水平的高低对货币提出了相应规模的需求。在货币市场、产品市场各自要求供求平衡的机制下,宏观经济才能在其相互作用下达到最终的平衡。

13.4.3 货币失衡的调整

货币当局对货币失衡进行调整时,可根据国民经济运行的状况,采取以下 4 种方式进行调整,使其货币供给与货币需求达到平衡。

1)供给型调整

供给型调整是指中央银行在对货币失衡进行调整时,以货币需求量作为参照系,通过对货币供给量的调整,使之适应货币需求,达到货币供给与货币需求的均衡。若货币供给大于货币需求时,中央银行可紧缩货币供给;若货币供给小于货币需求时,中央银行可放宽货币供给。其调整的主要内容有:

(1)从中央银行角度采取的对策

若货币供给大于货币需求时,中央银行采取的对策有:①在金融市场上卖出证券,回笼流通中的货币。②提高法定存款准备金率,收缩商业银行的贷款扩张能力。③减少基础货币供给量,限制存款货币的派生。反之,则相反。

(2)从商业银行角度采取的对策

若货币供给大于货币需求时,商业银行采取的对策有:①停止向客户发放新贷款。②对已到期的贷款不再展期。③将未到期的贷款提前收回。反之,则相反。

(3)从政府财政角度采取的对策

若货币供给大于货币需求时,政府财政采取的对策有:①政府可减少对有关微观经济主体的财政拨款。②可相应地增发政府债券,直接减少社会各经济主体的货币持有量。③在税收上可增设新税种、降低税基和提高税率等。反之,则相反。

（4）从经济运行中的个人角度采取的对策

若货币供给大于货币需求时,可以通过个人收入资本化的途径来疏导流通中偏多的货币,即将个人可支配收入的一部分转化为投资资本,既包括直接投资资本,也包括间接投资资本。从而,将个人可支配收入的一部分由消费引导到生产投资上。

2）需求型调整

需求型调整是指在货币失衡进行调整时,以货币需求量入手,使之与货币供给相适应,由失衡转为均衡。若货币供给大于货币需求时,政府可采取措施扩大货币需求;若货币供给小于货币需求时,政府可采取措施紧缩货币需求。其调整的主要内容如下。

为分析方便,下面的仅讨论货币供给量大于货币需求量的情况,关于货币供给量小于货币需求量的情况的讨论,大家可作为习题,自己进行分析。从上一节的分析可知,从长期观察货币供给量是一个外生性变量,而货币需求量则是经济系统运行的内生性变量。因此,对货币需求量的调整对策更多地在中央银行制度体制之外进行。主要包括:

①增加产品市场的供给,由产品市场上的供给引导需求,使产品市场的需求随着产品供给增加而增加,从而由产品市场的需求增加带动货币市场的货币需求增加。

②中央银行动用金银、外汇储备扩大社会需求,同时积极增加进口,从而扩大国内市场上的商品供给,刺激商品需求的增加。

③大幅度地提高商品价格水平,通过货币需求量的增加来相应吸收过多的货币供给量,从而实现货币供求均衡。

3）混合型调整

混合型调整是将供给型调整和需求型调整进行有机结合。在货币供给量大于货币需求量的情况下,政府不是单纯地压缩货币供给量,也不是单纯地增加货币需求量,而是同时从供给与需求两个方面入手,既对供给进行调整,又对需求进行调整,这样可以避免对经济造成较大的波动。

4）逆向型调整

逆向型调整是指当货币供给量大于货币需求量时,中央银行不是通过压缩货币供给量而使其达到均衡;而是逆向操作通过增加货币供给量的途径来促进货币供求全面均衡。其具体情况是,若货币供给量大于货币需求量,但现实经济中有尚未充分利用的资源,而且还存在着某类产品供不应求,社会对此类产品的需求量很大,而现行的产能又有限无法满足社会需求。通过对这类产业的追加投资和贷款,以促进其增加产能,增加供给满足社会的需求,并依此来吸收过多的货币供给,使货币供求达到平衡。

【阅读案例 13.3】

一般均衡与财富效应

随着经济的发展,财富效应日见明显。20 世纪 90 年代以来,美国新经济的波动表明财富效应有两方面的作用力:正财富效应促进了新经济繁荣,负财富效应加剧了新经济衰退,阻碍了美国经济复苏。

在新经济繁荣期,美国广泛扩展以信息技术(IT)产业为龙头的新兴行业。信息革命作为经济增长的主要动力,其扩散影响带动了各种传统产业乃至整个国民经济的升级换代和扩张。在高科技的带动下,美国实现了历史上长达10年之久的经济增长。20世纪90年代后半期,美国股市上涨幅度年平均超过20%。1994—1999年增加的股票资产财富为9万亿美元,按美国人口2.7亿计算,平均每人资产增值3.3万美元。据美国联邦储备委员会估计,美国已有49%以上的国民拥有股票,股票财富的3%~4%会转化为消费者支出。股市的繁荣带动消费和消费信贷猛增,由于消费者支出占美国GDP的5%以上,财富效应对经济增长的贡献大大促进并延长了经济的增长。

然而,21世纪一开始,网络泡沫和股市泡沫崩溃,美国经济就急剧下滑,下滑速度与程度超过了人们的预测。突如其来的"9·11事件"和"安然事件"使美国经济更是雪上加霜,消费者和投资者的信心遭受重大打击,加快了经济的下滑,美国新经济进入全面衰退时期。2000年3月美国股市开始下滑,到2002年7月,纳斯达克综合指数从5 000点跌落到1 300多点,下跌幅度超过73%,道琼斯指数则从15 000点回落到8 000点。经过这一次股市下滑,美国经济深受打击。据美联储公布的数据,美国的家庭净财富总额,从2000年第1季度的高峰到2001年第3季度的低点,平均净损失超过4万亿美元,约合GDP的40%,已经跌回到了1995年经济持续繁荣前的水平。部分经济专家估算,股票市值20%的下跌,将转化成整体消费1%的下滑,消费额因此将下降750亿美元左右。国民对经济的信心开始下降,股市低迷、需求疲软、投资不振,使美国经济复苏受到严重阻碍。

来源:胡海鸥.货币理论与货币政策[M].上海:复旦大学出版社,2004:115-116.

思考题:

阅读上述材料,探讨财富效应对于美国经济发展起到了什么作用。

【本章习题】

一、名词解释

货币需求　名义货币需求　实际货币需求　名义货币供给　实际货币供给　狭义货币　广义货币　准货币　基础货币　瓦尔拉斯均衡　凯恩斯均衡

二、简答题

1.简述马克思关于流通中货币量的理论中决定性的因素有哪些?
2.简述费雪方程式说明什么?
3.简述国际货币基金组织对货币层次的划分和我国的货币层次的划分。
4.简述商业银行的存款派生与收缩。
5.简述决定货币乘数的因素有哪些?

三、思考题

谈谈货币当局对货币失衡如何进行调整?

第14章 货币政策与宏观调控

1. 掌握货币政策最终目标,熟悉货币政策最终目标之间的相互关系,理解我国关于货币政策目标选择的观点。

2. 掌握中间目标的种类及变化,掌握操作目标的种类及变化。

3. 重点掌握一般性政策工具,熟悉选择性政策工具,了解其他货币政策工具。

4. 掌握货币政策传导机制的传统理论,了解货币政策传导机制的理论演进。

5. 了解影响货币政策效果的因素,了解货币政策与财政政策的配合,了解货币政策与产业政策的配合。

14.1 货币政策目标及工具

宏观经济政策是国家或政府为增进整个社会经济福利,改进宏观经济的运行状态,达到一定的宏观经济政策目标而制定的相关指导原则和措施,是政府为达到一定的宏观经济政策目标而对经济活动有意识的干预。宏观经济政策主要包括财政政策和货币政策,政府可以通过财政政策和货币政策,调节和控制宏观经济的运行状态,使其实现一定的宏观经济政策目标。货币政策是一个国家的政府为了达到预期的宏观经济政策目标,通过中央银行运用政策工具,调节货币供给量和利率,进而影响宏观经济总水平的经济政策,也是政府干预经济的主要政策之一。

14.1.1 货币政策目标

货币政策是为实现一定的宏观经济政策目标服务的,所以货币政策目标与宏观经济政策目标是一致的。广义的货币政策目标包括最终目标、中间目标和操作目标;狭义的货币政策目标仅指最终目标。

1) 货币政策最终目标

货币政策最终目标是指货币政策制定者所期望达到的货币政策最终实施的效果。其具体要实现的目标有4个:充分就业、稳定物价、经济增长、国际收支平衡。

（1）充分就业是货币政策的首要目标

凯恩斯认为，失业一般分为3类：摩擦性失业、自愿失业和非自愿失业。充分就业广义上指一切生产要素（包括劳动）都有机会以自己期望的报酬参加生产的状态。充分就业包含两层含义，一是所有愿意接受现行工资水平和工作条件的人都能找到工作，消除了非自愿失业，但仍有一定的失业存在。二是所有资源都得到充分利用，包括劳动在内的一切生产要素，都按其愿意接受的价格，全部用于生产。

货币主义认为失业分为两类即自然性失业和非自然性失业。自然失业率是指在没有货币因素干扰的情况下，让劳动力市场和商品市场自发供求力量发生作用时，总需求和总供给处于均衡状态的失业率，一般为4%~6%，是社会可接受的正常失业率。充分就业也可以说是消除了非自然性失业，但仍存在着自然性失业。目前，由美国次贷危机引发的全球金融危机造成大量人员失业，恢复经济增长仍是一个长期的过程，西方各国失业率居高不下仍是困扰各国政府的突出问题，实现充分就业成为各国中央银行货币政策的首要目标。

（2）稳定物价是货币政策的第二个目标

维持物价总水平的基本稳定就是避免或减少通货膨胀，但并不是通货膨胀率为零。一般用价格指数来反映一般价格水平的变化，常用消费物价指数（CPI）和批发物价指数（PPI）来反映一定时期通货膨胀率的变动趋势，在任何一个经济社会中，由于各种经济和非经济因素的影响，物价不可能固定在一个不变的水平上，物价稳定不是指每种商品和劳务的价格固定不变，而是指价格指数相对稳定。一般来说，随着经济的发展会或多或少地有一些或高或低的通货膨胀，允许一个低而稳定的通货膨胀率能为社会所接受，对经济不会产生不利的影响，大部分西方国家所能接受的通货膨胀率在4%~6%，在我国现阶段所能接受的通货膨胀率在1%~4%。2011年美国应对金融危机的影响，实施量化宽松的货币政策，导致美元大幅度贬值，以美元计价的国际大众商品价格上涨，加大了各国应对通货膨胀的压力。

（3）经济增长是货币政策的第三个目标

经济增长是指在一个特定时期内经济社会所生产的人均产量和人均收入的增长。它包括一是维持一个高的均衡的经济增长率；二是维持一个经济持续增长的能力。经济增长会增加社会福利，但并不是增长率越高越好。因为，经济增长一方面受到各种资源条件的限制，不可能无限地增长；另一方面经济增长也要付出代价，如造成环境污染，引起各种社会问题等。因此，经济增长就是实现与本国具体情况相符的适度增长率。

（4）保持国际收支平衡是宏观经济政策的第四个目标

国际收支平衡具体分为静态平衡与动态平衡。静态平衡是指一国在一年的年末，国际收支不存在顺差也不存在逆差，既无赤字又无盈余；动态平衡是不强调一年的国际收支平衡，而是以经济运行可能实现的计划期为平衡周期，保持计划期内的国际收支平衡。国际收支平衡的目标要求做到汇率稳定，外汇储备有所增加，进出口平衡。国际收支长期不平衡会对本国经济发展生产不利的影响，具体来说，若国际收支长期处于盈余状态，会减少国内消费与投资，使社会总需求减少，不利于实现充分就业和经济持续稳定增长；若国际收支长期处于赤字状态，赤字将通过外汇储备或对外举债偿还，必将导致国内通货膨胀的发生，不利于本国经济的发展。国际收支平衡不是消极地使一国际收支账户上经常收支项目和资本收支项目相抵,也不是消极地防止汇率变动、外汇储备变动,而是使一国外汇储备适度增加。国际收支状态反映了本国对外经济交往的情况,还反映了本国经济的稳定程度。

2)货币政策最终目标之间的相互关系

货币政策的4个目标往往不能同时兼顾,相互间存在着冲突和矛盾,其表现如下:

(1)稳定物价与充分就业之间的矛盾

澳大利亚籍著名经济学家菲利普斯研究了 1861—1957 年近一百年英国的失业与物价变动之间的关系,得出结论:失业率与物价上涨率之间存在着一种此消彼长的关系,见图 14-1。

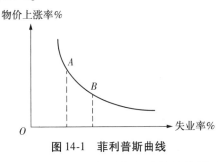

图 14-1　菲利普斯曲线

从图中可知,若要降低失业率从 B 点到 A 点,物价必然会上涨,原因是要减少失业,就需要增加货币供给,货币供给的增加会刺激社会总需求的增加,进而减少失业。但同时货币供给的增加在一定程度上会引起物价水平的上涨。因此,降低失业率,会引起物价上涨;压低物价上涨,又会引起失业率上升。所以,中央银行在选择货币政策目标时,应根据社会经济发展的具体情况,在稳定物价与充分就业之间相机抉择。

(2)稳定物价与经济增长之间的矛盾

现代社会经济发展的历史证明,经济增长总是伴随着物价上涨。其原因是为了保证充分就业,根据菲利普斯曲线充分就业与物价上涨率成正向关系,要保持较低的失业率,就必然引起物价上涨;为实现经济增长,政府会采取适度宽松的货币政策,货币供给量的增加会带动物价水平的上扬。从各国的发展历史看,各个国家在经济增长时期,物价水平均都呈上涨趋势;我国从改革开放以来,在经济保持持续增长的同时物价水平均一直呈上涨趋势。

(3)稳定物价与国际收支平衡之间的矛盾

在经济一体化的今天,一国的物价水平和外汇收支都要受到其他国家物价变动的影响。稳定对内的币值,即为稳定物价;稳定对外的币值,也即稳定外汇汇率。如一国的经济、物价和外汇汇率相对稳定,而其他国家出现了通货膨胀,物价上涨,则会使本国的物价水平相对低于其他国家的水平,从而使本国的商品价格低于其他国家的商品价格,这样会使得本国的出口增加而进口减少,由此引起本国贸易顺差增加,从而造成本国的国际收支出现顺差失衡。同时,顺差增大,一国的外汇储备会相应增加,又会增加本国货币投放。货币供给的增加,结果也会影响本国的物价稳定。

(4)经济增长与国际收支平衡之间的矛盾

在正常情况下,随着国内经济的增长,国民收入的增加及支付能力的增强,一般会相应增加对进口商品和一部分原本用于出口商品的需求。若此时出口贸易不能随着进口贸易的增加而增加,则会使贸易收支出现逆差,使国际收支不平衡。虽然,随着国内经济的增长,吸引外国资本有可能出现增加,这部分外国资本的增加量通常可以在一定程度上弥补贸易出现的逆差,但并不一定就能确保经济增长与国际收支平衡同时共存。

从长期来看,货币政策的4个目标之间是相互联系、相互影响、相互关联的系统。经济增长是充分就业、物价稳定和国际收支平衡的物质基础;物价稳定又是经济持续稳定增长的前提;充分就业是其首要目标,体现了资源的充分利用,关系到经济的发展和社会的稳定;国际收支平衡有利于国内物价的稳定,有利于利用国际资源扩大本国的生产能力,加快本国经济的增长。但从短期看,从各国经济政策实践的情况分析可知,这几个目标之间并不总是一致的,而是相互间存在着冲突和矛盾。一般来说,不同的国家选择货币政策目标的侧重点是不同的;同一国家在不同时期追求的货币政策目标也是不一样的。为了实现这4个目标,政府需要考虑各种因素,含社会的、政治的、文化的因素,来对各种政策目标进行相互配合和协调。

3)我国关于货币政策目标选择的观点

《中华人民共和国中国人民银行法》所宣布的货币政策目标为"保持货币币值的稳定,并以此促进经济增长"。我国中央银行在"稳定"与"增长"之间,有先后之分,主次之序。我国经济界对于货币政策目标一直存在着不同的观点,其主要观点如下。

(1)单一目标观点

单一目标有两种截然相反的观点,一种观点认为,稳定物价乃是经济正常运行和发展的基本前提,强调物价稳定是货币政策的唯一目标。另一种观点从货币是再生产的第一推动力出发,主张以最大限度的经济增长作为货币政策的首要目标,并在经济增长的基础上稳定物价水平。

(2)双重目标观点

该观点认为,中央银行的政策目标不应是单一的,而应同时兼顾经济增长和物价稳定两个方面的要求。强调两者之间的关系,从稳定货币而言,应该是一种积极的和能动的稳定,即在经济发展中求稳定;从经济增长而言,应该是持续、稳定、协调的发展,即在稳定中求发展。若两者不同时兼顾,则两者都难以实现。

(3)多重目标观点

这种观点认为,我国的货币政策目标,在经济体制改革不断深化、对外开放不断加快的环境下,要以充分就业、经济增长、稳定物价和国际收支平衡作为多重目标,不应顾此失彼。

14.1.2 货币政策的中间目标和操作目标

为了及时测定和控制货币政策的实施进度,使之朝着预定的方向发展,以保证货币政策最终目标的实现,从货币政策开始启动到最终目标的实现,需要一个相当长的时间段。在此期间货币政策目标会发生变化,各国中央银行都会设置一些能够在短期内随时观察和控制的标的,以便知晓货币政策的实施情况。所以,各国的中央银行都会设置相关的中间目标和操作目标。

操作目标是指货币政策工具变量直接影响的变量,操作目标会随工具变量的改变而迅速改变。操作目标虽然是货币政策工具直接作用的对象,中央银行对它的控制力较强,但距离货币政策最终目标较远。一般来讲,操作目标主要是存款资金准备金和基础货币。

中间目标是指那些介于操作目标和最终目标之间的金融变量,又称中间变量或中介指标,这些变量既随操作目标变量而改变,又能影响最终目标的变化。中间目标距离货币政策最终目标较近,但距离政策工具较远。

1)中间目标的种类及变化

各国货币政策中间目标不尽相同,但一般被广泛采用的中间目标主要有利率和货币供给量,也有少数国家采用汇率作为中间目标。

(1)利率

凯恩斯学派推崇以利率作为货币政策中间目标,在20世纪70年代以前,许多国家大都采用此作为中间目标,其主要原因是利率符合作为操作目标和中间目标的选择标准。

①可控性强:中央银行可直接控制再贴现率,通过公开市场业务或再贴现政策,调节市场利率的走向。

②可测性强:中央银行在任何时候都能观察到市场利率的水平和结构,可随时搜集利率的相关资料进行分析和预测。

③相关性强:市场利率作为经济体系中的一个内生性变量,会随着社会经济的状况而变化。当经济处于萧条或衰落时期,利率会随之呈下降趋势。反之则相反。

利率作为中间目标存在着不理想之处,因为利率既是一个内生性变量同时又是一个政策性变量(外生性变量),利率作为内生性变量会随社会经济的状况而由市场进行调节。但作为外生性变量,要求利率应同总需求同方向变动,当经济下滑时,应降低利率,以刺激需求;当经济过热时,应提高利率,抑制需求。由于有了政策的干预作用,使其难以区分是因为经济运行本身的作用还是政策的作用使利率产生了变动。

(2)货币供给量

以弗里德曼为代表的货币主义推崇将货币供给量作为货币政策中间目标,在20世纪70年代以后,许多国家大都由利率改为货币供给量作为中间目标,其主要原因也是因其符合操作目标和中间目标的选择标准。

①可控性强:根据前章的讨论我们可知,通常使用的货币供给量口径是狭义货币M_1和广义货币M_2,它由通货和各种存款货币构成。通货直接由中央银行发行,其可控性最强;各种存款货币则是商业银行和其他金融机构的负债,中央银行可通过控制基础货币和法定准备金率等进行间接控制。

②可测性强:中央银行可通过中央银行、商业银行和其他金融机构的资产负债表内的负债数据,进行货币供给量测算和分析。

③相关性强:在一定时期的货币供给量反映了当时社会的有效需求量和整个社会的购买力,直接影响货币政策目标的实现。

从前章中货币供给量的内生性与外生性的分析,我们知道货币供给量带有内生变量的性质,也会受一些非政策因素影响。例如社会公众持有现金比例的变化,存款准备金率D/R

和存款通货比率 D/C 并不完全取决于货币当局,而是随着经济活动的涨落而变动;中央银行只是部分地提供所需货币,通过金融创新也可以相对地扩大货币供给量,特别是20世纪80年代末以来,金融创新、金融放松管制和全球金融市场一体化,使得各层次的货币量之间的界限更加不确定,从而使中央银行难以准确地控制货币供给量。所以,有些学者认为货币供给量也不是理想的货币政策中间目标。在20世纪90年代以后,许多国家已经转向以利率作为中间目标。

（3）汇率

目前,有部分实行开放经济的小国采用汇率作为货币政策的中间目标。这些国家的中央银行确定本国货币同加一个较强国家货币的汇率水平,并通过操作盯住这一水平,以实现最终目标。实行盯住的国家需要有以下条件:第一,经济开放程度较高,且对另一个较强国家的依存度高。第二,金融对外开放程度高,资本可以自由地流进和流出。第三,经济规模规模较小。

2）操作目标的种类及变化

各国货币政策操作目标主要有存款资金准备金和基础货币。

（1）基础货币

基础货币又称高能货币,是公众持有的现金 C 与商业银行以现金形式持有的准备金 R 之和。基础货币是构成货币供给量倍数伸缩的基础;从可控性上,通货是中央银行向社会注入的现金量,可由中央银行直接控制;金融机构的存款准备金总量取决于中央银行的再贴现和再贷款以及法定存款准备金率水平,中央银行有较强的可控性。从可测性上,基础货币表现为中央银行的负债,其数额的大小随时在中央银行的资产负债表上反映出来,方便中央银行掌握这些资料。从相关性上,由中央银行通过操纵基础货币,可使商业银行及社会公众调整其资产构成,改变社会的货币供给总量,从而影响市场利率、价格以及整个社会经济活动。因此,基础货币是一个良好的货币政策操作目标。

（2）存款准备金

银行体系的存款准备金由商业银行的库存现金和在中央银行的准备金存款两部分组成。在中央银行的准备金存款是由中央银行规定的法定准备金率确定的,有较强的可控性;商业银行的定期报告制度,使中央银行很方便地了解商业银行的库存现金状态;存款准备金的多少会影响商业银行货币存款创造能力,与最终目标的实现有很强的相关性。但由于商业银行的库存现金是各家商业银行愿意保有的超额准备金,中央银行可控程度不高,从这方面讲,存款准备金作为操作目标其可控性不理想。

14.1.3　货币政策工具

货币政策工具也称为货币政策手段,是指中央银行为实现货币政策目标而采取的政策手段,主要可分为一般性政策工具和选择性政策工具。

1）一般性政策工具

一般性货币政策工具是中央银行运用最多的传统工具,包括法定准备金率、再贴现率和公开市场业务政策,通称中央银行的"三大法宝"。

(1)法定准备金率

由中央银行规定要求商业银行将所吸收存款的一定比例作为准备金,这一比例称为法定准备金率。按法定准备金率提取的准备金是法定准备金。法定准备金率的变动对商业银行的作用过程如下。

当中央银行提高法定准备金率时,货币乘数 $m = 1/r_d$,货币乘数与法定准备金率成反向变动关系,法定准备金率提高必定使货币乘数变小。同时,商业银行存放在中央银行的指定存款账户上的准备金增加,用于贷款和创造货币存款的原始存款减少,即基础货币 H 减少,使得货币供给量 $M_s = mH$ 减少,从而限制了整个商业银行体系创造信用和信用扩张的规模。其结果是货币供给量减少,银根偏紧,利率提高,投资和社会支出都相应减少。所以,在通货膨胀时,可提高法定准备金率;反之,则降低法定准备金率,扩大货币乘数,促使商业银行扩大信贷规模,增加货币供给量。

法定准备金率包括活期存款的法定准备金率 r_d 和定期存款的法定准备金率 r_t,由于活期存款在银行资产中所占比重一般较大,所以在庞大基数和货币乘数的作用下,法定准备金率的微小变动都会对货币供给量产生巨大影响,收效极快。这一政策工具通常认为效果过于猛烈,它的调整容易导致银行资金周转不灵,影响整个经济和社会心理预期,所以,中央银行在调整法定准备金率时都持谨慎态度。

(2)再贴现率

再贴现率政策是中央银行通过变动给商业银行及其他存款机构的贷款利率调节货币供给量。再贴现率具有以下特点:①是一种短期利率,其期限一般不超过3个月,最长也只在1年以内,它是中央银行提供的对合格票据的短期贷款。②是一种官定利率,在一定程度上反映了中央银行货币政策的取向。③是一种标准利率或最低利率。所以,其作用有两个方面,一是再贴现率反映了商业银行从中央银行贷款的成本。当再贴现率提高,商业银行向中央银行借款就会减少;反之,则会增加。二是再贴现率充当了货币政策的公告牌和晴雨表,显示了货币政策的走势,商业银行的利率将随着再贴现率的升降而升降。

再贴现率政策主要用于满足银行临时准备金不足,着眼于短期政策效应,控制银行准备金的效果相当有限。因为,在金融市场发达的情况下,商业银行的融资渠道非常广泛,对其依赖性会减少;再贴现率政策不是主动性政策,中央银行只能等待商业银行向其借款,若商业银行不向其借款,其政策便无法执行,特别在经济衰退时,再贴现率再低也难以吸引银行借款。所以,它作为一种被动作用的货币政策工具,相对其他手段成为一种次要工具,往往作为补充手段和其他手段结合一起使用。

(3)公开市场业务

公开市场业务是中央银行通过在国债市场上公开买卖国债,来调节货币供给量。公开市场业务有两种基本方式:①长期性储备调节,为改变商业银行等金融机构的储备水平而使用。②临时性储备调节,为了抵消其他因素的影响,维持商业银行等金融机构的储备水平而使用。其交易方式通常有证券的买卖、回购和发行等。

公开市场业务作用:①能调控存款货币银行准备金和货币供给量。中央银行向商业银行买进或卖出证券,可直接提高或降低其超额储备水平,从而影响其贷款和货币供给量。②它会影响利率水平和利率结构。当中央银行向商业银行买进证券时,证券需求增加,证券价格上升,货币供给增加,利率成反方向变化会下降;反之,上升。另外,当中央银行买进或卖出不同期限的证券时,会改变不同期限证券的供求状况,从而使利率结构发生变化。③公开市场业务和再贴现政策配合使用,可以提高货币政策效果。当中央银行采取紧缩的货币政策时,若仅提高再贴现率,如果此时商业银行持有较多的超额储备会不依赖于中央银行的贷款,使得紧缩的货币政策难以见效;若配合在公开市场卖出证券,则商业银行持有的超额储备会减少,进而限制了信用的扩张,使得紧缩的货币政策得以实现。

公开市场业务操作的目的有两个:一是维持既定的货币政策,又称为保卫性目标。中央银行通过预测非中央银行控制因素的变化,如公众持有的货币量等,以采取相应的操作来抵消这些变化带来的影响。二是实现货币政策的转变,又称为主动性目标。其方法是通过连续同向操作,增加或减少商业银行的储备总量和货币供给量,达到其货币政策的目标。

公开市场业务与上述的政策工具比较有以下优点:①主动权完全在中央银行。其何时操作、方向、规模如何完全由中央银行自己控制。②可以灵活精巧地进行。操作规模大小、回笼或投放资金多少和时间间隔长短可根据市场状态进行适时、准确地控制,以较为准确地实现政策目标。③可以经常性、连续性的操作,具有较强的伸缩性。可作为日常性操作的工具,避免像法定准备金率变动那样对经济产生过于猛烈的冲击。④具有极强的可逆转性。当中央银行发现操作中出错时,可方便地进行逆向操作以纠正其错误。由于公开市场业务有以上优点,它已成为大多数国家经常使用的货币政策工具。但公开市场业务也有其不足,主要有:需要有较为发达的证券市场为前提,若市场发育不完善、交易工具太少,会制约公开市场业务。公开市场业务操作较为细微,操作技巧和技术性要求较高,需要多年的实践积累经验。政策取向的告示作用不如上述两种工具明显。

2)选择性政策工具

传统的三大货币政策工具都是通过调节货币供给总量以影响整个经济的运行。除此之外,还有一些选择性政策工具,可以对经济运行产生影响,其主要有如下5种:

(1)优惠利率

中央银行对国家重点发展的产业或经济部门采取鼓励措施,如对节能、环保、低耗能、高新技术产业、农业或农产品等给予较低的利率,扶持相关产品或产业的发展。优惠利率不仅在发展中国家运用,而且发达国家在不同时期,对不同产业或部门也普遍运用。

(2)证券市场信用控制

政府管理部门对有关证券交易的各种贷款进行限制,以抑制过度的投机。例如,规定证券交易保证金比率,即交纳的保证金与购买有价证券总金额百分比。我国股票交易规定交易保证金比率为100%,期货交易保证金比率通常在10%~15%,可根据不同的交易品种设置不同的保证金比率。

（3）消费者信用控制

中央银行对商业银行发放的一般耐用消费品贷款进行控制。其主要措施有：规定分期付款购买耐用消费品的首次付款的最低比率，规定耐用消费品贷款的最长期限，规定耐用消费品贷款的种类和信贷条件等。在通货膨胀时期，采取消费者信用控制能起到抑制消费需求和物价上涨的作用。

（4）不动产信用控制

中央银行对金融机构对房地产方面的贷款加以限制，以抑制房地产的过度投机。例如，对房地产贷款规定最高限额、最长期限、首付比例、贷款利率和分摊还款的最低金额等。

（5）预交进口保证金

中央银行要求进口商预交相当于进口商品总值一定比例的存款，以抑制进口的过快增长。此办法多为国际收支经常出现赤字的国家所采用。

3）其他货币政策工具

（1）直接信用控制

中央银行对金融机构的信用活动进行直接控制，采取的是行政命令的方式。例如规定利率的最高限，对商业银行的信贷规模进行控制，规定商业银行的流动性比例等。直接信用控制是在市场机制不完善，一般性货币政策工具不能发挥作用或作用不大时采用，通过直接信用工具直接作用于中间目标货币供给量或利率。直接信用控制只能在特殊情况下采用，若平时长期使用会使金融体系的效率受到损害，迫使金融机构想方设法寻找各种手段来阻碍或回避这些行政管制，从而降低了金融体系分配资源的效率。所以，一般来说，中央银行应尽量避免采用直接行政干预。

（2）间接信用控制

中央银行通过道义劝告、窗口指导等办法间接影响商业银行的信用创造。道义劝告是指中央银行利用其在金融体系中的特殊地位和威望，对金融机构发出通告、指示或指导意见等，劝告金融机构进行或不进行某种活动。例如，在经济过热或通胀膨胀恶化时，劝告商业银行减少贷款；反之，劝告商业银行增加贷款。窗口指导是指中央银行根据产业行情、物价趋势和金融市场动向，规定商业银行每季度贷款的增减额并要求其执行。

间接信用控制比较灵活方便，不需要花费行政费用，既可对金融机构的某项业务进行劝告或指导，也可对整个金融活动发出劝告或指导。由于中央银行在金融体系中的特殊地位和威望，其掌握的信息全面，对经济形势的预测能力强，体现了政府的意图，可以利用奖罚手段对不服从劝告的金融机构加强监督和设置障碍等。基于以上原因，间接信用控制的作用是有效的。但其缺点是无法律约束力。2007年美国的次贷危机波及全球的经济，传统的政策工具不足以解决货币供求之间的矛盾。因此，美、英等国采用了定量宽松政策作为应对金融危机的非常措施。定量宽松政策是指中央银行无限量地向金融市场投放货币，以维持金融市场正常运行所需的流动性。该政策的实施稳定了金融市场，恢复了市场信心，阻止了经济下滑。但大量的货币投放，造成美元疲软，也会引发严重的通货膨胀。

【阅读案例 14.1】

货币政策最终目标选择的历程

回顾一下各国货币政策最终目标选择的历史,可能会有助于进一步加深我们对货币政策最终目标的理解。以美国为例,在 1913 年的《联邦储备法》中,国会对联邦储备系统的货币职能提出了一个原始、单一的目标,即"提供一种弹性货币"。1946 年《就业法》要求政府的经济政策以充分就业、充分产出和充分购买力为宗旨,这种要求也体现在联邦储备系统货币政策的目标当中。1977 年《联邦储备系统改革法》专门就联邦储备系统货币政策的最终目标作出了具体规定:有效地促进充分就业、维持价格稳定、保持长期利率的适度上升。此后,上述目标又经过 1978 年的《哈姆弗里·霍金斯法》得到进一步的修正和更加明确的规定。至此,经过半个多世纪的发展,联邦储备系统货币政策最终以法律形式确立了以充分就业、价格稳定和合理的长期利率 3 部分为主要内容的多重目标体系。鉴于最终目标之间存在着冲突,联邦储备系统只能有两种选择:要么统筹兼顾,根据自己的判断进行政策调整,在三者之间达到一个平衡;要么选定一个作为重心的长期政策目标。部分地由于政府经济政策对货币政策的影响,联邦储备系统增长期实践着第一种选择,试图既达到理想的经济目标,即充分就业、经济增长,又保持低通货膨胀率和较低的利率,但实践的结果却对这一选择本身提出了越来越多的疑问。从理论上讲,第一种选择如果可行须满足以下两个条件:第一,3 个目标之间具有可靠的相关性;第二,货币政策能同时对这 3 个目标的良性发展产生作用。但经济理论和实践都无法证明这两个条件的存在。

所以,联邦储备系统现在倾向于这样的认识:货币政策在短期甚至中期内对经济能够产生影响,但从长期看,货币政策只能影响通货膨胀率。因此,联邦储备系统正在探索第二种选择:以控制通货膨胀为重心的长期政策目标。联邦储备系统的经验和体会是:中央银行最重要的工作就是为持续、非通胀的经济发展创造一个稳定的环境。稳定的经济环境有利于社会公众形成稳定的预期,有助于增强企业和消费者对经济发展的信心,从而有利于促进市场价格机制的运行效率。稳定的物价水平不但有利于劳动生产率的提高,而且有利于提高生活水准。相反,通货膨胀对经济产生的害处已经为越来越多的经济所证实。目前世界上许多国家的中央银行正在向美国联邦储备系统的立场靠拢:执行以价格长期稳定为目标的货币政策是中央银行对本国经济发展的最重要的贡献。因此,联邦储备系统在货币政策最终目标的选择上,已将控制通货膨胀、保持价格稳定放在了中心位置上。现任联邦储备系统主席格林斯潘已原则上同意国会立法,取消多重货币政策目标中的"降低失业率"和"保持长期利率的适度增长"两项,将"控制通货膨胀"作为货币政策的唯一最终目标。

思考题:

1. 货币政策的目标主要有哪些?
2. 货币政策目标的实现存在哪些现实困难?

14.2 货币政策传导机制

货币政策传导机制是指货币政策启动后各种要素之间是如何相互联系和运行的整个过程。它包括货币政策工具作用于操作目标,操作目标作用于中间目标,中间目标作用于最终目标的全过程。这一传导机制及货币政策工具、操作目标、中间目标和最终目标之间的关系可见图14-2。

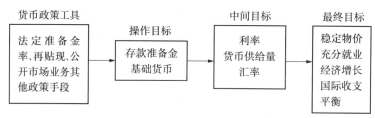

图 14-2　货币政策传导机制

14.2.1　货币政策传导机制

1)货币政策传导机制的传统理论

西方早期对货币政策传导机制的分析研究主要分为凯恩斯学派和货币学派的传导机制理论。

(1)凯恩斯学派传导机制理论

凯恩斯在1936年出版的《就业、利息和货币通论》一书中,提出了货币政策由利率及有效需求影响社会经济活动的货币政策传导机制理论。他认为,在20世纪30年代的大危机中,造成极为严重的失业现象的关键原因是有效需求不足,特别是投资需求不足。而投资需求不足是因为利率水平过高,抑制了投资的正常进行。所以,必须采取适当的财政政策和货币政策来降低利率水平,以扩大投资支出,从而增加有效需求,解决就业问题。根据凯恩斯的分析,货币政策影响经济活动的传导过程用符号表示如下:

$$M\uparrow \rightarrow r\downarrow \rightarrow I\uparrow \rightarrow E\uparrow \rightarrow Y\uparrow$$

当中央银行采取扩张的货币政策时,货币供给量 M 增加会在一定程度上引起利率 r 下降,利率 r 下降则会引起投资 I 增加,投资 I 通过乘数效应的倍数作用将增加社会总支出 E,进而使社会实际产出和名义国民收入 Y 增加,扩大了社会就业。同时,新增的货币供给量弥补了财政支出过大所造成的赤字,直接扩大了社会总需求。同理,当中央银行采取紧缩的货币政策时,其传导过程相同。

凯恩斯认为,货币政策在增加国民收入上的效果主要取决于投资的利率弹性和货币需求的利率弹性。如果货币需求的利率弹性小,而投资的利率弹性大,则增加货币供给所能导致的收入增长就会比较大。总之,凯恩斯学派非常重视利率指标在货币政策传导机制中的作用。

（2）货币学派的传导机制理论

以弗里德曼为代表的货币学派认为，利率在货币政策的传导机制中并不起重要作用，因为增加货币供给最初会使利率有所下降，但不久随着货币收入增加和物价的上涨使名义利率上涨，实际利率则可能回到并稳定在最初的利率水平上。货币供给变化影响的不仅是投资，而且还有消费，货币供给量的变动是通过多种复杂的途径影响总支出。他主张不需要一一找出这些途径，深究货币政策的传导过程，而应该采用实证的方法，证明货币收入的相关性，找出货币供给量与经济波动之间的变动规律。因此，货币学派的货币政策传导机制理论强调的是货币供给量在整个传导机制中影响社会总支出和总收入的直接作用，用符号表示如下：

$$M \rightarrow E \rightarrow Y$$

2）货币政策传导机制的理论演进

传统货币政策传导机制的理论着重分析了货币渠道和利率渠道，阐述了在封闭经济条件下货币政策如何通过货币市场传导到微观经济主体，最终实现货币的最终目标。20 世纪80 年代以后，全球的经济环境和金融体系都发生了重大变化，货币政策的传导机制也随之发生了变化。相对于传统的货币渠道、利率渠道和货币市场渠道而言，信贷渠道、汇率渠道和资本市场渠道的地位越来越重要，并逐步成为货币政策传导的主要渠道。

（1）从货币渠道到信贷渠道

传统的凯恩斯学派认为货币政策传导机制的核心是利率。在凯恩斯的 *IS—LM* 模型中，货币政策传导的过程为：金融市场的所有资产都可划分货币和债券两大类，人们在这两类资产之间进行资产组合。在货币需求不变的条件下，货币供给的增加会打破原有两类资产的均衡，并通过市场自动调节机制使得利率下降。若资本边际效率不变，利率的下降会刺激投资支出的增加，投资通过乘数效应导致总产出增加。这种通过货币供给量的变动，改变人们对货币和债券的持有比例，从而影响债券利率的传导机制称为货币政策的货币渠道。其符号表述为：$M \uparrow \rightarrow r \downarrow \rightarrow I \uparrow \rightarrow E \uparrow \rightarrow Y \uparrow$。

在货币渠道传导过程中，其作用的有效发挥依赖于货币市场和资本市场的完善，特别是利率的市场化。在传导过程的分析中，只注重了利率对资金需求者的影响，而忽略了利率对资金供给者的影响。实际上，中央银行可以通过特定政策的实施影响资金供给者——商业银行，改变其贷款供给，而通过贷款利率的变动，最终影响总产出。这种注重利率对资金供给者的影响的传导机制被称为信贷渠道。

根据斯蒂格里茨和韦斯对信贷渠道的分析，由于信贷市场上存在信息不对称，引起逆向选择和道德风险，产生了货币政策传导的两个基本渠道：银行贷款渠道和资产负债渠道。

①银行贷款渠道。其出发点在于商业银行在金融体系中，不仅为大型企业提供间接融资，也为一些无法在资本市场进行融资的中小企业提供信贷支持。货币政策的传导过程中，若实行扩张性货币政策将增加银行的准备金和存款，使得银行的贷款量上升；贷款的增加会刺激企业投资和公众的消费，从而影响总产出。银行贷款渠道传导表述为：M 货币供给↑→

银行存款↑→银行贷款↑→I投资↑→Y总收入↑。这一渠道对更依赖于银行贷款的中小企业的作用,要大于可以通过资本市场进行直接融资的大型企业的作用。

②资产负债渠道。尽管随着资本市场的不断完善和成熟,银行贷款渠道的重要性正在下降,而另一种信贷渠道——资产负债渠道却并非如此。资产负债渠道也产生于信贷市场的信息不对称,公司的净资产值(Pe为借款者的流动性资产与可售抵押品之和)越低,贷款给这些公司的逆向选择和道德风险就越大。因为净资产值越低说明贷款人用于抵押的资金越少,则可能违约带来的损失就越大。净资产值下降使得道德风险上升,因为净资产值下降意味着所有者拥有的公司股本价值下降,其违约的可能性加大;净资产值下降使逆向选择问题更严重,因为这会造成金融投资的贷款减少,进而引起投资的下降。

货币政策可以通过多种途径来影响公司的资产负债表。

a. 扩张的货币政策使股票价格上升,增加公司的净资产值。由于逆向选择和道德风险下降,使得投资增加,引起总需求上升。这一传导渠道表述为:M货币供给↑→股票价格↑→净资产值↑→贷款↑→I投资↑→Y总收入↑。

b. 扩张的货币政策降低了名义利率,改善了公司的资产负债表,因为它增加了现金流,降低了逆向选择和道德风险。此传导渠道表述为:M货币供给↑→r利率↓→公司现金流↑→贷款↑→I投资↑→Y总收入↑。

c. 扩张的货币政策会导致通货膨胀率上升,通货膨胀率上升会使物价水平上升,债务的实际价值减少,因为债务的利率是事先确定的并通常是固定的,实际价值减少降低了企业的债务负担。同时,通货膨胀率上升使物价上升,使公司的实际净资产值增加,降低了逆向选择和道德风险,从而使投资和总产出增加。此传导渠道表述为:M货币供给↑→物价水平↑→债务负担↓→公司实际净资产值↑→贷款↑→I投资↑→Y总收入↑。

通常,只有银行贷款渠道和资产负债渠道这两个渠道相结合,才能使信贷传导途径真正在货币政策传导机制中发挥作用。

(2)从利率渠道到汇率渠道

货币政策传导的货币渠道通常称为利率渠道,它阐述了封闭经济下利率传导机制的作用。在开放经济下,资本的自由流动使得利率传导机制变得更加复杂,汇率渠道的货币政策传导机制随着经济全球化发展而出现。汇率机制传导途径实质上描述的是国际收支理论的一种标准模式,理论基础是利率——汇率平价和以不同货币计价的资产之间的替代性。其一般逻辑为:当一国货币供给改变了利率水平时,将引起国内总供给与总需求的变化,从而导致国际收支和汇率的相应变动,会直接影响到净出口值,并进而引起国民收入的增减。同时,利率的变动会引起国内外资金的套利活动,使得国内货币总量发生变化,而套利活动会改变汇率市场的供求状态,本国货币汇率水平也将发生相应变动,其汇率的变动又会带来宏观经济的一系列调整。货币政策的汇率传导渠道表述为:M货币供给↑→r利率↓→e汇率↓→NX净出口↑→Y总收入↑。

总之,在开放经济条件下,国内外经济周期的变化,国内外投资者对本国经济和金融市场的信心与心理预期,资本在国际间的流动等都会成为影响货币政策传导机制的重要因素。

(3)从货币市场渠道到资本市场渠道

货币市场是金融市场中最基础的市场,具有融资、价格形成和政策传导3大功能。中央银行实施的货币政策工具无不依赖货币市场这一载体进行有效的传导,达到预定的政策效果和目标。在资本市场欠发达时,货币市场成为货币政策传导的主渠道。但随着资本市场的发展,其在金融体系的地位越来越重要,资本市场在货币政策传导机制中的作用越来越大。对货币传导机制而言,有两种与股本价格相关的渠道。

①托宾的 q 理论。

詹姆斯·托宾发展了一种货币政策通过影响股票价格而影响投资支出的理论,通常称为托宾的 q 理论。他沿着均衡分析的思路,把资本市场、资本市场上的资产价格,特别是股票价格纳入传导机制。他认为货币理论,应看成微观经济运行为主体进行资产组合管理的理论。即货币和金融机构作为一方,实体经济作为另一方,沟通这两方之间的联系的,并不是利率或货币数量,而是资产价格以及关系资产价格的利率结构等因素。其传导过程为:货币作为起点,直接或间接影响资产价格,资产价格的变动导致实际投资的变化,最终影响实体经济和产出。资产价格主要是指股票价格,其影响实际投资的机制在于:股票价格是对现存资本存量价值的评估,是企业市场价值据以评价的依据,而企业的市场价值高或低必将影响人们的投资行为。

托宾把 q 定义为企业的市场价值与重置成本之比。若 q 很高,则企业市场价值高于资产的重置成本,企业可以发行股票,而且能在股票价格 P 上得到一个比他们重置资产要高一些的价格,发行股票获取的资金可用于扩大投资。此时,企业愿意增加投资支出,追加资本存量,投资的增加会导致总收入的增长。若 q 很低,结果则相反企业会减少投资。此传导渠道表述为:M 货币供给↑→股票价格 P↑→q↑→I 投资↑→Y 总收入↑。

②财富传导渠道。

资本市场的财富效应观点认为,消费支出是由消费者毕生的财富所决定。财富 W 由人力资本、实物资本和金融财富构成,其中金融财富的一个主要组成部分便是普通股。因此,当货币扩张导致股价 P 上升时,导致消费者财富增加,从而消费 C 上升。此传导渠道表述为:M 货币供给↑→股票价格 P↑→W 财富↑→C 消费↑→Y 总收入↑。

14.2.2 货币政策的效果

1)影响货币政策效果的因素

(1)货币政策的时滞

货币政策从制定到最终目标的实现,必须经过一段时间,这段时间称为政策的时滞。时滞是影响货币政策效果的重要因素,通常大致有3种:①认识时滞,指从经济形势发生变化需要中央银行采取货币政策行动,到中央银行在主观上认识到这种变化,并承认需要采取行动所需要的时间间隔。②决策时滞,指从中央银行认识到必须采取行动到实际采取行动所需的时间间隔。这两种时滞统称为内在时滞。③外在时滞,指从中央银行采取货币政策措施到对经济活动发生影响,并取得效果的时间。

内在时滞的长短取决于货币当局对经济形势变化和发展的敏感程度、预见能力以及制定对策的效率和行动的决心等因素,而这些又与决策者的素质、经验及中央银行独立性和经济体制的制约程度等密切相关。这种时滞一般比较短促,也易于解决。只要中央银行对经济活动的动态能随时、准确地掌握,并对今后一段时期的发展趋势作出正确的预测,中央银行对经济形势的变化,就能迅速作出反应,并采取相应的措施,从而可以减少内部时滞。内部时滞长度较短,一般在 2~6 个月。

外部时滞所需时间较长,货币当局采取货币政策行动后,不会立即引起最终目标的变化,它需要由影响中间目标变量的变化,通过货币政策传导机制,影响到社会各经济单位的行为,从而影响到货币政策的最终目标。这个过程需要时间的长短主要由客观经济条件和微观经济主体的行为决定,不由中央银行所控制。但这种时滞的长短,一派学者认为这一时滞相当长,约两年,另一派学者认为这一时滞不过 6~9 个月。

（2）微观主体预期的影响

对货币政策有效性或效应大小构成影响的另外一个因素是微观主体的预期。当一项货币政策提出时,作为微观经济主体的社会经济单位和个人会根据货币政策的变化预测未来经济的趋势及政策的后果,并很快地作出对策和反应。当货币当局政策推出时,由于微观主体已事先采取了相应的对策,会对货币政策的效应产生对消作用,可能会使货币政策归于无效。例如,政府拟采取长期的扩张政策,公众通过各种途径获得一切必要信息,预期货币供给量会大幅度增加,社会总需求会增加,物价将上涨。在这种情况下,工人会通过工会与雇主谈判,要求提高工资,企业预期工资成本将增长而不愿意扩大经营;人们为了免受物价上涨的损失而提前抢购或囤积商品。其结果是只有物价的上涨而没有产出的增长。显然,微观经济主体对货币当局采取政策的预期以及所采取的预防性对策,将使货币政策的效果大打折扣。

（3）其他因素的影响

除以上因素外,货币政策的效果还会受国外政治经济环境、国内政治体制、政局稳定、自然灾害等各种国内外相关因素的影响。政治因素对货币政策效果的影响非常大,当政治压力足够大时,会迫使中央银行调整其货币政策。自然灾害也会对一国经济造成冲击,迫使其相应调整货币政策。

2）货币政策的数量效应

货币政策的数量效应是指货币政策的强度,即货币政策发挥效力的大小。对货币政策效应大小的判断,一般考察实施货币政策所取得的效果与预期要达到的目标之间的差距。通过前一节的学习,我们知道最终目标之间是有矛盾的,因此在考察其效应时不应只注重对某一个政策目标的实现情况,而应综合考察各主要政策目标的实现情况。例如,某一国的货币政策目标主要是稳定物价和经济增长,那么其政策效应可以用如下方法加以考察。

假设以 y_t 代表政策实施前的国民收入增长率,y_{t+1} 代表政策实施后的国民收入增长率,P_t 代表政策实施前的通货膨胀率,P_{t+1} 代表政策实施后的通货膨胀率。当货币政策实施后会出现以下 3 种情况:

（1）
$$\frac{y_{t+1}}{y_t} > \frac{P_{t+1}}{P_t}$$
(14.1)

说明实施政策后,经济增长的减速程度小于物价回落的程度;经济增长的加速程度大于物价上涨的程度;经济出现增长加速而物价出现回落。前两者是比较理想的情况,后者为最理想的结果。

（2）
$$\frac{y_{t+1}}{y_t} < \frac{P_{t+1}}{P_t}$$
(14.2)

说明实施政策后,经济增长的减速程度大于物价回落的程度;经济增长的加速程度小于物价上涨的程度;经济出现增长减速而物价出现上升。此时,货币政策综合效应为负,因其损害了经济增长,同时物价上涨没有得到有效遏制。

（3）
$$\frac{y_{t+1}}{y_t} = \frac{P_{t+1}}{P_t}$$
(14.3)

说明实施政策后,经济增长变动的正效应为物价变动的负效应所抵消;经济增长变动的负效应为物价变动的正效应所抵消;货币政策无效。

3）货币政策与财政政策的配合

货币政策与财政政策是国家进行宏观调控的两大政策,货币政策的主要调控机制是货币供给的收缩和扩张,而财政政策的主要调控机制是财政的收入和支出。两大政策都会对社会总供求起到调节作用,但由于各自的侧重点和手段各有不同。因此,单一实施某一项政策难以达到最佳的调控效果。所以,在各国的实践中会将货币政策与财政政策组合起来使用,其组合模式主要有两种。

（1）双松双紧

货币政策与财政政策组合中沿同一方向运行,两者同时松或同时紧。双松是指同时实施宽松的货币政策和宽松的财政政策。实施宽松的货币政策包括降低法定准备金率、降低再贴现率、公开市场操作买进有价证券等货币政策工具,以增加货币供给。实施宽松的财政政策可实行减税、扩大政府支出、增加投资、增加补贴等财政政策工具。双松政策可能会使投资增加,促进经济增长,但也可能会引起财政赤字,信用膨胀的情况发生。双紧是指同时实施紧缩的货币政策和紧缩的财政政策。实施紧缩的货币政策可提高法定准备金率和再贴现率,公开市场操作卖出有价证券等货币政策工具,以收紧银根,减少货币供给。实施紧缩的财政政策可实行增税、削减政府支出、发行政府债券、减少补贴等财政政策工具。双紧政策可能会有效地控制总需求,使通货稳定,但同时会降低经济增长速度。

（2）一松一紧

货币政策与财政政策组合中不沿同一方向运行,两者一松一紧。

①实施宽松的货币政策和从紧的财政政策。如果货币政策宽松,出现贷大于存、货币发行过多,则通过紧缩的财政政策,增收节支。

②实施紧缩的货币政策和宽松的财政政策。如果货币政策紧缩,出现存大于贷、货币供给量减少,则通过宽松的财政政策,适当扩大支出,刺激需求。这种松紧搭配的政策可以根

据经济情况的变化和货币供给的状态及时进行调整,以达到货币供求和社会总供求同时实现均衡。

4)货币政策与产业政策的配合

产业政策是为了促进国民经济协调发展,对产业结构进行调整所实施的相关产业政策,以促进或限制某些产业的发展。通过产业结构的调整来改变国民经济发展的总体格局,以实现宏观经济发展的目标。

(1)产业政策与货币政策的关系

经济决定金融,金融又反作用于经济。所以,产业政策决定货币政策,货币政策会反作用于产业政策。在社会经济中,不同的发展阶段有不同的产业结构,货币政策为产业发展服务,提供产业结构所需的货币供给并受产业政策的制约。但货币政策又不完全受限于产业结构,对不适应经济发展的产业结构可以通过货币政策加以调整和矫正,在具体实施中需要两者的配合使用。

(2)产业政策与货币政策的配合方式

产业政策作为一国经济发展战略意图的体现,具有相对的稳定性,它对货币政策、财政政策,尤其是短期的货币政策具有导向作用。产业政策作为供给管理政策,以增加有效供给来引导有效需求,直接调节供给结构,通过优化资源配置,在有限资源的条件下增加有效供给。产业政策作为一种结构调节政策,为国民经济稳定持续增长提供保证并打下坚实的基础。货币政策作为需求管理政策,在一定程度上承担着对货币供给实行结构调整的任务,如对农业、基础产业在货币供给上予以适度的倾斜。

5)货币政策与收入政策

收入政策是政府为了降低一般价格上涨速度而采取的强制性或非强制性的限制工资和价格的政策。它是为影响或控制价格、货币工资和其他收入增长而采取的货币和财政措施以外的政府政策行为。

收入分配和社会总供给与总需求之间有着极为密切的内在联系。社会产品实现以后,必须通过分配和再分配环节,最后形成消费基金和积累基金。消费基金与消费品相对应,积累基金与生产要素相对应。两者相适应,才能使社会总供给与总需求相适应,物价才能保持稳定。在不兑现信用货币流通条件下,价值形态的国民收入可能出现超分配,其原因可能是价值形态的国民收入总量大于实物形态的国民收入总量,收入过多引起需求增长导致通货膨胀。因此,超分配、消费基金膨胀等都是导致总需求失控、通货膨胀发生的重要因素。在通货膨胀出现时,除了实行紧缩的货币政策之外,政府还可以对工资和价格实行强制性管制,以抑制由工资上涨引起的成本上升,推动价格的上升。在通货紧缩出现时,除了实行扩张的货币政策之外,政府还可以通过提高工资、设立最低生活保障线、拓宽就业渠道、提供政府补贴等方式,以增加居民总体的消费需求,推动价格的上升。收入政策与货币政策同方向配合使用,共同对经济运行进行调控。

14.2.3 我国货币政策与实践

改革开放以来,货币政策发挥着越来越重要的作用。我国社会经济体制由计划经济转向市场经济,货币政策也难免经历由计划调节到市场调节的转变,其计划色彩由浓向淡转化,市场色彩则日益凸显。货币政策的最终目标,不仅是单一的,还是多重的。在货币政策传导机制中,货币政策工具作用于操作目标,操作目标作用于中间目标,中间目标作用于最终目标,而中间目标主要有利率和货币供给量。利率和货币供给量是货币政策传导机制的核心环节,两者会调节经济主体的行为并最终作用于总产出,使最终目标得以实现。

利率在我国对微观主体行为的调节作用相当有限,其原因是我国金融体系相对于发达国家还非常年轻,还不够完善和健全,利率市场化的政策传导机制还有待形成。近年来,虽然已逐步建成了全国统一的银行间同业拆借市场,放开了银行间同业拆借市场利率;国债发行也已试行招投标制,实现了国债一级、二级市场上的利率市场化;1997 年 6 月建成了银行间债券市场,其利率也已实现市场化;同时,中央银行还不断扩大允许金融机构利率浮动的利率区间。但总的来说,与利率完全市场化形成机制还有距离,所以,还不完全具备以利率作为货币政策的中间目标。

货币供给量对我国经济生活的作用十分直接,其变动会立即反映到经济生活中。因而,通过调节货币供给实现政策目标是我国经常采用的手段。在改革开放的初期,中央银行调节货币供给量是直接对商业银行贷款规模进行控制。近年来,已逐步转向间接调控,使用最多的间接工具有存款准备金和公开市场业务,中央银行已将公开市场业务作为经常性调节工具,在此轮的金融危机中,中央银行为抑制通货膨胀、收缩银根,从 2010 年 1 月 18 日起到 2011 年 6 月 20 日,已连续 12 次提高存款准备金率,2011 年 6 月 20 日存款准备金率已调至我国历史上的最高,为大型金融机构 21.50%,中小金融机构 18%。控制货币供给量已成为我国频繁采用的主要调控工具。

在我国的金融实践中,货币供给量的变动会对社会经济生活会产生较大的影响,但效应却往往与政策意图不尽相符,甚至相反。

例如,通过紧缩货币供给以紧缩市场需求使市场供求恢复平衡,但同时也紧缩市场供给,造成紧缩的需求与更小的市场供给相对应,仍使市场供求难以恢复平衡。1989—1991 年曾出现过此情况,1988 年秋季一度出现抢购商品和挤提储蓄存款的市场震荡,造成 1989 年仍存在市场供给缺口。政府在 1989 年下半年为紧缩市场需求实行了严峻的紧缩货币政策,引起经济下滑。市场需求虽得到了抑制,但市场供给也相应减少,使紧缩前的供给缺口仍然存在。

例如,通过扩大货币供给以启动经济,但经济并不一定会由下滑转向上升。在 1989 年下半年实行了严峻的紧缩货币政策后,经济急速下滑。为抑制经济急速下滑、当年秋冬决定扩大货币供给,但经济不见起色。到 1990 年再次扩大货币供给,但效果仍不明显。究其原因是投放的货币并未引起激发经济活力的投资行为,追加的货币用于维系原来的生产,而生产出来的大部分商品不能满足社会需求成为滞销商品,使货币供给增加没有形成有效的市场需求,所以造成经济多次启而不动。

以上两种情况说明,货币供给量的变动虽会对经济产生较大的作用,但要使其收到预期的效果,则必须考虑经济机制和环境等因素的影响,与货币政策一起配套采取相应的措施才能达到预期的目标。

经济软着陆是指制定较为温和的紧缩政策,以使经济平稳地实现市场供求的平衡,减少紧缩政策对经济运行的冲击和伤害。1989 年的强紧缩使经济"硬着陆"给经济运行造成冲击,1990—1991 年经济滑坡,直到 1992 年才开始新一轮的经济高速发展。为抑制经济过热,在 1993 年中期提出"加强宏观调控",吸取以前的经验,对货币政策的取向形成了"适度从紧"的提法。这次紧缩与以前的不同:①调控不是针对全部固定资产投资,而是针对其中房地产和开发区投资。②并不是全面紧缩信贷,而是使正常生产和建设资金得以保证。从 1993 年开始实行的适度从紧的货币政策,直到 1996 年中出现了转折,从 1997—1998 年通货膨胀的进程为通货紧缩的进程所打断,1998 年政府提出了"适当的货币政策",最后经数次改变,定格为"稳健的货币政策"。

2010 年 12 月 10 日至 12 日,中央经济工作会议上指出:"加强和改善宏观调控,保持经济平稳健康运行。明年宏观经济政策的基本取向要积极稳健、审慎灵活,重点是更加积极稳妥地处理好保持经济平稳较快发展、调整经济结构、管理通胀预期的关系,加快推进经济结构战略性调整,把稳定价格总水平放在更加突出的位置,切实增强经济发展的协调性、可持续性和内生动力。要继续实施积极的财政政策,发挥财政政策在稳定增长、改善结构、调节分配、促进和谐等方面的作用;保持财政收入稳定增长,优化财政支出结构,下决心压缩一般性支出,厉行节约;加强地方政府性债务管理,坚决防止借'十二五'时期开局盲目铺摊子、上项目。要实施稳健的货币政策,按照总体稳健、调节有度、结构优化的要求,把好流动性这个总闸门,把信贷资金更多投向实体经济特别是'三农'和中小企业,更好服务于保持经济平稳较快发展;进一步完善人民币汇率形成机制,保持人民币汇率在合理均衡水平上的基本稳定。'积极稳健、审慎灵活'反映出当前经济的复杂性和不确定性;'积极'是要继续发展经济,'稳健'是要控制通胀,二者分别对应两大政策:积极的财政政策和稳健的货币政策。一方面,面临严峻的就业问题,要保持一定的经济增长速度,所以要'积极''灵活';另一方面,现在我们面临的通胀压力很大,要防止经济过热,所以要'稳健''审慎'。"

【阅读案例 14.2】

中国货币政策工具的运用

一、存款准备金制度

1983 年,中国人民银行开始实行准备金制度。1984 规定企业存款的缴存比率为 20%,储蓄存款为 40%,农村存款为 25%。1985 年 1 月,不分存款各类统一调整为 10%。1987 年 10 月和 1988 年 8 月,为了紧缩信贷、制止通货膨胀,人民银行两次分别上调 2 个和 1 个百分点,使法定准备金比率达到 13%。同时,针对 1988 年商业银行一度出现不能保证存款支付和汇款解付问题,要求国有商业银行的支付准备金比率不能低于 5% ~7%。1998 年 3 月,中国人民银行对存款准备金制度进行了重大改革,内容主要是合并法定存款准备金账户和备付金账户,实行统一法人考核,降低法定存款准备比率,即由 13% 降低到 8%,调整法定存款准备金存款范围等。1999 年 11 月 21 日,中央银行再次下调金融机构法定存款准备金率,由 8% 下调到 6%。

自 1998 年 3 月改革再贴现利率生成机制以来,我国曾先后 4 次下调再贴现利率,特别是 1999 年 6 月 10 日再贴现利率一次性从 3.96% 下调到 2.16%。再贴现利率的大幅下调,提高了商业银行开展票据业务的积极性,但也促使一些中小商业银行以不恰当的手段争夺企业票据,扰乱了票据市场的正常秩序。因此,为了改变不合理的利率结构,促进贴现和再贴现业务及票据市场的规范发展,从 2001 年 9 月 11 日起,中国人民银行适当提高再贴现利率。将再贴现利率由 2.16% 提高到 2.97%。这个水平的再贴现利率一直沿用到现在。

二、央行票据的发行

近年来,公开市场操作已成为我国最主要的货币政策工具。1998 年、1999 年两年,央行通过公开市场操作增加基础货币 2 600 多亿元,占两年基础货币增加总额的 85%。2002 年更是公开市场操作取得突破性进展的一年。2003 年来,央行不仅将公开市场交易次数由每周一次增加到两次,增加了交易成员,扩大了交易范围,还建立了公开市场业务一级交易商流动性日报制度。与此同时,自 2003 年 2 月 10 日以来,为保持基础货币的平稳增长和货币市场利率的相对稳定,央行在公开市场连续进行了 20 次的正回购操作,回笼基础货币量总额达 2 140 亿元。但随着操作次数越来越频繁,央行到 2002 年年底,手持的大约 2 863 亿元的国债面值,除去 20 次正回购占用部分,国债余额只为原来的 1/4,继续进行正回购操作的空间已经不大,回购的力度不断减弱。而 2003 年 3 月末 M2 余额高达 19.4 万亿元,同比增长 18.5%;国家外汇储备余额 3 160 亿元,同比增长 38.8%。货币供应量充足有余,资金回笼的任务仍然艰巨。为确保货币政策的有效传导,继续回笼基础货币,对冲快速增长的外汇占款,央行在 2003 年 4 月 22 日"试点"的基础上,开始正式发行央行票据,通过央行票据实施正回购功能。央行第一次引入中央银行票据是 2002 年 9 月 24 日,央行宣布从当日起将 2002 年 6 月 25 日至 9 月 24 日进行公开市场操作 91 天、182 天、364 天 3 个正回购品种中的未到期部分置换为中央银行票据(1 937.5 亿元)。2003 年 4 月 22 日,中国人民银行首次在公开市场中直接发行了金额为 50 亿元、期限为 6 个月的中央银行票据。截至 2003 年 7 月 22 日(周二),中国人民银行已贴现发行了 24 期央行票据,中央银行票据累计发行已达到 2 750 亿元。从这些央行票据发行情况来看,央行根据近期正回购和央行票据到期及外汇公开市场操作投放基础货币的情况,加大了货币回笼的力度。

来源:胡海鸥.货币理论与货币政策[M].上海:复旦大学出版社,2004:290-292.

思考题:

1. 结合现实情况谈谈中国货币政策调控历程中主要运用了哪些政策工具?

2. 结合当今的经济情况,谈谈我国货币政策传导的机制和货币政策调控的效果。

14.3　通货膨胀

通货膨胀是世界各国普遍存在的经济问题,是西方经济学研究的重大课题。从表面上看,通货膨胀表现为过多的货币追逐过少的商品,普通人的理解就是"又涨价""钱不值钱了"。经济学家至今未找到一个可以被普遍接受的有关通货膨胀的定义。

14.3.1　通货膨胀概述

1)通货膨胀的定义

自由主义经济学家 F. 哈耶克认为,通货膨胀一词的原意是指货币数量的过多增长,这种增长会合乎规律地导致物价的上涨。货币主义的代表人物弗里德曼认为,物价的普遍上升就叫作通货膨胀。他强调通货膨胀在任何条件下,都是一种货币现象。新古典综合学派代表人物保罗·萨缪尔森认为通货膨胀的意思是,物品和生产要素的价格普遍上升。新剑桥学派代表人物琼·罗宾逊认为,通货膨胀就是物价上涨,其上涨归咎于货币而非货物……从更广义说来,通货膨胀常意指物价总水平的持续上升。这些关于通货膨胀的定义各有不同,有的强调它的成因,有的强调它的表现形式,但有一共识是,都同意弗里德曼的观点:通货膨胀在任何条件下,都是一种货币现象。

西方经济学的教材大都将货币膨胀定义为:商品和生产要素价格水平的持续不断的上涨。在我国对通货膨胀比较流行的观点:一是认为通货膨胀是在纸币流通条件下,流通中的货币量超过实际需要所引起的货币贬值、物价上涨的经济现象;二是认为由于流通中货币需要量难以确定,货币量过多引起物价上涨和调价引起的物价上涨,因两者引起的物价上涨难以区分,于是将通货膨胀作为物价水平上涨的同义语来使用。通货膨胀是指物价水平在一定时期内普遍持续上升的经济现象。在理解通货膨胀的含义时,应注意两点:一是物价水平上升不是一种或几种商品和劳务的价格上升,而是物价水平的普遍上升;二是物价水平上升不是一时的上升,而是持续一段时间的上升,通货膨胀是一个长期概念。

2)通货膨胀的度量

一般用价格指数来描述整个经济中的各种商品和劳务价格的总体平均水平,常用的价格指数主要有消费价格指数 CPI(Consumer Price Index)、生产者价格指数 PPI(Producer Price Index)和 GDP 物价平减指数(Gross National Product Deflator)。

(1)消费价格指数 CPI

它是选择一组一定时期内居民经常消费的、对居民生活影响相对较大的、有代表性相对固定的商品和服务项目,通过调查其价格,比较它们当期价格计算的价值与按基期价格计算的价值的价格变动来计算价格指数。CPI 反映了消费环节的价格水平,反映消费者为购买消费品而付出的价格的变动情况,是制定有关经济政策和国民经济核算的重要依据。用公式表示如下：

$$CPI = \frac{-组商品按当期价格计算的价值}{-组固定商品按基期价格计算的价值} \times 100\% \qquad (14.4)$$

(2)生产者价格指数 PPI

它是站在生产者的角度来观察不同时期货物和服务商品价格水平变动的一种价格指数，反映了生产环节价格水平，也是制定有关经济政策和国民经济核算的重要依据。在中国，PPI 一般指统计局公布的工业品出厂价格指数，目前中国 PPI 的调查产品有 4 000 多种，包括各种生产资料和生活资料，涉及调查种类 186 个。其中，能源和原材料价格在 PPI 构成中占较大比重。

根据价格传导规律，PPI 对 CPI 有一定的影响。PPI 反映生产环节价格水平，CPI 反映消费环节的价格水平。整体价格水平的波动一般首先出现在生产领域，然后通过产业链向下游产业扩散，最后波及消费品。产业链可以分为两条：一是以工业品为原材料的生产，存在原材料→生产资料→生活资料的传导。另一条是以农产品为原料的生产，存在农业生产资料→农产品→食品的传导。

(3)GDP 物价平减指数

是按现行当期价格计算的国民生产总值与按固定基期价格计算国民生产总值的比率。物价平减指数不仅包含了消费品和劳务，还包含了资本品和进出口商品等，所包括的范围较广，它能较全面地反映一般物价水平的变动趋势。但编制时需要收集的资料量大，一般一年公布一次。例如，我国 1994 年 GDP 按当期现行价格计算为 45 006 亿元，而按 1990 年固定基期价格计算为 29 372 亿元，则 1994 年的 GDP 物价平减指数为 153.2%，说明 1994 年物价水平比 1990 年上涨了 53.2%。

以上 3 种物价指数在衡量通货膨胀时各有优缺点，因 3 种物价指数所涉及的商品和劳务的范围不同，计算口径不同，即使在同一国家的同一时期，各种指数反映的通货膨胀程度也不尽相同。所以，在衡量通货膨胀时，需要选择适当的物价指数。一般在衡量通货膨胀时，消费价格指数 CPI 使用得最多和最普遍。

(4)通货膨胀的程度

通常用通货膨胀率(Inflation Rate)来衡量，它是从一个时期到另一个时期价格水平变动的百分比。用公式表示如下：

$$\pi_t = \frac{P_t - P_{t-1}}{P_{t-1}} \times 100\% \qquad (14.5)$$

其中，π_t 为 t 时期的通货膨胀率，P_t 和 P_{t-1} 分别为 t 时期和 $(t-1)$ 时期的价格水平。若用消费价格指数来衡量价格水平，则通货膨胀率就是不同时期的消费价格指数变动的百分比。用公式表示如下：

$$\pi_t = \frac{CPI_t - CPI_{t-1}}{CPI_{t-1}} \times 100\% \qquad (14.6)$$

假设当前的消费价格指数从去年的 120 增加到现在的 128，则当前的通货膨胀率为 $(128 - 120)/120 \times 100\% = 6.67\%$。表 14-1 为我国 1980—2008 年通货膨胀率的变化情况。

表 14-1　我国 1980—2008 年通货膨胀率的变化情况

1980	1981	1982	1983	1984	1985	1986	1987	1988	1989	1990	1991	1992
6	2.4	1.9	1.5	2.8	9.3	6.5	7.3	18.8	18	3.1	3.4	6.4
1993	1994	1995	1996	1997	1998	1999	2000	2001	2002	2003	2004	2005
14.7	24.1	17.1	8.3	2.8	−0.8	−1.4	0.4	0.7	−0.8	1.2	3.9	1.8
2006	2007	2008										
1.5	4.8	5.9										

14.3.2　通货膨胀的分类

从不同的角度,可以对通货膨胀进行不同的分类。

1)按物价水平上升的速度来划分

按此,通货膨胀可分为爬行通货膨胀、温和通货膨胀、奔腾式通货膨胀和恶性通货膨胀。

(1)爬行通货膨胀

一般物价水平上升的速度为 1%～3%,通货膨胀在此区间一般不会引起通货膨胀预期的出现。

(2)温和通货膨胀

一般物价水平上升的速度为 3%～6%,通货膨胀在此区间一般认为其通货膨胀率较低,物价水平相对稳定,对经济没有太多不利影响。适度温和的通货膨胀反而对经济增长有某种刺激作用,起到润滑剂的效果。但也有经济学家认为,从长期来看,这种通货膨胀的积累会产生不良后果,要防止其加速演变为奔腾式通货膨胀。

(3)奔腾式通货膨胀

它也称为飞奔的通货膨胀,一般物价水平上升的速度为 10%～100%,物价以较大幅度上扬,货币流通速度加快,购买力下降。例如,我国 20 世纪 1993—1995 年出现过 10% 以上的通货膨胀。当其发生后,由于价格上涨率高,使公众预期价格还会进一步上涨,因而采取措施保护自己(例如抢购和囤积商品),使物价水平进一步上涨,从而造成通货膨胀加剧。

(4)恶性通货膨胀

它也称为超级通货膨胀,一般物价水平上升的速度在 100% 以上,物价大幅度上涨,流通中的货币数量的增长速度大大超过货币流通速度,货币迅速贬值。这种通货膨胀的特点:一是物价水平飞速上升已使人们对本国货币完全失去了信心,本国货币完全丧失了其价值贮藏功能,同时也在很大程度上丧失了交易功能;二是严重破坏货币体制与正常经济生活,造成社会动荡不安,会使一国的货币体制崩溃,甚至政权更迭。

按物价水平上升的速度划分的标准在经济界并未统一。有的学者认为,爬行通货膨胀一般物价水平上升的速度为 1%～5%;温和通货膨胀一般物价水平上升的速度为 3%～10%;有的将 10% 以上定义为小跑步式的通货膨胀,超过 15% 的定义为奔腾式通货膨胀。

所以,在不同的历史时期,不同的国家以及不同的经济背景下,对其划分标准不是一成不变的。

2)按市场机制的作用来划分

按此,通货膨胀可分为公开型通货膨胀和隐藏型通货膨胀。

(1)公开型通货膨胀

它也称为开放型通货膨胀,是指在市场机制充分发挥作用和政府对物价不加控制的情况下所表现出来的通货膨胀;或者政府虽加以控制,但因通货膨胀的压力太大而未能生效,价格上涨非常明显。

(2)隐藏型通货膨胀

它指由于政府实行物价管制,虽然经济生活中存在通货膨胀的压力,物价水平也并未上升,但居民实际消费水平却在下降。在这种情况下,由于价格水平低,经济中存在过度的总需求,市场上会出现严重的商品短缺现象。隐藏型通货膨胀没有以物价上升的形式表现出来,所以也称为潜在型通货膨胀。

3)按人们对物价水平上涨的预期来划分

按此,通货膨胀可分为预期通货膨胀和非预期通货膨胀。

(1)预期通货膨胀

指通货膨胀率长期以来一直比较稳定,人们可以根据过去的经验对未来的通货膨胀率作出比较准确的预期。

(2)非预期通货膨胀

指物价水平上涨的速度出乎人们的预料之外,或者人们根本没有想到物价会上涨。例如,国际市场原料价格的突然上涨所引起的国内商品价格的上升。

4)按通货膨胀产生的原因来划分

按此,通货膨胀可分为需求拉动型通货膨胀、成本推动型通货膨胀、供求混合推动型通货膨胀、结构型通货膨胀、预期型通货膨胀等。此种划分是最常见的,由此产生了相关类型的通货膨胀理论。

【阅读案例14.3】

20世纪90年代通货紧缩

受1997年东南亚金融危机的影响,世界经济增长率和贸易增长率大幅下降,国际市场需求锐减,各类能源产品、非能源产品价格纷纷大幅下跌,跌幅均为4%~29%。根据世界银行按主要商品名义美元价格统计,能源商品的价格指数增长率由1997年的-6.7%暴跌至1998年的-28.5%,跌幅为22个百分点,1999年后又略有回升;制成品单位价格增长率从1997年的-5.1%下跌至1998年的-13.8%,1999年回升1.3个百分点,累计下跌7个百分点;非能源商品的价格指数增长率由1997年的2.2%下降到1998年的-15.7%,1999年为-2.2%,累计跌幅高达20个百分点。其中,农产品价格增长率由2.6%下降到-16.5%,

1999 年为-3.7%,金属和矿物由 1.2% 猛跌至-15.4%,1999 年为 2.6%。

2001 年 3 月,美国经济终止了长达 10 年的增长期,开始步入新一轮衰退。2001 年第一、第二季度经济分别增长至 0.3% 后,第三季度下降 1.1%;消费价格增长率呈现明显的下降趋势;失业人数不断上升,截至 2003 年 4 月,失业率高达 6%。"9.11"恐怖事件引起了"世界范围的不安全感",导致工业化国家经济信心进一步低落,居民纷纷增加"预防性储蓄",减少耐用消费品开支,内需增长受到相当程度的抑制。为刺激需求,仅 2001 年美国联邦储备委员会就连续 11 次降息,创下"最猛烈的降息轮回"。目前,联邦基金利率和贴现率已降至 41 年来的最低水平,但收效仍然不明显。

现在,世界上包括钢铁、计算机芯片、汽车、纺织造船、化工在内的主要行业都出现了不同程度的生产能力过剩。

一、美国的通货紧缩

Kellwoodw 公司的财务主管 Roger Joseph 告诉投资者说:"产品总有降价的压力,但是在那种情况下(9.11 事件)发生,压力将变得非常骇人。我们公司的员工在四五十年以后都会记得这个时期。"

所有的这些大降价都会让我们想起了一个老概念:通货紧缩。

通货紧缩看上去比通货膨胀更加危险,因为一个开始看似有较好收入的消费者将很快地降了工资,价格也得更低,资产价值也跟着更低。

"就是折磨人的通货紧缩让日本经济停滞了 10 年,但是美国却不必为此担心。"在圣路易斯的联邦储备银行的研究主管 Robert Rasche 如是说。

美国人如今一如既往地在医疗保健、啤酒、餐饮和其他一些事情上花费大量的金钱。2001 年第四季度的消费者物价指数自 16 年以来第一次出现了下降的情况。在整个 2001 年,消费者物价指数上涨了 1.6%,而且从 1956 年以来每年都在上升。

Rasche 说:"并不是所有的产品都一起降价。"在衰退期中,消费者不会过分削减他们对健康保健的需求,所以医疗和药品的价格仍然能够持续增长。但人们有可能推迟对于汽车、服装等产品的购买,所以这些企业必须降价以度过这段时间。

"在日本的情况完全不同,所有产品的价格水平都下降。"Rasche 说。

经济学中著名的货币主义说明了通货膨胀或通货紧缩的决定因素:货币供给量的增长率。美国联邦储备系统控制着货币供给——基本上美国的大多资金约束在流通中,支票账户在货币市场上被短期利息率所控制着。自从 2001 年我们看到的是快得多的增长。

Rasche 的老板、圣路易斯联邦储备银行的主席 William Poole 用一个非技术性的方式回答了人们对通货紧缩的提问:"当名牌大学的学费减少的时候,我坚信美国将面临激烈的通货紧缩。"

为了防止通货膨胀转变为持久的物价下降,或是通货紧缩,美联储已经决定,在维持低利率的基础上如果有市场需要,利率仍会进一步降低。但有分析认为,美国经济恢复还需要一年长时间的艰难历程。

2003 年 9 月初,美联储宣布"将在相当长时间内维持低利率"。消息传出,华尔街股市应声大涨,但美国还无法摆脱低通胀的困扰,美联储也不得不再次发出提醒,要警惕通货紧缩的风险。

来源:胡海鸥.货币理论与货币政策[M].上海:复旦大学出版社,2004:258.

思考题:

1.什么是通货紧缩? 通货紧缩对经济发展有何影响?

2.不同的行业如何有效地应对通货紧缩?

14.3.3　通货膨胀的原因

1)需求拉动型通货膨胀

需求拉动型通货膨胀指资源已被充分利用或达到充分就业时,总需求继续上升,过度的需求导致的通货膨胀。

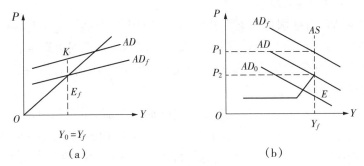

图14-3　需求拉动型通货膨胀

凯恩斯的缺口理论认为,见图14-3(a),在国民收入已经达到充分就业水平时,实际支出已与实际产量相等,无闲置资源存在,若总需求由 AD_f 增加至 AD,由于实际产量的限制,已无法再提高均衡的国民收入或总产出,形成总需求超过总产出的膨胀性缺口 KE_f,结果促使物价上涨,出现通货膨胀。这一模型最大的缺陷是假定在充分就业时才会出现通货膨胀,因而无法解释物价上涨与失业并存的现象。

现代经济学家对上述理论进行了修改,用总需求与总供给曲线来说明,见图14-3(b),当总需求曲线 AD_0 与总供给曲线向上倾斜段相交时,经济接近充分就业,社会上的闲置资源已较少,总供给的增加能力有限,此时为扩大产量而增加的需求会促使产量增加和生产要素资源价格上涨,出现了凯恩斯称为的半通货膨胀现象。当总需求 AD 继续增加,超过充分就业或潜在国民收入 Y_f 的总需求 AD_f 的水平时,这时资源已得到充分利用,不存在任何闲置的资源。由于过度的需求,总产出或国民收入并未增加,但价格水平却由 P_0 上升至 P_1,出现了凯恩斯称为的真正的通货膨胀现象。

2)成本推动型通货膨胀

成本推动型通货膨胀是指由于生产成本上升引起的物价水平持续上涨的现象。生产成本提高的主要原因是存在着强大的、对市场价格具有操纵力量的团体。这种类型的通货膨胀又可以分为如下4种。

（1）工资推动型通货膨胀

这是由于工人货币工资增长率超过了劳动生产率的增长率而引起的通货膨胀。西方经济理论认为，由于工会组织的强大垄断力量操纵了劳动力市场价格，在没有出现对劳动力的过度需求，甚至在存在失业的情况下，工会可迫使厂商增加工资，使工资增长速度超过了劳动生产率的增长速度，从而引起商品成本增加，物价上涨，而且在物价上涨之后，工人又要求提高工资，再度引起物价上涨，如此循环形成工资提高和价格上涨的螺旋式上升。

（2）利润推动型通货膨胀

这指在不完全竞争市场上，垄断组织和寡头企业能够操纵市场价格，为谋取过高利润而抬高价格，使价格的上涨速度超过成本支出的增加速度，而引起的一般价格水平上涨。

（3）操纵价格的通货膨胀

它指垄断组织和寡头企业对部分产品卖价进行操纵，人为提高产品价格而引起的通货膨胀。

（4）汇率成本推动型通货膨胀

它是由于本国货币对他国货币汇率升值而引起的出口产品成本上升，或者外国货币大幅贬值造成的外汇倾销所引起的物价持续上涨。如果本国货币对外贬值，导致进口原料及其他商品价格上涨，从而使利用这些原料进行生产的企业成本增加，使商品价格提高，并带动国内相关商品价格连续上涨。

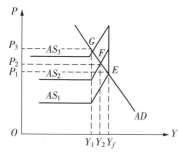

图 14-4 成本推动型通货膨胀

成本推动的通货膨胀，是在没有总需求增加的条件下，由于生产成本的增加而引起的。见图 14-4。由于垄断存在，工资、利润、汇率的上升，使得供给曲线 AS_1 向左上方平移，由最初 E 点，在总需求不变的条件下，由于生产要素价格提高，生产成本上升，使总供给曲线从 AS_1 移动至 AS_2 和 AS_3，分别与 AD 曲线交于 F 和 G 点，其物价水平对应由 P_0 上升到 P_1 和 P_2 点。由于生产成本提高带来的失业增加从而使国民收入由 Y 降至 Y_2 和 Y_1 点。所以，成本推动论者认为，生产成本上升既是通货膨胀的根源，又是失业的根源。

3）供求混合推动型通货膨胀

这种理论将总需求与总供给结合起来分析通货膨胀的原因，认为通货膨胀的根源不是单一的总需求或总供给造成的，而是两者共同作用的结果。如果通货膨胀是由需求拉动开始的，即过度需求的存在引起物价上升，物价的上升又会使工资水平上升，从而使供给成本增加引起成本推动的通货膨胀。如果通货膨胀是由成本推动开始的，即成本的上升引起物价的上升。若此时没有总需求的增加，仅有工资的上升，则会导致生产减少，增加失业，从而促使成本推动的通货膨胀停止。所以，只有在成本推动的同时，引起物价的上涨，造成总需求的上升，这种通货膨胀才能持续。

4）结构型通货膨胀

结构型通货膨胀是指收入结构与经济结构的不适应和错位引起的通货膨胀。结构型通货膨胀可以分为 4 种。

（1）需求转移型通货膨胀：

即在总需求不变的情况下，一部分需求转向其他生产部门，而生产要素却不能及时转移。这样，需求增加的部门的工资和产品价格上涨，而需求减少的部门的产品价格却未相应下降，由此造成物价总水平的上涨。如一些不景气行业或衰退行业向高成长行业的转型中会出现此种情况。

（2）部门差异型通货膨胀

即产业部门和服务部门的劳动生产率、价格弹性、收入弹性是不同的，但劳动生产率高的部门的高增长，带动其工资上升，其他部门向其看齐，引起物价全面上涨，使全社会的工资增长率超过劳动生产率的增长，引起通货膨胀。

（3）二元经济结构型通货膨胀

对于发展中国家，农业部门和现代工业部门并存。由于农业生产结构僵化，受农产品供给弹性不足，资本短缺，需求结构的变动，劳动力自由流动程度低等结构因素制约。要促进经济发展，往往要通过赤字预算，多发货币来积累资金，从而带动物价全面上涨。

（4）斯堪的纳维亚小国型通货膨胀

对于北欧的一些开放经济小国而言，经济结构可分为开放的经济部门和不开放的经济部门。因小国一般是价格的接受者，世界通货膨胀会通过一系列机制传到小国的开放部门，使其通货膨胀率向世界看齐。小国的开放部门的价格和工资会上涨，又会带动不开放部门的价格和工资上涨，导致小国全面通货膨胀。

5）预期型和惯性的通货膨胀

这两种通货膨胀理论重点不是分析通货膨胀的产生原因，而是分析为什么通货膨胀一旦形成就会持续下去。

预期型通货膨胀理论认为，无论什么原因引起通货膨胀，即使最初引起的原因消除，它仍会由于人们的预期而持续，甚至加剧。一旦通货膨胀发生，人们往往会根据经验或过去通货膨胀率的数据来预期未来的通货膨胀率，人们将这种预期作为自己经济决策和经济活动的依据，会据此指导未来的经济行为。如近几年的通货膨胀率为5%，人们会预期今年的通货膨胀率也会在5%左右，政府、厂商、居民等都会按通货膨胀率为5%来对自己的投资收益、工资收入、实际利率等经济活动进行相应调整，以保证自己的利益免受损失。由此产生一种通货膨胀的预期，使通货膨胀不断持续下去。

惯性的通货膨胀理论认为，通货膨胀存在一种惯性。无论什么原因引起通货膨胀，即使最初引起的原因消除，它仍会由于本身的惯性而持续下去。

【阅读案例14.4】

我国历史上的通货膨胀与通货紧缩

一、民国时期中国的通货膨胀

民国时期（1928—1949）爆发了我国历史上最严重的通货膨胀。当时，国民政府热衷内战,军费开支数额庞大,财政赤字连年不断。抗日战争爆发后,财政赤字更加严重。1937 年的赤字占财政支出的 73.27%,1938 年上升到 74.36%,1939 年达 76.11%,1941 年财政赤字创纪录地上涨到 87.19%。1945—1949 年,国民政府的军费支出更是达到天文数字。连年的财政赤字不得不依靠发行纸币(法币)来弥补,结果造成外汇储备和黄金储备枯竭,物价飞涨,一日数变,恶性通货膨胀越演越烈。1948 年为制止通货膨胀、摆脱经济危机,国民政府推行了"币制改革",发行金圆券,但其贬值比法币更快,物价、美元汇率如火箭般地飞升,外汇黑市面上猖獗。1948 年末还是隔月翻番,1949 年 1—2 月已按周翻番,3—4 月更是一天翻几番。当时有人根据物价统计对法币和金圆券的贬值作了一个形象化的分析:法币 100 元的购买力,1937 年值黄牛两头,1938 年值黄牛一头,1939 年值猪一头,1941 年值面粉一袋,1943 年值煤球一个,1948 年值大米 0.002 416 两,1949 年 5 月值大米 0.000 000 000 185 两,即一粒米的千万分之二点四五。法币至此全面崩溃,如此严重的通货膨胀乃世界之罕见。

二、20 世纪 90 年代中前期中国的通货膨胀

1993—1995 年我国经历了改革开放以来一次严重的通货膨胀。20 世纪 90 年代初,我国国民经济出现了增长过快的势头,固定资产投资规模大幅增长。据统计,1991 年全国完成固定资产投资额外负担 5 509 亿元,1993 年猛增到 11 829 亿元,增长 115%,1995 年进一步增长到 15 926 亿元,年均增长 50%,大大高于同期国内生产总值的年均增幅。同时,由于我国 1994 年实行外汇体制改革,对企业实行银行结售汇制,极大地促进了外贸出口,带动了外汇储备的迅速增长,外汇储备由 1993 年底的 212 亿美元增长到 1994 年的 516 亿美元,增幅为 144%。这使得我国货币供给量迅速上升,对本已过火的经济"火上浇油",通货膨胀压力日益显现。据有关资料,1994 年我国外汇储备增加对通货膨胀的作用乘数高达 23.66%。

在其他诸多因素的共同作用下,1993 年通货膨胀率为 13.2%,1994 年达到 21.7%,这是新中国成立以来从未有过的。资料显示,1993 年我国居民消费价格指数上升 14.7%,全社会商品零售物价指数上升 13%;1994 年两指数分别上升 24.2% 和 21.7%。在整个消费品中,食品类价格上涨较多,尤以粮价上涨最为显著。1995 年 4 月,全国 35 个大中城市商品零售价格指数与上年同期相比增长 15.2%,消费价格指数增长 19.7%,而粮食价格增长了 57.8%,与前两者相比,平均差幅高达 35 个百分点。粮价的猛增,牵动了一系列产品成本的上涨,给居民的生活、经济的发展和社会的稳定带来了消极的影响。

资料来源:胡海鸥.货币理论与货币政策[M].上海:复旦大学出版社,2004:256-257.

思考题:

1.简述我国新中国成立以来的通货膨胀与通货紧缩的演变历程。

2.阅读资料总结:通货膨胀与通货紧缩给经济发展带来哪些影响?

14.4 通货膨胀的经济效应与治理

通货膨胀是一个到处扩散其影响的经济过程,会给社会经济的方方面面及人们的生活

带来各种不同的影响,我们称其为通货膨胀的经济效应。

14.4.1　通货膨胀的再分配效应

在现实经济中,产出和价格是一起变动的,通货膨胀在一般情况下伴随着实际产出的扩大,只有在一些特殊情况下,通货膨胀才伴随着实际产出的减少。为了方便考察价格对收入分配的影响,我们假定实际收入是固定的,再去分析研究通货膨胀如何影响收入所得者实际收入的多少。在分析之前,要弄清货币收入和实际收入的差别,货币收入是指通过经营或劳动所获得的货币数量,也称其为名义收入;实际收入是衡量其购买力的大小,即消费者用他的货币收入所能购买到的商品和劳务的数量,它剔除了价格变动的影响。

通货膨胀的再分配效应主要反映在以下几点。

①通货膨胀不利于靠固定的货币收入维持生活的人,而利于靠变动的货币收入维持生活的人。对于固定收入阶层,如工资难以上涨的工薪阶层、领取救济金和退休金的人员等,收入为固定的货币数额。但由于通货膨胀引起的价格水平的上升,使其购买力下降,即实际收入的减少,这一阶层是通货膨胀的受害者。对于变动收入阶层,如工资靠工会支持可以上涨的工薪阶层、个体经营者、企业主等,由于通货膨胀引起的价格水平的上升,工资上涨等于或超过价格水平的上涨。个体经营者、企业主会因价格的上涨,而提高其商品和劳务价格,价格的提高幅度往往超过其成本增长的幅度,利润会增加,所以这一阶层是通货膨胀的受益者。通货膨胀不利于工人,而利于雇主。

②通货膨胀不利于债权人,而利于债务人。因为债务合同或协议是根据签约时的货币购买力来确定名义利息率,合同一旦签订,利息率是固定的,一般无法修改,即名义货币数量是固定的,通货膨胀发生,货币购买力大幅下降,实际利息率下降,相当于实际货币减少。所以,对债务人是有利的。而债权人所获得的货币数量是固定的,货币购买力下降,获得的实际货币将减少,债权人将受损。

③通货膨胀不利于社会公众,而利于政府。原因一,在不可预期的通货膨胀下,名义工资可能会有所增加,但不一定能保持原有的实际工资水平。名义工资的提高,达到纳税起征点的人数会增加,有些人可能纳税等级会上升,这样政府的税收收入会增加。这种通货膨胀使得政府获得更多的的税收,称为通货膨胀税。在这种通货膨胀下,名义工资虽有提高,实际工资水平最多保持原有的水平,税赋却上升,所以对社会公众是不利的。原因二,政府往往是债务人,社会公众往往是债权人。所以,对政府有利,对社会公众不利。

④通货膨胀不利于持有固定价值的资产者,而利于持有变动价值的资产者。对持有固定价值的所有者,如储蓄、债券、保险等,会因通货膨胀而削减其实际价值,使其持有者受损;对持有变动价值的所有者,如房屋、土地、黄金等,会因通货膨胀而增加其实际价值,使其持有者受益。

14.4.2　通货膨胀的产出效应

在上面的分析中,为了方便考察价格对收入分配的影响,我们假定实际产出是固定的,而实际上,它是随着价格水平的变化而变化的。通货膨胀的产出效应可能出现的情况如下。

①在未达到充分就业时,因生产要素和资源未达到充分利用,在爬行或温和的需求拉动型通货膨胀情况下,由于总需求的增加,会使产出增加、收入增加、就业扩大。在达到充分就业后,生产要素和资源已达到充分利用,需求拉动型通货膨胀由于总需求的增加,只会引起价格水平的上升,其产出和收入不会增加。

②成本推动型通货膨胀会使收入和产量减少,导致失业增加。假定在原总需求水平下,经济实现了充分就业和物价稳定,如果发生成本推动型通货膨胀,成本推动会提高物价水平。在总需求不变的情况下,使得实际产出下降、失业上升。

③超级通货膨胀出现时,人们完全丧失了对本国货币的信心,货币无法执行交换手段和贮藏手段的职能。由于物价水平上升很快,人们不愿意去从事财富的生产经营投资活动,而更愿意从事投机活动和消费,经济出现混乱,正常生产经营被打乱,产出减少、失业增加。

14.4.3　通货膨胀对经济增长的效应

通货膨胀对经济增长是有利还是不利? 西方经济学家对这个问题没有一个统一的看法,但归纳起来有 3 种观点:

1)有利论者认为通货膨胀对经济增长有促进作用

他们认为,经济处于在长期有效需求不足,生产要素和资源未得到充分利用,没有实现充分就业情况下,通货膨胀有利于经济发展,爬行或温和的通货膨胀是促进经济增长的润滑剂,主要原因如下:①通货膨胀不利于工人,而利于雇主,雇主的利润增加,会刺激其投资,投资增长对经济增长有促进作用。②通货膨胀使得政府获得更多的的通货膨胀税,政府的收入会增加,从而可以扩大政府的支出,促进经济的增长。③通货膨胀加剧了收入分配的不平等,富人收入的增加会使得储蓄的增加大于消费的增加,使社会的总储蓄增加,储蓄增加有利于经济的增长。因此,促进论者特别强调,对于资金相对缺乏的发展中国家,利用较低的通货膨胀率来促进经济增长是很重要的。

2)不利论者认为通货膨胀对经济增长有损害作用

他们认为,这与经济增长负相关。其主要原因有:①较长时期的通货膨胀会加大生产性投资的经营成本风险,使生产性投资减少,不利于经济增长。②通货膨胀会打乱正常的资金分配流向,使资金流向非生产性部门,虚拟经济的资金增长加快,社会经济效率下降。③通货膨胀会造成对资金的过度需求,迫使政府采取紧缩政策,加强信贷的控制,降低整个金融体系的效率。④在社会公众对通货膨胀产生预期之后,政府会加强对物价水平的管制,使经济运作缺乏活力和竞争性,从而使价格失去自动调节经济的作用。⑤在开放经济环境下,通货膨胀引起货币贬值,不利于对外经济交往,使贸易保护主义抬头。不利论者强调,虽然在某个时期通货膨胀对经济增长有利,但其总体来看最终是不利于经济增长的。

3)中性论者认为通货膨胀与经济增长并没有必然的联系

其理由一是通货膨胀对经济的各种效应最终与人们对通货膨胀预期相中和,使其对经济增长既无正效应,又无负效应,所以是中性的。二是从长期来看决定经济增长的关键因素是劳动、资本、自然资源和企业家的才能,并不是物价水平,所以,由于货币量变动引起的通货膨胀,对经济的增长既没有促进作用,也没有消极作用。

14.4.4　通货膨胀的治理

由于通货膨胀对一国经济发展会产生不良影响,严重的通货膨胀还会引起社会动荡,政局不稳,信用制度瓦解和国民经济崩溃。所以,世界各国政府对通货膨胀的治理都十分重视,综观各国的治理通货膨胀的实践,其主要措施如下。

1)紧缩性货币政策

紧缩性货币政策是一种宏观间接控制措施,主要通过控制货币供应量以及通过货币供给量来调节利率,进而影响投资和整个经济,抑制过度需求造成的通货膨胀,其主要方法如下。

①中央银行提高法定准备率。法定准备率提高后,使得基础货币减少,货币创造能力减弱,商业银行贷款能力缩减,减少投资。

②提高利率。存款利率提高,鼓励公众增加储蓄,把消费转化为储蓄,抑制需求的增长。中央银行还可通过提高再贴现率,促使商业银行提高贴现率,增长企业的利息负担、减少利润,从而抑制企业的贷款需求,减少企业的投资。

③公开市场操作。中央银行通过在国债市场上公开卖出国债,回笼货币,以减少商业银行超额储备金。减少企业、公众手中的现金和活期存款,达到减少货币供给量的目的。

④道义上的劝告。中央银行可通过口头或书面的要求去影响商业银行,以实现其压缩信贷规模、压缩市场货币供给量的目的。

2)紧缩性财政政策

紧缩性财政政策是在总支出过多,物价水平持续上涨时,通过减少政府总支出,增加政府收入,尤其是抑制因财政赤字而引起的通货膨胀,其主要方法如下。

①削减政府预算,限制公共事业投资。通过此措施减少政府的支出,从而减少政府财政赤字。

②降低政府的转移支付,缩减社会福利费用的开支。

③增加税收。税收增加,使企业和个人收入的减少,从而减少投资;使政府收入增加,减少政府财政赤字。

④发行公债。通过向企业和个人发行公债,既可减少财政赤字,又可减少市场货币流通量。

3)收入紧缩政策

收入紧缩采取的是强制性或非强制性的限制政策,政府拟定物价和工资标准,限制货币工资和物价水平上涨幅度,以消除成本推动型通货膨胀,其主要措施如下。

①工资管制,是指强制推行对全社会货币工资增长总额和幅度进行控制的措施。包括在严重通货膨胀时期冻结工资调整的办法,政府强制规定在一定时期内不再增加职工工资,

以降低商品和劳务的成本,从而缓解通货膨胀的压力。

②物价管制,是指政府通过立法程序,规定物价上涨率的限度,或是将物价水平冻结在一个既定的水平上,如果超过对违犯者以法律制裁。冻结物价往往会导致囤积居奇,使商品供应不足,出现抢购商品的现象,扩大了市场供求缺口,加剧通货膨胀。

③确定工资—物价指导线。指导线是政府确定在一定范围内允许货币收入增长的一个目标数值线。数值线是政府根据估计的平均生产率的增长,估算出货币收入的最大增长限度,即每个部门的工资增长率应等于全社会劳动生产率增长率,不允许超过。通过这一措施稳定整个社会经济中每单位产量的劳动成本,使在预定的货币收入增长的情况下物价总水平保持不变。但是,指导线原则上政府不直接干预,只能说服,所以效果并不理想。

4)供应政策

以拉弗为首的供应学派认为,在治理需求拉动型的通货膨胀时,不应只注重抑制总需求,而忽视了增加总供给,仅仅抑制总需求可能引起失业率的增加。通货膨胀缺口实际上包括需求和供给两个方面,需求大于供给。所以,在治理需求拉动型的通货膨胀时,既可以紧缩需求,又可以增加供应。这样,一方面可解决总需求与总供给的不平衡,实现平抑物价;另一方面通过刺激生产来增加供给,降低失业率。供给政策的主要措施如下。

①减税,主要是降低边际税率。边际税率是指增加的收入中必须向政府纳税的部分所占的比率。如果是累进税率,边际税率将会随着收入的增加而提高。通过降低边际税率的供给效应,不仅可以提高人们的工作积极性,增加劳动供给,而且可以提高储蓄和投资的积极性,增加资本存量。因此,降低边际税率是治理滞胀的最佳办法。

②削减政府开支增长率和福利开支。

③政府放宽对企业活动的限制,使企业更好地扩大生产、增加供给。

5)货币改革

在出现超级通货膨胀时,物价飞涨,货币大幅贬值,货币体制接近崩溃,采取的对策是实行货币改革。一般是废除旧货币,发行新货币,并实行相关措施保证新币币值的稳定。发行新货币的目的是增强居民对货币的信任,恢复对本国货币的信心,恢复货币的价值贮藏功能和交易功能。但是,货币改革必须与其他措施相配套,如政治制度改革、政府重组、停止战争、维持社会安定、恢复生产等,否则难以奏效。这一措施的本质是治标不治本。

6)其他治理通货膨胀的措施

①强制性的行政干预。行政干预的主要措施有:强制性停建缓建一些工程项目,部分商品实行垄断经营,某些产品实行配额和限制管制,实行部分消费品的凭票证供应等。强制性的行政干预通常在发展中国家,市场经济不发达且通货膨胀恶化阶段才使用。

②保持经济低速增长。较高的经济增长往往伴随着较高的通货膨胀率,通过降低经济增长速度来降低通货膨胀率,不失为治理通货膨胀的一个重要选择。实践证明,长期较高的通货膨胀率,对经济的发展极为不利,难以保持经济长期的较快增长;通过放缓经济增速来治理通货膨胀,为许多国家政府所采用。

14.4.5　我国的通货膨胀与治理

1）我国的通货膨胀

我国从改革开放以来,逐步实行市场经济,大致经历了4次通货膨胀的高峰,第一次在1980年,居民消费价格指数CPI为6.0%,GDP缩减指数为4.8%;第二次在1985年,居民消费价格指数CPI为8.8%,GDP缩减指数为10.1%;第三次在1988年,居民消费价格指数CPI为18.5%,GDP缩减指数为12.2%;第四次在1994年,居民消费价格指数CPI为24.0%,GDP缩减指数为16.63%,成为我国改革开放以来的最高峰。在应对2007年的全球金融危机中,政府为保增长投入4万亿元刺激经济增长,美、英等国采用了定量宽松政策,无限量地向金融市场投放货币,以维持金融市场正常运行所需的流动性,造成流动性过剩。我国2011年面临通货膨胀的巨大压力,到2011年6月份居民消费价格指数同比上涨6.4%,全国工业生产者出厂价格指数同比上涨7.1%,工业生产者购进价格指数同比上涨10.5%,经济发展面临的国内外环境十分复杂,不稳定、不确定因素较多。政府现阶段采取的措施有:坚持实施积极的财政政策和稳健的货币政策;坚持宏观经济政策取向不动摇,继续保持政策的连续性、稳定性,继续把稳定物价总水平放在宏观调控的首要位置,增强政策的针对性、灵活性、有效性,进一步处理好保持经济平稳较快发展、调整经济结构和管理通胀预期的关系,加大改革创新力度,加快经济结构调整和发展方式转变,促进经济又好又快地发展。

由于我国经济的发展经历过程与西方发达国家相比有很大的不同,社会体制和市场经济与其有较大差异,通货膨胀有其自身的特点,其表现如下。

(1)价格上涨中,食品价格上涨幅度比较大,其中粮食价格的涨幅最大

以2011年6月为例,全国居民消费价格总水平同比上涨6.4%,其中食品价格上涨14.4%,非食品价格上涨3.0%;消费品价格上涨7.4%,服务项目价格上涨4.0%。基础性商品的价格上涨带动消费品价格上涨,对通货膨胀的传导效果最为明显,其原因有三:①在我国,食品消费占居民收入的比例较大。虽然随着居民收入的逐年提高食品消费比例有所下降,但与发达国家相比总体比例仍较大。②由于食品需求缺乏弹性,粮食生产的周期性,粮食销售商的逐利行为,会造成食品价格上涨。③粮食是一种最基础性的商品,粮食价格的上行必定会带动食品价格和其他商品价格的上涨。

(2)货币供给增长过快

我国在改革开放以前,实行的是计划经济体制,在改革开放的初期,逐步实行市场经济。国有企业在转制的过程中,得到各级政府的扶持,银行加大贷款支持,使货币供给增长加快。随着改革开放的深入,我国在实行经济结构的调整,对货币的需求量加大;加之全球金融危机的影响,政府加大了基础设施的投入,造成货币增长速度增快、货币流动性过剩,为通货膨胀发生创造了外部环境。

(3)进口商品价格的上涨推动了通货膨胀的发生

在改革开放的初期,我国商品的供求处于供不应求的状态,国外商品的价格的上涨,会带动其相关商品价格的上涨,刺激通货膨胀的发生。在此轮经济运行中,由于金融危机的影

响,美国实行定量宽松政策,造成美元持续贬值,国外大众商品价格不断上扬。我国产能不断扩大,需求增长加快,大量的原材料依赖进口,导致输入型通货膨胀的发生。

2)我国治理通货膨胀的主要措施

我国通货膨胀的发生,影响的因素较多,既有需求拉动和成本推动的因素,又有地区经济发展不平衡和经济结构不合理的因素;既有国内的和国外的因素,又有经济体制和增长方式的因素;经济发展面临的国内外环境十分复杂,不稳定、不确定因素较多。我国政府采取了综合治理的方法。

(1)坚持实施积极的财政政策和稳健的货币政策

先后采取的政策有提高利率;提高法定存款准备金;增加公开市场业务操作频度,加快资金的回笼;提高个人所有得税的起征标准;增加转移支付;建立完善城乡居民保障制度;启动汇率制度的改革等。

(2)适度的行政干预

我国采取的政策有整顿金融秩序;强化货款发放和投资规模的直接控制;实行城乡居民储蓄存款保值补贴;加快国有企业的股份制改革和转型,强化法人治理和企业内部的管理;限制高污染高耗能企业的发展,加快结构调整和产业的转移等。

1987—1988年是一个经济扩张的阶段,物价指数在前一期经济扩张的拉动下,持续走高,上升到了改革开放以来的第一个历史高点。以1985年的物价指数为基点,1986年的物价指数上涨6.0%,1987年的物价指数上涨13.7%,1988年的物价指数上涨34.8%。此次通货膨胀的主要原因依然是政府为了满足社会固定资产的投资增长要求和解决企业的资金短缺问题,从1986年开始加大政府财政支出,不断扩大政府财政赤字,特别是1988年实行财政的"包干"体制以后,社会的需求进一步猛增。与此同时,为了解决政府赤字问题,货币连年超经济发行,到1988年第四季度,市场中的货币流通量为2 134亿元,比上年同期上涨46.7%。由于货币的超量发行,市场货币的流通量剧增,引发了物价的猛烈上涨,货币贬值。同年5月,政府宣布物价补贴由暗补转为明补;6月份,政府一再表示要下决心克服价格改革的障碍;7月份,政府尝试着开放了名牌烟酒的价格。这一系列措施加剧了居民的不确定性心理预期,引发了1988年8月中旬的抢购风潮和挤兑银行存款的现象。1988年第四季度末的零售总额比上年同期上涨20.3%,8月份银行存款减少了26亿元,官方宣布的通货膨胀率达到18.5%。为了整顿严重的通货膨胀,中央对经济实行全面的"治理整顿",其措施之严厉堪称改革开放以来之最。

到1993年上半年,通货膨胀压力又开始上升,金融业陷入无序状态。国内金融市场,大量资金集中于沿海地区的房地产市场,银行、金融机构和地方政府为了实现各自不同的利益,逃避央行的规定和监管,为房地产业大量融资,使得货币量超量投放,信贷规模一再突破计划。中央政府于1993年夏开始实行紧缩的货币政策,时任总理朱镕基亲自任中国人民银行的行长。采取的主要措施包括:加强金融纪律;使国有银行与其隶属的信托投资公司分离;所有专业银行必须立即取消计划外贷款;限制地区间贷款;派出工作组到各省检查执行情况等。与此同时外汇市场上,人民币大幅度贬值,人民币兑美元比率由1∶5.64骤然下降到 1∶8.27,国际收支恶化。由于国内巨大的需求压力,在高涨的投资需求下,财政赤字和货币供应超常增长,使得通货膨胀全面爆发。由于 1992—1993 年我国经济中出现的严重的泡沫现象(例如海南发展银行被并购)和高通货膨胀率以及潜在的金融风险,中央从 1993 年夏开始实施"软着陆"的攻关调控,在货币政策方面出台了 13 条压缩银行信贷规模的措施,使新增货币供应量 M_0 从 1993 年的 1 528.7 亿减少到 1994 年的 1 423.9 亿和 1995 年的 596.8 亿。由于这次调控吸取了以前货币紧缩过度造成经济过冷的教训,这个货币政策的实施中一直遵循着"适度从紧"的原则,最终于 1996 年成功地实现了经济的"软着陆"。但是实际上还是带来了一定的负面效应:信贷状况的收紧一定程度上损害了综合信贷的平衡;限制地区间的信贷大大降低了货币的流通速度;紧缩措施很大程度上损害了非国有企业,对国有企业影响不大;官方利率和市场利率之间出现巨大差额,1993 年夏沿海专业银行的贷款利率为 10%～16%,而市场利率却达到 20%～35%。

2003 年全国居民消费价格总水平比上年上涨 1.2%。城市上涨 0.9%,农村上涨 1.6%。居民消费价格中,食品价格上涨 3.4%,服务价格上涨 2.2%,商品零售价格下降 0.1%。工业品出厂价格上涨 2.3%,原材料、燃料、动力购进价格上涨 4.8%,固定资产投资价格上涨 2.2%。农产品生产价格上涨 4.4%,其中,谷物上涨 2.3%,棉花上涨 35.3%,油料上涨 19.4%,畜产品上涨 1.8%。当年中国的通货膨胀压力主要来自对投入工厂、道路及其他基础设施项目建设的原材料和其他商品的庞大需求。与此同时,随着经济的高速增长,中国对原材料的需求量急剧增加。2003 年中国的原油进口比 2002 年增加 31.2%,达到创纪录的 9 110 万吨。我国主要采取了稳健的货币政策。2005 年开始,由于经济增长过快和长期的国际顺差导致的通货膨胀,一直到 2007 年的国际金融危机的爆发。2009 年财政政策将由"稳健"转为"积极",重点以扩大消费需求为核心,以加快改革为重点,综合运用各种财政手段,配合金融政策和其他手段,来改善经济结构和拉动经济增长。

在经历了国际金融危机之后,宽松的货币政策和积极的财政政策造成的流动性过剩,使 2011 年 6 月份,全国居民消费价格总水平同比上涨 6.4%。其中,城市上涨 6.2%,农村上涨 7.0%;食品价格上涨 14.4%,非食品价格上涨 3.0%;消费品价格上涨 7.4%,服务项目价格上涨 4.0%。2011 年 6 月份,全国工业生产者出厂价格环比与上月持平,比去年同月上涨 7.1%。工业生产者购进价格比上月上涨 0.2%,比去年同月上涨 10.5%。直到现在我国面临的通货膨胀压力仍然很大,中央经济工作会议提出:2011 年宏观经济政策的基本取向要积极稳健、审慎灵活,重点是更加积极稳妥地处理好保持经济平稳较快发展、调整经济结构、管理通胀预期的关系,加快推进经济结构战略性调整,把稳定价格总水平放在更加突出的位置,切实增强经济发展的协调性、可持续性和内生动力。"积极"是要继续发展经济,"稳健"是要控制通胀,二者分别对应两大政策:积极的财政政策和稳健的货币政策。一方面,面临严峻的就业问题,要保持一定的经济增长速度,所以要"积极""灵活";另一方面,现在我们面临的通胀压力很大,要防止经济过热,所以要"稳健""审慎"。

【阅读案例 14.5】

玻利维亚、俄罗斯治理通货膨胀的"休克疗法"作用比较

"休克疗法"本是医学术语,它是在 20 世纪 80 年代中期被美国经济学家萨克斯引入经济领域。1985 年玻利维亚爆发严重的经济危机,通货膨胀率高达 23 000% ,经济负增长为12% ,民不聊生,政局动荡。萨克斯临危受聘,向该国献出锦囊妙计:放弃扩张性经济政策,紧缩货币和财政,放开物价,实行自由贸易,加快私有化步伐,充分发挥市场机制的作用。上述做法一反常规,短期内造成经济剧烈震荡,仿佛病人进入休克状态,但随着市场供求恢复平衡,经济运行也回归正常。两年后,玻利维亚的通货膨胀率降至 15% ,GDP 增长 2.1% ,外汇储量增加了 20 多倍。萨克斯的反危机措施大获成功,"休克疗法"随之扬名世界。

1991 年底,苏联解体,俄罗斯联邦独立。它拥有 1 700 万平方公里领土,1.5 亿人口,继承了苏联的大部分家底。一方面是丰厚的遗产,另一方面又穷家难当,一大堆半死不活的企业,外加 1 万亿卢布内债、1 200 亿美元外债。叶利钦认为 20 世纪 50 年代以来的改革没起什么作用,应该大刀阔斧进行深刻变革。这时,盖达尔在萨克斯的指导下编制了一套激进的经济改革方案,叶利钦破格将其提拔为政府总理,1992 年,一场"休克疗法"为模式的改革有俄罗斯联邦全面铺开。

从 1992 年 1 月 2 日起,俄罗斯放开 90% 的消费品价格、80% 的生产资料价格;同时,取消对收入增长的限制,公职人员工资提高 90% ,退休人员补助金提高到每月 900 卢布。物价放开前 3 个月,收效明显,购物长队不见了,货架上商品也琳琅满目。但是,到了 4 月份,消费品价格比上年 12 月上涨了 6.5 倍。政府原想通过国营商店平抑物价,不料黑市商贩与国营商店职工串通一气,将商品转手倒卖,牟取暴利,市场秩序出现严重混乱。到 1992 年 10月时,1 万卢布只够买一双高档皮鞋。

"休克疗法"的第二步是大规模推行私有化。1992 年 10 月 1 日,证券开始发行,这标志着苏联解体一年后俄罗斯颇具争议性的私有化计划的开始。那时,在时任总统叶利钦的指示下,1/3 的国家资产分发到人民手中。每张证券大约价值 1 万卢布,相当于 32 美元。盖达尔政府估计俄罗斯工业和企业大约价值 4 万亿苏联卢布(约 1 亿美元)。于是,1.5 亿卢布、约 37% 的资产分发到 1.5 亿特定民众手里,他们可以把自己手中的证券交给投资基金管理或在私有化拍卖中交换为某个特定公司的股份。几乎没有人预料到自己希望靠证券发一笔财的梦会在短短的两年内破灭,只有少数精明的人聚敛了财富。随着私有化的继续推行,俄罗斯的国有企业被低价出售,大批国有企业落入特权阶层和暴发户手中,他们最关心的不是企业的长远发展,而且尽快转手盈利,职工既领不到股息,又无权参与决策,生产经营无人过问,企业效益每况愈下。

由于俄罗斯私有化改革造成了企业经营秩序的混乱,征收高额增值税加重了企业的负担,结果是生产萎缩和税源枯竭,而且 80% 的私有化企业有严重逃税行为,1997 年俄罗斯的财政税收不足预算的一半,政府出现了严重的财政危机,拖欠巨额的工资、养老金和福利费

用。政府为了弥补不断扩大的财政赤字,兑现叶利钦1996总统选举时许下的承诺,避免因拖欠工资出现社会动荡的局面,被迫依靠大量举借高利息外债勉强度日。但是,在亚洲金融危机冲击下,俄罗斯举借外债日趋困难,利息成本大幅度增长,偿还债务支出已占全部财政预算的30%,甚至俄政府将国债实际利息提高到150%、国际货币基金提供了200多亿美元贷款之后,外国投资者也不愿购买,反而纷纷抛售,成为国际金融风暴的发源地。俄罗斯推行国有企业的私有化改革之后,几乎没有投资建立一家新的工厂企业,资金不是外流就是进入金融泡沫投机领域,生产不断萎缩而股市却出现虚报繁荣。1998年泡沫经济崩溃,触发了股票市场暴跌,私有化企业的亏损面急剧上升到80%,沉溺于投机的私有化银行也纷纷破产。

来源:胡海鸥.货币理论与货币政策[M].上海:复旦大学出版社,2004:232.

思考题:

1. 什么是"休克疗法"?

2. 比较玻利维亚和俄罗斯"休克疗法"的效果差异,探讨其成因。

【本章习题】

一、名词解释

货币政策 货币政策目标 最终目标 中间目标 操作目标 货币政策工具 道义劝告 公开市场业务 选择性货币政策工具 货币政策传导机制 利率渠道 市场渠道 货币政策时滞

二、简答题

1. 选择性货币政策工具有哪些?

2. 传统货币政策"三大法宝"有哪些?

三、思考题

1. 货币政策的含义是什么?它包括哪些内容?

2. 谈谈货币政策最终目标的内容及相互关系。

3. 简述货币政策传导机制的传统理论内容。

第15章　金融风险与金融监管

【本章学习要求】

1. 掌握金融风险、金融监管的含义;重点掌握金融风险的种类;理解金融风险的度量。

2. 掌握金融监管的体制与内容;理解金融风险与金融监管的关系;了解我国金融监管的相关问题。

15.1　金融风险

市场经济中,一切经济活动都伴随着一定的风险。金融业由于其经营对象、经营活动的特殊性和运作环境的变化,金融风险则表现得更为突出。现代经济中,不仅实体经济部门的矛盾会反映到金融部门并形成一定的金融风险,而且金融部门本身的运行也自身形成风险,特别是在金融创新不断发展、金融衍生品不断涌现的趋势下,金融风险的累积可能对金融机构、宏观经济造成巨大的损失。因此,无论是微观领域的经营者还是宏观经济的管理者,都应对金融风险和金融风险管理给予密切关注。

15.1.1　金融风险的定义

1) 风险和金融风险

"风险"(Risk)一词本身是中性的,即风险本身并无好坏之分。风险是人类活动的内在特征,它来源于未来结果的不确定性。对于微观经济主体而言,风险是预期收入遭受损失的可能性。需要注意的是,风险并不等同于不确定性。不确定性表现为随机事件,是一个或几个事件(结果)发生的概率分布,每一个事件的发生都应该对应着一定的概率。而风险常常与收益相伴而生,对于相同的不确定性,不同的经济主体遭受损失或者获得的收益是不同的。例如,未来的利率变动是不确定的,但是对于资产负债敏感性搭配不同的商业银行而言,损失是不同的。

金融风险就是由于经济金融条件的变化,金融活动的参与者预期收入遭受损失的可能性。也就是,在资金融通和货币资金的经营活动中,由于各种无法预期的不确定性因素的影响,使得金融活动主体的实际收益与预期收入发生一定的偏差,从而有遭受损失或获得额外收益的可能性。

上述金融风险的定义是资产选择理论和金融市场理论中的定义。这一定义具有如下特点:①作为研究对象的风险特指微观风险或个别风险。②微观风险的分析主要服务于面临投资选择的微观投资主体。③投资者可以根据自己的风险偏好,通过资产的选择对风险和收益作出估计或替代性决策。

2)金融风险的特征

(1)金融风险的客观性

金融的基础是信用关系,这种信用关系是与未来的收入预期相联系的。由于金融参与者的有限理性和信息的不完全,不可能完全掌握未来的意外因素变化,从而造成金融主体预期收入与实际收入的差异,这种预期收入遭受损失的可能性,就是金融风险。可见,任何一个因素和环节出现变化(如通货膨胀、利率变化、股价下跌等),都会形成金融风险。因此,金融风险在市场经济中是客观存在的,它不可能被消除,只能被防范和管理。

(2)金融风险的可传递性

金融业的特征使得金融风险极易在金融体系内形成相互影响和迅速传播,形成系统金融风险,甚至转化为金融危机。个人、企业或金融机构的金融活动失败后,可能造成经营困难甚至破产,金融风险会传递到金融机构,作为现代经济金融活动的中介和信用支付网络的基础,金融机构的风险损失会通过金融恐慌引起市场信心丧失而进一步增加,最终会破坏整个金融体系的稳健运行,甚至危及经济安全和社会稳定。

(3)金融风险的可控制性

尽管金融风险是不可能完全避免的,但金融风险是可以通过金融主体的资产管理、金融机构的自律和政府当局的监管加以控制和防范。例如,微观经济主体可以通过证券组合分散风险,可以针对某一特定的风险进行保值(如期货或远期合约等),即通过交易消除和对冲该项风险,将风险转移到交易对方。金融机构可以通过资产负债管理,降低和防范经营风险。宏观管理当局可以通过建立风险预警机制,防范系统金融风险和金融危机。

15.1.2　金融风险的种类

对金融风险进行分类的意义在于从不同的角度更为全面地认识各种风险。根据不同的划分依据,金融风险的种类有以下几种。

1)按照风险来源分类

按照风险来源的不同,金融风险主要可以分为以下几种类型。

(1)市场风险

指由于基础金融变量(如利率、汇率、股票价格以及通货膨胀率等)的波动而引起的金融资产或负债的市场价值变化,给投资者造成损失的可能性。市场风险包括利率风险、汇率风险、证券价格风险、通货膨胀风险等。

①利率风险指市场利率水平变化使经济主体在筹集资金和运用资金时可能遭受的损失。对于任何企业,只要其资产和负债的类型、数量和期限不一致,利率的变化就会对其资产和负债的收益和成本产生影响。以商业银行为例,如果银行资产主要为固定利率的长期

债券和长期贷款;而负债为短期存款,则当利率上升时,银行利息支出的增加快于利息收入的增加,将会使银行收益下降而风险增加。利率风险还体现在金融资产价值的变化上,一般地,利率上升会导致金融资产价格下降,利率下降会导致金融资产价格上升。从范围看,利率风险不仅体现在国内金融领域,也存在于国际金融领域。

②汇率风险也称为货币风险,指汇率变化而带来的风险。主要包括:一是买卖风险,即外汇买卖后所持头寸在汇率变动时出现损失的可能性。二是交易结算风险,即以外币约定交易时发生的风险。三是汇价风险,即会计处理中因货币换算时所使用的汇率不同而承受的风险。四是存货风险,即以外币计价的库存资产因汇率变动而产生的风险。

③证券价格风险指证券价格的变化给投资者带来的风险。在现代经济中、金融市场是整个市场体系的一个重要组成部分。金融市场上,每天都有大量的公债、股票、企业债券、抵押契约、可转让存单、国库券等期限不同的证券发生着交易。投资者从事证券的买卖,不仅是为了取得利息收入,而且往往是为了获得资本利得,即通过低价买进、高价卖出而赚取投资差价。然而,由于金融市场证券价格受到政治、经济、行业、心理等多种因素的影响,价格波动频繁,投资者既可能获得较大的收益,也可能遭受惨痛的损失。

④通货膨胀风险指物价水平变化带来的风险。通货膨胀会导致货币购买力的下降,使债权人面临债权价值下降。通货膨胀也会导致实际收益率的变化,在名义利率一定时,通货膨胀率越高,实际收益率就越低,因此,通货膨胀会导致金融资产价值的变化。通货膨胀还会通过影响企业的经营行为给经济主体带来风险。

(2)信用风险

它又称违约风险,指由于借款人或市场交易对手不愿或者不能全部履行合同义务,或者其信用等级下降时给金融资产持有人的收益造成损失的可能性。几乎所有的金融交易都涉及信用风险问题:对于公司债券和银行贷款,信用风险指公司或借款人不能偿还债务的风险;对于银行负债,信用风险指由于存款人挤兑提款或银行经营不善等原因造成银行无法进行支付的风险。除了传统的金融债务和支付风险外,近年来随着网络金融市场(如网上银行、网络超市等)的日益壮大,网络金融信用风险问题也变得突出起来。

(3)流动性风险

它指金融参与者自身现金流动性的变化或证券市场流动性的变化所造成损失的可能性。前者带来现金流动性风险,即金融参与者的现金流量无法满足其支付需求,不得不提前低价变现金融资产,从而可能将账面损失变为实际损失的风险。后者带来市场或产品流动性风险,指由于市场的流动性不高,导致证券持有人无法及时以正当的市场价格变现而出现损失的风险。

(4)操作风险

这也称为经营风险,指由于金融机构的交易操作系统不完善、管理控制缺陷、欺诈或其他人为错误而导致金融参与者潜在损失的可能性。例如,交易未得到执行的执行风险,交易员蓄意隐瞒信息的欺诈风险,旨在保护系统避免非授权进入的技术风险,自然灾害、不可抗力以及关键人物事故导致的系统失误等。

（5）环境风险

这指金融活动参与者由于其所处的自然、法律、政治、社会等环境的变化而遭受的直接或间接的损失可能性。如自然灾害会对银行资产造成直接损失，银行资产也可能因为借款人资产受损而受到间接损失；由于违反法律规定或政府监管而遭受处罚的法律风险和监管风险。

（6）政策风险

它指货币政策、财政政策、汇率政策的变化及相关政策工具的使用对金融企业和非金融企业所带来的风险。

（7）国家风险

它指因外国政府的行为而导致经济主体发生损失的可能性。例如，一家银行对外国政府或者外国政府担保的企业发放跨国界贷款，若该国政府发生政权更迭，新的政府拒付前政府所欠的外债，将使这家银行不能收回贷款或者由于外国政府实行严格的外汇管制，导致外汇无法汇出，也将使这家银行遭受损失。

2）按照规避风险的结果分类

按此，金融风险可以划分为系统性风险和非系统性风险。

（1）系统性风险

它指由那些影响整个金融市场的风险因素所引起的风险，这些因素包括经济周期、宏观经济政策变化、战争等。这部分风险影响所有金融变量的可能值，因此，不能通过分散投资相互抵消或者削弱，所以，又称为不可分散风险。其特点是，不能通过调整投资结构和实行投资组合多样化来规避风险。

（2）非系统性风险

它指与特定公司和行业相关的风险，它与经济、政治和其他影响所有金融变量的因素无关。例如，某公司的原材料成本上升、竞争对手技术创新，都会对公司股票价格产生不利影响；证券市场上投机者操纵个别股票引发的金融风险等。对于此类风险，投资者可以通过多样化投资策略分散投资，规避风险。因此，又称为可分散风险。

由于金融风险具有可传递性，随着网络的广泛应用和国际经济全球化，非系统性风险一旦成为现实，就会迅速地在整个经济系统中扩散，从而可能转变为系统性风险。

3）按照金融风险产生的根源划分

按此标准，可以划分为客观金融风险和主观金融风险。由自然灾害、经济政策、政治动荡、科技发展等一系列客观因素带来的金融风险都属于客观金融风险。例如，严重的旱灾使农业减产，农业经营者亏损严重，无法归还银行贷款，从而使银行蒙受金融风险。而由资金借贷者与经营管理者管理不善或预期失误等因素引起的金融风险属于主观金融风险。例如，股票投资者看涨某只股票，重仓持有，结果却事与愿违，该只股票不涨反跌，使投资者蒙受损失，此为主观金融风险。

【阅读案例 15.1】

20 世纪 30 年代的全球金融大危机

1929—1933 年的世界金融大危机使得资本主义国家遭受了前所未有的沉重打击。

1929 年,美国证券交易所的破产拉开了金融危机的帷幕,危机迅速蔓延,导致全球股市的暴跌,从而引起借贷市场的混乱。

1931 年 5 月,奥地利信贷银行破产成为触发各国银行信用危机的导火线,而信用危机加剧了世界经济危机的程度,首当其冲的是德国。当时德国本身存在严重的国际收支危机,每年要支出大量战争赔款和利息,不得不向英美等国辞行借短期银行信贷。奥地利贷银行宣布破产后,美英等西方担心资金安全,纷纷从德国提取短期资金。由于外资大量抽走,从 5 月到 7 月,德国黄金储备减少 42%,德国政府于 1931 年 7 月宣布停业两天,德国四大银行中的两家随即破产,同年 9 月,宣布停止支付外债,禁止黄金自由输出。德国中止对外支付后,英国在德国的资金不能够调回,加之大量资金从英国抽走,同年 9 月底,英国宣布停止黄金支付,停止纸币兑换,放弃金本位,英镑贬值 31%。由于英国放弃金本位,与英镑关系密切的国家也纷纷放弃了各种类型的金本位。与此同时,许多国家的银行大批破产倒闭。1931—1932 年,美国银行倒闭达 5 096 家。

1933 年春,美国又爆发了信用危机的新浪潮,存款大量被提取,银行资金周转不灵,发生挤兑风潮,又有 4 000 家银行倒闭,引起资金外逃、联邦储备银行黄金储备锐减。于是,美国不得不放弃金本位,美元贬值。其他国家也纷纷贬值,截至 1936 年,欧、美、亚、非、拉几大洲就有 44 个国家货币先后贬值,几乎没有一个国家得以幸免。截至 1993 年年底全世界有 25 个国家停止偿付国债,一系列政府宣布破产,这也是世界经济史上绝无仅有的现象。

来源:房燕.金融学概论[M].北京:机械工业出版社,2004:307.

思考题:

1. 20 世纪 30 年代经济危机有哪些主要特征?

2. 结合实际探讨如何避免大范围经济危机的产生?

15.1.3 金融风险度量

认识风险并衡量风险的大小,是进行投资的首要工作。在 20 世纪 60 年代之前,对风险的估计只能通过定性方式表述,如高、中、低来衡量。1952 年,美国经济学家诺贝尔经济学奖获得者哈瑞·马科维兹提出了资产组合理论,使投资风险的衡量可以数量化。下面我们以证券投资为例说明风险的度。

1)单个证券风险的度量

度量风险,需要知道投资收益率。对于证券投资而言,投资收益有两个来源,即股利收入(或利息收入)加上资本利得。投资收益率可以表示为:

$$R = \frac{D_t + (P_t - P_{t-1})}{P_{t-1}} \tag{15.1}$$

其中，R 是投资收益率；t 指特定的时间段；D_t 是第 t 期的现金股利（或利息收入）；P_t 是第 t 期的证券价格；P_{t-1} 是第 $t-1$ 期的证券价格；$(P_t - P_{t-1})$ 代表该期间的资本利得或资本损失。

由于风险的存在，投资收益是不确定的，投资者只能估计各种可能发生的结果与每一种结果发生的可能性（概率），投资收益率通常用统计学中的期望值表示：

$$\bar{R} = \sum_{i=1}^{n} R_i P_i \tag{15.2}$$

其中，$\bar{R}$ 是预期收益率；R_i 是第 i 种可能的收益率；P_i 是收益率 R_i 发生的概率；$\sum_{i=1}^{n} P_i = 1$；n 是可能性的数目。

预期收益率描述了以概率为权数的平均收益率。资产组合理论认为，投资收益的分布是对称的，即实际收益低于预期收益的概率与实际收益高于预期收益的概率是相同的。实际发生的收益率与预期收益率的偏差越大，投资与该证券的风险也就越大，因此，对单个证券的风险，通常用统计学中的方差或标准差来表示，标准差 σ 可用公式表示为：

$$\sigma = \sqrt{\sum_{i=1}^{n} (R_i - \bar{R})^2 P_i} \tag{15.3}$$

测算标准差的直接含义：已经知道投资的预期收益率和标准差，就可以计算收益率分布在一定区间的概率，即投资收益率在 $\bar{R} \pm \sigma$ 范围内的概率为68%，收益率在 $\bar{R} \pm 2\sigma$ 范围内的概率为95%。

使用标准差作为风险的衡量标准时有时也会引起误解，因为标准差仅仅考虑了偏离期望值的程度，而没有考虑期望值本身的大小。综合考虑预期收益率和标准差，需要引入变差系数 CV 概念：

$$CV = \sigma \sqrt{R} \tag{15.4}$$

变差系数是相对偏离程度的衡量标准，即每单位预期收益率所含风险的衡量标准。变差系数越大，投资的相对风险就越大。如果投资机会 A 的预期收益率为0.08、标准差为0.06、变差系数为0.75，B 的预期收益率为0.24、标准差为0.08、变差系数为0.33，以变差系数为衡量标准，则 A 的投资风险大于 B 的投资风险。

2）证券组合风险的衡量

实际上，投资者很少把所有财富仅仅投资于一种证券，而是构建一个证券组合，即投资于多种证券。证券组合的预期收益率就是该组合的各种证券的预期收益率的加权平均数，权数是投资于各种证券的资金占总投资额的比例，用公式表示为：

$$\bar{R}_p = \sum_{i=1}^{n} X_i \bar{R}_i \tag{15.5}$$

其中，X_i 是投资于证券 i 的资金占总投资额的比例或权数；$\bar{R}_i$ 是证券 i 的预期收益率；n 是证券组合种不同证券的总数。

证券组合的风险可以表示为：

$$\sigma = \sqrt{\sum_{i=1}^{n} \sum_{j=1}^{n} X_i X_j \sigma_{ij}} \tag{15.6}$$

其中，n 是证券组合中不同证券的总数；X_i 和 X_j 分别是投资于证券 i 和证券 j 的资金占总投资额的比例；σ_{ij} 是证券 i 和证券 j 的可能收益率的协方差。

由上可知，证券组合的标准差不仅取决于单个证券的标准差，而且还取决于各种证券间的协方差。随着组合中证券数目的增加，在决定组合标准差时，协方差的作用越来越大，而标准差的作用越来越小。实际上，不论证券组合中包括多少种证券，只要证券组合中每对证券间的相关系数小于1，证券组合的标准差就会小于单个证券标准差的加权平均数，这意味着只要证券的变动不完全一致，单个有高风险的证券就能组成一个只有中低风险的证券组合。

3）系统风险度量

由于非系统性风险可以通过有效的证券组合来消除，所以当一个投资者拥有一个有效的证券组合时，他所面临的就只有系统性风险了。

如何度量这个系统性风险呢？如果把证券市场处于均衡状态时所有证券按其市值比重组成一个"市场组合"，该组合的非系统性风险将等于零，这样就可以用某种证券的收益率和市场组合的收益率之间的 β 系数作为衡量这种证券系统性风险的指标。某种证券的 β 系数 β_i 表示该证券的收益率和市场组合的收益率的协方差 σ_{iM}，再除以市场组合收益率的方差 σ_M^2，其公式为：

$$\beta_i = \sigma_{iM}/\sigma_M^2 \tag{15.7}$$

由于系统性风险无法通过多样化投资来抵消，一个证券组合的 β 系数 β_P，等于该组合中各种证券的 β 系数的加权平均数，权重为各种证券的市值占整个组合总价值的比重 X_i，其公式为：

$$\beta_P = \sum_{i=1}^{n} X_i \beta_i \tag{15.8}$$

如果一种证券或证券组合的 β 系数等于1，说明其系统性风险跟市场组合的系统性风险完全一样；如果 β 系数大于1，说明其系统性风险大于市场组合；如果 β 系数小于1，说明其系统性风险小于市场组合；如果 β 系数等于0，说明没有系统性风险。

4）风险价值（VaR）

风险价值（Value at Risk，VaR）是一种利用统计思想对风险进行估值的方法，它最早起源于20世纪80年代，但作为一种市场风险测定和管理的工具，则是由 J. P. Morgan 投资银行在1994年的 Risk-Metrics 系统中提出。1996年1月，十国集团签署了《巴塞尔协议》的补充协议，将 VaR 列为确定风险资本充足性的基准性方法，奠定了风险价值（VaR）工具在金融业的使用地位。目前，VaR 已广泛应用于金融机构的风险测量、绩效评估、风险设定、资本分配决策、风险监管等诸多方面，并逐渐成为金融风险管理的主流方法。

VaR 的定义是，在一定置信水平（或概率水平）下，由于市场波动而导致某一金融资产或资产组合在未来特定时期内可能出现的最大损失值。在数学上，VaR 表示为投资工具或组

合的损益分布的 α 分位数,其基本模型可以表示为:

$$P_r(\Delta P < \text{VaR}) = \alpha \qquad (15.9)$$

其中,ΔP 表示某一金融资产或资产组合在持有期 Δt 内的变动;VaR 为置信水平($1-\alpha$)处于风险中的价值。

举例来说,如果说某公司在 95% 的置信度下 10 天的 VaR 是 100 万元,那么也就是说,在未来 10 天的时间范围内,该公司发生的风险损失超过 100 万元的可能性只有 5%。由于 VaR 方法能简单清晰地表示金融资产头寸的风险大小,又有比较严谨、系统的统计理论作为基础,因此,得到了国际金融理论和实业界的广泛认可。

15.1.4 金融风险管理

1) 金融风险管理的含义和意义

金融风险管理,是指经济主体在金融活动和经营活动中,对相关金融风险进行识别、度量和分析,在此基础上有效的控制和处置金融风险,用最低的成本实现最大安全保障,获得最佳经济效益的金融管理活动。金融风险管理既包括微观经济主体对各种具体金融风险的控制和管理,也包括宏观经济管理部门通过金融监管、经济政策调整等对系统性金融风险的预防和控制。

从微观上看,通过开展风险管理,可以提升企业的资产价值或公司价值。首先,企业可以获得稳定的现金流,从而避免因为现金流短缺而造成的紧急外部融资成本,从而使企业保持良好的信誉状况。其次,稳定的现金流可以保证企业在投资机会出现的时候,可以顺利地进行投资,相对于那些没有稳定现金流的公司来讲,自身就可以获得重要的竞争优势;在特定的税收政策下(如累进税)和企业预期现金流分布下,通过风险管理可以降低税收成本,降低企业财务危机或破产概率,从而增加企业的未来预期现金流。

从中观上看,实施金融风险管理,有利于提高金融市场的运行效率,保证金融市场的稳定。金融市场具有资金转移、资源分配、信息提供、进行激励和风险管理等多项功能,其中,风险管理是核心功能之一。企业在遇到市场风险、信用风险等时,就可以将其转移到金融市场,而金融市场价格的波动性反映了投资者对金融市场风险的不确定性。风险管理能够将企业经营中面临的金融风险加以分解、剥离并进行有效分配,从而降低了金融市场价格的波动性,提高市场参与者的信心。衍生金融产品是目前风险管理中最为常用的工具之一,通过研究衍生产品交易对基础金融市场(股票市场、债券市场、外汇市场等)价格波动性的影响,可以在一定程度上反映出风险管理对金融市场价格波动性的影响。大量实证研究表明,衍生金融产品交易降低了基础金融市场价格的波动性。

从宏观上看,实施金融风险管理,有利于优化资源配置,促进经济稳定发展。在充满不确定性的社会经济环境中,风险的存在会影响投资决策的有效性。对于一些具有良好效益的投资,如果其所含风险超出投资者的风险承担能力而无法投资,就会降低经济系统资源配置的效率,导致社会总财富水平下降。微观经济主体通过风险管理,依据其财富水平和风险偏好,对风险进行分解、剥离、控制和转移,可以提高资源分配的有效性。在现代经济体制下,金融系统是风险管理的主角,个人和家庭通过保险公司进行人身保险、养老保险、财产和责任保险,通过投资基金管理其投资风险,企业通过保险公司、证券市场特别是衍生金融市场管理其风险,从而提高经济系统资源配置的效率。另外,通过金融监管有助于约束经济主体的风险行为,有利于保持金融机构的正常经营和金融体系的稳定发展,必要时通过救助经营困难的金融机构,有助于预防金融风险向金融危机转化;通过宏观政策调整,可以使得经济结构得到进一步优化,实现资源的合理配置,经济的稳定发展又为金融体系的顺利运行提供了基础保证,而金融顺利运行又会促进经济的健康发展。

此处主要讲述微观金融管理,宏观金融管理主要在本章第二节讲述。

2)金融风险管理的基本程序

金融风险管理的基本程序一般包括 4 个步骤:金融风险识别、金融风险度量、金融风险控制和金融风险管理效果评价。

(1)金融风险识别

金融风险识别是进行金融风险管理的基础。风险识别就是在风险事故发生前,要确认各种潜在的风险并实施全面的分析研究,主要解决的问题包括:哪些风险应当考虑? 引起风险的主要原因和影响因素是什么? 这些风险的特征和可能引起的后果? 等等。

金融风险识别是进行风险管理的首要步骤,也是最困难的一环。通常在进行风险识别时,需要搜集大量资料、历史记录等,通过确认金融风险因素,并进行回归分析等数量分析方法,从而为经济主体制定风险管理策略和分析风险因素敏感度提供有益的信息。

(2)金融风险度量

在整个风险管理过程中,风险度量是风险识别之后的重要环节。金融风险度量是指通过对经验损失数据的收集和整理,运用概率论和数理统计的方法,对大量已经发生的金融风险资料进行科学的定量分析,如风险的大小、风险事故发生的概率或频率、风险事故的损失后果等,为有针对性地选择风险管理措施提供比较准确、可靠的决策依据。

目前经常使用的金融风险测度指标大致可以分为两种类型,即风险的绝对测度指标和相对测度指标。金融风险的相对测度指标主要包括方差、标准差、协方差和风险价值(Var)。相对测度指标主要是测量市场因素的变化与金融资产收益变化之间的关系。例如,针对债券等利率性金融产品的久期(Duration)和凸性(Convexity)指标,针对股票的 Beta 值,针对金融衍生产品的 Delta、Theta、Gamma、Vega 和 Rho 指标等。

(3)金融风险控制

在确认主要的金融风险并通过风险测度方法对这些风险进行了定量分析的基础上,根据金融风险管理的目标,经济主体就可以运用多种手段和工具对其所面临的风险进行定量管理,尽量减少企业的风险暴露,降低损失频率和减小损失幅度。风险管理技术一般分为控制性风险管理技术和财务性风险管理技术。

控制性风险管理技术,又称为风险控制,其目的是降低风险事故发生的频率,减少损失幅度,主要包括风险回避、损失预防、损失控制。

风险回避是指在考虑到某一活动可能带来风险或风险损失较大时,采取极端的手段,主动放弃或改变该活动,从而避免与该活动相联系的风险,也避免了风险可能带来的损失。例如,某借款客户的信用等级较低,为避免贷款风险,金融机构可以通过拒绝贷款而回避相应风险。避免风险是金融风险管理中最简单的方法,但是较为消极。毕竟,金融风险具有双重意义,既有损失的可能也有获取收益的可能,而且风险的大小与收益的多少一般成正比,这对于具有追求利润最大化的各类经济主体充满诱惑。因而,在金融风险管理中一般较少采用这一方法处置风险。

损失预防是在损失发生前通过调整或重组经营过程中的某些方面,以降低损失发生的概率。损失预防措施特别适用于损失频率高的风险事件。由于损失预防着眼于解决问题的根源,因此,比损失发生后的控制措施更为有效。损失预防主要通过直接影响损失发生频率来改变损失分布,损失频率的降低可以降低总损失的方差,从而降低意外损失。对于金融企业而言,预防控制措施主要包括工作程序重组、工作量和职位调整、产品和服务再设计、员工培训、欺诈的防范与发现等。

损失控制是指在风险事故发生前后采用一定的措施,以降低损失幅度。常用的事前措施包括应急计划、风险组合等,事后措施主要是危机管理。应急计划是针对可能造成企业经营中断的小概率事件,实现进行安排,确保企业在事故发生后能够保证经营正常,降低中断营业、信誉下降的损失。风险组合是指通过投资组合等方式,增加同类风险单位的数目来提高未来损失的可预测性,以达到降低风险的目的。危机管理是指在危机发生后,由企业高层来指挥和控制危机事件对企业的影响,通过妥善处理与各方的关系,使风险事件的损失最小化。

财务性风险管理技术主要包括风险自留和风险转移。风险自留是指经济单位当某项金融风险无法避免或由于获利而需要承担风险时,采用承担或保留这种风险由经济主体自行设立或筹集资金进行补偿的措施。例如银行的贷款必定会伴随着信用风险,为了盈利必须承担这种风险,可以按贷款总额的一定比例提取坏账准备,以弥补呆账贷款给银行带来的损失。采取风险自留一般需要两个条件,一是经济主体的财务能力足以承担风险所导致损失的最坏后果;二是风险损失的可能性与后果具有一定的可测性。在现代市场经济中,多种金融机构和多种战略选择(收购、兼并、剥离等)为金融机构提供了风险组合的多种途径,通过利用各种风险的独立性和相关性,以及业务间的互补性来降低整体经营风险,既有可能,也非常必要。风险转移是指经济主体将自己不能承担的或不愿承担的以及超过自身财务承担能力的风险损失转移给另一经济主体。风险转移分为保险转移和非保险转移,保险转移是指通过保险将风险转移给保险公司;非保险转移是指为了减少风险的损失频率和损失幅度,将损失的法律责任借助于合同或协议方式转移给其他经济主体的管理方法,如通过运用金融衍生工具(互换、期货、期权等)进行套期保值、实行抵押担保等,实现在一定程度上的减少甚至消除风险。

(4)金融风险管理的评估与总结

金融风险管理的评估与总结,是对风险管理手段的适用性和效益性进行分析、检查、修正和评估,是对金融风险管理过程中业务人员的业绩和工作效果进行评价和总结。其必要性在于:第一,风险管理过程是一个动态过程,市场在不断变化,金融风险在不断变化,原有的金融风险会消失,同时会出现新的金融风险,过去适用的管理方式方法,现在或将来可能不再有效。第二,风险管理决策未必总是正确的、合适的,经过实践检验后,进行评估和总结,能够发现不当的风险管理方法并加以调整。例如,根据前一阶段金融风险管理的经验,人们可总结出一些金融风险的预防措施,研究出一些可供今后运用的模型等。

微观的金融风险管理的重要性在于,损失前的预防胜于损失后的补偿。因此,实施风险管理应力求充分发挥损失前的风险控制工具的作用,积极防范损失,消除隐患。此外,还应不断通过信息反馈,及时检查金融风险管理决策与实施情况,并根据情况相应的进行调整和修正,使之更趋近于金融风险管理目标。

【阅读案例 15.2】

日本银行贷款负利率折射金融风险

在 2003 年 6 月 25 日的日本东京金融市场上,发生了一桩史无前例的怪事:银行间隔夜拆借的加权平均利率降到了负 0.001%。6 月 27 日,这一利率更是跌到了负 0.004%。所谓负利率是指,银行借给别人钱时还要付给别人利息。如果是 0.1% 的负利率,那么甲银行借给乙银行 100 亿日元之后,乙银行只需偿还 99.9 亿日元;也即借给别人 100 亿日元的同时,还要付给对方 1 000 万日元的好处。

东京金融市场为何会发生这种异常现象?其根本原因是日本中央银行一直采取极度宽松的金融政策,不断加大金融市场上的资金供应量,导致市场上资金过剩的结果。2003 年 6 月 27 日这一天,日本中央银行向金融市场提供的资金高达 28.77 万亿日元,许多金融机构手中都拥有大量的剩余资金无法出手。

出现负利率的直接原因是一些金融机构调整投资战略,将部分资金投向获利较大的外国证券,加大了这些机构对美元或欧元等外汇的需求。由于日本金融机构不良债权很多,资质信用不佳,在国际金融市场上筹集欧元、美元等外汇资金的难度加大,成本提高。所以,日本机构投资者就采用以日元作抵押,向在东京的外国银行借美元、欧元等外汇,并约定偿还时间。当然,通过这种方法收集外汇需要向外国银行支付一定的手续费。

外国银行虽然可以将作为美元抵押物的日元存放到日本银行,但为了分散风险,按有关规定,一家金融机构在特定的金融机构存款是有一定限额的,超过部分必须存放到另外的金融机构。由于市场上资金供应过剩,需求不足,在这种情况下,向别的金融机构提供贷款,实际上就成了要求别人替自己"保管"资金,因此需要支付"保管费"。

由于这些过剩资金来自出借外汇的抵押,这些外资银行能从别的金融机构拿到 0.2% 的手续费。所以,即使将日元贷给别的金融机构需要付出 0.1% 的利率,实际上还是得到了0.1% 的好处。

日本媒体认为,东京金融市场出现负利率是日本通货紧缩型经济的象征,暴露出了日中央银行将稳定脆弱的金融体系作为最优先的课题，实施单一放松银根的金融政策的弊端，也反映了日本金融市场风险很大。如果这种负利率现象继续下去，必将削弱日本金融市场的魅力，给外国投资者造成一种消极预期，动摇东京作为国际金融中心的地位。

思考题：

什么是负利率？阅读材料，总结出现负利率的原因有哪些？

15.2　金融监管

金融是现代经济的核心，随着现代科技的发展和金融创新的不断涌现，金融业务之间的界限不断被打破，不同金融机构之间和不同金融工具之间的区别日益模糊，金融国际化和国际资本流动不断扩张。与此同时，金融领域的风险也在急剧增大。由于金融业的特殊性和金融在经济体系中的地位显著增强，通过监管保证金融业的稳健运行日益成为经济与社会健康发展的关键。

15.2.1　金融监管的定义与特征

1）金融监管的定义与目标

金融监管是金融监督和金融管理的复合词，是指一个国家（地区）的中央银行或其他金融监督管理当局依据国家法律法规的授权，对金融业实施监督管理。中央银行或其他金融监管当局是监管的主体。金融监管的含义有狭义和广义之分。狭义金融监管是指金融监管当局依据国家法律法规的授权，对金融业（包括金融机构以及它们在金融市场上的业务活动）实施监督、约束、管制，使它们依法稳健运行的行为总称。广义的金融监管除包括金融监管当局对金融体系的监管以外，还包括各金融机构的内部控制和稽核、行业自律性组织的监督和社会中介组织的监督等。

一般地，金融监管涉及金融的各个领域，包括：①对银行业的监管。②对金融市场的监管，包括货币市场、资本市场、外汇市场、衍生金融工具市场等。③对保险业的监管。

金融监管的目标主要有：①确保金融机构的稳健经营和金融安全。②提高金融制度的运行效率。③优化金融机构。这3个目标反映了金融制度结构3个子系统的相互影响，也反映了金融监管的深层次原因。

2）金融监管的基本原则

由于经济、法律、历史、传统乃至体制的不同，各国在金融监管的诸多具体方面存在着不少差异。但是各国金融监管当局在进行金融监管时都要遵守一些基本原则。

（1）依法监管原则

主要内容包括：一是对金融业进行监督管理，必须有法律、法规为监管依据。二是金融机构对法律、法规所规定的监管要求必须接受，不能有例外。三是金融监管当局实施监管必须依法进行,以确保监管的权威性、严肃性、强制性和一贯性,以达到监管的有效性。

(2)适度竞争原则

该原则要求金融监管当局努力创造适度的竞争环境,形成和保持适度竞争的格局。既要防止金融监管不足,避免造成金融高度垄断而失去竞争,从而失去生机与活力;同时又要防止监管过度或过严,防止出现过度竞争、破坏性竞争从而危及金融业安全和稳定。总之,要做到管而不死、活而不乱。

(3)自我约束和外部强制相结合的原则

要保证监管的及时有效,客观上需要自我约束和外部强制管理有机配合。因为,外部强制管理不论多么缜密严格,其作用也是相对有限的,如果监管对象不配合、不愿自我约束,而是设法逃避应付,则外部监管就难以收到预期的效果;反之,如果将全部希望寄托在金融机构本身自觉自愿的自我约束上,则可能诱导一些金融机构开展违规经营,不能有效地避免种种冒险经营行为和道德风险的发生。

(4)安全稳定与金融效率相结合的原则

确保金融机构安全稳健地经营业务,历来是金融监管的中心目的。为此所设置的金融法规和一系列指标体系都是着眼于金融业的安全稳健及风险防范。但是,安全稳健并不是金融业存在发展的最终目的,它的最终目的是满足社会经济的需要,促进社会经济稳健协调地发展。因此,金融监管不应是消极的单纯防范金融风险,而应是积极地把防范风险与提高金融效率这个最基本的要求协调起来。

15.2.2　金融监管理论

政府对金融活动的最早监管可以追溯到1720年英国颁布的旨在防止过度证券投机的《泡沫法》,起因是17世纪英国的"南海泡沫"案和18世纪法国的"密西西比泡沫"案。在20世纪30年代之前,金融监管理论主要集中于货币监管和防止银行挤提方面,焦点集中在要不要建立以中央银行为主体的安全网。20世纪30年代以后,金融监管理论在政府管制理论的基础上,结合对金融业特性的分析,逐步发展和完善起来。目前,金融监管理论主要包括:金融风险论、社会利益论、投资者利益保护论和管制供求论等。

1)金融风险论

该理论主要从关注金融风险的角度,论述了对金融业实施监管的必要性。

(1)金融业是一个特殊的高风险行业

与一般企业不同,高负债率是金融机构的特点。以银行业为例,其资本只占总资产很小的比例,大量的资产业务都要靠负债来支撑,并通过资产负债的匹配来达到盈利的目的。在其经营过程中,利率、汇率、负债结构、借款人偿债能力等因素的变化,使得银行业时刻面临着利率风险、汇率风险、流动性风险和信用风险,成为风险集聚的中心。而且,金融机构为获取更高收益而盲目扩张资产的冲动,更加剧了金融业的高风险和内在不稳定性。当社会公众对其失去信任而挤提存款时,银行就会发生支付危机甚至破产。

（2）金融业的风险具有较大的传染性

金融机构作为整个社会金融活动的中介和信用网络的基础,金融机构的风险极易扩散、传染,最有可能产生多米诺骨牌效应,通过金融恐慌引起市场丧失信心,最终可能导致金融危机和经济危机的发生。进一步,由于现代信用制度的发达和国家之间经济的密切联系,一国的金融危机还会影响到其他国家,并可能引发区域性甚至世界性的金融动荡。

（3）金融体系的风险,直接影响着货币制度和宏观经济的稳定

信用货币制度的确立,在货币发展史上具有极其重要的意义,它极大地降低了市场交易的成本,提高了经济运行的效率。但与此同时,实体经济与货币供给的约束作用也越来越弱,货币供给超过实体经济需要而引发通货膨胀的过程一直对许多国家形成威胁。存款货币机构的连锁倒闭又会使货币量急剧减少,引发通货紧缩,将经济拖入萧条的境地。

2）社会利益论

该理论认为,金融监管的基本出发点首先就是要维护社会公众的利益。而社会公众利益的高度分散化,决定了只能由国家授权的机构来执行这一职责。

（1）稳定、高效、公平的金融体系是一种公共产品

作为公共产品,就会面临"搭便车"问题,经济主体有动力消费这一物品,却没有有效的激励提供这种公共品,从而会导致该公共品的供给不足。因此,政府应该通过提供监管,保持金融业的健康稳定和金融体系的稳定高效。

（2）金融业上存在严重的负外部性

金融机构的高负债率决定了当其发生倒闭时金融机构的所有者遭受的损失要远远小于客户的损失。在其他条件不变的情况下,一家银行可以通过其资产负债的扩大,资产对资本比例的扩大,来增加盈利能力。这当然会使风险增大。但由于全部的风险成本并不是完全由该银行自身,而是由整个金融体系乃至整个社会经济体系来承担,这就会使该银行具有足够的动力通过增加风险来提高其盈利水平。如果不对其实施监管和必要的限制,社会公众的利益就有很大可能受到损害。

正是由于市场缺陷的存在,需要政府通过管制来纠正或消除市场缺陷,以达到提高社会资源配置效率、降低社会福利损失的目的。当然,管制也会带来额外的成本,可能对金融体系运行的效率产生不利影响。但该理论认为,只要监管适度,就可以在增进社会公众整体利益的同时,将管制带来的成本降到最低水平。

3）投资者利益保护论

在信息不对称条件下,就会出现逆向选择和道德风险问题,拥有信息优势一方就可能利用这种优势损害信息劣势方的利益。无论是银行机构、证券经营机构,还是保险经营机构,其经营管理者、员工与外部的存款人、投资者、保单持有者相比,都具有较大的信息优势,他们有可能利用这一信息优势为自己谋取利益,而将风险或损失转嫁给外部投资者。保护投资者利益,对整个金融体系的健康发展至关重要,正是基于这样的监管要求,金融监管当局有责任采取各种措施减少金融体系中的信息不对称,对金融机构采取监督和管理,以为投资者创造公平、公正的投资环境。

4) 管制供求论

管制供求论将金融监管本身看成存在供给和需求的特殊商品。在管制的需求方面,金融监管是那些想要获得利益的经济主体需要的。例如,现有的金融机构可能希望通过金融监管来限制潜在的竞争者;金融消费者需要通过监管促使金融机构提高服务质量、降低服务收费。在管制的供给方面,政府官员提供管制是为了得到自生政绩的广泛认可。由此可见,是否提供管制以及管制的性质、范围和程度最终取决于供求双方力量的对比。根据管制理论,监管者具有过度监管来规避监管不力的动机,但这样却可能增加被监管者的成本,降低金融业的效率,从而会受到抵制。

【阅读案例 15.3】

英国巴林银行破产事件

一、背景资料

1. 巴林银行

1763 年,弗朗西斯·巴林爵士在伦敦创建了巴林银行,它是世界首家“商业银行”,既为客户提供资金和有关建议,自己也做买卖。当然,它也得像其他商人一样承担买卖股票、土地或咖啡的风险。由于经营灵活变通、富于创新,巴林银行很快就在国际金融领域获得了巨大的成功。其业务范围也相当广泛,无论是到刚果提炼铜矿,从澳大利亚贩过羊毛,还是开掘巴拿马运河,巴林银行都可以为之提供贷款。但巴林银行有别于普通的商业银行,它不开发普通客户存款业务,故其资金来源比较有限,只能靠自身的力量来谋求生存和发展。

在 1803 年,刚刚诞生的美国从法国手中购买南部的路易斯安纳州时,所有资金就出自巴林银行。尽管当时巴林银行有一个强劲的竞争对手——一家犹太人开办的罗斯切尔特银行,但巴林银行还是各国政府、各大公司和许多客户的首选银行。1886 年,巴林银行发行“吉尼士”证券,购买者手持申请表如潮水一样涌进银行,后来不得不动用警力来维持。很多人排上几个小时后,买下少量股票,然后伺机抛出。等到第二天抛出时,股票价格已涨了一倍。

20 世纪初,巴林银行荣幸地获得了一个特殊客户:英国皇室。由于巴林银行的卓越贡献,巴林家族先后获得了 5 个世袭的爵位。这可算得上一个世界纪录,从而奠定巴林银行显赫地位的基础。

巴林集团主要包括 4 个部分:①巴林兄弟公司,主要从事企业融资、银行业务及资本市场活动。②巴林证券公司,以从事证券经纪为经营目标。②巴林资产管理有限公司,主要以资产管理及代管个人资产为目标。④该集团在美国一家投资银行拥有 40% 的股份。巴林银行集团的业务专长是企业融资和投资管理,业务网络点主要在亚洲及拉美新兴国家和地区,在中国上海也设有办事处,曾经一度希望在中国拓展业务。然而,次年的一次金融投机彻底粉碎了该行的所有发展计划。到 1993 年年底,巴林银行的全部资产总额为 59 亿英镑,1994年税前利润高达 1.5 亿美元。1995 年 2 月 26 日巴林银行因遭受巨额损失,无力继续经营而宣布破产。从此,这个有着233年经营史和良好业绩的老牌商业银行在伦敦城乃至全球金融界消失。目前,该行已由荷兰国际银行保险集团接管。这样一家业绩良好的银行,为何在顷刻之间遭受灭顶之灾?

2. 里森其人

里森于1989年7月10日正式到巴林银行工作。这之前,他是摩根·斯坦利银行清算部的一名职员,进入巴林银行后,他很快争取到了到印尼分部工作的机会。由于他富有耐心和毅力,善于逻辑推理,能很快地解决以前未能解决的许多问题,使工作有了起色。因此,他被视为期货与期权结算方面的专家,伦敦总部对里森在印尼的工作相当满意,并允许可以在海外给他安排一个合适的职务。1992年,巴林总部决定派他到新加坡分行成立期货与期权交易部门,出任总经理。

二、事件过程

1. 前奏

无论做什么交易,错误都在所难免。但关键是看你怎样处理这些错误。在期货交易中更是如此。有人会将"买进"手势误为"卖出"手势;有人会在错误的价位购进合同,有人可能不够谨慎,有人可能本该购买6月份期货却买进了3月份期货等。一旦失误,就会给银行造成损失。在出现这些错误之后,银行必须迅速妥善处理,如果错误无法挽回,唯一可行的办法,就是将该项错误转入电脑中一个被称为"错误账户"的账户中,然后向银行总部报告。

里森于1992年在新加坡任期货交易员时,巴林银行原本有一个账号为"99905"的"错误账号",专门处理交易过程中因疏忽所造成的错误。这原是一个金融体系运作过程中正常的错误账户。1992年夏天,伦敦总部全面负责清算工作的哥顿·鲍塞给里森打了一个电话,要求里森另设立一个"错误账户",记录较小的错误并自行在新加坡处理,以免麻烦伦敦的工作。于是,里森马上找来了负责办公室清算的利塞尔,向她咨询是否可以另立一个档案,很快,利塞尔就在电脑里键入了一些命令,问他需要什么账号,在中国文化里"8"是一个非常吉利的数字,因此里森以此作为他的吉祥数字,由于账号必须是五位数,这样账号为"88888"的"错误账户"便诞生了。

几周之后,伦敦总部又打来电话,总部配置了新的电脑,要求新加坡分行按老规矩行事,所有的错误记录仍由"99905"账户直接向伦敦报告。"88888"错误账户刚刚建立就被搁置不用了,但它却成为一个真正的"错误账户"存于电脑之中。而且总部这时已经注意到新加坡分行出现的错误很多,但里森都巧妙地搪塞而过。"88888"这个被人忽略的账户,提供了里森日后制造假账的机会,如果当时取消这一账户,则巴林的历史可能会重写了。

2. 经过

1992年7月17日,里森手下一名加入巴林仅一星期的交易员金·王犯了一个错误:当客户(富士银行)要求买进20口日经指数期货合约时,此交易员误为卖出20口,这个错误在里森当天晚上进行清算工作时被发现。欲纠正此项错误,须买回40口合约,表示至当日的收盘价计算,其损失为2万英镑并应报告伦敦总公司。但在种种考虑下,里森决定利用错误账户"88888",承接了40口日经指数期货空头合约,以掩盖这个失误。然而,如此一来,里森所进行的交易便成了"业主交易",使巴林银行在这个账户下暴露在风险部位。数天之后,更由于日经指数上升200点,此空头部位的损失便由2万英镑增为6万英镑了(注:里森当时年薪还不到5万英镑)。此时里森更不敢将此失误向上呈报。

另一个与此同出一辙的错误是里森的好友及委托执行人乔治犯的。乔治与妻子离婚了,整日沉浸在痛苦之中并开始自暴自弃。里森喜欢他,因为乔治是他最好的朋友,也是最棒的交易员之一。但很快乔治开始出错了。里森示意他卖出的100份9月的期货全被他买进,价值高达800万英镑,而且好几份交易的凭证根本没有填写。

如果乔治的错误泄露出去,里森不得不告别他已很如意的生活,将乔治出现的几次错误记入"88888账号"对里森来说是举手之劳。但至少有3个问题困扰着他:一是如何弥补这些错误;二是将错误记入"88888"账号后如何躲过伦敦总部月底的内部审计;三是SIMEX每天都要他们追加保证金,他们会计算出新加坡分行每天赔进多少。"88888"账户也可以被显示在SIMEX大屏幕上。为了弥补手下员工的失误,里森将自己赚的佣金转入账户,但其前提当然是这些失误不能太大,所引起的损失金额也不是太大,但乔治造成的错误确实太大了。

为了赚回足够的钱来补偿所有损失,里森承担愈来愈大的风险,他当时从事大量跨式部位交易,因为当时日经指数稳定,里森从此交易中赚取期权权利金。若运气不好,日经指数变动剧烈,此交易将使巴林遭受极大损失。里森在一段时日内做得还极顺手。到1993年7月,他已将"88888"号账户亏损的600万英镑转为略有盈余,当时他的年薪为5万英镑,年终奖金则将近10万英镑。如果里森就此打住,那么,巴林的历史也会改变。

除了为交易员遮掩错误,另一个严重的失误是为了争取日经市场上最大的客户波尼弗伊,在1993年下半年,接连几天,每天市场价格破纪录地飞涨1000多点,用于清算记录的电脑屏幕故障频繁,无数笔的交易入账工作都积压起来。因为系统无法正常工作,交易记录都靠人力,等到发现各种错误时,里森在一天之内的损失便已高达将近170万美元。在无路可走的情况下,里森决定继续隐藏这些失误。

1994年,里森对损失的金额已经麻木了,"88888"号账户的损失,由2000万、3000万英镑,到7月已达5000万英镑。事实上,里森当时所作的许多交易,是在被市场走势牵着鼻子走,并非出于他对市场的预期如何,他已成为被其风险部位操作的傀儡。他当时能想的,是哪一种方向的市场变动会使他反败为胜,能补足"88888"账号的亏损,便试着影响市场往那个方向变动。

里森自传中描述:"我为自己变成这样一个骗子感到羞愧——开始是比较小的错误,但现已整个包围着我,像是癌症一样……我的母亲绝对不是要把我抚养成这个样子的。"

3.高潮

1月18日,日本神户大地震,其后数日东京日经指数大幅度下跌,里森一方面遭受更大的损失,另一方面购买更庞大数量的日经指数期货合约,希望日经指数会上涨到理想的价格范围。1月30日,里森以每天1000万英镑的速度从伦敦获得资金,已买进了3万口日经指数期货,并卖空日本政府债券。2月10日,里森以新加坡期货交易所交易史上创纪录的数量,已握有55 000口日经期货及2万口日本政府债券合约。交易数量愈大,损失愈大。所有这些交易,均进入"88888"账户。账户上的交易,以其兼任清查之职权予以隐瞒,但追加保证金所需的资金却是无法隐藏的。里森以各种借口继续转账。这种松散的程度,实在令人难以置信。2月中旬,巴林银行全部的股份资金只有47 000万英镑。

1995年2月23日,在巴林期货的最后一日,里森对影响市场走向的努力彻底失败。日经股价收盘降到17 885点,而里森的日经期货多头风险部位已达6万余口合约;其日本政府债券在价格一路上扬之际,其空头风险部位亦已达26 000口合约。里森为巴林所带来的损失,在巴林的高级主管仍做着次日分红的美梦时,终于达到了86 000万英镑的高点,造成了世界上最老牌的巴林银行终结的命运。

新加坡在1995年10月17日公布的有关巴林银行破产的报告及里森自传中的一个感慨,也是最能表达我们对巴林事件的遗憾。报告结论中的一段:"巴林集团如果在1995年2月之前能够及时采取行动,那么他们还有可能避免崩溃。截至1995年1月底,即使已发生重大损失,这些损失毕竟也只是最终损失的1/4。如果说巴林的管理阶层直到破产之前仍然对'88888'账户的事一无所知,我们只能说他们一直在逃避事实。"

里森说:"有一群人本来可以揭穿并阻止我的把戏,但他们没有这么做。我不知道他们的疏忽与罪犯级的疏忽之间界限何在,也不清楚他们是否对我负有什么责任。但如果是在任何其他一家银行,我是不会有机会开始这项犯罪的。"

4.结果

1月份,日本经济呈现复苏势头,里森看好日本股市,分别在东京和大阪等地买进大量期货合同,希望在日经指数上升时赚取大额利润。天有不测风云,1995年1月17日突发的日本阪神地震打击了日本股市的回升势头,股价持续下跌。巴林银行因此损失金额高达14亿美元,这几乎是巴林银行当时的所有资产,这座曾经辉煌的金融大厦就此倒塌。巴林银行集团破产的消息震动了国际金融市场,各地股市受到不同程度的冲击,英镑汇率急剧下跌,对马克的汇率跌至历史最低水平。巴林银行事件对于欧美金融业的隐性影响不可估量。

三、教训

从制度上看,巴林最根本的问题在于交易与清算角色的混淆。里森在1992年去新加坡后,任职巴林新加坡期货交易部兼清算部经理。作为一名交易员,里森本来应有工作是代巴林客户买卖衍生性商品并替巴林从事套利这两种工作,基本上是没有太大的风险。因为代客操作,风险由客户自己承担,交易员只是赚取佣金,而套利行为亦只赚取市场间的差价。例如,里森利用新加坡及中国内地市场极短时间内的不同价格,替巴林赚取利润。一般银行对于其交易员持有一定额度的风险部位的许可。但为防止交易员在其所属银行暴露在过多的风险中,这种许可额度通常定得相当有限。而通过清算部门每天的结算工作,银行对其交易员和风险部位的情况也可予以有效了解并掌握。但不幸的是,里森却一人身兼交易与清算二职。

事实上,在里森抵达新加坡前的一个星期,巴林内部曾有一个内部通讯,对此问题可能引起的大灾难提出关切。但此关切却被忽略,以至于里森到职后,同时兼任交易与清算部门的工作。如果里森只负责清算部门,如同例子本来被赋予的职责一样,那么他便没有必要、也没有机会为其他交易员的失误行为瞒天过海,也就不会造成最后不可收拾的局面。

在损失达到5 000万英镑时,巴林银行曾派人调查里森的账目。事实上,每天都有一张资产负债表,每天都有明显的记录,可看出里森的问题,即使是月底,里森为掩盖问题所制造的假账,也极易被发现——如果巴林真有严格的审查制度。里森假造花旗银行有5 000万英镑存款,但这5 000万已被挪用来补偿"88888"账户中的损失了。查了一个月的账,却没有人去查花旗银行的账目,以致没有人发现花旗银行账户中并没有5 000万英镑的存款。

关于资产负债表,巴林银行董事长彼得·巴林还曾经在1994年3月有过一段评语,认为资产负债表没有什么用,因为它的组成,在短期间内就可能发生重大的变化,因此,彼得·巴林说:"若以为揭露更多资产负债表的数据,就能增加对一个集团的了解,那真是幼稚无知。"对资产负债表不重视的巴林董事长付出的代价之高,也实在没有人想象得到吧!

另外,在1995年1月11日,新加坡期货交易所的审计与税务部发函巴林,提出他们对维持"88888"账户所需资金问题的一些疑虑。而且此时里森已需每天要求伦敦汇入1 000万英镑,以支付其追加保证金。事实上,从1993年到1994年,巴林银行在SIMEX及日本市场投入的资金已超过11 000万英镑,超出了英格兰银行规定英国银行的海外总资金不应超过25%的限制。为此,巴林银行曾与英格兰银行进行多次会谈。在1994年5月,得到英格兰银行主管商业银行监察的高级官员之"默许",但此默许并未留下任何证明文件,因为没有请示英格兰银行有关部门的最高负责人,违反了英格兰银行的内部规定。

最令人难以置信的,便是巴林在1994年年底发现资产负债表上显示5 000万英镑的差额后,仍然没有警惕到其内部控管的松散及疏忽。在发现问题至其后巴林倒闭的两个月时间里,有很多巴林的高级及资深人员曾对此问题加以关切,更有巴林总部的审计部门正式加以调查。但是这些调查都被里森以极轻易的方式蒙骗过去。里森对这段时期的描述为:"对于没有人来制止我的这件事,我觉得不可思议。伦敦的人应该知道我的数字都是假造的,这些人都应该知道我每天向伦敦总部要求的现金是不对的,但他们仍旧支付这些钱。"

从金融伦理角度而言,如果对以上所有参与"巴林事件"的金融从业人员评分,都应给不及格的分数。尤其是巴林的许多高层管理者,完全不去深究可能的问题,而一味相信里森,并期待他为巴林套利赚钱。尤其具有讽刺意味的是,在巴林破产的两个月前,即1994年12月,于纽约举行的一个巴林金融成果会议上,250名在世界各地的巴林银行工作者,还将里森当成巴林的英雄,对其报以长时间热烈的掌声。

思考题:

1. 从里森事件探讨巴林银行在金融监管中存在哪些问题?

2. 此事件对我国现今金融监管有何借鉴之处?

15.2.3 金融监管体系与金融监管体制

1) 金融监管体系

金融监管体系是现代金融体系中的重要组成部分,它是指有关金融监管的职责划分和权力分配的组织体系,它的健全完善是实现有效金融监管的前提条件。金融监管体系通常包括4方面的内容,即监管主体系统、金融机构内部控制系统、金融业行业自律系统和体制外监管系统。其中,监管主体系统是金融监管的主要部分,金融机构的内控系统是金融监管的基础,而行业自律和体制外监管系统是必要的补充。

(1)监管主体系统

目前,世界上主要国家和地区的金融监管主体大致有以下3类:一是财政部;二是中央银行;三是独立于财政部和中央银行的其他政府部门。我国应属于第三类。按照"分业经营,分业监管"的原则,我国由中国银行业监督管理委员会、中国证券监督管理委员会、中国保险监督管理委员会分别对银行业、证券业、保险业实施监管。

(2)金融机构内部控制系统

在整个金融监管体系中,金融机构的内部控制系统具有基础性地位。无论是政府的监管目标还是行业的监管目标,必须通过金融机构加强内部控制,主动防范和规避风险,实现审慎管理和稳健经营,才能得以实现。在金融风险日益加大的背景下,内控机制的作用显得尤为重要,特别是巴林银行、大和银行、山一证券等大型金融机构的倒闭事件,更引起了整个金融机构内控机制的重视。金融机构内部控制系统主要包括内控机构、内控设施、内控制度。各金融机构都要建立与本系统业务发展相适应的内部审计部门或稽核部门,并具有相对独立性、超脱性和权威性。金融机构建立内控设施包括系统网络和相对集中的数据处理中心,这样既可以改善内部控制的非现场监测条件,运用系统网络观测各经营机构的财务、资产等业务指标变化情况,又可以有效防止或减少乱调账、乱改账等违规行为的发生。另外,各金融机构还要建立相应的内控制度。

(3)金融业行业自律系统

为避免金融机构之间的不当竞争,规范和矫正金融行为,建立行业自律监管是不可或缺的。金融业自律监管主体主要是行业公会或协会,这是一种金融业自我管理、规范和约束的民间组织,它通过行业内部管理,避免参与主体之间的不正当竞争,并促进彼此间的协作,与政府监管当局共同维护金融业的安全与稳定。金融行业公会作为金融业自律的组织形式,主要功能是协调、服务、沟通和监督。在我国,主要的行业自律组织是银行业协会、证券业协会和保险业协会等。

(4)体制外监管系统

体制外监管系统主要包括社会舆论监督体系、社会监督机构和有关政府部门。体制外金融机构监管系统可以鼓励动员全社会都来关心和协助监管金融业,通过建立严肃的社会举报制度和查处程序形成强大的社会监督威慑力,督促各金融机构依法经营和规范行事。同时,可以充分利用会计师事务所、审计师事务所、律师事务所等协助进行监督管理。

2)金融监管体制

金融监管体制指金融监管的制度安排,包括金融监管当局对金融机构和金融市场实施监督管理的机制以及监管体系的组织结构。由于各国历史文化传统、法律和政治体制、经济发展水平等方面的差异,金融监管机构的设置有较大的差异。

根据监管主体的多少,以及金融监管机构权力的分配,金融监管体制大体可分为以下三类:

(1)双线多头金融监管体制

所谓双线,是指在中央和地方设立两级金融监管机构,分别行使金融监管权,中央级机构是最高权力机构,地方机构除执行统一的监管政策外,在业务经营管理上具有较大的独立性。所谓多头,是指在中央一级和地方一级又分别由两个或两个以上的机构负责金融机构和金融业务的监督管理。世界上实行双线多头金融监管体制的国家,主要存在于实行联邦政治体制的国家,包括美国和加拿大等。

美国的金融监管由多个部门承担,对金融机构的监管实行双轨制,即联邦和各州都有权对金融机构的注册进行审批和实施监管。在联邦一级,主要有七个监管机构,包括联邦储备体系、货币监理署、联邦存款保险公司、全国信用社管理局、储蓄监管局、证券交易委员会和商品期货交易委员会,职能有所交叉,又有各自的监管重点。此外,还存在州一级的监管机构,如州银行和保险监督委员会,负责在本州注册的银行和保险公司的登记注册、检查其账簿、对其分支机构的设置作出限制性规定。

(2)单线多头金融监管体制

所谓单线,是指将全国的金融监管权集中于中央,但在中央一线又分别由两家或两家以上的机构共同负责金融业的监督管理,地方没有独立的权力。通常,这种多头管理体制是以财政部和中央银行为主体开展监督管理工作的。实行这一监管体制的国家较多,代表国家包括德国、日本、法国、新加坡等国。

日本是一个高度集权的国家,国家对经济的干预有着悠久的历史。在 1998 年日本金融监督厅组建以前,大藏省和日本银行共同承担着金融监管的职责。在金融监督厅组建后,其承担了大藏省的金融监管职能,但是金融制度的计划和立案仍由大藏省所属的金融企划局负责。2000 年 7 月,日本政府合并了金融监督厅和金融企划局,成立了金融厅,全面负责金融制度的计划、立案和金融监管。但是,作为中央银行的日本银行,其职能仍然是执行货币政策,并对部分金融机构实施监管,以配合金融厅确保金融监管目标的实现。尽管日本的金融监管机构发生了变化,但是单线多头的金融监管体制并未发生变化。

(3)高度集中的金融监管体制

高度集中的金融监管体制是指由一家金融监管机构来执行对金融业的监管职能。世界上大多数国家实行这种金融监管体制,发达市场经济国家有英国、澳大利亚、比利时、新西兰、瑞典、瑞士等;大多数发展中国家也采用这种体制,如巴西、埃及、泰国、印度等。

高度集中的金融监管机构通常是各国的中央银行,也有另设独立监管机关的。监管职责是归中央银行还是归单设的监管机关,有时也会转移。以英国为例,根据 1979 年的银行法,英格兰银行拥有金融监管的权利,在 1997 年 10 月 28 日,英国成立了金融服务局,实施对银行业、证券业、投资基金业务等金融机构的监管,英格兰银行的监管职责结束。

15.2.4 金融监管的内容

金融监管的内容可进行如下分类:一是按金融机构监管范畴可划分为金融机构行政监

管和业务监管。前者是对各金融机构的设立、撤并、升格、降格、更名、迁址、法人资格审查、证章牌照管理、业务范围界定、资本金年审等的监管;后者是对金融机构的经营范围、存贷款利率、结算、信贷规模、资产负债比例、现金、信贷资产质量、经营风险、账户、业务咨询、存款准备金等的管理、监测和检查。二是按监管性质可划分为合规性监管与风险性监管。前者是指对金融机构设立的审批、信贷资金管理、中央银行基础货币监督、结算纪律监督、账户管理的监管、外汇外债监管、金融市场监管、社会信用监控、金融创新规范化监管、章证牌照真实性检验等;后者是指监测金融机构的资本充足性、资产流动性、资产风险性、经营效益性等风险性指标。三是从监管的主要内容或范围看,主要分为市场准入监管、业务运营监管和市场退出监管3个方面。下面,我们从监管的主要内容或范围介绍监管内容。

1)市场准入监督

金融机构作为特殊行业,通过聚集社会闲置资金,再运用于社会之中,具有巨额债务主体和债权主体双重身份。特别是作为债权主体在资金营运过程中,稍有不慎,将会产生巨大风险,影响其偿还债务,严重的将会引发金融危机,造成社会经济动荡。因此,监管当局必须加强对金融机构的监管。所有国家对金融机构的监管都是从市场准入开始的。市场准入是指政府行政管理部门按照市场运行规则设立或准许某一行业及其所属机构进入市场的一种管制行为。各个国家的金融监管当局一般都参与金融机构的审批过程。金融机构的设立申请一般主要包括3个方面:一是注册资本(营运资本),主要监管资本充足率指标;二是具有素质较高的管理人员;三是具有最低限度的认缴资本额。对新设金融机构的审批,即"市场准入"。新金融机构的入市会加剧竞争,提高金融业的效率。但也会增大金融风险,在市场需求没有很大增长的情况下,新机构的过量进入必然会导致行业的平均盈利水平降低,从而使抵御风险能力减弱,如果让先天不足的机构进入市场,则意味着在金融体系中埋下了严重的风险隐患。对金融机构市场准入的控制是进行有效金融监管的首要环节。把好市场准入关,可以事先将那些有可能对金融体系健康运转造成危害的机构排除在外。金融机构市场准入监管的目标是通过在金融机构审批环节上对整个金融体系实施有效的控制,保证银行、信托及其他金融机构的数量、结构和规模符合国家经济金融发展规划和市场需要,并与金融监管当局的监管能力相适应。

设立金融机构、从事金融业务必须有符合法律规定的章程,有符合规定的注册资本最低限额,有具备任职专业知识和业务工作经验的高级管理人员,有健全的组织机构和管理制度,有符合要求的营业场所、安全防范措施、与业务有关的其他设施。其中,资本金、高级管理人员任职资格和经营业务范围是核心内容。

资本金监管包括注册资本最低限额管理和金融机构股东资格管理。

高级管理人员任职资格监管是指对拟任金融机构的董事长、副董事长、行长(总经理)、副行长(副总经理)以及分支机构的行长(总经理)、副行长(副总经理)的资格进行审查和确认。

业务范围监管,指核定新增金融机构的业务范围。一般来讲,非银行金融机构不允许吸收公众存款,但银行能否从事非银行业务,各国法律规定不尽相同。此外,新增业务的审批也是业务范围监管的主要内容。

2)业务运营监管

实践表明,金融风险大多发生在金融机构经营活动中。金融机构业务运营活动面临着各种各样的风险,并且贯穿于日常业务营运过程的每个环节。因此,金融机构经批准开业后,还要对其业务运营过程进行有效的监管,以便更好地实现监控目标的要求。业务运营监管是对金融机构的各项经营行为的监管。对金融机构业务运营监管的具体内容是由其业务经营情况的特点而实施的。虽然各国金融监督部门并不完全相同,但通常将其监管内容体现在保证金融机构经营安全性、流动性、盈利性3个方面。近年来,随着各种金融创新的发展,监管的要求越来越高,监管的内容也越来越复杂。金融监管方式也在不断地修订和完善。如对银行业的监管,巴塞尔银行监管委员会根据金融市场的发展变化,不断修订对银行业监管的指导原则,鼓励并督促各国金融监管当局将巴塞尔委员会制定的监管核心原则作为最低标准,结合本国家或地区的总体情况和风险特点,制定相应的监管标准。一般地,对金融机构业务运营监管主要包括业务经营的合法合规性,资本充足性,资产质量的稳妥可靠性、流动性、盈利性,内部管理水平和内控制度的健全性等方面。

3)市场退出监管

市场退出监管是指监管当局对金融机构退出金融业、破产倒闭或合(兼)并、变更等的管理。金融机构退出市场,表明该金融机构已经停止经营金融业务,依法处理其债权债务,分配剩余财产,注销工商登记,其最终结果是该金融机构法人资格的消灭。金融机构市场退出的原因和方式可以分为两类:主动退出与被动退出。主动退出是指金融机构因为分立、合并或者出现公司章程规定的事由需要解散,因而退出市场的。其主要特点是"主动地自行要求解散"。被动退出则是指由于法定的理由,如由法院宣布破产或因严重违规、资不抵债等原因而关闭,中央银行将金融机构依法关闭,取消其经营金融业务经营资格,金融机构因此而退出市场。市场退出监管的内容主要包括接管、收购、分立或合作、解散、吊销经营许可证、破产等。

15.2.5 我国的金融监管

我国目前的金融监管体制,属于集权多头式。中国人民银行、中国银行业监督管理委员会(简称银监会)、中国证券监督管理委员会(简称证监会)、中国保险业监督管理委员会(简称保监会)4方共同承担着对我国金融业的监管职责。具体而言,中国人民银行主要负责银行间同业拆借市场和银行间债券市场的监督管理,以及金融稳定;中国银监会主要负责商业银行等银行业金融机构和信托公司、金融资产公司、财务公司等金融机构及其业务的监督管理;中国证监会主要负责证券市场和证券业的监督管理;中国保监会主要负责保险市场和保险业的监督管理。

1)中国人民银行的监管职能

随着中国证监会、中国保监会、中国银监会等监管机构的成立,中国人民银行的主要职责是制定和执行货币政策,防范和化解金融风险,维护金融稳定。根据《中华人民共和国中国人民银行法》的规定,其监管内容主要包括以下6方面。

①监督管理银行间同业拆借市场和银行间债券市场。

②实施外汇管理,监督管理银行间外汇市场。

③监督管理黄金市场。

④有权对金融机构以及其他经济主体的执行存款准备金管理规定、执行外汇管理规定、执行黄金管理规定等行为进行检查监督。

⑤中国人民银行根据执行货币政策和维护金融稳定的需要,可以建议国务院银行业监督管理机构对银行业金融机构进行检查监督;当银行业金融机构出现支付困难,可能引发金融风险时,为了维护金融稳定,中国人民银行经国务院批准,有权对银行业金融机构进行检查监督。

⑥根据履行职责的需要,有权要求银行业金融机构报送必要的资产负债表、利润表以及其他财务会计、统计报表和资料。中国人民银行应当和国务院银行业监督管理机构、国务院其他金融监督管理机构建立监督管理信息共享机制。

2）中国银监会的监管职能

根据《中华人民共和国银行业监督管理法》规定,国务院银行业监督管理机构负责对全国银行业金融机构及其业务活动监督管理的工作。银行业金融机构,是指在中华人民共和国境内设立的商业银行、城市信用合作社、农村信用合作社等吸收公众存款的金融机构以及政策性银行。此外,对在我国境内设立的金融资产管理公司、信托投资公司、财务公司、金融租赁公司以及经中国银监会批准设立的其他金融机构的监督管理,也要受到中国银监会的监管。银行业监督管理的目标是促进银行业的合法、稳健运行,维护公众对银行业的信心。监管的主要内容有以下5个方面。

①银行业金融机构的设立、变更、终止,其审批权在中国银监会。未经中国银监会批准,任何单位或者个人不得设立银行业金融机构或者从事银行业金融机构的业务活动。

②银行业金融机构业务范围内的业务品种,应当按照规定经中国银监会审查批准或者备案。

③银行业金融机构应当严格遵守审慎经营规则。审慎经营规则,包括风险管理、内部控制、资本充足率、资产质量、损失准备金、风险集中、关联交易、资产流动性等内容。

④当银行业金融机构已经或者可能发生信用危机,严重影响存款人和其他客户合法权益的,国务院银行业监督管理机构可以依法对该银行业金融机构实行接管或者促成机构重组;银行业金融机构有违法经营、经营管理不善等情形,不予撤销将严重危害金融秩序、损害公众利益的,国务院银行业监督管理机构有权予以撤销。

⑤对银行业自律组织的活动进行指导和监督。

3）中国证监会的监管职能

中国证监会是我国证券市场的监管机构。根据《中华人民共和国证券法》的规定,国务院证券监督管理机构依法对全国证券市场实行集中统一监督管理,维护证券市场秩序,保障其合法运行。

在对证券市场实施监督管理的过程中,证监会履行下列职责。

①依法制定有关证券市场监督管理的规章、规则,并依法行使审批或者核准权。

②依法对证券的发行、上市、交易、登记、存管、结算,进行监督管理。

③依法对证券发行人、上市公司、证券公司、证券投资基金管理公司、证券服务机构、证券交易所、证券登记结算机构的证券业务活动,进行监督管理。

④依法制定从事证券业务人员的资格标准和行为准则,并监督实施。

⑤依法监督检查证券发行、上市和交易的信息公开情况。

⑥依法对证券业协会的活动进行指导和监督。

⑦依法对违反证券市场监督管理法律、行政法规的行为进行查处。

⑧法律、行政法规规定的其他职责。

4)中国保监会的监管职能

中国保监会是我国保险市场的监管机构。根据《中华人民共和国保险法》的规定,国务院保险监督管理机构依法负责对保险业实施监督管理。监管职责有以下6个方面。

①审批保险公司及其分支机构和代表处的设立、变更和撤销;保险代理人、保险经纪人资格的审批和撤销;依法对问题严重的保险公司实行接管,并组织对依法破产保险公司的清算等。

②依法核定保险公司的业务范围,保险公司只能在被核定的业务范围内从事保险经营活动。保险公司不得兼营保险法及其他法律、行政法规规定以外的业务。

③依法监督保险在开展业务活动遵守所应遵守的基本原则及行为规范。如保险公司应按照规定提取和结转各种准备金;遵守最低偿付能力、单位危险最大可能赔偿额的规定;遵守再保险、保险资金运用的相关规定等。依法监督保险代理人、保险经纪人的业务活动。

④建立健全保险公司偿付能力监管指标体系,制定保险公司提取和结转责任准备金的具体办法,制定保险保障基金管理使用的具体办法,制定再保险的有关规定等。

⑤有权检查保险公司的业务状况、财务状况及资金运用状况,有权要求保险公司在规定的期限内提供有关的书面报告和资料。

⑥审批关系社会公众利益的保险险种、依法实行强制保险的险种和新开发的人寿保险险种等的保险条款和保险费率。审批的范围和具体办法,由保险监督管理机构制定。

【阅读案例15.4】

实行"打分"制度,防范信贷风险

中国农业银行深圳市分行于1991年开始进行贷款风险度管理的试点。经过几年的探索和学习,该行建立和完善了"商业银行资产风险管理系统"。这一系统的具体内容可概括为"权限管理,体制约束,风险度量"12个字。

首先,贷款资产风险管理的运作机制是体制制约,贷前调查,贷款的审批发放,贷后的检查、管理与催收均有制度。做到在岗位、人员上的严格分离,严格按规定程序运作。其次,使用贷款风险度度量信贷资产风险程度的大小。该行把造成贷款风险损失的主要因素归纳为两个方面：一是贷款方式运用不当；二是贷款对象选择错误。同时，贷款的形态作为过渡指标，也起着量度风险的作用。例如，同样贷款方式、同样企业信用等级的两笔贷款，一笔正常，一笔逾期，其风险程度也不同。据此，农行深圳市分行建立了一套量度贷款资产风险度的系数体系。

这一系数体系包括客户信用等级评级和贷款风险度计算公式两部分。

第一，客户信用等级评级制度。农行深圳市分行根据企业领导班子的群体素质、企业的规模及企业的效益3个因素对企业信用等级进行评定，具体采用定性分析与定量分析相结合的方法，其中定性分析的因素，用经验评估法予以量化，实行企业等级记分制。企业信用等级分为5等，90分以上（含90分）为AA级企业，80分以上（含80分）为AB级企业，70分以上（含70分）为BA级企业，60分以上（含60分）为BB级企业，60分以下为C级企业。具体打分方法见表15-1。

表15-1 农行深圳市分行企业信用等级计分表

贷款加权风险权重表		企业信用等级 变换系数表		贷款形态 过渡系数表	
项目	贷款方式基础系数/%	项目	系数/%	项目	系数/%
一、抵押贷款		AA级企业	50	正常贷款	100
1.人民币定期存单依法抵押贷款人民币	0	AB级企业	60	一般逾期贷款	130
2.外汇定期存单依法抵押贷款人民币	0	BA级企业	70	呆滞贷款	190
3.外汇定期存单依法抵押贷款外汇	0	BB级企业	80	呆账贷款	200
4.国家债券抵押	0	C级企业	100		
5.企业债券抵押	50				
6.股票抵押	60				
7.股权抵押	60				
8.依法可设抵押权的房（地）产抵押	30				
9.楼宇按揭	30				
10.营运车牌抵押	30				
11.依法可设抵押权的可转让动产抵押	100				
12.银行承兑汇票贴现	20				
13.商业承兑汇票	100				

续表

贷款加权风险权重表		企业信用等级变换系数表		贷款形态过渡系数表	
项目	贷款方式基础系数/%	项目	系数/%	项目	系数/%
二、担保贷款					
14. 国家级或省级银行担保	0				
15. 地方级银行担保	20				
16. 县级银行担保	50				
17. 省级及单列市级以上非银行金融机构担保	50				
18. 本市投资管理公司担保	30				
19. 本市区级投资管理公司担保	50				
20. 本市财政局担保	30				
21. 本市区级财政局担保	50				
22. AA 级企业	60				
23. AB 级企业	70				
24. BA 级企业	80				
25. BB 级企业	90				
26. C 级企业	100				
三、信用贷款					
27. 信用贷款	100				

第二，贷款风险度计算公式。

(1)审批贷款时：

$$贷款风险度 = 贷款方式基础系数 \times 企业信用等级变换系数 \qquad (15.10)$$

(2)检查一批贷款时：

$$贷款风险度 = 贷款方式基础系数 \times 企业信用等级变换系数 \times 贷款形态过渡系数$$

$$(15.11)$$

(3)综合考核支行(部)或信贷人员负责企业时：

$$贷款风险度 = 加权风险权重额 / \sum 贷款金额 \qquad (15.12)$$

注：①贷款加权风险权重额 = 贷款金额 × 贷款加权风险权重

②贷款加权风险权重 = 贷款方式基础系数 × 企业信用等级变换系数 × 贷款形态过渡系数

该行贷款资产风险考察系数的确定见表15-2。

表 15-2 农行深圳市分行贷款风险考察系数体系

项目	评分标准	项目	评分标准
合计	100	(3)3 000 万元(含 3 000 万元)以上的	13
一、企业领导班子群体素质及信用情况	20	(4)2 000 万元(含 2 000 万元)以上的	12
1.董事长、总经理及财务部长经营业绩及信用状况		(5)1 000 万元(含 1 000 万元)以上的	11
(1)好的	4~5	(6)800 万元(含 800 万元)以上的	10
(2)中的	2~3	(7)500 万元(含 500 万元)以上的	9
(3)差的	0	(8)400 万元(含 300 万元)以上的	7
2.贷款归还的信用记录		(9)300 万元(含 200 万元)以上的	5
(1)按期还本付息	8	(10)300 万元以下的	0
(2)按期付息,不按期还本	4	3.负债比率(总负债÷总资产)	
(3)不按期还本付息	0	(1)30%(含 30%)以下的	15
3.结算记录(旬平均贷款吸存率)		(2)40%(含 40%)以下的	14
(1)15%(含 15%)以上的	7	(3)50%(含 50%)以下的	13
(2)10%(含 10%)以上的	5	(4)60%(含 60%)以下的	12
(3)5%(含 5%)以上的	3	(5)70%(含 70%)以下的	11
(4)5%以下的	0	(6)75%(含 75%)以下的	10
二、企业经济实力	50	(7)80%(含 80%)以下的	5
1.净资产(总资产–总负债)		(8)80%(不含 80%)以上的	0
(1)5 000 万元(含 5 000 万元)以上的	10	4.流动资金自给率(自有流动资金÷全部流动资金)	
(2)4 000 万元(含 4 000 万元)以上的	9	(1)30%(含 30%)以上的	10
(3)3 000 万元(含 3 000 万元)以上的	8	(2)20%(含 20%)以上的	9
(4)2 000 万元(含 2 000 万元)以上的	7	(3)10%(含 10%)以上的	7
(5)1 000 万元(含 1 000 万元)以上的	6	(4)5%(含 5%)以上的	5
(6)800 万元(含 800 万元)以上的	5	(5)5%以下的	0
(7)500 万元(含 500 万元)以上的	4	三、企业效益水平	30
(8)300 万元(含 300 万元)以上的	3	1.历年盈利记录	
(9)200 万元(含 200 万元)以上的	2	(1)今年盈利,历年累计盈利	10
(10)200 万元以下的	0	(2)今年盈利,历年累计亏损	5
2.固定资产投资+在建工程+长期投资		(3)今年亏损,历年累计盈利	5
(1)5 000 万元(含 5 000 万元)以上的	15	(4)今年亏损,历年累计亏损	0
(2)4 000 万元(含 4 000 万元)以上的	14	2.资产回报率[(利润总额+利息)÷总资产平均额]	15

续表

项目	评分标准	项目	评分标准
(1)资金回报率高于银行贷款利率的	10	(4)3%(含3%)以上的	7
(2)资金回报率高于存款利率,低于贷款利率的	8	(5)2%(含2%)以上的	5
(3)资金回报率低于银行存款利率的	5	(6)0%以上的	3
(4)资金回报率为负值的	0	(7)0%(含0%)以下的	0
3.利润率(利润总额÷销售收入)			
(1)10%(含10%)以上的	10		
(2)7%(含7%)以上的	9		
(3)5%(含5%)以上的	8		

分析提示:

国际银行业对风险的防范已建立起了一整套完善的制度,尽管这样并不能完全回避风险,但的确能减少银行的经营风险。所以,我国银行业也应该借鉴国外银行的经验,建立自己的风险防范体系。上面这个案例介绍的就是农行深圳分行如何对信贷风险进行防范的。

来源:中国农业银行深圳市分行网站。

思考题:

1.农行深圳分行对贷款客户的评级制度是否合理?其依据是什么?

2.为什么要根据不同情况对贷款风险度的计算进行调整?农行深圳分行的措施是否可行?

【本章习题】

一、名词解释

金融风险　市场风险　信用风险　流动性风险　操作风险　系统性风险
非系统性风险　风险价值　创新金融监管

二、简答题

1.金融风险的特征是什么?金融风险有哪些分类?

2.简述金融监管的基本原则,金融风险管理的基本程序是什么?

3.金融创新的内容有哪些?结合现实情况谈谈金融创新对金融监管、货币政策的制定和执行提出了哪些挑战?

4.根据金融风险理论论述对金融业监管的必要性。

5.简述金融监管体系的内容和金融监管的主要内容。

第16章　金融发展与金融创新

【本章学习要求】

1. 掌握金融抑制、金融深化、金融创新的含义。
2. 掌握金融约束论的内容、金融发展与经济发展的关系。
3. 理解金融创新的内容及其带来的影响。
4. 了解我国金融发展、金融创新的相关问题。

16.1　金融发展

第二次世界大战后最初的 20 年,西方主流经济发展理论与金融理论基本上是相互分离的。20 世纪 60 年代起,一批经济学家肯定金融发展对于一国经济增长有不可或缺的作用,并论证了金融与经济发展之间存在着密切联系。发展中国家应将金融自由化、金融深化作为发展政策的核心。自此,发展中国家先后实行以金融发展为目标的金融体制改革。发达国家也相继放松金融管制。从实施金融自由化的经验教训看,内容大体相同的改革,各国实施的结果不同;发展中国家改革的经济社会后果也有较大的差异,一些国家的金融自由化也出现了许多问题。自 20 世纪 80 年代至今,金融危机频繁爆发,迫使人们从理论和实践上重新认识金融自由化——金融发展——经济增长的逻辑。

16.1.1　金融发展的含义

金融发展主要包括金融总量的增长,如金融资产的发展、金融机构的发展、金融市场的发展以及金融结构的改善和优化。

1)金融发展的结构观

不同国家金融工具和金融机构的数量、种类、先进程度,已有金融工具与金融机构的相对规模、经营特征和经营方式都存在诸多差异,即不同国家的金融结构存在差异,形成了发展程度不同的金融结构。各国金融结构的相对规模的变化方式也不尽相同。这些差异反映在不同的金融工具及金融机构相继出现的顺序、相对速度、对不同经济部门的渗透程度以及对一国经济结构变化的适应程度和特点上。美国经济学家戈德史密斯将金融结构的这样一些变化定义为金融发展。金融发展程度越高,金融工具和金融机构的数量、种类就越多,金融的效率就越高。

2）金融发展的功能观

戈德史密斯将金融发展界定为金融结构的变化，所揭示的金融结构变化的事实能够被人们真切感受、理解和接受。但随着经济金融的巨大变化和理论研究的深入，该理论的局限性与片面性以及实践上的负面性日益显现，于是对这个定义的质疑与修正也就越来越多。默顿和博迪提出金融功能观以后，从金融功能的角度来研究金融发展的学者不断出现。他们认为，尽管金融机构的形式在各时期和各地区变化多样，但金融功能却相对比较稳定；金融机构的形式变化以及金融工具创新都是围绕金融功能而实现的，金融机构的形式源于功能；金融机构创新和相互竞争导致金融功能的增强。因此，分析金融问题应当从金融功能出发，而不应从金融机构出发。各种金融功能是随着经济金融的发展而产生的，并按照一定的内在逻辑形成了不同的层次。国内学者白钦先根据这些功能所处的不同层次，把金融功能划分为4个具有递进关系的层次。

（1）基础功能

金融的基础功能是服务功能和中介功能，也就是说金融产生以后在相当长的历史时期内主要是为经济、社会活动提供交易、兑换、结算、保管等服务功能以及进行简单资金融通的中介功能。服务功能主要是指金融为整个经济运行所提供的便利，包括为现实经济活动甚至社会活动提供统一的度量标准、为拥有剩余物质财富的人提供跨时消费的途径、解决物物交换的困境从而便利交易、为大宗跨地交易提供汇兑结算服务、财富保管服务等。

（2）核心功能

金融的核心功能是资源配置功能。从广义上来讲，货币的价值尺度功能（价格）本身就是一种重要的资源配置功能。前面的中介功能也可以视为资源配置功能的萌芽状态，而资源配置功能可以理解为是金融中介功能的复杂化和主动化。中介功能只是便利价值运动，而资源配置功能则是直接引导价值运动实现资源有效配置。

（3）扩展功能

金融的扩展功能是经济调节功能和风险规避功能。扩展功能并不是在核心功能充分发展以后才出现，而是金融功能的横向扩展。从历史过程进行考察，两者在时间顺序上具有较大的重叠性。经济调节功能从严格意义上说并不是金融的功能，而是通过金融手段发挥的功能。在金融的核心功能显现出来以后，尤其是随着经济的金融化，金融在整个社会资源配置过程中日益居于主导地位，通过金融手段对经济进行调节便显得有效和直接。由于金融活动本身具有极大的不确定性，可以说从金融活动产生之日起就面临着如何规避风险的问题。金融的风险规避功能主要是利用大数定理把风险分散化，各种金融工具以及相配套的金融机构如保险公司、信用担保公司等则是风险规避的具体手段。

（4）衍生功能

衍生功能是金融体系为了进一步提高资源配置效率而在微观与宏观两个层面的"衍生"，其内容比较丰富，包括风险交易、信息传递、公司治理、引导消费、区域协调、财富再分配等功能,可以概括为(微观)风险管理和宏观调节两类。风险管理主要包括风险交易、信息传递、公司治理等,而宏观调节主要包括财富再分配、引导消费、区域协调等。

在金融发展的过程中,金融最早显现出其基本功能。随着经济发展水平的提高和金融本身的发展,金融的资源配置功能逐步显现出来。此后,为了解决资源配置过程中的伴随问题,金融功能进行了扩展,即经济调节功能和风险规避功能。为了进一步提高资源配置的效率,金融衍生功能开始显现出来,一方面是利于改善公司治理结构及化解风险;另一方面是宏观调节功能的显现,以进一步实现微观效率和宏观效率的统一。在这样一个过程中,金融功能的发挥并不是无条件的,而是依赖于不断发展的经济金融环境以及科学技术水平。只有当经济金融发展到一定程度,才会产生对某种金融功能的需求和供给;在需求和供给达到均衡状态的环境中,该种功能才能有效地发挥出来。可以用图 16-1 来粗略地表示这样一个发展过程:

如图 16-1,纵轴反映的是整个金融发展过程,4 个不同台阶反映了在不同历史阶段逐渐出现的金融功能,从下到上依次为基本功能、核心功能、扩展功能、衍生功能。同时,反映出后面的功能是在前面功能发展的基础上才开始显现的,而每一个功能从出现之日起将一直贯穿整个金融发展过程,只是随着时间的推移,不同功能的性质发生了更替。由此可以看出,金融发展可以理解为金融功能的逐步显现、逐步扩展、逐步提升和逐步复杂化,随着功能的演进,金融体系越来越复杂,金融发展程度越来越高,经济资源的配置效率也不断提高,从而极大地促进了整个经济的发展。

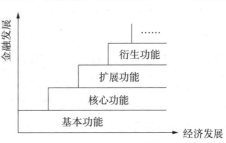

图 16-1 经济发展过程中的金融功能扩展

16.1.2 金融发展的衡量标准

1)衡量金融发展的基本指标

对于金融发展的程度,可以从两个方面进行度量:通过对金融结构状态的数量指标来度量;通过金融发展状态与经济增长的相互关系指标来度量。

2)金融结构指标

①主要金融资产占全部金融资产的比重。

②金融机构发行的金融工具与非金融机构发行的金融工具之比率。

③在非金融机构发行的主要金融工具中,由金融机构持有的份额。

④主要金融机构相对规模。

⑤某类金融机构的资产之和占全部金融机构总资产的比率。

⑥非金融部门的内源融资和外源融资的对比。

⑦国内部门和外国贷款人在各类债券和股票中的相对规模。

3）金融发展与经济增长相互关系指标

（1）金融相关率（FIR）

金融相关率是一国在一定时期内金融活动总量与该国经济活动总量之比。是衡量金融上层结构规模的最广泛尺度。其表达式为：

金融相关率（FIR）= 金融活动总量／经济活动总量 = 金融资产总量／实物资产总量

$$= 金融资产总值／国民生产总值（国内生产总值）\qquad(16.1)$$

（2）货币化率（指数）

货币化率是一国通过货币进行交换的商品与服务的价值与该国经济活动总量之比。用以衡量一国社会的货币化程度。通常采用货币供给量与 GDP 的比值来间接表示。其表达式为：

$$货币化率（指数）= 货币总量／经济活动总量$$

$$= M_0（或 M_1 和 M_2）／国民生产总值（国内生产总值）\qquad(16.2)$$

4）金融发展衡量标准分析

对金融发展的状况进行比较分析，主要是围绕金融相关比率展开的。金融相关比率的变动反映了金融上层结构与经济基础结构之间在规模上的变化关系，大体上可以视为金融发展的一个基本特点。因为在一定国民财富的基础上，金融体系越发达，金融相关比率也就越高。在经济发展的过程中，金融相关比率必然会逐步提高，所以根据金融相关比率基本上可以衡量一国的金融发展水平。金融相关比率包含有两个因素：一是一定时期内金融活动的总量 F_t，二是该时期内经济活动的总量 W_t。

$$F \cdot I \cdot R = F_t/W_t \qquad(16.3)$$

一国的经济活动总量可以直接用国民生产总值（GNP）表示，但是，GNP 只考虑产品的最终价值，忽略了中间交易，尤其是资本形成引起的交易。因此，在考虑金融活动的现实基础时还要考虑到各产业部门之间的交易量。假设产业部门之间的交易价值占全部 GNP 的比重为 ω，那么，W_t 就等于 $Y(1 + \omega)$，Y 代表 GNP 指标数量。

金融活动总量 F_t 的决定因素相当复杂，没有任何现成的国民经济统计指标表示。为了全面反映 F_t 的性质变化，戈德史密斯从众多因素中选择 5 个要素作为决定金融活动总量的指标，即非金融部门发行的金融工具、金融部门发行的金融工具、国际金融活动发行的金融工具 3 个流量指标和新发行乘数及价格调整系数两个存量指标。通过上述金融相关比率的构成指标可以看出，一国金融相关比率是多种因素综合决定的结果。

16.1.3　金融发展的理论

金融发展理论，主要研究的是金融发展与经济增长关系的关系，即研究金融体系（包括金融中介和金融市场）在经济发展中所发挥的作用，研究如何建立有效的金融体系和金融政策组合，以最大限度地促进经济增长；如何合理利用金融资源以实现金融的可持续发展，最终实现经济的可持续发展。

1）金融发展与经济增长的一般理论

金融发展，主要包括金融资产的发展、金融机构的发展及金融市场的发展等几方面。而经济发展，则是指各种实际经济因素的发展，如物质财富的增长、生产技术的进步及经济制度的健全等。在金融发展与经济发展的关系分析上，以美国的格利和肖以及戈德史密斯的理论最为著名。

（1）格利和肖的理论

格利和肖认为，金融的发展与经济的发展之间有着非常密切的关系。经济发展是金融发展的前提和基础，而金融发展是推动经济发展的动力和手段。

在格利和肖看来，所谓的金融的发展，主要是指各类金融资产的增多以及各类金融机构的设立。对于各类金融资产来说，货币只是其中的一种；同样，对各类金融机构来讲，银行也只是其中的一种。随着经济的发展，金融也得到发展。这种发展不仅表现在各种非货币金融资产的涌现及其数量的增多，也表现在各种非银行金融中介机构的建立和发展。

（2）戈德史密斯的理论

戈德史密斯的金融发展理论，提出了一个重要的量化指标，即金融相关比率，从数量上论证了金融发展与经济增长之间的关系。所谓金融相关比率是指金融资产价值与全部实物资产（即国民财富）价值之比，全部实物资产大致可以用当期国民生产总值表示，而金融资产主要包括金融部门、非金融部门和外国部门发行的金融工具。

在1969年出版的《金融结构与金融发展》一书中，戈德史密斯运用统计资料，对金融结构和金融发展作出了横向的国际比较和纵向的历史比较，从而揭示了金融发展过程中带有规律性的结论：

①从纵向看，在一国的经济发展过程中，金融资产的增长比国民财富的增长更为迅速。因此，金融相关比率有提高的趋势。但金融相关比率的提高并不是无止境的，一旦经济发展到一定水平，金融相关比率的变动即趋于稳定。

②从横向看，经济欠发达国家的金融相关比率比欧洲和北美国家的金融相关比率低得多。20世纪60年代初期，欠发达国家的金融相关率通常为1/3~2/3，而美国与西欧国家在19世纪末期已达到并超过这一水平。

③金融相关比率还受到一国经济结构基本特征，诸如生产集中程度、财富分配状况、投资动力、储蓄倾向等的影响。这些特征反映在非金融部门发行的债权和股权证券与国民生产总值的比率中，该比率越高，说明储蓄与投资的分离程度越高。

④在大多数国家中，金融机构在金融资产的发行与持有上所占份额随经济发展显著提高。

⑤从直接融资的内部结构来看，随着金融机构的发展，债权比股权增长更快（许多国家限制金融机构持有股票），而且长期债权的增长快于短期债权。金融机构持有大部分债权，相反，公司股票则主要由个人持有。发达国家股票与债权的比率高于不发达国家，而且在发达国家金融机构持有的股票份额高于不发达国家，并有继续增长的趋势。

⑥随着金融的发展，银行资产占金融机构全部资产的比重趋于下降，非银行金融机构的资产占有比重相应提高。目前在一些发达国家，非银行金融机构的金融资产总额已超过银

行资产总额。这种趋势可能与金融创新导致能够部分替代货币的金融资产不断增多有关。

⑦在金融发达的国家,融资成本(主要包括利息和其他费用)明显低于不发达国家的水平。不过,自19世纪中期以来,西欧与北美并未出现融资成本长期下降的趋势。

上述结论表明大多数国家金融与经济的发展大致平行。不过,戈德史密斯的数据分析中并没有明确得出金融发展与经济增长的正向或负向关系,他表示在进一步深入研究之前尚无法建立二者明确的因果机制。

2)金融抑制理论

1973年,美国经济学家罗纳德·麦金农和爱德华·肖等人提出了金融抑制的概念,他们认为传统的货币理论基础只适用于发达国家,许多发展中国家由于自然经济的比重较大,因此在经济中存在着以下特征。①货币化程度低。②金融的二元性。③缺乏完善的金融市场。④生产要素,特别是资本具有"无限不可分性"。⑤货币与实际资本无法相互替代。他们认为,这些现象会对经济发展产生抑制作用,因而,对发展中国家金融问题的研究,必须针对发展中国家货币金融制度的特点来进行。

发展中国家存在的市场机制作用未能充分发挥、金融机构形式单一、金融管制过多和金融效率低下等现象,可以概括为金融抑制。总的来说,金融抑制是指一国金融体系不完善,金融市场机制不健全,经济中存在严格的金融管制,导致金融效率低下、被压制的金融阻碍。经济发展时,金融和经济发展之间陷入一种相互掣肘和双双落后的恶性循环的状态。

(1)金融抑制的政策原因

发展中国家的政府面临着发展经济,改善人民贫困生活的压力,同时受制于经济发展水平低、政府财力薄弱、外汇资金短缺的现实约束。为获得实现经济发展的资金,发展中国家政府常常不得不对存贷款利率、汇率、信贷规模和投向、国际资本流动以及金融业的准入等实行全方位的限制和干预。这种压抑性的金融政策主要体现在以下几个方面。

①人为压低实际利率。为了降低筹资成本,刺激投资以促进经济发展,发展中国家通常以设定存贷款利率上限方式来压低利率水平;同时由于依靠通货膨胀政策来弥补巨大的财政赤字,通货膨胀率则往往居高不下。结果是实际利率通常很低,有时甚至是负数。过低的实际利率使得持有货币的实际收益十分低下,从而打击货币持有者储蓄的意愿,无法吸引他们将剩余资金存入金融体系,金融资产的实际规模也就无从得以扩展。

②采取信贷配给。过低的利率既压制了储蓄意愿,又刺激了投资需求的膨胀,发展中国家通常面临着巨大的资金供求缺口。面对这种情形,往往实行选择性的信贷政策,或设立开发银行等政策性金融机构直接参与信贷分配,引导资金流向政府偏好的部门和产业。而这些为政府所偏好的企业和项目,大多是享有特权的国营企事业和机构,或与官方金融机构有特殊关系的私营企业,而大多数民营企业不得不通过非正规金融融资,由此导致是资金配置效率的低下。

③对金融机构的严格控制。这种控制包括对金融机构要求很高的法定准备金率和流动性比率,严格限制金融机构的资金流向,严格限制某些种类的金融机构的发展,实施金融机构的国有化等。过高水平的准备金率使得大量的资金离开商业信贷活动,以便政府集中调

配这些资金。政府倾向于鼓励那些能够从中获取巨大铸币收益的金融机构和金融工具的发展,抑制其他金融机构和金融工具的发展。银行系统往往受到偏爱和保护,因为通过储备要求及强制性的持有政府债券,政府可以无息或低息为公共部门融资。私人债券及证券因为无从获取铸币税,政府则借助于交易税、印花税及资本所得税等多种形式对其进行限制。这些控制造成的直接后果是金融机构成本高昂、效率低下,金融机构种类单一、专业化程度低。

④人为高估本币的汇率。发展中国家为了发展本国经济,需要从国外进口大量先进的生产机器设备,为了降低进口成本,常常人为地高估本币的汇率,使其严重偏离均衡的汇率水平。发展中国家产品的国际竞争力本来就处于弱势,过高的本币汇率使其更弱;经济落后本来需要进口,过高的本币汇率使进口需求更高。其结果是汇率政策使自己陷入了更为严重的外汇短缺境地。于是不得不实行全面的外汇管制,对稀缺的外汇资源进行行政性分配。

发展中国家实施金融抑制政策的理论依据可以用以下模型说明,见图 16-2。用 DD 曲线表示进口替代产业的资金需求,其实质是该产业的资本边际产出,SS 曲线表示资金供求状况,市场均衡点是 E,此时均衡利率和均衡供求量分别是 r_2 和 Q_2。资金供应方的利息收入是 OQ_2Er_2,进口替代产业的生产者剩余是 KEr_2。如果实施以利率管制为核心的金融抑制政策,金融市场的利率水平被限制在 r_1

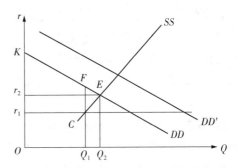

图 16-2 进口替代型战略中的资金供给与资金需求

水平,使得企业的外部融资成本降低,资金供应方的利息收入将为 OQ_1Cr_1,进口替代产业的生产者剩余上升为 $KFCr_1$。该产业的投资意愿增强,对资金的需求增加,资金需求曲线 DD 向右移动到 DD'。进口替代产业的迅速发展会带动整体经济的迅速成长,而总体经济的成长又提供了更多的资金供给。这样,资金供给曲线 SS 也向右移动。结果是虽然实行低利率的金融抑制政策,对进口替代产业的扶持能带来与国民经济总体发展的良性互动,同样达到投资水平的稳步增长。

(2)金融抑制对经济的影响

发展中国家实行上述政策的出发点是期望更快地促进本国经济的发展,然而这些政策非但未能促进经济的发展,反而更加加重了金融抑制的程度。

发展中国家的金融抑制政策扭曲了金融市场价格——利率,这种扭曲对经济造成的危害是严重的,其危害主要表现在 4 个方面:一是低利率扭曲了公众对资金的时间偏好,促使人们更关心现期消费,忽视未来消费,从而导致储蓄水平低于社会最优水平。低的储蓄使投资也低于最优水平,最终损害经济的增长。二是低利率使得资金持有者收益下降,潜在的资金供给者不去正规的金融机构存款,而是直接从市场寻找投资机会,这不但成本高昂、收益可能低,而且风险也大,这就降低了整个经济体系的效率。三是地方性的、非正规的、地下的信贷市场兴起可能削弱政府管制的金融机构。四是由于利率较低,资金成本会更低,收益较低的项目也会产生利润,银行借款人会投资于资本密集的项目,这就产生了对贷款的超额需求。为了避免信贷扩张产生通货膨胀，政府和银行不得不在压低利率的同时，实施行政性信贷配给。结果是寻租和腐败行为难以避免，而另一方面逆向选择也使得整个银行体系的资产质量下降。因此，这种低利率政策非但不能促进经济的发展，反而阻碍了经济，造成抑制的严重后果。

麦金农和肖对利率管制阻碍经济增长进行了深入的分析。若 $S(g)$ 代表经济增长率为 g 的储蓄函数，当经济增长率提高时，$S(g)$ 向右移动。相对于利率来说，$S(g)$ 是实际利率的增函数。I 代表投资函数，它是实际利率的减函数。如果没有金融抑制，投资曲线与储蓄曲线的交点为 E，均衡利率为 r^*，与投资均衡的储蓄水平为 SI^*。FR 代表金融抑制线，即政府将存款利率人为固定在 r_1 的水平，低于均衡利率 r^*。假定此时经济增长率为 g_1，则投资被限定在与抑制利率 r_1 相对的储蓄量 SI_1 的水平。

假设政府只对存款利率而不是贷款利率施加上限，则银行会把贷款利率定在 r_3。投资者或借款者在这个利率水平上借走全部受限制的储蓄供给 SI_1，则一个受管制但却是竞争性的银行体系可以得到对应于存款利差 $r_3 - r_1$ 的收益。这笔收益会远远大于非价格服务体系的成本，是正常利润之上的超额垄断利润，从而也可花费在非价格竞争上，如增设营业网点和做广告等。

图16-3中 AB 线段代表的是，在 r_1 水平上会有的信贷需求与储蓄量能满足信贷需求的差额——超额信贷需求。这就是说，在政府限制存款利率的前提下，将会存在大规模的超额信贷需求。而面对这种情况，政府和银行只有通过信贷配给措施来分配稀缺资金。信贷分配往往不一定依据于投资项目的预期回报率，相反，裙带关系、政府压力、腐败行为等都会成为决定项目取舍的重要因素。

如果政府放宽利率管制，将图16-3中的利率上限从 r_1 提高到 r_2，原来的一些低收益项目被排除，总的投资回报或效率将会提高。在这一过程中，经济增长率将上升，储蓄函数移向 $S(g_2)$，储蓄和投资将右移到 SI_2。如果完全放开利率，均衡利率将由储蓄与投资的均衡点决定，储蓄和投资的规模扩大，促进经济增长率上升；储蓄函数右移，则储蓄和投资的规模扩大，这就形成良性循环。假定经济的潜在增长率为 g_3，那么 $g_3 - g_1$ 就是由于利率管制所产生的经济增长损失。

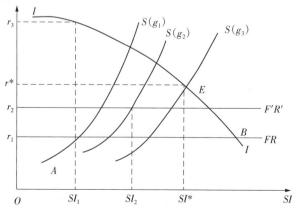

图16-3　利率管制下的储蓄与投资

利率管制不但阻碍发展中国家的经济增长,对发达国家也会产生消极影响。20世纪60年代以后,通货膨胀使市场利率提高。因为银行存款利率受到利率上限的管制,市场利率与银行存款利率的差距拉大,造成了西方一些发达国家的货币脱离银行体系之外流通的"脱媒(disintermediation)"现象发生。

3) 金融深化理论

麦金农和肖认为,金融压抑政策所带来的金融萎缩严重制约了发展中国家的经济增长,使得发展中国家陷入金融萎缩和经济萎缩的恶性循环。他们在分析了发展中国家金融抑制现实的基础上提出了金融深化论。所谓金融深化是指发展中国家解除金融抑制,充分发挥市场机制的作用,促进金融发展,最终实现金融自由化,进而促进经济增长。

发展中国家金融市场不发达,金融工具单一,而且投资具有不可分割性,投资必须达到一定规模才能获得收益。在内源融资的约束下,经济单位必须先积累相应规模的货币资源才能进行一次性投资。因此,对实物资本需求越高的投资者,其货币积累的需求也越大。在这样的情况下,货币与实物资本存在互补关系,而不是传统理论所说的替代关系。在这互补性假说下,麦金农认为发展中国家的货币需求是由以下几个因素构成的:实际国民生产总值 Y、实际投资 I、货币的实际收益率 $d - \pi^e$(d 为各类存款利率的加权平均数,π^e 为预期的通货膨胀率)。在发展中国家普遍存在利率压制和通货膨胀的情况下,货币存款的实际利率往往为负数,这就制约了货币供给,当然也就制约了金融部门发展。如果采取适当的金融自由化政策,使货币存款的实际利率提高,并转为正值,则持有货币有了实际收益,就会导致货币需求的增加和存款货币积累的不断增长。

在货币存款的实际利率低于投资的实际回报率 r 的范围内,由于货币需求与货币存款的实际利率成正相关,实际利率的上升,就会提高人们以货币形式进行内部储蓄的愿意。在投资不可细分的假设下,内部储蓄的增加,导致内源融资型投资上升。麦金农将货币存款的实际利率对投资的这种正向影响称作货币的"导管效应(tube effect)"——货币在一定条件下是资本积累的一个导管,而不是实物资本的替代品。

在货币存款实际利率较低时,导管效应比较明显,因而投资将随实际利率上升而增加。但是,当货币存款的实际利率超过实物资本的平均回报率 r 以后,经济主体将持有货币,而不愿意进行投资,资产替代效应将超过导管效应而居于主导地位,此时,投资将随着利率的上升而减少,见图16-4。

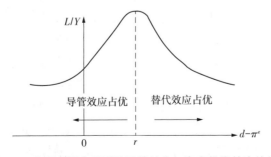

图 16-4　发展中国家货币的导管效应与资产替代效应的关系

（1）金融深化论者的政策主张

鉴于金融深化对经济的促进作用,金融深化论者主张解除金融抑制,实行金融自由化改革,以改善货币供给,促进经济增长。金融自由化改革的具体政策包括以下几方面。

①放松利率管制。政府维持官定利率,人为造成资金供求的均衡价格与官定价格之间存在着巨大差异。由于官定利率大大低于潜在起作用的供求均衡利率,因此,在信贷分配上出现大量的官商勾结、以权谋私等问题。取消对于利率的管制或采取更灵活的利率管理方式,可以在一定程度上消除这一弊病。

②缩小指导性信贷计划实施范围。在实施金融自由化之前,许多发展中国家政府都对信贷分配实施指导性计划管理,在政府影响力较强的国家中,这些所谓的指导性信贷计划实际上起着指令性计划的作用。由于这种对金融活动的人为干预效果大都很差,因此,减少政府对于信贷的指导可以进一步提高金融运行的效率。

③减少金融机构审批限制,促进金融同业竞争。在发展中国家,一方面是金融机构数量不足;另一方面是存在着本国和外国银行登记注册的各种障碍。不允许自由进入金融业,势必造成金融垄断,金融垄断派生的不合理信贷分配和僵化的利率必然造成金融运行的低效率。发展中国家应当将降低进入金融行业的门槛作为金融改革的一个重要内容,以促进金融同业竞争。

④发行直接融资工具,活跃证券市场。在放开利率管制、鼓励金融机构间竞争的同时,实行金融自由化的国家应当发展证券市场。具体措施主要包括增加可流通金融工具的发行数量,培育证券一、二级市场,完善有关的证券管理法规,适时对外开放证券市场。

⑤放松对汇率和资本流动的限制。相对于其他金融自由化措施,汇率和资本账户的放开更要慎之又慎。一些金融深化论者主张发展中国家迅速放开对汇率和资本流动的管制,使金融自由化改革更加彻底。但由于发展中国家的管制汇率往往高估本国货币,一旦放开,可能出现本币的大幅度贬值,对进口依赖较强的国家会发生严重的通货膨胀。所以,各发展中国家还是应当采取分阶段、逐步放开的方法,渐进推行金融改革。

麦金农和肖等人提出的关于金融深化改革的相关政策建议,得到了许多发展中国家的重视,引发了20世纪中后期以来的发展中国家金融自由化改革浪潮。

（2）金融深化政策的4大效应

①储蓄效应。取消利率管制后,随着储蓄实际收益率（实际利率）的上升,以及金融资产的多元化,私人部门储蓄的积极性提高,将使国内私人储蓄率上升。国内利率高于国际金融市场利率,在放松资本管制的条件下,还会吸引大量的外资流入。

②投资效应。取消利率管制后,利率将作为一种相对价格有效地引导资源配置。随着储蓄效应和金融中介的发展,投资规模和投资效率都将提高。一方面,金融中介的发展使得企业能在更大范围内、更方便地筹集资金;另一方面,金融深化后,政府对资金的行政性分配减少,信贷资金更多流向高收益的投资项目,使社会的投资效率得以提高。

③就业效应。落后经济中的失业,在某种程度上是金融抑制的结果。由低利率造成的储蓄本来就不能为生产提供足够的资金,更为糟糕的是,由于利率的人为压低,这些与劳动

力相比本来就十分稀缺的资金往往又被大量投资于资本密集型产业,从而使失业状况更为严重,而金融深化则有助于缓解这一状况。

④收入分配效应。金融深化有助于促进收入分配的平等。金融深化可以通过提高就业增加工资收入的份额,减少拥有特权的少数进口商、银行借款者和资源消费者的垄断收入。金融深化带来的资本积累还有助于改变落后经济中普遍存在的以压低农产品价格形式对农民的变相剥夺。

金融深化的实质就是金融自由化,金融自由化是推动金融发展进而推动经济发展的重要动力。那么如何来衡量一个国家的金融深化程度,一般来说可用以下6个标准来衡量:通货膨胀受到控制,实际利率为正值;利率弹性大,金融资产吸引力强;货币化程度稳步上升;对外债和外援的依赖程度降低;汇率自由浮动,不存在黑市和炒汇现象;多层次、多类型金融机构并存,并且鼓励相互竞争。

金融深化理论主要分析发展中国家货币金融制度的特殊性,指出传统货币金融理论对发展中国家的局限性和不适应性,将金融理论与发展经济学紧密结合起来,创造了全新的发展理论框架。金融深化理论系统阐述了金融与经济发展的关系,解释了发展中国家经济落后的一个长期被忽略的重要原因——金融制度不健全,肯定了金融发展对经济发展的重要推进作用。金融深化理论为发展中国家改革金融制度、发展经济提供了理论上的指导,并结合发展中国家的具体实际提出了一些卓有成效的政策主张。这也正是金融深化理论被许多发展中国家所接受,被奉为金融改革理论依据的主要原因。当然,金融深化理论也存在许多不足,在理论研究上的一些假设条件较为严格,比如,发展中国家完全自我融资的假设就不太切合实际,货币与实物资本的互补性假说也很难成立。这些,在一定程度上影响了金融发展理论的准确性和实用性。

4)对金融深化理论的修正——金融约束论

以斯蒂格利茨为代表的新凯恩斯主义经济学家,从不完全信息市场的角度提出了"金融约束论"。金融约束论认为,金融市场失灵本质上是信息失灵,它导致了金融市场交易制度难以有效运行,必须由政府供给有正式约束力的权威制度来保证市场机制的充分发挥。政府可通过金融约束政策为金融部门和生产部门创造租金机会,并可通过"租金效应"和"激励作用"来有效解决信息不完全问题。所谓租金是指超过竞争性市场所能产生的收益,即政府通过控制存款利率使其低于竞争性均衡利率水平(但保持实际利率为正),从而为银行创造了获取租金的机会。政府的这种选择性干预将有助于金融的发展,推动经济增长。

(1)金融约束论的原理

金融约束论运用信息经济学理论重新审视了金融体制中的放松管制与加强政府干预的问题,认为金融市场失灵本质上是信息失灵,它导致了金融市场交易机制难以有效运行,必须由政府供给有正式约束力的权威制度来保证市场机制的充分发挥。所谓金融约束是指政府通过一系列金融政策,对存款利率、对市场进入及资本市场的竞争加以限制,从而为金融部门和生产部门创造租金机会,通过租金效应和激励作用来有效解决信息不对称问题。而所谓租金是指超过竞争性市场所能产生的收益,即政府通过控制存款利率使其低于竞争性均衡利率水平(但保持实际利率为正),从而为银行创造了获取租金的机会。适当的政府干预有助于金融的发展,从而推动经济的增长,即合理的金融约束是金融自由化的必经阶段,这给发展中国家的金融发展提供了新的理论依据和政策框架。

假设经济体系中有家庭部门(资金供给主体)、企业(资金需求主体)和银行(金融中介)3 个,宏观经济环境稳定,通货膨胀率较低且可以预测,实际利率为正值。

图 16-5(a)表明没有政府干预,即在自由市场上,家庭部门的资金供给曲线和企业部门的资金需求曲线相交,形成了均衡利率 r_0 和均衡供需量 Q_0,根据基奥范尼尼等人的实证研究,储蓄随利率的上升而增加,但其弹性很低。因此,资金供给曲线 S 的斜率要比资金需求曲线 D 的斜率小。

图 16-5(b)表明政府干预金融市场,实施存款利率管制,但不控制贷款利率。此时,市场的存款利率为 r_d,存款量为 Q_d,市场决定的贷款利率为 r_L,高于没有政府干预时的贷款利率。$(r_L - r_d)$ 就是政府通过价格控制创造的租金机会,银行如果按照这个存款和贷款利率进行资金运营,则将获得全部租金 $(r_L - r_d)$,即从家庭部门得到 $(r_0 - r_d)$,从企业部门得到 $(r_L - r_0)$。如果银行得到租金,必然会设法投资来改善存款的基础设施,使客户更方便地进入正式金融体系。对家庭部门来说,由于租金效果产生的存款便利性和安全性可以在一定程度上弥补利率上的损失。

图 16-5(c)表示银行获得租金后会增加投资来改善存款的基础设施,银行存款的安全性增加和到正规金融机构存款变得比以前更简单、更容易等原因,导致储蓄和投资增加,资金供给曲线向右移动。而随着可贷资金规模由 S 扩大到 S',企业也可以较低的利率 r_{L1} 得到贷款额 Q_{d1}。

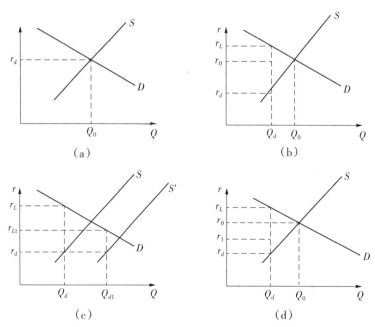

图 16-5　金融约束之下的资金需求与供给

图 16-5（d）表明政府既管制存款利率，又管制贷款利率，假设存款利率为 r_d，贷款利率为 r_1，均衡贷款利率为 r_0，银行可获得租金（r_1-r_d），企业可获得租金（r_0-r_1）。

金融部门获得租金后，有 3 个作用。

①租金为金融部门创造出特许权价值。发展中国家的金融机构资本匮乏，自有资本水平低，有可能从事高风险项目投资，危及金融业的稳定，损害社会利益。特许权价值为金融部门尤其是银行创造了长期股本，这种股本在短期不能得到，也不会由于负面的宏观经济冲击而消失，它为银行创造了一个持续而稳定的利润流，使银行不至于因短期风险而破产。只要持续经营，银行就能获得不断的租金，因而银行就有了长期稳健经营的动因，可以有效地避免道德风险。

②租金增强了银行寻找更多存款来源的动力。由于市场准入等限制的存在，率先开发新市场的银行暂时享有垄断权力，可得到较高的边际租金，就有动力扩大投资，使客户更方便地进入正式金融体系。从而，扩大了资金来源，提高了资金融通效率。

③通过偿还期转化机制发展长期信贷。由政府承受通货膨胀的风险，帮助民间银行参与长期融资，消除银行发放长期贷款时对通货膨胀的顾虑。由民间银行承担信用风险，迫使其谨慎地选择客户，对风险进行区分，让最有能力的主体有效地承担风险，积极监督企业，保证资金的妥善利用和及时收回。

租金从居民手中转移到企业可以提高投资水平，提高资金配置效率。一方面，生产部门获得租金可以增加资本积累，增强其偿还债务的能力，降低其融资项目的风险，降低企业的代理成本；另一方面，租金增加企业股本可以作为一种信号发送工具，把好的企业与差的企业区分开来。金融约束论认为，企业通过股票市场发行新股票增加股本反映该企业效益不佳，积累有限，前景不乐观。通过获得租金进行积累增加股本，表明企业有良好的经营状况和投资前景，从而可获得银行更多的贷款支持，获得更多的租金机会。这样企业会形成一个良性循环，获得"租金—提高股本份额—发送良性信号—获得更多的贷款支持—获得租金"。在这一循环中，企业和银行都因规避了逆向选择和道德风险，实际收益得到增加，整个社会经济发展更加稳定。

（2）适于发展中国家的金融约束政策

①控制存款利率。政府通过控制存款利率低于市场利率水平，降低银行经营成本，创造了获取租金的机会。同时，增加了银行内部机会主义行为的机会成本，减少了银行自身的道德风险，激励银行控制短期行为。而且，可以避免直接补贴这种激励政策所滋生的不良倾向，使银行有动力吸收存款，监督贷款和控制风险，使租金机会得以真正实现。

②限制银行业竞争。控制存款利率只是限制了价格竞争，但租金机会可能因为银行的非价格竞争而消失。因此，一方面政府通过特许权控制向银行业的过度进入；另一方面要避免银行业内的恶性竞争，因为这可能危及金融体系的稳定，而金融业的安全性对整个经济具有重大的意义。限制银行业竞争的政策成本可能使一些不太有效率的银行也得到了保护，但这一成本大大低于安全的金融体系给整个经济带来的收益。

③限制资产替代。租金获得量取决于银行吸收的存款量，因此，要限制居民将银行部门

的存款转化为其他资产,包括证券、国外存款、非正式金融市场存款、实物资产等。证券市场在发展中国家作用有限,容易与银行部门争夺资金,而且只有声誉极佳的大型企业才能利用证券市场融资,这必然使银行失去一部分收益高且安全的业务,影响银行的整体质量。非正式金融部门因为不受法律保护,无法创造货币,履约能力较低,制度结构落后等因素出现低效率,难以替代正式金融市场。另外,政府对资本项目的控制和保持实际利率为正的措施,实际上已使居民对国外资产和实物资产的替代缺乏动力。

④贷款利率控制。控制存款利率,反映了银行与存款者的利益分配,而租金的真正实现或者说租金在银行部门和产业部门如何分配,则取决于两者的博弈,这就涉及贷款利率控制以及由此引起的补偿性安排。由于在信息不对称条件下较高利率极易引发逆向选择和道德风险问题,降低银行资产质量,因而政府对贷款利率有所控制。但控制贷款利率可能扭曲资源配置,同时减少银行的可实现租金。因此,银行的应变之策是与借款者谈判进行补偿性安排,例如,要求借款人将所贷得的资金一部分回存于银行,以提高实际的贷款利率,又可减少资源配置扭曲,信息投资可以极大改善银行在谈判中的谈判力。

金融约束论与金融抑制尽管所运用的手段相似,但两者有本质的不同。金融约束创造的是租金机会,而金融抑制下只产生租金转移。租金机会的创造与租转移完全不同。在金融抑制下,存在着租金转移,这种转移改变收入的分配,当事人有可能更愿意通过有影响力的活动来获得与其地位不相称的租金份额,而不是进行生产性投资。如在贷款利率很低的情况下,企业家就有可能千方百计通过各种关系从银行取得贷款,然后转贷出去,或从事效益低下的生产。相反,租金机会则会使竞争性均衡下供给不足的活动递增收益和福利。金融抑制将实际利率压得很低,政府通过把名义利率保持在远低于通货膨胀的水平而间接地从金融部门攫取租金;而在金融约束的情况下,政府运用各种干预手段所创造的租金全部由金融中介和企业获得,政府本身不获得任何租金。

金融约束论虽然是合理的金融发展政策,但在理论方面仍存在不成熟的方面,尤其是在实际执行中会因种种因素导致效果很差或受到扭曲,其中最大的危险是金融约束变为金融抑制。因此,金融约束的实施时机和实施效果较难把握。

16.1.4 我国的金融发展与金融深化改革

1)问过的金融发展现状

衡量金融发展水平的指标主要包括金融相关率和货币化率。其中,金融相关率是指一国全部金融资产价值与该国经济活动总量的比值。货币化率是指一国通过货币进行交换的商品与服务的值占国民生产总值的比重。

伴随着经济体制改革,经过 20 年的发展,我国的金融运行发生了根本性的变化。根据戈德史密斯提出的金融深化指标判断,我国的货币化率和金融相关率快速提高,金融抑制有所减弱。

改革开放以后,我国 M_0、M_1 和 M_2 占名义 GDP 的比重不断提高,反映出我国金融发展水平不断提高,具体情况如表 16-1 及图 16-3 所示。

表 16-1　中国的货币化比率(1978—2004 年)　　　　　　　单位:亿元

年份	GDP	M2	M1	Mo	M2/GDP/%	M1/GDP/%	Mo/GDP/%
1978	3 624.1	1 070	859.5	212.0	29.52	23.72	5.85
1979	4 038.2	1 350.3	1 069.4	67.7	33.44	26.48	6.63
1980	4 517.8	1 721.3	1 315.7	346.2	38.10	29.12	7.66
1981	4 862.4	2 231.6	1 636.6	396.3	45.90	33.66	8.15
1982	5 294.7	2 670.9	1 885.1	439.1	50.44	35.60	8.29
1983	5 934.5	3 190.6	2 165	529.8	53.76	36.48	8.93
1984	7 171.0	4 440.2	2 845.2	792.1	61.92	39.68	11.05
1985	8 964.4	5 196.6	3 011.4	890.0	57.97	33.59	9.93
1986	10 202.2	6 721.0	3 910.2	1 218.4	65.88	38.33	11.94
1987	11 962.5	8 349.7	4 622.2	1 454.6	69.80	38.64	12.16
1988	14 928.3	10 099.6	5 757.3	2 134.0	67.65	38.57	14.29
1989	16 909.2	11 949.6	6 216.0	2 344.0	70.67	36.76	13.86
1990	18 547.9	15 293.4	6 950.7	2 644.4	82.45	37.47	14.26
1991	21 617.8	19 349.9	8 633.3	3 177.8	89.51	39.94	14.70
1992	26 638.1	25 402.2	11 731.5	4 336.0	95.36	44.04	16.28
1993	34 634.4	34 879.8	16 280.4	5 864.7	100.71	47.01	16.93
1994	46 759.4	46 923.5	20 540.7	7 288.6	100.35	43.93	15.59
1995	58 478.1	60 750.5	23 987.1	7 885.3	103.89	41.02	13.48
1996	67 884.6	76 094.9	28 514.8	8 802.0	112.09	42.00	12.97
1997	74 462.6	90 995.3	34 826.3	10 177.6	122.20	46.77	13.67
1998	78 345.2	104 498.5	38 953.7	11 204.2	133.38	49.72	14.30
1999	82 067.5	119 897.9	45 837.3	13 455.5	146.10	55.85	16.40
2000	89 468.1	134 610.4	53 147.2	14 652.7	150.46	59.40	16.38
2001	97 314.8	158 301.9	59 871.6	15 688.8	162.67	61.52	16.12
2002	105 172.3	185 007.0	70 881.8	17 278.0	175.91	67.40	16.43
2003	117 390.2	221 222.8	84 118.6	19 746.0	188.45	71.66	16.82
2004	136 875.9	253 207.7	95 970.8	21 468.3	184.99	70.12	15.68

来源:《中国统计年鉴》2000—2004 年。

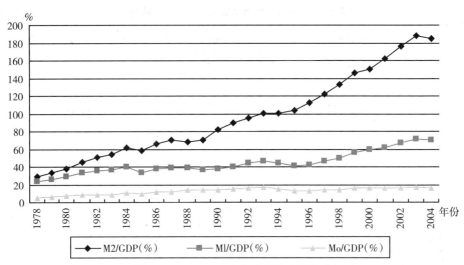

图 16-6　1978—2004 年中国货币化比率

伴随经济快速发展,我国金融资产规模和结构也有了较大改观。金融资产总额由 1979年的 2 162.6 亿元增加到 2000 年的 153 311.5 亿元,增长了近 70 倍。金融资产结构也由单一的贷款,发展为包括银行贷款、债券、股票、保单在内的多样化金融资产格局。有关的金融资产构成及中国金融相关比率,见表 16-2、图 16-7。

表 16-2　中国金融资产构成及金融相关比率　　　　　　　　单位:亿元

年份	金融机构资金运用	债券余额	股票流通市值	保费余额	金融资产总计	名义GDP	金融相关率/%
1979	2 162.6				2 162.6	4 038.2	53.6
1980	2 624.3				2 624.3	4 527.8	58.0
1981	3 170.8	48.7			3 219.5	4 862.4	66.2
1982	3 618.4	92.5			3 710.9	5 294.7	70.1
1983	4 124.9	134.1			4 259	5 934.5	71.8
1984	5 370.4	176.6			5 547	7 171	77.4
1985	6 398.4	242.2		25.7	6 666.3	8 964.4	74.4
1986	8 462.4	323.1		42.4	8 827.9	10 202.2	86.5
1987	10 547.4	517		67.1	11 131.5	11 962.5	93.1
1988	12 470.4	936.5		94.8	13 501.7	14 928.3	90.4
1989	14 650.6	1 270.5		122.9	16 044	16 909.2	94.9
1990	18 360.6	1 170.7		155.8	19 687.1	18 547.9	106.1
1991	22 596.6	1 509.2		209.7	24 315.5	21 617.8	112.5
1992	27 152.7	2 247.9		342.9	29 743.5	26 638.1	111.7
1993	38 173.6	2 452	862	456.9	41 944.5	34 634.4	121.1

续表

年份	金融机构资金运用	债券余额	股票流通市值	保费余额	金融资产总计	名义GDP	金融相关率/%
1994	49 594.4	3 063.8	969	376.4	54 003.6	46 759.4	115.5
1995	59 461.7	5 655.4	938	453.3	66 508.4	58 478.1	113.7
1996	72 867.0	7 468.8	2 867	538.3	83 741.1	67 884.6	123.4
1997	90 510.2	9 640.2	5 204	771.7	106 127.1	74 462.6	142.5
1998	102 308.3	13 682.7	5 746	1 255.9	122 922.9	78 345.2	157.0
1999	110 724.8	17 877.0	8 214	1 406.2	138 232	81 910.9	168.8
2000	115 861.5	19 766.5	16 087.5	1 596	153 311.5	89 404	171.5
2001	132 763.4	25 161.1	14 463.2	2 112.3	174 500	97 314.8	179.3

注:1985 年以前的金融资产总额的数据用国有银行资金运用替代。1985 年以后数据为金融机构资金运用(不含有价证券投资)、债券余额、国内股票流通市值和国内保费余额 4 项之和。

来源:米建国,李建伟.我国金融发展与经济增长关系的理论思考与实证分析[J].管理世界,2002(4).《中国金融年鉴》2002 年。

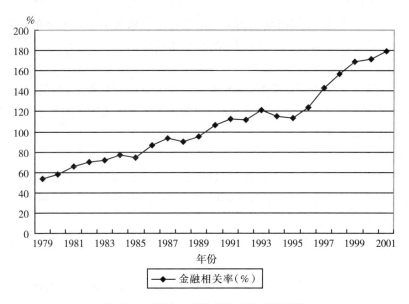

图 16-7　1979—2001 年中国金融相关率

2)我国金融的深化改革

中国的金融深化改革历经多年,已经取得了一定成就。但也应当认识到,我国目前的金融体系仍然存在着许多不足之处。我国是从集中计划经济模式向市场经济模式转轨的,这一特点决定了中国的金融改革必然是持续、艰难的,需要我们继续付出努力。改革的重点主要应集中在以下 8 个方面。

（1）金融机构多元化

主要包括国有金融机构产权改革，民营金融机构的发展以及外资金融机构的进一步准入，其中尤以产权改革为重。例如，在银行业，中国银行、中国建设银行等国有银行已完成股份制改造。

（2）金融服务多样化

要继续大力发展非银行金融机构，包括保险公司、信托公司、投资银行、资产管理公司等，提供多样化的金融服务，满足新形势下的社会需求。同时，扩展银行的业务范围，加大对个人金融业务的投入力度。

（3）金融工具多样化

发展银行信贷以外的股票、债券、期货等，丰富投资手段，满足不同主体多样化的融资需求。注重衍生工具创新，为金融机构本身和客户提供规避风险的工具，保障社会经济稳定发展。

（4）培育和发展金融市场

债券市场、股票市场、保险市场以及真正意义上的同业拆借市场等货币市场已经实现了从无到有，还需要进一步努力来达到成熟和完善。

（5）推动利率市场化

目前在同业拆借市场、国债市场已初步构建按资金供求关系决定利率的机制。存、贷款利率改革已经开始，将来的目标是实现利率的完全市场化。

（6）促进汇率自由化

目前我国已建立起以市场供求为基础、参考一篮子货币进行调节、有管理的浮动汇率制度，以及全国统一的外汇交易市场，汇率弹性较以前已有很大改善，今后的汇率制度还可以朝着更加灵活的方向发展。

（7）构建金融管理机制

建立以间接调控为主的金融调控体系，适时运用货币政策调控货币供给量。加大监管部门对金融机构的监管力度，规范金融机构行为，形成完善的风险防范机制。

（8）扩大金融对外开放

要顺应金融全球化的趋势，进一步放松对外资金融机构的市场准入限制，与国际上建立起广泛的、多层次的金融合作。

中国的金融改革是全方位的系统工程。我国已有的改革成果并非都是一步到位的，其中有过程、有波折，甚至有反复，还有相当一部分改革尚未到位或远未到位，而且已进行的改革仍要接受未来实践的检验。

总结中国金融改革的经验，应该肯定循序渐进、与整体经济改革配套推进的基本思路是符合当今中国国情的，应该继续坚持。联系到 20 世纪末亚洲金融危机对我们的启示，在中国今后的金融改革中要处理好事关全局的利率改革、汇率改革、资本市场开放以及外资金融机构的市场准入等课题，应在上述指导思想下作通盘的考虑与安排。

【阅读案例16.1】

20世纪70年代之后的金融深化浪潮

从20世纪70年代起,世界上掀起了一股金融深化的浪潮,许多发展中国家纷纷着手进行利率自由化的改革。其中有成功的案例,当然不乏失败者。我们来考察这4个较为典型的亚洲国家:韩国、印度尼西亚、泰国和印度。前3个国家在亚洲金融危机中未能幸免,而利率自由化又都在危机前的20世纪八九十年代完成,需要特别关注。而印度既躲过了危机,利率自由化改革又进展得较顺利,至今颇为成功。另外,智利作为拉美发展中国家的代表,其利率自由化改革案例具备典型性。

1. 韩国

1987—1988年韩国经济还在快速增长,资金需求旺盛,但到了1989年,宏观经济形势恶化,市场利率急剧上升。于是,韩国政府于1981年放开商业票据贴现利率,1984年实现银行间拆借利率和未担保的企业债券发行利率自由化,1986年3月完成大额存单利率、有担保的企业债券利率和金融债的利率自由化,1988年12月放开除一些政策性贷款外的所有贷款利率和两年以上的存款利率。然而,改革的效果并不理想,到1989年上半年,市场利率大幅上升,韩国政府不得不对利率重新施加管制。第一次利率自由化改革宣告失败。

1991年韩国经济增长放缓,资金需求缓和,市场利率与管制利率的差距缩小。因此,韩国政府从1991年11月开始了第二次利率自由化改革。这次改革采取渐进方式,特点是较早地、一次性地放开了贷款利率,存款利率和债券利率大致遵循从长期到短期、从大额到小额的顺序。但是,在1999年受到亚洲金融危机的影响,存贷款利率大幅上升,并随之发生金融危机。

2. 印度尼西亚

20世纪七八十年代石油价格的大幅涨跌价使其宏观经济极不稳定,金融体系业受到极大影响。在1983年一次性放开所有存贷款利率限制之后,实际贷款利率长期高达10%～15%。继1997年亚洲金融危机之后,道德风险导致银行坏账越积越重,导致了1990—1991年的银行支付危机。

3. 泰国

20世纪80年代前半期,泰国出现了严重的金融系统危机,实行了一系列政策以恢复经济和金融稳定:1989年放开了一年期以上定期存款的利率上限,1990年3月放开了所有定期存款的利率上限,1992年1月取消了储蓄存款的利率上限,1992年6月取消所有贷款利率上限。这些措施使得国内利率与国际市场利率的联系日益紧密;同时,也增大了国内金融系统的风险。1997年爆发了金融危机,引发了多米诺骨牌交往应,是亚洲金融危机的起源。

4. 印度

1991—1992年的银行系统支付危机之后,印制制订了稳定和自由化改革计划,较好地实现了经济的稳定增长和金融系统的发展,中央政府赤字保持在GDP的6%～10%。

改革前,存贷款利率处于完全管制状态。1988 年将贷款利率上限改为下限,1992—1995 年为定期存款利率设置上限并不断调整上限值,1992 年后,优先贷款利率逐渐放开并减少优先贷款种类,1994 年放开 20 万卢比以上的贷款利率,1995—1997 年从长期存款开始逐渐取消了定期存款利率上限,1998 年有条件地放开了 20 万卢比以上的贷款利率等。但是,政府对包括储蓄存款利率、邮政储蓄利率、非居民持有的卢比存款和 20 万卢比以下的贷款利率等利率仍然保持管制。

5. 智利

在 1973 年武装推翻总统"阿连德"政权后的 10 年里,智利试图从一个半封闭的、受政府干预过多的经济转化"自由化"世界中的一员,将大多数经济决策权交由市场力量来行使。

1974—1976 年,其国内金融自由化改革几乎全部完成,银行私有(1976 年完成)、利率自由决定(1977 年 6 月完全放开)、资本账户开放(1979 年 6 月开始,但对短期资本流入仍加以限制)。由于随后的银行危机,改革出现了反复。中央银行以公布指导性利率的形式宣布了第一轮自由化改革产生的市场化利率暂时废止。在银行业重组基本完成之后,中央银行于 1987 年取消了公布指导性利率的做法,转向主要通过公开市场操作来影响国内利率水平。

在改革后的头几年,经济增长速度加快、通货膨胀大幅度降低、财政赤字得到有效控制。但好景不长,由于利率放开后金融监管机制建设不力,加上银行改制后制度设计上的缺陷,出现了一个超高利率时期(1976—1982 年),银行大量破产。政府在对银行进行了重组之后,进行了渐进式的第二轮改革,取得成功,经济进入健康发展的轨道。

来源:房燕.金融学概论[M].北京:机械工业出版社,2004:325-327.

16.2 金融创新

从 20 世纪 50 年代开始,尤其是 20 世纪 70 年代以来,金融创新浪潮在西方发达国家迅速兴起,并演变为全球性金融变革趋势。在这次金融创新浪潮中,既有新技术广泛应用与金融领域而产生的金融交易和金融服务,也有金融活动跨越国界形成的众多的新型的金融产品和金融市场;既有金融制度的根本性变革,也有金融组织形式的不断演进而导致的各类金融机构趋同化。金融创新不仅革新了传统的业务活动和经营管理方式,模糊了各类金融机构的界限,加剧了金融业的竞争,打破了金融活动的国界界限,对世界金融业的发展和经济发展起到了重要的促进作用;而且,也为世界各国的金融监管、货币政策执行带来了巨大的挑战。

16.2.1 金融创新的动因

金融创新,是指金融领域内各种要素的重新组合,是指金融机构和金融管理当局基于微观利益和宏观效益的考虑而对金融工具、金融业务、金融市场及金融制度安排所进行的创造性变革和开发活动。这个概念包括 4 个方面的内容:金融创新的主体是金融机构和金融管理当局;金融创新的目的是盈利和效率;金融创新的本质形式是金融要素的重要组合,即流动性、收益性和风险性的重新组合;金融创新的表现形式是金融工具、金融业务、金融市场和金融制度的创新。

现在习以为常的许多金融工具30多年前都不存在,如自动转账服务(ATS)等。今天可供人们投资的金融工具种类迅速增加,新的金融机构不断出现,是什么原因造成了金融制度的革命性变化,致使消费者可以选择的金融产品层出不穷呢? 从微观角度来看,金融创新是金融家的活动,每一个金融创新都是创新主体的内在动因和外在环境的一种综合体现。从内因上创新主体有获利性需求,因而会产生逐利性创新,在逐利本性下又会产生规避性创新,金融行业的高风险性会诱发避险性创新;从外因上由于经济发展与市场变化,金融主体内部竞争加剧,会诱发竞争性创新。金融创新的动因主要有以下几个方面。

1)规避金融管制产生的金融创新

金融监管实际上是限制微观金融组织机构的某些"获利"机会而可能导致的金融风险,这就使金融监管的意向必然与微观金融组织机构的个人理性行为相冲突。这种冲突就促使商业银行不断通过金融创新来逃避监管,实现最大利润。商业银行在利益最大化驱使下,一方面,不断加大对金融当局的压力,要求取消限制性规定;另一方面,千方百计绕过管制障碍限制壁垒,实行金融创新,例如,可转让存单就是20世纪60年代美国花旗银行为逃避存款最高限制利率而创新的存款工具。银行发行的这种存单由于其利率高于同期储蓄存款利率,且可随时在二级市场出售转让,因此很受存户欢迎。这一创新工具逃避了美国金融监管当局的"Q"条例约束,提高了银行的负债和效益。20世纪六七十年代西方商业银行特别是坚持分业经营的美国,这类金融创新工具很普遍,在当时高通货膨胀背景下,为避免资产贬值,投资者总是力图逃避严厉的利率限制而追求更高的收益。本·霍利姆和希尔博认为,1952—1972年间纽约大银行引入的金融创新主要是对管制法规的反应行动,这一期间,美国涌出了大量的金融创新产品,如欧洲美元和银行商业票据、NOW账户、ATS账户和隔日回购协议等。20世纪50年代金融市场的创新——欧洲货币市场的诞生,就是金融机构为了逃避西方国家的资本管制,将资本调到境外自由运用取得相对较高利润的金融创新结果。以逃避管制而产生的金融创新不仅可以为商业银行带来较竞争者更为丰厚的收益,而且可以推动金融市场的良性循环发展,事实上,是商业银行与监管机构之间进行着一种重复的博弈,形成"创新—管制—创新"的循环发展过程。管制与创新之间的关系并不是单一的,表现为一条"菱形曲线",越过了一定界限金融监管当局就会实施严格控制。可以看出,逃避管制类的金融创新是一种相对潜伏的活动,但不可否认的是这种金融创新在一定程度上冲破了传统的金融监管,促进了金融业的发展,推动了市场创新和金融一体化,提高了金融服务效率。

2)行业竞争加剧迫使的金融创新

随着世界经济与金融全球化发展趋势加快,金融自由化浪潮使得银行业的专业化分工日益模糊,金融领域的国际化竞争日益加剧,商业银行逐渐成为能提供综合服务的金融中介,它们通过扩大表外业务等不断增加收益。在银行业与证券业交叉日益突出的情况下,一些金融机构设法推出衍生金融工具建立新的金融市场,以提供新的服务方式。金融机构之间的激烈竞争是促使金融机构进行金融创新的外在压力,由于技术进步,如电子计算机和现代通信技术的运用降低了金融机构的交易成本,相对增加了非金融机构的竞争力,迫使商业银行通过金融创新来保持自己在金融竞争中的优势。商业银行一方面在业务领域对传统业务进行重新组合,以获取传统市场上更多的市场份额,如20世纪60年代以前商业银行市场比较稳定,业务主要集中于存、放、汇等传统业务方面;20世纪70年代以后,随着"脱媒"现象的出现,商业银行利润下降,金融市场逐步由卖方转为买方市场,顾客有了更大的选择余地。在此情况下商业银行不得不在原有活期存款、储蓄存款的基础上推出了ATS服务、NOW账户等创新业务。另一方面,商业银行积极开展多样化的投资和服务,将业务重心转向非传统的金融领域。金融机构间竞争的加剧使得商业银行存贷款利率利差缩小,迫使商业银行积极开拓表外业务,寻找新的利润增长点,如票据贷款、循环承诺贷款、浮动利率债券、期货交易等。

3)金融市场需求刺激的金融创新

"需求是创造之母。"随着经济发展社会财富的增加和收入水平的变化,金融创新发生了重大变化,政府、企业和消费者对金融业提出了更高的服务需求,这些需求构成了金融创新的强大引力。因为,每一种新的需求都意味着有潜在的市场或客户,都存在着可挖掘的利益,当原有的金融业务或制度安排不能适应这些新需求时,金融业只能通过创新为自己开辟新的发展空间。经济发展对金融创新刺激主要表现在,跨国公司需要商业银行提供跨越国界的国际金融服务,政府需要通过金融市场筹资以增加政府投资,个人消费需求多样化要求金融机构提供更高效快捷的服务,从而促进了电话银行、电子银行、信用卡、ATM等金融业务的创新。金融市场客户信贷需求的增长也刺激了信用创造方面的需求,如政府为弥补财政赤字对债券需求增加,由于政府发行的国库券信誉极好,替代了一部分商业银行信贷供给,导致企业和个人信贷需求削弱;商业银行不愿从信贷市场被"挤出",他们设法创新金融工具吸引企业和个人,于是有了无息债券、"垃圾债券"、股权分享融资等金融创新工具。此外,随着居民收入的增加,对金融资产的需求也发生了相应的变化,投资者需要新的金融工具回避利率、汇率和信用风险,增加资产的流动性和收益性,需要金融机构不断地进行创新供给,各种基金、可转换债券等应运而生。

4)回避金融风险需要的金融创新

金融业在安全性原则指引下相当注重在经营过程中避免和化解风险,市场经济条件下经济增长与通货膨胀关系密切,利率变化造成了金融资产价格较大的易变性。为了消除利率和汇率变动造成的金融资产价格风险和信用风险,避免金融资产价值受损,产生转移风险的创新需求。20世纪70年代,西方各国经济普遍出现滞胀现象,特别是美国经济竞争力下降直接导致了浮动汇率制,汇率和市场利率的大幅度波动不可避免,出现了转嫁利率风险的需求,金融机构相应推出了利率期货、利率互换等金融衍生工具。20世纪80年代,爆发了以拉美国家为代表的发展中国家巨额外债危机,这场危机使40多个国家深陷泥潭。外债危机引起了人们对债权银行信用可靠性的普遍怀疑,造成金融业特别是商业银行信用风险大大提高,产生转移信用风险的需求,从而催生了债务转换、债务回购、资产出售、可转让贷款合同、金融资产证券化等金融创新产品。

5) 追逐最大利润激励金融创新

从金融创新中获取利润是金融机构从事金融创新最普通最直接的动力。纵观当代金融创新的历程,尽管金融创新的具体形式千差万别,但其目的都是为了提高金融资产的流动性,降低风险增加收益。金融机构有其自身的利益目标约束,只要外部环境变化改变了这些约束,出现了利益最大化机会,金融机构就会去追逐创新。20世纪70年代末金融监管部门要求银行在经营中保持较低的杠杆率,商业银行及时推出了票据发行便利、远期利率协议、互换交易等不影响资产负债表构成但却可以增加收益的创新业务。与这些衍生金融工具相比较,传统的金融工具所包含的传统管理成本日益超过维持金融机构生存的临界点,这是产生金融创新要求的压力之一,也是衍生金融工具替代传统金融工具的重要原因。衍生金融工具的运用为一般投资者进行资产管理提供了便利,一般来说,衍生金融工具的交易佣金是现货交易的几十分之一、几百分之一、甚至几千分之一,运用衍生金融交易进行投资可以比运用传统金融工具更为经济和便利。

6) 现代技术进步推动的金融创新

20世纪末的科技创新改变了人类的生存方式和理念,计算机和电子网络化在金融领域的广泛应用促使金融业发生了深刻变革,改变了金融管理和金融运作,直接推动了金融创新。以电子计算机为核心的信息技术运用加快了金融机构业务多样化进程,在信息技术革命的影响下,企业和个人都深感及时掌握信息的重要性,客户在获取信息方面越来越高的要求促使金融机构向多功能综合化方向发展。信息技术拓展了银行的功能,银行可以通过电子银行为顾客提供昼夜服务,电子资金清算系统可广泛用于资金调拨、证券买卖、外汇交易等。

计算机和现代通讯技术的运用为技术相对复杂的金融创新工具提供了保证,使金融机构能够对结构复杂的创新进行设计和定价,能连续地观察和控制经营创新工具产生的风险,为转移这些风险设计套期保值措施。计算机和现代通讯技术的运用创造了全球金融市场,促进了金融机构的创新活动,交易过程的电子化加快了银行业、证券交易业的国际化步伐。目前已形成世界上最大的、拥有最新技术的电子计算机清算系统,即银行同业支付清算系统,是一个办理国际美元收付的电脑网络,各个国家利用这个清算系统可以在极短的时间里完成跨国清算。电子网络化使国际间债权债务关系无论相距多远,都可在几分钟甚至几秒钟内完成,大大降低了金融交易成本,提高了经营效率,扩大了金融交易的范围,突破了时空限制,使得大量创新工具的运用成为可能。毫不夸张地说,没有技术进步的支撑和保障,金融创新无能为力;在缺乏现实推广的技术条件下,金融创新将是无米之炊。

16.2.2 金融创新的理论

20世纪30年代以来金融创新蓬勃发展,究其原因是经济发展对金融领域产生了新的需求,包括两个阶段。第一阶段,是20世纪30年代开始,经济大危机以后,凯恩斯的国家干预经济理论成为主流派,宏观需求管理对金融业务、金融制度、金融机构等产生了重大影响。

第二阶段,是从第二次世界大战以后开始,西方国家的经济在布雷顿森林货币体系下稳定运行。进入20世纪70年代,西方国家普遍出现的高通胀和布雷顿森林货币体系解体,对凯恩斯经济思想提出了挑战,经济学界出现了多元化思想,货币主义、预期学派等成为关注的焦点,这些多元化思想对金融创新产生了重大影响。金融创新理论源于20世纪50年代对于金融创新生命力和原动力的探索,从不同视角提出了各种有价值的见解。

1)技术推进金融创新理论

这种理论认为,新技术的出现及其在金融业的应用,是促成金融创新的主要原因。特别是新兴通信技术和计算机技术在金融业的应用,是促成金融创新的重大因素。其理由是高科技在金融业的广泛应用,出现了金融业务的电子计算机化和通讯设备现代化,为金融创新提供了物质上的保证。新技术在金融领域的引进和运用促进了金融业务创新,大大缩小了时间和空间,加快了资金的调拨速度,降低了成本,使全球金融市场一体化,24小时全球金融交易成为现实。美国经济学家韩农和麦道威通过实证性研究发现,20世纪70年代美国银行业新技术的采用和扩散,与市场结构的变化密切相关,从而认为新技术的采用是导致金融创新的主要原因。

2)约束诱导金融创新理论

约束诱导型创新理论主要从供给方面探讨金融创新,认为引发金融创新的根本原因在于金融业内部和外部存在着各种约束因素,金融机构之所以发明种种新的金融工具、交易方式、服务种类,目的是摆脱或逃避面临的种种约束。这一理论的代表人物是美国经济学家西尔柏,该理论认为,金融业回避或摆脱内部和外部的制约是金融创新的根本原因。金融机构之所以发明各种新的金融工具、交易方式、服务种类和管理方法,其目的是摆脱面临的各种内部和外部制约。金融机构的内部制约是指传统的增长率、流动资产比率、资产负债期限结构等管理指标;外部制约是指金融当局的各种管制和制约,如业务范围、经营种类、资产结构等方面的限制。这两个方面的金融制约,特别是外部条件发生变化而产生金融制约时,实行最优化管理和追求利润最大化的金融机构将会从机会成本角度、金融机构管理影子价格和实际价格的区别来寻求最大程度的金融创新,探索新的金融工具、服务品种和管理方法,以增加其实力和竞争力。

3)制度改革金融创新理论

这一学派以美国经济学家诺斯、戴维斯等人为代表,认为金融创新是一种与经济制度相互影响、互为因果的制度改革,金融体系的任何因制度改革而引起的变动都可以视为金融创新。因此,政府行为的变化在引起金融制度变化的同时,也确实带动了金融创新行为。如存款保险制度也是金融创新。该学派的理论还认为,金融创新并不是20世纪电子时代的产物,而是与社会制度紧密相关的。政府的管制和干预行为本身已经包含着金融制度领域的创新。在市场活跃、经济相对开放以其管制不严的经济背景下,政府的管制和干预直接或者间接地阻碍着金融活动,由此产生的金融创新行为对货币当局实施货币政策构成威胁时,政府会采取相应的制度创新。这一理论强调政府行为是金融创新的主导因素,从而将金融创新的范围扩展到公共创新和市场创新两个层次。

4）规避管制金融创新理论

规避管制金融创新理论认为，许多形式的政府管制与控制，实质上等同政府对金融机构的隐含税收，阻碍了金融机构从事已有的盈利性活动。因此，金融机构会通过创新来逃避政府管制，当金融创新危及金融稳定与货币政策时，金融当局又会加强管制，新管制又会导致新的创新，两者不断交替形成一个相互推动的过程。规避管制金融创新理论，在某种程度上可以说是约束诱导金融创新理论和制度改革金融创新理论的综合。该理论一方面同意约束诱导金融创新理论的观点，认为企业是为了规避政府的种种限制和管制而进行了种种创新；另一方面，该理论也赞同制度学派的说法，认为政府当局在金融创新严重妨碍货币政策或危害金融稳定时，也会作出反应加强金融管制，这种市场力量和政治势力的对抗构成金融创新的辩证过程。但是我们必须看到，凯恩的规避管制金融创新理论与西尔柏的约束诱导创新理论，及诺斯等人的制度改革创新理论有很大的区别。西尔柏的创新理论主张从内、外制约两方面探讨金融管制对金融创新的影响，至于金融创新对金融管制的反作用力未曾谈及。与此不同，规避创新理论主要强调金融创新主要源自外部环境约束的影响，强调外部约束与金融规避的相互作用，全面分析了外部约束与企业规避间的作用力与反作用力。规避创新理论与制度创新理论的主要区别在于对金融管制的定位不同，前者将金融管制视为金融创新的外部压力，是金融创新的动因；后者则将金融管制视为金融规避创新的一个组成部分，在分析规避创新的同时强调技术创新的重要性。

5）交易成本金融创新理论

美国经济学家希克斯与尼汉斯是这一理论的代表者。他们把金融创新的成因归于交易成本的下降，认为金融创新的支配因素是降低交易成本。这里有两层含义：降低交易成本是金融创新的首要动机，交易成本的高低决定了金融业务和金融工具的创新是否具有实际意义；而金融创新实质上是对科技进步导致的交易成本降低的反应。希克斯把交易成本和货币需求与金融创新联系起来考虑，认为交易成本是作用于货币需求的一个重要因素，不同的需求产生对不同类型金融工具的要求，交易成本高低使经济个体对需求预期发生变化；交易成本降低的发展趋势使货币向更为高级的形式演变和发展，产生新的交换媒介、新的金融工具；不断降低交易成本就会刺激金融创新，改善金融服务。交易成本理论把金融创新的源泉完全归因于金融微观经济结构引起的交易成本下降，是有一定局限性的，因为金融交易成本的下降并非完全由科技进步引起，其他诸如竞争、外部经济环境等因素的变化也会对降低交易成本有一定的作用。

6）货币促成金融创新理论

这种理论认为，金融创新的出现，主要是货币方面因素的变化所致。20世纪70年代的通货膨胀和汇率、利率反复无常的波动，是金融创新的重要成因，金融创新是作为抵制通货膨胀和利率波动的产物而出现的。该理论的核心是把金融创新归于货币方面因素的变化促成的。认为20世纪70年代的通货膨胀和汇率、利率反复无常是金融创新的重要成因，金融创新作为抵制通货膨胀和利率波动的产物而出现。货币促成理论可解释20世纪70年代布雷顿森林体系解体后出现的多种转嫁汇率、利率、通货膨胀的创新工具和业务，但对20世纪

70 年代以前躲避管制及 20 世纪 80 年代产生信用和股权的金融创新无法解释。

7）财富增长金融创新理论

财富增长理论主要从金融需求角度探讨金融创新的成因,从金融资产的需求角度来分析金融创新的成因以及需要金融管制放松的前提条件。这一理论认为,随着科技的进步促进经济的不断发展,这又会引起财富的增加,加大了人们对金融资产和金融交易的需求,改变了人们对金融服务的偏好,人们要求避免风险的愿望增加,由此引发金融创新以满足日益增长的金融需求。这一理论强调了金融创新的财富创新,而贬低了替代效应,即高利率对金融创新的影响。显然,这一理论只能解释 20 世纪 70 年代以前的部分创新现象,解释 20 世纪 70 年代以后的金融创新就显得力不从心。

8）特征需求理论

英国经济学家德赛等人认为,金融创新不过是金融产品不同特征的一个重新组合。只要有需求,这种不断的组合过程就为金融创新提供了无限的可能性。德赛把金融产品的主要特征归结为收益和流动性,每种产品都是一个特定的收益与流动性组合,具有不同风险偏好的投资者都有其认为适当的收益和流动性的边际替代率和特征线。环境的变化,尤其是风险的增加和多样化,使得流动性和收益距离拉大。为了弥补收益和流动性之间的差距,就产生了对新的金融产品的需求,以缩短特征线上各点之间的最大距离,因此,金融创新是流动性和收益的特征需求所致。所以,德赛认为,监管、通货膨胀、利率的变动、技术进步、经济活动水平的变化以及金融学术研究都会改变现有特征之间的边际替代率,从而创造出对新组合的需求,促进金融创新。

从理论本身的产生和发展来看,各种理论确实能说明一定时间和空间跨度内金融创新背后的生成机理,但都偏重于某个侧面而忽略了各因素的互相作用合力。例如,20 世纪 50 年代末至 60 年代,欧洲货币市场的产生和发展就是由于西方国家严格的金融管制而出现的市场创新。就这个阶段的金融创新而言,约束诱导金融创新理论和规避管制金融创新理论的解释无疑是准确的。而 20 世纪 70 年代的金融创新主要是风险转移创新,这又可以从需求推动金融创新理论得到印证。但这些理论对金融创新的研究主要侧重于动因研究,对金融创新的效果和后果研究得很少,除了约束诱导金融创新理论外,其他金融创新理论都忽视了金融创新的根本原因——趋利动机。但就动因研究来说各理论又多从某个侧面来研究金融创新,要么是规避管制,要么是技术推进,没有宏观与微观层面以及供给与需求层面结合起来综合研究,缺乏系统性。另外,约束诱导、规避管制等理论都强调了金融管制对金融创新的逆境推动,但金融管制不是金融创新的根本原因。在金融机构没有逐利动机的情况下,就没有规避管制增加收益的欲望,金融创新也就无从产生。计划经济体制下中国金融创新几乎处于空白就是最好的例证。

16.2.3　金融创新的内容

美国著名经济学家考夫曼曾形容说:"谁要钻到山里数年回来,他一定会对现在丰富多彩的金融世界感到陌生和惊讶!"当代金融创新总量大、种类多、范围广、速度快,可谓层出不穷。现在的人们已经感受到了金融业的巨大变化,要详细介绍如此大规模全方位的金融创新是困难的。这里主要从金融工具创新、金融业务创新、金融组织结构创新、金融机构管理创新、金融制度创新几个方面来描述金融创新。

1）金融工具创新

按照国际清算银行的标准,可以划分为 4 类。

（1）风险转移型创新

这是指为了防范和转移经营或金融交易中的价格、利率等风险而对原有金融工具进行的创新,主要有期货、期权、货币和利率互换、远期利率协定等。

（2）增加流动型创新

这种创新包括所有能使原有金融工具的变现性或可转让性提高的金融工具,例如,金融资产证券化就是将原本缺乏流动性的资产转换为可以在市场上买卖的证券,从而增强金融资产的流动性。主要有贷款证券化、贷款出售、可转让大额定期存单、商业票据、回购协议、货币市场互助基金等。

（3）信用创造型创新

这是指能够增加信用供给,从而使借款人的信贷资金来源更为广泛或者使借款人从传统的信用资金来源转向新来源的金融工具,包括票据发行便利、垃圾债券、欧洲债券、在国内市场发行的国外债券以及银团贷款等。

（4）股权创造型创新

这是指使各类经济机构股权资金来源更为广泛地金融创新,比较典型的股权创造性创新是可转换债券,该种债券兼具债务和股本两种性质。对投资者来说,该类债券既能提供稳定的利息收入和还本保证,又能提供股本增值所带来的利益;对发行者来说,该类债券提供了将来以高于现时股价的价格出售股票获得发行溢价的可能性,并具有在债券转换前以低成本发行债券的吸引力。

2）金融业务创新

金融业务的创新是指金融机构在业务经营管理领域的创新,是金融机构利用新思维、新组织方式和新技术,构造新型的融资模式,通过各种金融创新工具的使用,取得并实现其经营成果的活动。在金融业务的创新中,因为商业银行业务在整个金融业务中占据举足轻重的地位,所以,商业银行的业务创新构成了金融业务创新的核心内容。商业银行的业务创新包括以下 3 个方面。

（1）负债业务的创新

负债业务的创新主要发生在 20 世纪的 60 年代以后,各商业银行通过创新新型负债工具,一方面规避政府管制;一方面增加银行的负债来源。主要包括大额可转让存单,可转让支付指令账户,电话转账服务和自动转账服务,股金汇票账户,货币市场互助基金,协议账户,个人退休金账户,定活两便存款账户以及在欧洲货币市场进行借款等。

（2）资产业务的创新

商业银行的资产业务的创新主要表现在贷款业务上,具体表现在以下 4 方面:一是消费信用,目前已经成为许多商业银行的主要资产项目;二是住宅贷款,包括固定利率贷款、浮动利率抵押贷款和可调整的抵押贷款;三是银团贷款;四是其他资产业务的创新,如平行贷款、分享股权贷款、组合性融资等。

（3）中间业务和表外业务的创新

商业银行中间业务的创新,彻底改变了商业银行传统的业务结构,极大地增强了商业银行的竞争力。一是信托业务,商业银行将信托业务与传统的存、贷、投资业务等逐步融为一体,通过向客户提供特别设计的、全方位的、多品种的金融服务,极大地改善了商业银行的盈利结构,拓展了业务范围,争夺了"黄金客户",使商业银行的竞争力大大提高。信托业务包括证券投资信托、动产和不动产信托、公益信托等。二是租赁业务,包括融资性租赁、杠杆租赁等。三是现金管理业务,其内容不仅限于协助客户进行短期投资,还包括为企业提供电子转账服务、有关账户信息服务、决策支援服务等多项内容。四是信息咨询。五是表外业务,主要有贸易融通业务(如商业信用证、银行承兑汇票)、金融保证业务(如担保、备用信用证、贷款承诺、贷款销售与资产证券化)、衍生产品业务(如各种互换交易、期货和远期交易、期权交易)等。

3）金融组织结构创新

金融组织结构创新包括金融机构创新、金融业结构创新等与金融业组织结构相关的创新。20世纪50年代涌现出许多新型金融机构,如无人银行、网络银行、跨国大型复合金融机构、金融超市等。金融业的国际化使金融机构的组织结构发生了根本性变化,最重要的组织创新是跨国大型金融机构的崛起。其创新的标志是,经营管理从全球化战略出发,具有更高的灵活性和前瞻性,以适应不同国家的不同立法要求,业务的广泛性,要求更积极地进行金融创新才可以有效规避风险。

金融机构在业务和组织创新的基础上逐渐打破了职能分工的界限,混业经营迫使分业管制被动放松,各类金融机构的业务和性质逐渐趋同。在过去单一制、总分行制的基础上,新推出的连锁制、控股公司制以及经济上相互独立而业务上互助互让并协调一致的联盟制银行;在分支机构形式上也创新、推出了全自动化分支点、百货店式分支点、金融广场式分支点、专业店式分支点等。如美国的第一邦克银行公司,把地区特性和关键地段作为银行分支点的选择原则,改造了其分支网络。第一邦克银行公司有两种全新名称的分支机构类型:百货店型和专业店型。百货店型银行分支点通常处在交通繁忙的地点,所提供的全套金融服务,也包括房地买卖和旅游服务等,业务品种十分齐全,满足普通大众的日常需要。专业店型分支点是针对某一地区的需要而设立的,例如,在富人区、高级住宅区,根据他们的特殊需要而建立相对的"专业店"。这种因地制宜、根据需求提供不同的金融服务使各分支机构的效益,都达到了最佳目标。

4）金融机构管理创新

金融机构管理创新是当代金融创新的关键,表现在金融机构内部机构层次设置扁平化管理。旧的部门撤并、新的部门设立,各部门权限与关系被重新配置,按职能分工设立部门,取消多层次的审批执行体系,使各部门职权相对独立,直接对行长负责。网络技术在金融业的应用,方便了金融机构信息库建立,使金融决策中心上移,实现了金融业管理手段现代化;分散在各地的网点通过网络联结成一体,便利了业务的进行,又使决策层迅速掌握基层机构运作的信息,以便及时进行监控和决策。如中国建设银行已建成全行联网的信息数据库,各分行、网点的计算机都和总行的主机相连,使每一笔业务都经过主机的处理,从而保证了总行及时掌握信息和对各分行的业务进行监控。

从 20 世纪 60 年代的负债管理到 20 世纪 70 年代的资产管理,20 世纪 80 年代的资产多元化管理,20 世纪 90 年代的全面质量管理和全方位满意管理、市场营销管理等。金融机构管理方法不断推陈出新,金融机构管理目标更贴近产品、贴近消费者和贴近市场,更有利于金融资源的合理流动与配置。

5)金融制度的创新

金融制度的创新是指金融体系与结构的大量新变化,主要表现在以下 4 个方面。

(1)分业经营向混合经营转变

长期以来,在世界各国的金融体系中,历来有两种不同的经营模式,混业经营和分业经营制度,二者主要是在商业银行、业务与保险、信托和证券等非银行业务的合并与分离问题上的区别。由于新技术革命的进展和资本国际化的形成等因素,金融交易趋于自由化。此外,由于金融机构在业务形式和组织机构上的不断创新,使得银行与保险、信托、证券等非银行金融机构之间的职能分工界限逐渐变得越来越不清楚,各国的金融机构正由分业经营向综合化方向发展。即使分业经营历史最久的美国也不例外,于 1999 年底废除了对银行业经营严格限制 60 多年的《斯蒂格尔法案》,允许商业银行混业经营。

(2)非银行机构种类和规模迅速增加

各种保险公司、养老基金、住宅金融机构、金融公司、信用合作社、投资基金等成为非银行金融机构的主要形式。

(3)跨国银行的发展

在 20 世纪 80 年代以前,许多国家均采取了对非国民进入本国金融市场以及本国国民进入外国金融市场的各种限制措施,在金融自由化浪潮的冲击下,这些限制正逐渐取消。战后跨国公司的出现和发展、经济一体化和金融全球化的发展,为跨国银行的出现以及国际金融中心的建立创造了条件。各国大银行争相在国际金融中心设立分支机构,同时在业务经营上实现了电子化、专业化和全能化。

(4)金融监管国际化

由于金融创新,使各国之间的经济、金融联系更加紧密,金融风险也在不断加大,各国政府的金融监管更加注重国际间的协调与合作。

16.2.4　金融创新的影响

1)金融创新的正面影响

(1)金融创新促进了金融机构运作效率的提高

增加了经营效益,大幅度增加了金融机构的资产和盈利率。金融机构的盈利能力建立在其业务能力基础上。金融创新使新的金融工具、金融业务和金融服务方式或融资技术不断涌现,比如大额可转让定期存单、可转让支付命令账户、自动转账服务、票据发行便利、货币市场存款账户等,满足了各种类型的客户对金融产品和金融服务的多样化需求,增加了金融机构的业务种类,拓宽了金融机构的经营活动范围和发展空间,扩大了金融机构的业务经营收入。同时,使用创新工具使金融机构组织和运用资金的能力大大提高,资产总额大幅度增长,提高了经营活动的规模效益,降低了平均成本,使金融机构的盈利能力大为增强。

金融业的发展空间扩大。金融创新在业务拓展、机构扩大、扩大就业与素质提高等方面促进了金融业发展。金融机构发展和盈利能力的增强,带动了金融机构资本扩张和设备现代化水平的提高。金融创新推动了金融业产值的快速增长,使之在第三产业和GDP中的比重迅速上升,金融业产值的提高,加大了金融业对经济的贡献度。在一些经济和金融发展水平较高的国家,金融业已成为国民经济的主导产业。

（2）金融创新提高了金融产业在经济中的作用

在国民经济学中,一般把一国的国民经济分为农业、工业和服务业3大部门,即所谓第一、第二、第三产业,三者产值之和构成一国的GDP。在当代金融创新的历史进程中,发生了两个明显的变化:一是从总体上看,呈现第一产业增长率小于第二产业增长率,第二产业小于第三产业增长率的情况,服务业产值的比重在整个GDP中的比重迅速上升。1965—1993年,西方主要工业国家服务业产值的比重增加了11个百分点。二是在第三产业产值急剧增长的同时,其内部构成中又以金融、保险和不动产的产值增长最为显著。以美国为例,1955—1988年,金融业产值由322亿美元增至8303亿美元,增长25.8倍;而同期GNP由2883亿美元增至48806亿美元,增长16.9倍,金融业产值的增长速度远高于GNP的增长速度。同期金融业产值在GNP中比重也由1955年的12.49%上升为1988年的17.01%。

20世纪五六十年代以来,金融业产值的急剧增加及其在GNP中比率的不断提高,与当代金融创新的时间相吻合,这不是简单时间上的巧合,充分说明了金融创新对金融业发展的巨大促进作用,也表明金融创新使金融产业在整个国民经济中的份额越来越大,地位越来越重要。

（3）金融创新推动金融制度革新,促进经济的发展

金融创新导致融资制度结构变化。按照金融学原理,间接融资是指以银行为信用中介的资金融通行为,直接融资是筹资人与投资人不需借助金融中介机构直接融通资金。金融创新却使这些划分标准遇到顽强的挑战,金融创新使直接融资和间接融资、资本市场与货币市场变得越来越水乳交融。比如,银行贷款毫无疑问属于间接融资,但是在证券化组合处理后,就很难准确界定它到底属于何种融资形式;再如,有一种到期自动可转期债券,按转期前的期限划分属于货币市场融资活动,考虑到转期因素似乎又是资本市场融资行为。总之,金融创新使原本清晰的融资制度结构变得难辨真伪。融资制度的这种结构变化,表明原有的融资形式种类已不能适应金融发展的融资需求,需要向多样化和复杂化方向发展。

金融创新推动了区域货币一体化。按照一般的金融学解释,货币制度是一种以国家强制力为后盾的契约安排,货币制度与国家政权相联系,都被深深打上国家的印记。欧元的启

动打破了这一坚冰。欧元制度是一种超国家组织的产物,是在国家主权分立情况下实现货币整合,用传统金融学的货币制度理论无法解释。在现代信用货币制度下,以欧元这种统一货币取代欧元区的货币分割,是欧洲国家适应经济金融全球化进行金融风险的抉择,是货币制度创新的典型案例。

2)金融创新的负面影响

(1)金融创新使金融体系面临的风险加大

一方面,金融创新具有转移风险和分散金融风险的功能;另一方面,金融创新也会带来新的金融风险,从而使金融机构和整体金融系统面临较大的不稳定性。金融创新风险主要表现在以下几个方面。

①表外业务风险。金融创新使商业银行的业务范围扩大,许多新兴的表外业务不断出现。虽然表外业务不直接涉及债权债务关系,但由于表外业务多是或有债权或有负债,加大了银行未来的经营风险。当潜在的债务人由于各种原因而不能偿付给债权人时,商业银行就有可能变为债务人。表外业务的避险、套期保值功能只是将风险从风险厌恶方转移到风险偏好方,并未消除风险。相反,由于一笔业务往往同时牵扯数家金融机构,一家金融机构的违约行为势必引起连锁反应,从而对整个金融体系的稳定性造成负面影响。同时,表外业务的发展,导致银行业务交叉加剧、业务功能综合化、同质化。表外业务竞争的加剧,将冲击金融体系的安全与稳定,影响金融运行效率甚至危害自身生存。

②伙伴风险。金融国际化及其推动的金融创新,加深了金融业各机构之间、金融机构与其他部门之间、国内金融市场与国际金融市场之间的相互依赖性。金融体系中出现的任何差错都会涉及整个金融体系的安全,这种因紧密的伙伴关系而导致的风险被称为“伙伴风险”。

③金融创新工具风险。金融创新工具具有杠杆性,即以较少的资金成本取得较多的投资,以提高投资收益。适合投资、投机、保值等需求的金融工具大量产生,特别是20世纪90年代以来,通过远期合约、期货、期权、互换等方式组合成的金融衍生工具异军突起,使金融市场呈现爆发性增长。金融衍生工具的投机,成功可获极高收益,失败则会造成严重后果。因而利用衍生工具的金融创新是一把非常锋利的双刃剑,它在可能得到巨额收益的同时也可能马上面临巨额损失的深渊。1995年,英国巴林银行由于其新加坡分行交易员尼克·里森越权进行日经指数期货合约交易失败而宣告破产。

(2)金融创新降低了金融监管的有效性

金融创新与金融监管是一对矛盾,金融监管是金融创新的障碍,也是金融创新的诱发因素。而金融创新的不断发展,在加大金融机构和金融系统风险的同时,也为金融监管增加了难度。

①金融创新改变了金融监管运作的基础条件。20世纪70年代以后,金融创新模糊了不同金融机构的业务界限,银行、证券、保险三者的产品日益趋同、相互融合,金融机构在规避管制的创新中,再次由分业经营走向了混业经营。20世纪90年代以来,金融区域化、全球化发展进一步加剧国际金融机构之间的竞争,金融机构通过兼并、重组来达到壮大资本实力、

扩大市场份额的目的,出现了花旗集团、汇丰集团、瑞穗集团等巨型金融集团公司,它们不再单纯是银行机构,而变成可以提供全方位金融服务的混业机构。此外,与新的金融创新工具相伴随的金融风险,增加了金融机构的经营风险。这必然使得金融监管机构的原有调节范围、方式、工具、监管内容等产生许多不适性,需要进行重新调整。如对银行业的监管,巴塞尔银行监管委员会根据金融市场的发展变化,不断修订对银行业监管的指导原则,鼓励并督促各国金融监管当局将巴塞尔委员会制定的监管核心原则作为最低标准,结合本国家或地区的总体情况和风险特点,制定相应的监管标准。

②金融创新导致金融监管主体的重新定位。在混业经营的体制下,金融风险的传递非常快,影响也非常广。为了更有效地监管金融机构,控制金融风险,就需要对金融监管体制进行了改革,或者建立监管机构之间的协调与合作机制,或者将建立集中统一的监管机构作为改革的目标。在建立新监管体制的过程中,必须要对金融监管主体进行重新定位,既要防止对某些金融业务监管的主体重叠,又要防止金融业务监管的监管主体缺位。

③金融创新导致金融监管制度面临调整。金融创新使传统监管制度失去了赖以存在的基础。各国监管制度面临调整和完善调整主要体现在:监管方式上,从机构监管过渡到功能监管。由于金融机构的全能化发展,传统的以机构为监管对象的方式便不再适应,而应以功能为基础进行监管。监管标准上,从资本监管到全面性的风险。传统监管以资本充足率为标准,这种监管主要是针对信贷风险的,但金融创新使金融机构面临着其他各种风险,仅仅对信贷风险进行监管难以实现有效监管的目的。对信用风险、市场风险、利率风险、流动性风险等各种风险实现全面风险管理,已经成为各国及国际监管制度发展的一个重要趋势。内部控制制度的加强。传统监管制度注重外部控制制度,随着金融创新的发展,各国及国际监管机构对金融内部控制制度的健全性、有效性越来越给予高度重视。

(3)金融创新影响货币政策的实施效果

①金融创新可能使货币政策工具失灵。其一,金融创新削弱了金融管制的效果,使利率限制、法定准备金、信贷配给等选择性工具失效,迫使中央银行放弃或很少使用这些货币政策工具。其二,金融创新弱化了存款准备金制度的威力。因为准备金是无息的,银行缴存准备金就意味着增加了融资成本,从而刺激银行通过金融创新,来回避法定存款准备金的限制。其三,金融创新使融资渠道多样化,存款机构尽量少向甚至不向中央银行申请贴现或贷款,从而使中央银行贴现率的作用也下降了。

②金融创新使传统的货币政策传导机制受阻。其一,欧洲货币市场的存在与发展,削弱了各国中央银行对国内货币的控制,因为欧洲货币正成为国内货币的近似替代品,当国内实行紧缩性货币政策时,国内金融机构可能从欧洲货币市场借入资金,抵消紧缩性货币政策的效果。其二,金融服务的同质化,经营活期存款的金融机构越来越多,它们都具有货币派生的能力,货币创造主体不再限于中央银行和商业银行而趋于多元化了,因而以控制商业银行派生乘数为中心而设计的传统货币控制方法显然难以奏效。其三,金融创新增大了货币政策传导时滞的不确定性。由于货币政策实施后到最终影响经济变量,其间有一个多环节的传导过程,每个环节又要受许多不确定因素的影响,因此,传导时滞本身就有不确定性。金

融创新的不断涌现和迅速扩散,改变了金融机构和社会公众的行为,使货币需求和资产结构处于复杂多变的状态,从而加大了传导时滞的不确定性,使货币政策的传导在时间上难以把握,传导过程的易变性很高,给货币政策效果的判断带来很大的难度。

③金融创新削弱了货币政策的有效性。其一,金融创新工具削弱了传统的货币政策工具的运用效率,无论是通过货币总量控制还是利率调节来实现货币政策目标,都存在一定的困难。比如,金融创新不断发展后,日本的窗口指导不再有效;再如,法兰西银行也在金融创新削弱货币政策工具效率时废除了信贷利率上限和存款利率上限的规定。其二,随着各国金融业对外开放程度的加大,金融创新的国际传递是货币政策制定和执行不可忽视的因素。

从各国的实际情况观察,金融创新越多,对金融政策冲击越大,金融政策的实施效果越趋于弱化。进入20世纪80年代以后,金融创新最为活跃的美国和英国的金融政策目标屡屡不能实现,加拿大已于1982年放弃了对货币量指标的控制,这说明如何排除或减弱金融创新的困扰以维持货币政策的有效性,正成为西方各国中央银行考虑的核心课题。对于发展中国家,国际金融市场上大量的创新金融工具对它们改善对外资产负债的管理具有非常重大的现实意义,如不及时通过这些新金融工具或技术对其国外资产及负债进行合理调整,就会遭到严重损失。因此,如何调整对外负债与资产的结构,使之趋于合理,采取何种保值方式以减少风险,已成为发展中国家必须认真对待的一个重要问题。

总的来说,金融创新的影响利大于弊。世界上任何事物都具有两重性,金融创新当然也不例外。当人类和整个经济社会在享受金融创新所带来的种种便利和享受时,理所当然也要承担金融创新所带来的风险。汽车取代步行和马车,大大加快了人们的出行速度、便利了人们的交往。但大城市的塞车问题和交通事故也因此日渐严重,却不能因此取消汽车,重新回到步行和马车流行的时代。实际上,即使对金融创新带来的风险也有一个站在什么角度、用什么样的风险观来加以评价和衡量的问题。没有金融创新,金融制度就不会发生如此深刻的演进和变革;没有金融创新,经济与金融发展可能仍在低层次、低水平阶段徘徊;没有金融创新,人类有可能停留在金融的蛮荒时代。以金融创新加剧了金融风险,危及宏观稳定作为理由,对其加以鄙薄非难以至否定,是没有道理的。从整体上衡量,金融创新的积极作用远远超过它的负面影响,金融创新的收益远远超过它所带来的风险。

【阅读案例16.2】

美国金融创新的影响

20世纪90年代末的统计表明,美国经济增长至少达到了4%,就业率相当稳定,GDP增长超过5年前的1.5%,劳动生产率提高1.5%,年增长率达到3%。失业率从1995年的5.5%下降到5年后的4%。低通胀率仍在不断下降,不包括粮食和能源在内的消费品物价指数在整个20世纪八九十年代都在下降,1999年达到最低点,实际通胀率甚至比分析家预测的还要低1.5个百分点。只有在最后一年到一年半中,通胀率才超过2.5%。之所以能有如此经济效果的原因甚多,如IT行业的发展、石油价格的下跌、临时性就业的增加,还有更重要的金融创新的影响。

信息技术推动金融创新的发展,降低了公众对银行贷款的依赖。过去公众主要依靠银行融资,而银行信贷具有"金融加速器"效应,以致经济衰退遏制银行贷款,经济急剧萎缩。但若公众可以从金融市场上获得资金的补充,就能摆脱"金融加速器"效应,保持生产和销售的稳定。例如20世纪70年代初开始的抵押类证券业务使得人们可以用自己的资产甚至未来收益,如汽车、信用卡应收款、设备租赁、英式连锁旅馆的未来收益等为抵押,发行融资债券。这类融资在1983年占银行信贷的比重几近于零,到2001年底上升到40%。这种融资方式比银行借贷更能帮助经济抵御外来冲击。一个有力的例证就是,美国经济在2001年第四季度趋冷,汽车公司信用等级下降,借贷成本上升,汽车销售仍然创出历史新高。因为汽车公司以汽车为抵押发行债券,并向消费者提供购买汽车的优惠贷款,从而促进了汽车销售量的增长。正是这种融资方式抵御了经济收缩的能力,缓解了总需求下降对经济的不良影响。

金融创新的另一个意义是使银行在金融体系中的地位下降。因为,在经济紧缩时期,抵押贷款的信用等级明显高于借款主体的信用等级,这就导致抵押贷款融资取代银行信贷。不仅于此,人们只要在金融市场上找到融资经纪人,就能委托他完成融资活动,而不必关心银行甚至市场对自己的融资反应。

来源:胡海鸥.货币理论与货币政策[M].上海:复旦大学出版社,2004:141-142.

【本章习题】

一、名词解释

金融深化　金融约束论　金融创新

二、简答题

1. 什么是金融抑制?发展中国家的金融抑制主要有哪些弊端?

2. 金融深化对经济发展有哪些影响?

3. 金融创新产生的动因是什么?

4. 金融创新的内容有哪些?

5. 评价金融创新的利与弊。谈谈金融创新对金融监管、货币政策的制定和执行提出了哪些挑战?

参考文献

[1] 房燕. 金融学概论[M]. 北京:机械工业出版社,2004.

[2] 胡海鸥. 货币理论与货币政策[M]. 上海:复旦大学出版社,2004.

[3] 杨长江,张波,王一富. 金融学教程[M]. 上海:复旦大学出版社,2004.

[4] 迈克尔·G.哈吉米可拉齐斯,卡马·G.哈吉米可拉齐斯. 货币银行与金融市场[M]. 聂丹,译. 上海:上海人民出版社,2003.

[5] 吉川元吉. 日本金融败战[M]. 北京:中国青年出版社,2000.